金融建模

理论与实验

陈创练　主编

FINANCIAL
MODELING
Theory and Experiment

图书在版编目(CIP)数据

金融建模:理论与实验/陈创练主编.--北京:北京大学出版社,2025.1.--ISBN 978-7-301-35732-3

Ⅰ.F830.49

中国国家版本馆CIP数据核字第2024ZS6717号

书　　　名	金融建模:理论与实验 JINRONG JIANMO: LILUN YU SHIYAN
著作责任者	陈创练　主编
责任编辑	兰　慧
标准书号	ISBN 978-7-301-35732-3
出版发行	北京大学出版社
地　　　址	北京市海淀区成府路205号　100871
网　　　址	http://www.pup.cn
微信公众号	北京大学经管书苑(pupembook)
电子邮箱	编辑部 em@pup.cn　　总编室 zpup@pup.cn
电　　　话	邮购部 010-62752015　发行部 010-62750672　编辑部 010-62752926
印　刷　者	天津中印联印务有限公司
经　销　者	新华书店
	787毫米×1092毫米　　16开本　　16.75印张　　355千字 2025年1月第1版　2025年1月第1次印刷
定　　　价	58.00元

未经许可,不得以任何方式复制或抄袭本书之部分或全部内容。
版权所有,侵权必究

举报电话:010-62752024　电子邮箱:fd@pup.cn

图书如有印装质量问题,请与出版部联系,电话:010-62756370

PREFACE 前 言

《金融建模：理论与实验》是专为高年级本科生、研究生撰写的教材。近年来,我陆续为本科生和研究生讲授金融数据分析、金融计量学和宏观计量经济学等课程,这些课程着重使用计量经济学,特别是时间序列分析方法探究经济金融问题。为了提高学生的学术水平和研究能力,在授课过程中,我极力想拔高课程内容难度、拓展应用深度,为此阅读了大量关于时间序列分析的前沿教材和学术文章。在此过程中,我结合这些前沿金融建模方法发表了一系列论文,也将这些论文作为实际应用案例加入了本教材,以期引导学生在理解的基础上进一步学会使用这些方法,为独立研究打下基础。

时间序列是金融建模一个非常重要的分支,其中单方程建模,包括自回归移动平均模型、条件异方差模型、协整与误差修正模型,均是经典内容,本教材前五章对这些内容进行了详细介绍;多元方程建模则以向量自回归(VAR)模型作为主要代表,特别是近年来涌现了大量拓展型 VAR 模型,包括长期约束结构向量自回归模型、贝叶斯向量自回归模型、高维向量自回归模型、面板向量自回归模型、全局向量自回归模型、门限向量自回归模型、逻辑平滑转移向量自回归模型、指数平滑转移向量自回归模型、区制转移向量自回归模型、时变参数向量自回归模型、时变参数高维向量自回归模型、时变参数潜在门限向量自回归模型、时变参数因子增广型向量自回归模型、时变参数面板向量自回归模型以及 DSGE-VAR 模型等,本教材在后五章均做了全面介绍。从这个侧面看,本教材囊括现存几乎所有的 VAR 模型、方法等。对这些前沿模型、方法及其应用的介绍有助于我们窥视现有时间序列的可能发展方向,当然,这些方法的详细介绍及其软件实现也能够指导学生如何运用科学方法开展金融建模和学术研究。这也是撰写本教材的一个重要目的。

本教材的撰写得益于长期以来我从事的教学科研工作,许多章节的内容是我与博士生合作发表学术论文所使用的一些技术方法,其中,单敬群博士(现任浙江财经大学助理教授)、王浩楠博士(现任广东金融学院助理教授)、高锡蓉博士(现任广东省东莞市委党校教师)担任本教材的副主编,在读博士生王舒丹、周丽超、徐锦辉、林焕恒、陈丽如也参与了部分章节的资料整理、撰写与校对工作,在此一并表示感谢。同时,感谢北京大学出版社兰慧老师高效、细致的编辑与校对,本教材的出版还要感谢国家自然科学基金面上项目(72071094)以及暨南大学一流研究生教材建设项目(2024YJC005)提供的经费支持。

  本教材提供了案例实现的数据、程序供读者下载学习(www.chenchuanglian.cn),同时也提供教学使用的课件(PPT)。在撰写教材的过程中,由于作者的水平有限,可能存在不足或者纰漏,恳请读者不吝赐教、多批评指正。联系方式:chenchuanglian@aliyun.com。

陈创练(暨南大学教授)

2024 年 8 月

CONTENTS 目 录

绪 论 ··· 1
    第一节　金融计量概论 ···························· 1
    第二节　单方程建模导读 ························· 3
    第三节　多元方程建模导读 ······················ 4
    主要参考文献 ·· 5

第一篇
单方程建模

第一章　资产收益率及其分布 ··················· 11
    第一节　资产价格与收益率 ····················· 11
    第二节　资产收益率的分布 ····················· 15
    第三节　收益率分布的小概率区制：极值理论 ···· 19
    本章小结 ··· 24
    课后习题 ··· 24
    主要参考文献 ·· 25

第二章　收益率方程建模：自回归移动平均模型 ···· 26
    第一节　时间序列初步 ····························· 26
    第二节　自回归过程 ································ 32
    第三节　移动平均过程 ····························· 50
    第四节　自回归移动平均过程 ·················· 57
    第五节　自回归移动平均模型估计 ··········· 60
    本章小结 ··· 68

课后习题 …………………………………………………………………… 69
　　　主要参考文献 ……………………………………………………………… 70

第三章　波动率方程建模：条件异方差模型 ……………………………… 71
　　　第一节　自回归条件异方差模型构建 …………………………………… 71
　　　第二节　GARCH 族模型 ………………………………………………… 76
　　　第三节　非对称 GARCH 模型 …………………………………………… 80
　　　第四节　Jump-GARCH 模型 ……………………………………………… 83
　　　第五节　BEKK-GARCH 模型 …………………………………………… 89
　　　第六节　随机波动模型 …………………………………………………… 93
　　　本章小结 …………………………………………………………………… 96
　　　课后习题 …………………………………………………………………… 96
　　　主要参考文献 ……………………………………………………………… 96

第四章　波动率方程建模：混频条件异方差模型 ………………………… 98
　　　第一节　GARCH-MIDAS 建模 …………………………………………… 98
　　　第二节　ARCH-MIDAS 建模 …………………………………………… 102
　　　第三节　EWMA-MIDAS 建模 …………………………………………… 104
　　　第四节　T(E)GARCH-MIDAS 建模 …………………………………… 105
　　　第五节　APARCH-MIDAS 建模 ………………………………………… 108
　　　本章小结 …………………………………………………………………… 110
　　　课后习题 …………………………………………………………………… 111
　　　主要参考文献 ……………………………………………………………… 111

第五章　单方程回归建模：协整与误差修正模型 ………………………… 112
　　　第一节　单位根检验 ……………………………………………………… 112
　　　第二节　协整检验 ………………………………………………………… 123
　　　第三节　协整估计：DOLS 方法和 FMOLS 方法 ……………………… 126
　　　第四节　自回归分布滞后模型 …………………………………………… 129
　　　第五节　非平稳序列建模：误差修正模型 ……………………………… 132
　　　本章小结 …………………………………………………………………… 135
　　　课后习题 …………………………………………………………………… 135
　　　主要参考文献 ……………………………………………………………… 135

第二篇 多元方程建模

第六章 多元方程建模：向量自回归模型 …… 139
- 第一节 向量自回归模型介绍 …… 139
- 第二节 模型估计 …… 141
- 第三节 格兰杰因果关系检验 …… 144
- 第四节 脉冲响应函数 …… 146
- 第五节 方差分解 …… 149
- 第六节 VAR 建模的案例实现 …… 151
- 本章小结 …… 159
- 课后习题 …… 159
- 主要参考文献 …… 159

第七章 扩展向量自回归模型族 …… 161
- 第一节 长期约束结构向量自回归模型 …… 161
- 第二节 贝叶斯向量自回归模型 …… 164
- 第三节 高维向量自回归模型 …… 174
- 第四节 面板向量自回归模型 …… 178
- 第五节 全局向量自回归模型 …… 186
- 本章小结 …… 193
- 课后习题 …… 194
- 主要参考文献 …… 195

第八章 非线性向量自回归模型族 …… 197
- 第一节 门限向量自回归模型 …… 197
- 第二节 逻辑平滑转移向量自回归模型 …… 201
- 第三节 指数平滑转移向量自回归模型 …… 205
- 第四节 区制转移向量自回归模型 …… 207
- 本章小结 …… 213
- 课后习题 …… 213
- 主要参考文献 …… 213

第九章 时变参数向量自回归模型族 ····· 215

- 第一节 时变参数向量自回归模型 ····· 215
- 第二节 时变参数高维向量自回归模型 ····· 218
- 第三节 时变参数潜在门限向量自回归模型 ····· 223
- 第四节 时变参数因子增广型向量自回归模型 ····· 226
- 第五节 时变参数面板向量自回归模型 ····· 230
- 本章小结 ····· 237
- 课后习题 ····· 237
- 主要参考文献 ····· 238

第十章 动态随机一般均衡：向量自回归模型 ····· 240

- 第一节 动态随机一般均衡模型介绍 ····· 240
- 第二节 动态随机一般均衡模型构建 ····· 243
- 第三节 动态随机一般均衡模型范式：非线性化求解 ····· 246
- 第四节 动态随机一般均衡模型范式：线性化求解 ····· 253
- 第五节 动态随机一般均衡模型的应用与批评 ····· 258
- 本章小结 ····· 260
- 课后习题 ····· 260
- 主要参考文献 ····· 261

绪 论

第一节 金融计量概论

金融计量学(Financial Econometrics)是金融学领域的一个重要分支,通常是指运用计量经济学方法对金融市场做实证分析,如对金融市场资产的价格、交易量、收益率、波动率等变量做计量建模与统计检验,或者对金融市场中的可行性方案展开实证分析。作为连接金融理论与市场经验证据的桥梁,金融计量在现代金融学中具有举足轻重的地位,它可用于检验金融理论或者金融假说、解释金融市场现象,同时还可用于对金融市场行为进行建模和预测,上述这些工作又可以为企业管理者提供决策参考。因此,金融计量的发展对现代金融学理论和公司经营管理均具有深远的影响。

时间序列分析是金融计量学最重要的内容之一,学术界一般将时间序列分析的起源追溯至英国统计学家乔治·乌德尼·尤尔(George Udny Yule)在 1927 年提出的自回归(Auto Regressive, AR)模型,它与同为英国统计学家的吉尔伯特·沃克(Gilbert Walker)在 1931 年提出的移动平均(Moving Average, MA)模型以及自回归移动平均(Auto-Regressive Moving Average, ARMA)模型共同构成时间序列分析的基础内容。这些模型提供了分析和处理非平稳时间序列的方法,主要的思路是对非平稳序列做差分处理得到平稳序列,然后应用 ARMA 模型或自回归差分移动平均(Auto-Regressive Integrated Moving Average, ARIMA)模型对差分后的平稳序列进行拟合、估计和识别诊断分析。同时,不论是 AR 模型、MA 模型、ARMA 模型还是 ARIMA 模型,都要求时间序列是单变量和满足同方差的线性模型。

随着理论的发展,经验研究发现有很多证据并不满足上述假定,如出现时间序列数据中大于均值的样本的残差显著小于那些小于均值的样本的残差(Moran, 1953),或者残差的方差具有一定的聚集的现象。因此,后来的学者开始思考和开发新的模型去识别现实数据中的异方差性、非线性现象,代表性成果为 Engle(1982)提出的自回归条件异方差(Auto-Regressive Conditional Heteroskedasticity, ARCH)模型,该模型假定收益率方程的残差项服从均值为 0、方差是随时间变化具有异方差性的正态分布,同时假定方差的异方差性由过去收益率的平方项所决定。由于 ARCH 模型能够很好地刻画股票市场收益率的波动异方差特性,同时能够很好地识别市场运行的基本规律,并且在市场预测方面取得了较为显著的成效,因此自提出以来被学术界和业界广泛应用。然而,大量的经验数据表明,股票收益率不仅仅具有异方差性,还具有显著的波动聚集性,而 ARCH 模型只是设定异方差方程具有短期的自相关性,并没有很好地刻画出波动聚集性特征。因此,Bollerslev(1986)将 ARCH 模型拓展至广义自回归条件异方差(Generalized Auto-Regressive Conditionall Heteroskedasticity, GARCH)模型。该模型设定方差的异方差性不仅取决于收益率的平方项,还受到自身滞后期项的影响,故而能够很好地测度异方差项变动的平滑性特征、刻画波动率的长期记忆性和波动聚集性特征。在实际应用过程中,GARCH 模型在预测准确度方面表现优异。然而,对经验数据的进一步分析发现,金融市场对正负向冲击的反应表现迥异,市场对负向冲击的反应往往大于面对同样强度的正向冲击,这种非对称性特征在 GARCH 模型中并没有体现出来。因此,Nelson(1991)提出指数广义自回归条件异方差(EGARCH)模型,Zakoian(1994)和 Glosten et al.(1993)则提出门限 GARCH(Threshold GARCH,即 TGARCH)模型,这些模型能够很好地捕捉金融资产价格波动中的杠杆效应。此后,还有学者开始尝试将不同频率数据引入 GARCH 计量模型,提出单因子 GARCH-MIDAS 模型,将波动率分解为长期成分和短期成分(Engle et al., 2013)。至此,GARCH 族模型逐渐成为分析股市波动特征的经典方法。

ARMA 模型和 GARCH 族模型往往被用于分析平稳性的一元时间序列问题,但是大量文献发现,现实当中的许多金融变量并不满足平稳性序列的要求,同时,市场收益率的波动也不仅仅取决于自身的历史收益率,还可能受到其他市场收益率的影响。因此,一个自然的做法是将一元时间序列模型拓展至多元情形。但是,将一元自回归移动平均模型拓展至多元模型的情形还需要解决许多困难,包括模型设定、估计和识别等。因此,该领域的研究在 20 世纪 80 年代之前并未取得长足进展。直至 Engle and Granger(1987)提出协整(Co-integration)模型,为多元的非平稳时间序列建模提供了一个方法论指导,协整检验方法的提出可以说是时间序列分析的一个里程碑。协整模型不仅可用于识别非平稳时间序列的长期均衡关系,还可以检验模型中变量之间存在多少个函数关系。此后,在协整检验基础上,Phillips and Hansen(1990)提出的完全修正普通最小二乘法(FMOLS)以及 Stock and Watson(1993)提出的动态普通最小二乘法(DOLS)解决了模型残差存在的序列自相关性和内生性问题,由此一直被推崇为一元非平稳时间序列建模的首选方法。

在多元方程建模方面,Sims(1980)提出向量自回归(Vector Auto-Regressive, VAR)模型,这是资产收益率多元建模中最常用的模型,VAR 模型及其拓展形式在金融计量中占据重要的地位。VAR 模型的多元联立方程组,右边的解释变量是相同的,是所有内生变量的滞后期项,模型通过当期的内生变量对自身若干个滞后期项进行回归,从而识别内生变量之间的动态关系。此后,学术界围绕 VAR 族模型在以下四个方面进行拓展:一是统计推断方法上的革命。比如提出贝叶斯 VAR 模型(Koop and Korobilis,2010),以及融合贝叶斯估计方法与微观基础理论的 DSGE-VAR 模型(Smets and Wouters,2003;Ireland,2004;Negro et al.,2007),该领域的拓展为宏观金融建模及其分析奠定了理论基础。二是将线性模型系统拓展至非线性情形。比如提出区制转移(Markov Switching VAR,MSVAR)模型、门限向量自回归(Threshold VAR,TVAR)模型以及平滑转移向量自回归(Smooth Transition VAR,STVAR)模型,这些模型也成为金融市场非线性建模的重要方法。三是向面板、空间、高维计量模型拓展。为了突破时间、空间以及数据维度的限制,后续学者陆续提出了面板向量自回归(Panel VAR,PVAR)模型、全局向量自回归(Global VAR,GVAR)模型、空间向量自回归(Space VAR,Space-VAR)模型以及高维向量自回归(High Dimensional VAR,HD-VAR)模型,这些模型能够针对时间和交叉区域数据进行建模,同时也能够突破数据高维限制。四是向时变参数模型拓展。传统 VAR 模型假定模型的系数和扰动项方差都是一成不变的,但这一假定与现实往往不相符。事实上,随着时间的推移,经济结构变化或者制度体系变迁等因素都会导致模型参数发生变化,因此一个自然的拓展是将传统的常系数 VAR 模型拓展至时变参数 VAR 模型。该领域的开拓性文献要数 Cogley and Sargent(2005)以及 Primiceri(2005)提出的时变参数 VAR(Time-Varying Parameter VAR,TVP-VAR)模型。此后,学术界围绕时变参数模型构建陆续提出诸如时变参数高维向量自回归(HD-TVP-VAR)模型、时变参数潜在门限向量自回归(TVP-LT-VAR)模型、时变参数因子增广型向量自回归(TVP-FAVAR)模型、时变参数面板向量自回归(TVP-PVAR)模型。这些 VAR 模型族为多元时间序列建模提供了重要的方法论。

上述单方程建模和多元方程建模方法的提出与发展共同成为搭建金融计量基础的两个重要理论支柱,同时也是本教材的重要内容。

第二节　单方程建模导读

金融计量的单方程建模主要考虑的是一元时间序列,它是统计分析的一个重要分支,主要研究数据的相依性问题,主要内容包括 AR 模型、MA 模型、ARMA 模型、GARCH 族模型以及变量相关的协整与误差修正模型等。这些方法有助于为我们理解变量之间的关系或者给出变量的准确预测提供有价值的信息。从这个角度看,单方程建模分析的目的为:一是研究变量之间的关系,二是建立合适的方程以提升模型预测的能力和精确度。

从学科发展看,常用的 ARMA 族是单方程建模最基础的模型之一,主要用于估计变量(如股票价格)的滞后相关关系,以此构建模型以提高对未来变量(如股票价格)的预测精度,能够为投资者的投资决策提供参考依据。其中,常用的模型包括自回归模型 AR(p)、移动平均模型 MA(q)、自回归移动平均模型 ARMA(p,q)、自回归差分移动平均模型 ARIMA(p,d,q)四种,事实上,前三种均是 ARIMA 模型的特例。该方法为我们如何辨别变量与其滞后期的关系进而为识别收益率与滞后多少期的变量存在显著关系提供了一个方法论指导,本教材在第二章循序渐进介绍以上四种方法。

GARCH 族模型则是波动率建模的基础,主要用于刻画金融资产连续复利收益率的标准差。由于股票收益率等金融变量的时间序列呈现较为明显的自相关、条件异方差、波动聚集、尖峰厚尾及杠杆效应等特征,因此对收益率序列采用波动率建模至关重要。同时,波动率建模对于期权价格预测、区间预测精准度、参数估计有效性、投资组合配置、期货风险对冲和风险管理等方面具有深远的影响。它是在收益率方程满足 ARMA 族模型的基础上,针对收益率方程的残差构建波动率方程,根据模型的特征又可以分为 ARCH 模型(Engle,1982)、EWMA 模型(Roberts,1959)、GARCH 模型(Bollerslev,1986)、多元 BEKK-GARCH 模型(Engle and Kroner,1995)以及非对称性 TGARCH 模型(Glosten et al.,1993;Zakoian,1994)、EGARCH 模型(Nelson,1991)等;考虑到数据的混频特征,还有 GARCH-Midas 模型(Engle et al.,2013)等。上述这些模型可用于估计金融资产收益率的波动率特征,本教材在第三章和第四章介绍以上方法。

除此之外,在单方程建模中还包括协整与误差修正模型,这些方法主要用于估计一元或者多元变量之间的相关性。对于满足一阶平稳的序列变量且变量间仅存在一个协整关系的,根据经济学理论,我们可以构建一元或者多元回归模型,此时就可以采用协整模型进行估计识别,常用方法包括完全修正普通最小二乘法(FMOLS)(Phillips and Hansen,1990)、动态普通最小二乘法(DOLS)(Stock and Watson,1993)等。从估计结果看,我们不仅可以考察变量之间的相关性和相互影响关系,还可以基于实证方法对因变量进行预测。但是,如果所有变量并不是满足一阶平稳的序列变量,即对于不同阶时间序列变量,我们进行单方程建模就要采用自回归分布滞后(ARDL)模型(Charemza and Deadman,1992)进行识别;特别是,对于某些变量是平稳序列而另一些变量是非平稳序列的情形,就要构建向量误差修正模型(VECM)(Davidson et al.,1978),对变量之间的长期关系和短期关系进行识别。本教材在第五章介绍以上方法。

第三节　多元方程建模导读

金融计量的多元方程建模主要是指多元时间序列分析的有关内容,它是多元统计分析的一个重要分支,考察的是变量之间的相互影响和相互反馈关系。多元时间序列的内容颇丰,本教材从第六章到第十章主要讲解多元方程建模中的向量自回归(VAR)模型及其拓展。

  VAR 模型是一种常见的多元时间序列模型,它由 Sims(1980)提出,刻画的是所有当期变量都受到所有变量的若干滞后变量影响的模型。VAR 模型可用于估计联合内生变量之间的动态关系,也可以用于对内生变量进行有效的预测分析,因此近年来备受关注。本教材在第六章介绍经典 VAR 模型的基础上,在第七章放宽条件,依次介绍长期约束结构向量自回归(BQ-SVAR)模型(Blanchard and Quah,1989)、贝叶斯向量自回归(BVAR)模型(Koop and Korobilis,2010)、高维向量自回归(HD-VAR)模型(Banbura et al.,2010)、面板向量自回归(PVAR)模型(Holtz-Eakin et al.,1988)、全局向量自回归(GVAR)模型(Pesaran et al.,2004),这些都属于经典的线性 VAR 模型族。但现实当中许多内生变量之间并不仅仅存在简单的线性关系,更多地呈现较为明显的非线性关系,甚至是时变关系。故此,本教材第八章陆续介绍门限向量自回归(TVAR)模型(Tong,1978)、逻辑平滑转移向量自回归(LSTVAR)模型、指数平滑转移向量自回归(ESTVAR)模型(Weise,1993)和区制转移向量自回归(MS-VAR)模型(Krolzig,1997),这些方法可用于考察内生变量之间的关系受到某一个门限变量影响所呈现的非线性关系,这也是多元建模研究的重要范畴。

  同时,本教材在第九章对上述模型进行拓展,介绍五种经典的时变参数模型,分别是时变参数向量自回归(TVP-VAR)模型(Cogley and Sargent,2005;Primiceri,2005)、时变参数高维向量自回归(HD-TVP-VAR)模型(Koop and Korobilis,2013)、时变参数潜在门限向量自回归(TVP-LT-VAR)模型(Nakajima and West,2013)、时变参数因子增广型向量自回归(TVP-FAVAR)模型(Bernanke et al.,2005)、时变参数面板向量自回归(TVP-PVAR)模型(Ciccarelli et al.,2016),这些模型能够有效捕捉和刻画内生变量之间相互影响、相互反馈的内生与时变关系,是多元时变参数建模重要的研究领域。此外,上述计量方法更多的是针对宏观变量或者金融数据进行计量建模,但这些方法具有一个重要的缺陷——缺乏对微观主体的消费和投资决策的考虑,因此这些方法估计得到的变量之间的内生和互动关系往往缺乏微观基础。故此,本教材在第十章详尽介绍具有微观基础的动态随机一般均衡(DSGE)模型(Smets and Wouters,2003;Ireland,2004;Negro et al.,2007),以此讲解 DSGE-VAR 模型,在家庭、企业、政府、中央银行(以下简称"央行")等经济主体投资决策最优化的条件下,结合贝叶斯方法对多元内生变量之间的动态内生关系进行动态识别,并讲解 DSGE-VAR 模型的线性和非线性求解过程。最后,结合模型求解的优缺点总结 DSGE-VAR 模型的具体应用与批判。

主要参考文献

[1] Banbura M, Giannone D, and Reichlin L. Large Bayesian vector auto regressions [J]. Journal of Applied Econometrics, 2010, 25(1): 71-92.

[2] Bernanke B S, Jean B, and Piotr E. Measuring the effects of monetary policy: A factor-augmented vector autoregressive (FAVAR) approach [J]. The Quarterly Journal of Economics, 2005, 120(1): 387-422.

[3] Blanchard O J, and Quah D. The dynamic effects of aggregate demand and supply disturbances [J]. American Economic Review, 1989, 79: 655-673.

[4] Bollerslev T. Generalized autoregressive conditional heteroskedasticity [J]. Journal of Econometrics, 1986, 31(3): 307-327.

[5] Bruggemann R. Model Reduction Methods for Vector Autoregressive Processes [M]. Lecture Notes in Economics and Mathematical Systems, Springer, 2004.

[6] Charemza W, and Deadman D. New Directions in Econometric Practice: General to Specific Modelling, Cointegration and Vector Autoregression [M]. Aldershot: Edward Elgar, 1992.

[7] Ciccarelli M, Ortega E, and Valderrama M T. Commonalities and cross-country spillovers in macroeconomic-financial linkages [J]. The B.E. Journal of Macroeconomics, 2016, 16(1): 231-275.

[8] Cogley T, and Sargent T J. Drifts and volatilities: Monetary policies and outcomes in the post WWII US [J]. Review of Economic Dynamics, 2005, 8(2): 262-302.

[9] Davidson J E H, Hendry D F, Srba F, et al. Econometric modelling of the aggregate time-series relationship between consumers, expenditure and income in the United Kingdom [J]. The Economic Journal, 1978, 88: 661-692.

[10] Engle R, and Kroner K. Multivariate simultaneous generalized ARCH [J]. Econometric Theory, 1995, 11(1): 122-150.

[11] Engle R F, and Granger C W J. Co-integration and error correction: Representation, estimation, and testing [J]. Econometrica, 1987, 55(2): 251-276.

[12] Engle R F. Autoregressive conditional heteroskedasticity with estimates of the variance of United Kingdom inflation [J]. Econometrica, 1982, 50: 987-1008.

[13] Engle R F. Control chart tests based on geometric moving average [J]. Technometrics, 1959, 1: 239-250.

[14] Engle R F, Eric G, and Bumjean S. Stock market volatility and macroeconomic fundamentals [J]. The Review of Economics and Statistics, 2013, 95 (3): 776-797.

[15] Glosten L R, Jagannathan R, and Runkle D E. On the relation between the expected value and the volatility of the nominal excess return on stocks [J]. The Journal of Finance, 1993, 48: 1779-1801.

[16] Holtz-Eakin, Whitney D N, and Harvey R S. Estimating vector autoregressions with panel data [J]. Econometrica, 1988 (56): 1371-1395.

[17] Ireland P N. Technology shocks in the new Keynesian model [J]. The Review of Economics and Statistics, 2004, 86(4): 923-936.

[18] Koop G, and Korobilis D. Bayesian multivariate time series methods for empirical macroeconomics[J]. Foundations and Trends in Econometrics, 2010, 3(4): 267-358.

[19] Koop G, and Korobilis D. Large time-varying parameter VARs [J]. Journal of Econometrics, 2013, 177(2): 185-198.

[20] Koop G. Forecasting with medium and large Bayesian VARs [J]. Journal of Applied Econometrics, 2013, 28(2): 177-203.

[21] Krolzig H M, The Markov-Switching Vector Autoregressive Model [M]. In: Markov-Switching vector autoregressions. Lecture Notes in Economics and Mathematical Systems. Berlin: Springer, 1997.

[22] Moran P A P. The statistical analysis of the Canadian lynx cycle. II. synchronization and meteorology [J]. Australian Journal of Zoology, 1953, 1(3): 291-298.

[23] Nakajima J, and West M. Dynamic factor volatility modeling: A Bayesian latent threshold approach [J]. Journal of Financial Econometrics, 2013, 11: 116-153.

[24] Negro M D, Schorfheide F, Smets F, et al. On the fit of new Keynesian models [J]. Journal of Business & Economic Statistics, 2007, 25(2): 123-143.

[25] Nelson D B. Conditional heteroskedasticity in asset returns: A new approach [J]. Econometrica, 1991, 2: 347-370.

[26] Pesaran M H, Schuermann T, and Weiner S M. Modeling regional interdependencies using a global error-correcting macroeconometric model [J]. Journal of Business & Economic Statistics, 2004, 22(2): 129-162.

[27] Phillips P, and Hansen B E. Statistics inference in instrumental variables with I(1) processes [J]. Review of Economic Studies, 1990, 57: 99-124.

[28] Roberts S W. Control chart tests based on geometric moving averages [J]. Technometrics, 1959, 1: 239-250.

[29] Sims C. Macroeconomics and reality [J]. Econometrica, 1980, 48: 1-48.

[30] Smets F, and Wouters R. An estimated dynamic stochastic general equilibrium model of the Euro area [J]. Journal of the European Economic Association, 2003, 1(5): 1123-1175.

[31] Stock J H, and Watson M W. A. Simple estimator of co-integrating vectors in higher order integrated systems [J]. Econometrica, 1993, 61: 783-820.

[32] Tong H. On A Threshold Model in Pattern Recognition and Signal Processing [M]. Amsterdam: Sijhoff & Noordhoff, 1978.

[33] Walker G. On periodicity in series of related terms [J]. Proceedings of the Royal Society London, 1931, 131: 518-532.

[34] Weise C. The asymmetric effects of monetary policy: A nonlinear vector autoregression approach [J]. Journal of Money, Credit and Banking, 1993, 31(1): 85-108.

[35] Yule G U. On a method for investigating periodicities in disturbed series with special reference to Wolfer's sunspot numbers [J]. Philosophical Transactions of the Royal Society of London, 1927, Series A 226: 267-298.

[36] Zakoian J M. Threshold heteroscedastic models [J]. Journal of Economic Dynamics and Control, 1994, 18: 931-955.

第一篇
单方程建模

第一章　资产收益率及其分布
第二章　收益率方程建模：自回归移动平均模型
第三章　波动率方程建模：条件异方差模型
第四章　波动率方程建模：混频条件异方差模型
第五章　单方程回归建模：协整与误差修正模型

第一章

资产收益率及其分布

📖 阅读指引 《

金融资产收益率是衡量盈利性的重要指标之一，能够反映资产的利用效果。根据不同标准，资产收益率的分类和刻画方式也不同。本章首先介绍金融资产收益率，包括简单收益率、复合收益率、资产组合收益率以及超额收益率。其次介绍资产收益率的分布，其中有随机变量的矩、单一收益率的分布、多元收益率的分布以及收益率的似然函数。最后讲解收益率分布的小概率区制，包括极值理论、极值分布参数估计和极值理论的应用。

第一节 资产价格与收益率

资产收益率是衡量每单位资产创造多少利润的指标，资产收益率的大小充分反映了资产的投资回报率。根据不同标准，资产收益率有多种分类。按照投资期限，可以分为单期收益率和多期收益率；按照投资方式，可以分为简单收益率和复合收益率；根据投资标的，可以分为单一资产收益率和资产组合收益率；如果与基准指数（如上证指数收益率）相比，还能够计算超额收益率。

一、简单收益率

1. 单期简单收益率

单期简单收益率是持有某种资产一期的收益率。当不考虑分红时，资产的单期简单收益率等于持有期间资产价值变动除以资产期初市场价格；当考虑分红时，资产的单期简单收益率等于资产分红与资产价值变动之和除以资产期初市场价格。设 P_t 为资产在 t 期的市场价格，P_{t-1} 为资产在 $t-1$ 期的市场价格，D_t 为 t 期分红。

不考虑分红的单期简单毛收益率为：

$$1 + r_t = \frac{P_t}{P_{t-1}} \tag{1-1}$$

其对应的单期简单净收益率为：

$$r_t = \frac{P_t - P_{t-1}}{P_{t-1}} = \frac{P_t}{P_{t-1}} - 1 \tag{1-2}$$

考虑分红的单期简单净收益率为：

$$r_t = \frac{D_t + P_t - P_{t-1}}{P_{t-1}} \tag{1-3}$$

例 1-1 假设某只股票 6 月 1 日的收盘价为 9.67 元，6 月 2 日的收盘价为 9.88 元，同时，6 月 2 日分红 2.6 元。计算不考虑分红的单期简单毛收益率、单期简单净收益率以及考虑分红的单期简单净收益率。

根据公式可以计算

不考虑分红的单期简单毛收益率为：$1 + r_t = \dfrac{P_t}{P_{t-1}} = \dfrac{9.88}{9.67} = 102\%$

不考虑分红的单期简单净收益率为：$r_t = \dfrac{P_t}{P_{t-1}} - 1 = \dfrac{9.88}{9.67} - 1 = 2\%$

考虑分红的单期简单净收益率为：$r_t = \dfrac{D_t + P_t - P_{t-1}}{P_{t-1}} = \dfrac{2.6 + 9.88 - 9.67}{9.67} = 29\%$

2. 多期简单收益率

当持有资产不是简单一期而是多期时，要计算资产的多期收益率。当不考虑分红时，持有 k 期的简单毛收益率是对应 k 个单期简单毛收益率的乘积。

k 期简单毛收益率为：

$$\begin{aligned} 1 + r_t(k) &= (1 + r_t)(1 + r_{t-1})\cdots(1 + r_{t-k+1}) \\ &= \frac{P_t}{P_{t-1}} \cdot \frac{P_{t-1}}{P_{t-2}} \cdots \frac{P_{t-k+1}}{P_{t-k}} \\ &= \frac{P_t}{P_{t-k}} \end{aligned} \tag{1-4}$$

例 1-2 假设 6 月 1 日为第一期，6 月 7 日为第五期，某只股票 6 月 7 日的收盘价为 8.54 元，6 月 6 日的收盘价为 8.33 元，6 月 5 日的收盘价为 8.24 元，计算 6 月 7 日的两期毛收益率。

根据公式和题目已知条件，可以计算 6 月 7 日的两期毛收益率为：

$$1 + r_5(2) = \frac{P_5}{P_3} = \frac{8.54}{8.24} = 104\%$$

二、复合收益率

复合收益率与简单收益率最大的区别在于:复合收益率在指定周期结息后,把本金和利息作为新的资本继续投资,而简单收益率不将利息纳入新的资本投资。假设 C 是初始资本,r 是投资的年利率,A 是复利计算后的资产净值。

则复利计算后的资产净值为:

$$A = Ce^{rn} \tag{1-5}$$

例 1-3 假设初始资本为 1 000 元,年收益率为 12%,计算投资 2 年的连续复合后的资产净值。

投资 2 年的连续复合后的资产净值为:

$$A = Ce^{rn} = 1\ 000 \times e^{12\% \times 2} = 1\ 271.25(\text{元})$$

n 年后复合资产净值 A 的现值,即初始资本为:

$$C = Ae^{-rn} \tag{1-6}$$

例 1-4 假设年利率为 14%,投资 3 年连续复利后的资产净值为 1 356 元,计算初始资本。

根据式(1-6)和题目已知条件,可以计算初始资本为:

$$C = Ae^{-rn} = 1\ 356 \times e^{-14\% \times 3} = 890.96(\text{元})$$

连续复合单期收益率(对数收益率)就是资产简单毛收益率的自然对数,在不考虑分红时,连续复合单期收益率为:

$$R_t = \ln(1 + R_t) = \ln\frac{P_t}{P_{t-1}} \tag{1-7}$$

令 $p_t = \ln P_t$,则有:

$$R_t = p_t - p_{t-1} \tag{1-8}$$

当考虑分红时,连续复合单期收益率为:

$$R_t = \ln(P_t + D_t) - \ln(P_{t-1}) \tag{1-9}$$

连续复合多期收益率是对应的连续复合单期收益率之和:

$$\begin{aligned} R_t(k) &= \ln[1 + r_t(k)] = \ln[(1 + r_t)(1 + r_{t-1}) \cdots (1 + r_{t-k+1})] \\ &= \ln(1 + r_t) + \ln(1 + r_{t-1}) + \cdots + \ln(1 + r_{t-k+1}) \\ &= R_t + R_{t-1} + \cdots + R_{t-k+1} \end{aligned} \tag{1-10}$$

例 1-5 假设某只股票 7 月 6 日的收盘价为 15.36 元,7 月 7 日的收盘价为 16.47 元,同时,7 月 7 日分红 3.1 元。计算不考虑分红的连续复合单期收益率以及考虑分红的连续复合单期收益率。

根据公式和题目已知条件,可以算出不考虑分红的连续复合单期收益率为:

$$R_t = \ln(1 + r_t) = \ln\frac{P_t}{P_{t-1}} = \ln\frac{16.47}{15.36} = 7\%$$

考虑分红的连续复合单期收益率为:

$$R_t = \ln(P_t + D_t) - \ln(P_{t-1}) = \ln(16.47 + 3.1) - \ln 15.36 = 24\%$$

三、资产组合收益率

上述计算的都是单一资产的收益率,当同时投资 N 个资产时,要计算资产组合收益率。资产组合收益率是根据每类资产占总资产的比重,计算出的所有资产简单收益率的加权平均。假设 w_i 是资产 i 占总资产的权重,r_{it} 是资产 i 在 t 时刻的简单收益率,则资产组合 p 在 t 时刻的收益率为:

$$r_{pt} = \sum_{i=1}^{N} w_i r_{it} \tag{1-11}$$

资产组合的连续复合收益率没有上述性质,但如果每类资产的简单收益率 r_{it} 的绝对值都很小,则资产组合 p 在 t 时刻的连续复合收益率可近似为:

$$R_{pt} = \sum_{i=1}^{N} w_i R_{it} \tag{1-12}$$

例 1-6 假设某个资产组合由三只股票组成,其中 A 股票在 t 时刻的收益率为 15%,占总资产的比重为 25%;B 股票的收益率为 12%,占比为 35%;C 股票的收益率为 14%,占比为 40%,计算 t 时刻该资产组合的收益率。

该资产组合在 t 时刻的收益率为:

$$r_t = w_A r_{At} + w_B r_{Bt} + w_C r_{Ct} = 15\% \times 25\% + 12\% \times 35\% + 14\% \times 40\% = 13.55\%$$

四、超额收益率

在计算出简单收益率和复合收益率之后,如果想要知道该资产收益率超出某个参考资产收益率的程度,可以计算超额收益率。超额收益率就是资产收益率与参考资产收益率之差。参考资产收益率通常为无风险收益率。假设 r_{0t} 和 R_{0t} 分别为无风险资产在 t 时刻的简单收益率和复合收益率。

简单超额收益率为:

$$x_t = r_t - r_{0t} \tag{1-13}$$

复合超额收益率为:

$$X_t = R_t - R_{0t} \tag{1-14}$$

例 1-7 假设在 t 时刻某只股票的简单收益率为 13.5%,此时无风险资产的简单收益率为7%,计算该股票 t 时刻的简单超额收益率。

t 时刻的简单超额收益率为: $x_t = r_t - r_{0t} = 13.5\% - 7\% = 6.5\%$

第二节　资产收益率的分布

在计算资产收益率之后,要想给收益率建模,首先要了解资产收益率的分布。在本节中,首先介绍收益率均值、方差、偏度和峰度。在此基础上还分别介绍单一收益率和多元收益率的分布,其中单一收益率的常见分布状态主要有正态分布、对数正态分布、稳定分布以及正态混合分布。最后,本节介绍统计模型中常用的似然函数。

一、随机变量的矩

研究资产收益率的分布,首先要对随机变量的矩进行回顾。随机变量的矩用来描述随机变量 X 的数据特征,随着矩阶数的增加,对概率分布信息的描绘更为细化。在学习资产收益率分布时,常用的是一阶矩(均值)、二阶矩(方差)、三阶矩(偏度)和四阶矩(峰度)。

1. 均值

连续型随机变量 X 的 l 阶原点矩定义为:

$$m'_l = E(X^l) = \int_{-\infty}^{+\infty} x^l f(x) \, dx \tag{1-15}$$

其中,E 为期望,$f(x)$ 为随机变量 X 的概率密度函数,x^l 是随机变量 X 的 l 次幂。一阶原点矩用于描述随机变量 X 分布的中心位置,称为随机变量 X 的均值或期望,记为 μ_x:

$$\mu_x = E(X) = \int_{-\infty}^{+\infty} x f(x) \, dx \tag{1-16}$$

2. 方差

连续型随机变量 X 的 l 阶中心矩定义为:

$$m_l = E[(X - \mu_x)^l] = \int_{-\infty}^{+\infty} (x - \mu_x)^l f(x) \, dx \tag{1-17}$$

二阶中心矩用于度量随机变量 X 分布的离散程度,称为随机变量 X 的方差,记为 σ_x^2:

$$\sigma_x^2 = E[(X - \mu_x)^2] = \int_{-\infty}^{+\infty} (x - \mu_x)^2 f(x) \, dx \tag{1-18}$$

其中,σ_x 为随机变量 X 的标准差。均值和方差共同决定了正态分布,但对于其他分布,还需要进一步学习更高阶矩,如为了考察是否符合 t 分布的尖峰厚尾特征,则需要计算四阶矩的峰度予以判定。

3. 偏度

标准化的三阶矩用于度量随机变量 X 分布关于均值的不对称性，即概率分布密度曲线相对于均值不对称的特征数，称为偏度，记为 $S(x)$：

$$S(x) = E\left[\frac{(X - \mu_x)^3}{\sigma_x^3}\right] = \frac{k_3}{\sigma^3} \tag{1-19}$$

其中，k_3 表示三阶中心距，当已知随机变量 X 的概率分布时，偏度是一个可计算的常数。偏度的衡量是相对于正态分布的，正态分布的偏度等于 0，即 $S(x) = 0$，表示如果数据分布是对称的，偏度为 0；而当偏度为正数时，即 $S(x) > 0$，表示分布为右偏，即右侧尾部更长，分布主体集中在左侧；反之，当偏度为负数时，即 $S(x) < 0$，表示分布为左偏，即左侧尾部更长，分布主体集中在右侧。同时，偏度的绝对值越大，表明偏移程度越严重。

4. 峰度

标准化的四阶矩度量随机变量 X 分布的陡峭程度，称为峰度，记为 $K(x)$：

$$K(x) = E\left[\frac{(X - \mu_x)^4}{\sigma_x^4}\right] = \frac{k_4}{\sigma^4} \tag{1-20}$$

其中，k_4 表示四阶中心距，当已知随机变量 X 的概率分布时，峰度也可计算得到。峰度的取值范围为 $[1, +\infty)$，当完全服从正态分布时，峰度为 3。我们通常计算超额峰度，即 $K(x) - 3$，因此根据该公式可计算得到正态分布的超额峰度为 0；当超额峰度为正数时，即 $K(x) - 3 > 0$，表明该分布较陡峭，即相对于正态分布更高尖，也称该分布具有厚尾性；而当超额峰度为负数时，即 $K(x) - 3 < 0$，表明该分布较平缓，相对于正态分布更矮胖。

例 1-8 已知 2019 年 11 月 19 日至 2023 年 6 月 9 日金山办公的股票日收益率数据（见图 1-1），计算样本均值、样本方差、样本偏度和样本峰度（计算原始峰度）。

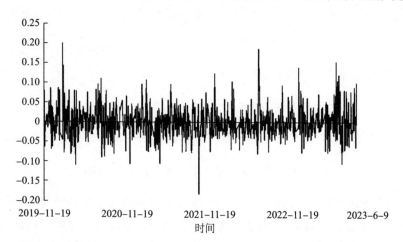

图 1-1　2019 年 11 月 19 日至 2023 年 6 月 9 日金山办公的股票日收益率

样本均值：$\mu_x = \dfrac{\sum_{i=1}^{N} x_i}{N} = 0.0023$

样本方差：$\sigma_x^2 = \dfrac{\sum_{i=1}^{N}(x_i - \mu_x)^2}{N-1} = 0.0015$

样本偏度：$S(x) = E\left[\dfrac{(X-\mu_x)^3}{\sigma_x^3}\right] = \dfrac{k_3}{\sigma^3} = 0.5336$

样本峰度：$K(x) = E\left[\dfrac{(X-\mu_x)^4}{\sigma_x^4}\right] = \dfrac{k_4}{\sigma^4} = 2.2686$

二、单一收益率的分布

1. 正态分布

在金融研究中的传统假设是，资产的简单收益率服从正态分布，即 $r_t \sim N(\mu_t, \sigma_t^2)$，表明收益率服从均值为 μ_t、方差为 σ_t^2 的正态分布。但在实际应用过程中能够发现，该分布的性质与实际资产收益率在匹配度上存在以下几点问题：

第一，取值范围不匹配。在实际投资过程中，资产的收益率下限是-100%，而正态分布的取值范围是 $(-\infty, +\infty)$，因此正态分布的取值下限远低于资产收益率的下限。

第二，运算法则不匹配。从第一节可知，多期简单毛收益率是单期简单毛收益率的乘积，假设单期简单收益率服从正态分布，多期简单收益率就不再服从正态分布。

第三，实证研究不支持正态性假设。诸多实证研究结果发现，资产收益率服从的并不是标准正态分布，而是具有尖峰厚尾的特征。

2. 对数正态分布

为了消除正态分布假设的影响，另一个经典假设是，资产对数收益率服从均值为 μ、方差为 σ^2 的正态分布。因此资产简单收益率是独立同分布的对数正态分布的随机变量，其均值和方差分别是：

$$E(r_t) = e^{\mu+\frac{\sigma^2}{2}},\ \mathrm{Var}(r_t) = (e^{\sigma^2}-1)e^{2\mu+\sigma^2} \qquad (1-21)$$

反之，假设资产的简单收益率 r_t 服从对数正态分布，均值和方差分别为 ν_1 和 ν_2，因此对应的对数收益率 R_t 的均值和方差分别是：

$$E(R_t) = \ln\left[\dfrac{\nu_1+1}{\sqrt{1+\dfrac{\nu_2}{(1+\nu_1)^2}}}\right],\ \mathrm{Var}(R_t) = \ln\left[1+\dfrac{\nu_2}{(1+\nu_1)^2}\right] \qquad (1-22)$$

使用对数正态分布在保证资产收益率大于-100%的同时，根据有限的独立同分布的正态随机变量之和仍服从正态分布的性质可知,多期简单收益率也服从对数正态分布。然而,资产收益率的分布仍然表现出超额峰度,这一点与对数正态分布的性质仍不一致。

3. 稳定分布

稳定分布又称分形分布,是正态分布的自然推广。对于任意实数 $a>0, b>0$,如果存在实数 $c>0$ 和 d,使得

$$aX_1 + bX_2 = cX + d \tag{1-23}$$

成立,则称随机变量 X 的概率分布是稳定的。其中,X_1、X_2 和 X 是独立同分布的随机变量,等号表示同分布。

稳定分布都是无穷可分分布,比如柯西分布。它们满足连续复合收益率的要求,也能够刻画出收益率的超额峰度,但非正态稳定分布没有有限方差,使其应用受限。最经典的例子就是柯西分布,其分布关于中位数对称,但方差无限,因此无法准确刻画资产收益率的分布。

4. 正态混合分布

对资产收益率的最新研究更倾向于采用正态混合分布刻画资产收益率的分布。混合分布是指如果已经有一个包含多个随机变量的随机变量集合,基于该集合再生成一个新的随机变量,该随机变量的分布就称为混合分布。在刻画资产收益率时,使用较多的是正态混合分布,如:

$$r_t \sim (1-X) N(\mu, \sigma_1^2) + X N(\mu, \sigma_2^2) \tag{1-24}$$

其中,随机变量 X 服从伯努利分布,即 $P(X=1)=\alpha$,$P(X=0)=1-\alpha$,$0<\alpha<1$,$\sigma_2^2 > \sigma_1^2$。假设 $\alpha=0.1$,则表示有90%的收益率服从 $N(\mu,\sigma_1^2)$,10%的收益率服从 $N(\mu,\sigma_2^2)$,这样就保证了大多数收益率服从简单的正态分布。

采用正态混合分布在保持正态分布性质的同时,具有有限高阶矩和超额峰度的特征,但也使得未知参数增加,由此增加了估计多个参数的难度。

三、多元收益率的分布

假设 $R_t = (R_{1t}, \cdots, R_{Nt})'$ 是 N 个资产在 t 时刻的对数收益率,相关研究常用多元正态分布描述多元收益率。在多元正态分布中,随机向量 $X=(X_1,\cdots,X_n)$ 的均值向量和协方差矩阵分别为:

$$E(X) = \mu_x = [E(X_1), \cdots, E(X_n)]' \tag{1-25}$$

$$\mathrm{Cov}(X) = \sum\nolimits_x = E[(X-\mu_x)(X-\mu_x)'] \tag{1-26}$$

假设随机向量 X 的样本为 $\{x_1,\cdots,x_T\}$,则样本均值和样本协方差矩阵分别为:

$$\hat{\mu}_x = \frac{1}{T}\sum_{t=1}^{T} x_t \tag{1-27}$$

$$\hat{\Sigma}_x = \frac{1}{T-1} \sum_{t=1}^{T} (x_t - \hat{\mu}_x)(x_t - \hat{\mu}_x)' \tag{1-28}$$

根据样本估计出的样本均值和样本协方差就是对应理论值的估计值。

四、收益率的似然函数

似然函数是关于统计模型中参数的函数,代表模型参数的似然性,用于在已知观测结果时对有关事件的参数进行估计。收益率的似然函数可由收益率的联合分布得到。假设对数收益率 $\{R_{it}; i=1,\cdots,N; t=1,\cdots,T\}$,其联合分布函数为:

$$F_R(R_{11},\cdots,R_{N1}; R_{12},\cdots,R_{N2}; R_{1t},\cdots,R_{NT}; \lambda; \theta) \tag{1-29}$$

其中,λ 是状态向量,用于刻画决定资产收益率的环境;θ 是决定分布函数 $F_R(\cdot)$ 的唯一参数向量。概率分布 $F_R(\cdot)$ 决定资产收益率 R_{it} 和参数向量 θ 的随机行为。

将联合分布分解可得到:

$$\begin{aligned} F(R_{i1},\cdots,R_{iT}; \theta) &= F(R_{i1}; \theta) F(R_{i2}|R_{i1}; \theta) \cdots F(R_{iT}|R_{i,T-1},\cdots,R_{i1}; \theta) \\ &= F(R_{i1}; \theta) \prod_{t=2}^{T} F(R_{it}|R_{i,t-1},\cdots,R_{i1}; \theta) \end{aligned} \tag{1-30}$$

利用概率密度函数函数,可将式(1-30)写为:

$$f(R_{i1},\cdots,R_{iT}; \theta) = f(R_{i1}; \theta) \prod_{t=2}^{T} f(R_{it}|R_{i,t-1},\cdots,R_{i1}; \theta) \tag{1-31}$$

根据式(1-31)可得到资产收益率 $\{R_1,\cdots,R_T\}$ 的似然函数。假设条件分布 $f(R_{iT}|R_{i,t-1},\cdots,R_{i1}; \theta)$ 服从 $N \sim (\mu_t, \sigma_t^2)$,则参数向量 θ 由 μ_t 和 σ_t^2 组成,资产收益率的似然函数为:

$$f(R_{i1},\cdots,R_{iT}; \theta) = f(R_{i1}; \theta) \prod_{t=2}^{T} \frac{1}{\sqrt{2\pi}\sigma_t} e^{\left[\frac{-(R_t-\mu_t)^2}{2\sigma_t^2}\right]} \tag{1-32}$$

其中,$f(R_{i1}; \theta)$ 是第一个观测收益率 R_{i1} 的边际密度函数,使似然函数达到最大的 θ 值,就是参数 θ 的最大似然估计(MLE)。根据对数函数的性质,最大似然估计可以通过式(1-33)得到:

$$\ln f(R_{i1},\cdots,R_{iT}; \theta) = \ln f(R_{i1}; \theta) - \frac{1}{2} \sum_{t=2}^{T} \left[\ln(2\pi) + \ln(\sigma_t^2) + \frac{(R_t-\mu_t)^2}{\sigma_t^2} \right] \tag{1-33}$$

第三节 收益率分布的小概率区制:极值理论

第二节主要介绍了常见的收益率分布,在收益率分布中有小概率区制,即最大收益率和最小收益率的分布,也就是最大次序统计量和最小次序统计量,本节介绍极值理论,通过数学公式计算出小概率事件发生的概率。在此基础上,本节进一步介绍极值分布参数的估计方法,分别有参数方法和非参数方法。最后,本节介绍极值理论的应用,计算 VaR 和 ES。

一、极值理论介绍

极值理论用于预测小概率事件发生的可能,中心思想是概率分布,能够给出小概率事件发生概率的数学公式。根据 Fisher-Tippett-Gnedenko 定理,当 $T \to \infty$ 时,假设存在 $\{\mu_T\} \in R$ 和 $\{\sigma_T\} > 0$ 的均值和标准差序列,使得正规化的极大值随机变量 $X = \dfrac{x_T - \mu_T}{\sigma_T}$ 有渐进分布: $\lim_{T \to \infty} P(X \leq x) = F(x)$,则称 X 服从广义极值分布,相应的累积分布函数是:

$$F(x) = \begin{cases} e^{[-(1+\zeta x)^{-1/\zeta}]}, & \zeta \neq 0 \\ e^{-e^{-x}}, & \zeta = 0 \end{cases} \tag{1-34}$$

其中,$\mu = \lim_{T \to \infty} \mu_T$,是位置参数,$\sigma = \lim_{T \to \infty} \sigma_T$,是尺度参数,$\zeta$ 为形状参数,控制极限分布的尾部行为,$1/\zeta$ 为尾部指数。因此,相应的概率密度函数为:

$$f(x) = \begin{cases} (1+\zeta x)^{-1/\zeta - 1} e^{[-(1+\zeta x)^{-1/\zeta}]}, & \zeta \neq 0 \\ e^{-x - e^{-x}}, & \zeta = 0 \end{cases} \tag{1-35}$$

根据形状参数 ζ 的取值范围,极值分布可分为三种类型。

第一种,当 $\zeta = 0$ 时,极值分布为 Gumbel 族,其概率密度函数为:

$$F(x) = e^{-e^{-x}}, \quad -\infty < x < \infty \tag{1-36}$$

第二种,当 $\zeta > 0$ 时,极值分布为 Frechet 族,其概率密度函数为:

$$F(x) = \begin{cases} e^{[-(1+\zeta x)^{-1/\zeta}]}, & x > -1/\zeta \\ 0, & x \leq -1/\zeta \end{cases} \tag{1-37}$$

第三种,当 $\zeta < 0$ 时,极值分布为 Weibull 族,其概率密度函数为:

$$F(x) = \begin{cases} e^{[-(1+\zeta x)^{-1/\zeta}]}, & x < -1/\zeta \\ 1, & x \geq -1/\zeta \end{cases} \tag{1-38}$$

二、极值分布参数估计

形状参数 ζ、位置参数 $\mu = \lim_{T \to \infty} \mu_T$、尺度参数 $\sigma = \lim_{T \to \infty} \sigma_T$ 是极值分布的三个重要参数,可以采用参数方法或者非参数方法进行估计,其中,参数方法包括最大似然法和回归法。

在给定的样本中,只存在一个最大收益率或者最小收益率,用一个收益率无法同时估计三个参数。因此,通常将样本分为几个子样本,再使子样本对应极值理论。假设 $R_{n,i}$

是第 i 个子样本中的最小收益率,当 n 足够大时,$x_{n,i} = \dfrac{R_{n,i} - \mu_n}{\sigma_n}$ 服从极值分布。

1. 最大似然法

假设子样本区间的收益率最小值 $\{R_{n,i}\}$ 服从极值分布,根据式(1-35)可以得到 $R_{n,i}$ 的概率密度函数为:

$$f(R_{n,i}) = \begin{cases} \dfrac{1}{\sigma_n}\left[1 + \dfrac{\zeta_n(R_{n,i} - \mu_n)}{\sigma_n}\right]^{-(1+\zeta_n)/\zeta_n} e^{\left[-\left(1 + \dfrac{\zeta_n(R_{n,i}-\mu_n)}{\sigma_n}\right)^{-1/\zeta_n}\right]}, & \zeta_n \neq 0 \\ \dfrac{1}{\sigma_n} e^{-\dfrac{R_{n,i}-\mu_n}{\sigma_n} - e^{-\dfrac{R_{n,i}-\mu_n}{\sigma_n}}}, & \zeta_n = 0 \end{cases} \quad (1-39)$$

在独立性假定下,子样本区间的最小收益率的似然函数为:

$$l(R_{n,1}, \cdots, R_{n,g} | \zeta_n, \sigma_n, \mu_n) = \prod_{i=1}^{g} f(r_{n,i}) \quad (1-40)$$

根据式(1-40),可采用非线性估计程序得到形状参数 ζ、位置参数 $\mu = \lim_{T \to \infty} \mu_T$、尺度参数 $\sigma = \lim_{T \to \infty} \sigma_T$ 的最大似然估计。这些估计是无偏、渐进分布的,并且在适当假定下是渐进有效的。

2. 回归法

假设 $\{R_{n,i}\}_{i=1}^{g}$ 是从方程(1-35)的一般极值分布中抽取的随机样本,并且具有次序统计量的性质。参考 Gumbel(1958),子样本区间最小收益率 $\{R_{n,i}\}_{i=1}^{g}$ 的次序统计量为:

$$R_{n(1)} \leq R_{n(2)} \leq \cdots \leq R_{n(g)} \quad (1-41)$$

根据 Cox and Hinkley(1974),利用次序统计量的性质可以得到:

$$E\{F[R_{n(i)}]\} = \dfrac{i}{g+1}, i = 1, \cdots, g \quad (1-42)$$

根据 ζ 的不同取值,可以分为两种情况:

第一种,当 $\zeta_n \neq 0$ 时,可以得到:

$$F[R_{n(i)}] = e^{\left\{-\left[1 + \dfrac{\zeta_n(R_{n,i}-\mu_n)}{\sigma_n}\right]^{-1/\zeta_n}\right\}} \quad (1-43)$$

根据式(1-42)和式(1-43)以及观测值的渐进期望,能够得到:

$$\dfrac{i}{g+1} = e^{\left\{-\left[1 + \dfrac{\zeta_n(R_{n,i}-\mu_n)}{\sigma_n}\right]^{-1/\zeta_n}\right\}}, i = 1, \cdots, g \quad (1-44)$$

对式(1-44)取两次自然对数可得:

$$\ln\left[-\ln\left(\dfrac{i}{g+1}\right)\right] = -\dfrac{1}{\zeta_n}\left[1 + \dfrac{\zeta_n(R_{n,i}-\mu_n)}{\sigma_n}\right], i = 1, \cdots, g \quad (1-45)$$

令 e_i 表示前面两个量的偏移,并且假设 $\{e_i\}$ 不是序列相关,则可以得到回归方程:

$$\ln\left[-\ln\left(\frac{i}{g+1}\right)\right] = -\frac{1}{\zeta_n}\left[1+\frac{\zeta_n(R_{n,i}-\mu_n)}{\sigma_n}\right]+e_i, i=1,\cdots,g \qquad (1-46)$$

根据式（1-46），可以通过最小化 e_i 的平方和得到形状参数 ζ、位置参数 $\mu = \lim_{T\to\infty}\mu_T$、尺度参数 $\sigma = \lim_{T\to\infty}\sigma_T$ 的最小二乘估计。

第二种，当 $\zeta_n = 0$ 时，回归方程为：

$$\ln\left[-\ln\left(\frac{i}{g+1}\right)\right] = -\frac{1}{\sigma_n}R_{n,i}+\frac{\mu_n}{\sigma_n}+e_i, i=1,\cdots,g \qquad (1-47)$$

虽然使用最小二乘估计也可以估计得到参数的估计值，但与最大似然估计值相比，有效性较低。

3. 非参数法

形状参数 ζ 可以采用非参数法进行估计。目前主要有两种估计方法，分别是 Hill 估计和 Pickands 估计。根据 Hill(1975) 和 Pickands(1975) 可以得到以下估计量：

$$\zeta_h(Q) = \frac{1}{Q}\left[\ln R_{(T-i+1)}-\ln R_{(T-Q)}\right] \qquad (1-48)$$

$$\zeta_p(Q) = \frac{1}{\ln(2)}\ln\left[\frac{R_{(T-Q+1)}-R_{(T-2Q+1)}}{R_{(T-2Q+1)}-R_{(T-4Q+1)}}\right], Q \leq T/4 \qquad (1-49)$$

其中，Q 为正整数。Hill 估计仅对 Frechet 族适用，但比 Pickands 估计更有效。

三、极值理论的应用

在测度金融机构系统性风险指标上，高盛集团（Goldman Sachs）在20世纪90年代提出在险值（VaR）方法，并一度在学术界和政策界盛行，但由于 VaR 方法在收益率不满足椭圆分布时会违背次可加性，因此它不是测度金融风险的理想指标。此后，学者拓展构建了期望损失缺口（Expected Shortfall, ES）指标，测度的是假定在一段时间内小概率事件发生时的 VaR 期望值，由于其满足次可加性，因此被广泛应用于测度金融机构风险。本部分将结合极值分布的参数估计方法，介绍极值理论的 VaR 和 ES 测算方法。

1. VaR

VaR 是指在未来市场波动下，金融资产或者证券组合的最大可能损失。更准确地说是指在一定置信水平下，金融资产或证券组合在特定展望期内的最大可能损失，其数学表达式为：

$$\text{Prob}(\Delta P < -\text{VaR}) = (100-X)\% \qquad (1-50)$$

其中，ΔP 表示在时间段 T 内资产价格的变化，式（1-50）的含义是在时间段 T 内有 $X\%$ 的概率，损失不会大于 VaR。

假设在样本区间有 N 个观测值，将样本区间分为 j 个不会重合的长度为 n 的子区间，同时满足 $N = jn$。假设 $N = jn + h, 1 \leq h < n$，根据参数估计可以得到子区间最小值

$\{R_{n,i}\}$ 的形状参数 ζ、位置参数 $\mu = \lim_{T\to\infty}\mu_T$ 和尺度参数 $\sigma = \lim_{T\to\infty}\sigma_T$。将最大似然估计代入式(1-34)可以得到极值分布在给定概率下的分位数。当持有多头头寸时,讨论更多的是左分位数。P^* 定义为多头头寸的潜在损失超过一定限度的可能性,R_n^* 为子区间最小值在极值分布条件下的 $1-P^*$ 分位数,

$$1 - P^* = \begin{cases} e^{\left\{-\left[1+\frac{\zeta_n(R_n^*-\mu_n)}{\sigma_n}\right]^{-1/\zeta_n}\right\}}, & \zeta_n \neq 0 \\ e^{-e^{-\frac{(R_n^*-\mu_n)}{\sigma_n}}}, & \zeta_n = 0 \end{cases} \quad (1-51)$$

当 $\zeta_n \neq 0$ 时,$1 + \frac{\zeta_n(R_n^* - \mu_n)}{\sigma_n} > 0$,可以将式(1-51)改写为:

$$\ln(1 - P^*) = \begin{cases} -\left[1+\frac{\zeta_n(R_n^*-\mu_n)}{\sigma_n}\right]^{-1/\zeta_n}, & \zeta_n \neq 0 \\ -e^{-\frac{(R_n^*-\mu_n)}{\sigma_n}}, & \zeta_n = 0 \end{cases}$$

由此得到分位数为:

$$R_n^* = \begin{cases} \mu_n - \frac{\sigma_n}{\zeta_n}\{1 - [-\ln(1-P^*)]^{-\zeta_n}\}, & \zeta_n \neq 0 \\ \mu_n - \sigma_n \ln[-\ln(1-P^*)], & \zeta_n = 0 \end{cases} \quad (1-52)$$

对于给定的左尾概率 P^*,式(1-52)的分位数 R_n^* 就是在极值理论的基础上计算出的子区间 VaR 的最大值。

根据 VaR 的定义,在置信水平为 α(小概率事件)下 VaR 满足 $P^*\{X < \text{VaR}\} = 1 - \alpha$,若定义 VaR 为极端损失 m_n^*,则可以得到 $P^*[m_n < m_n^*] = 1 - \alpha$,其中,$m_n$ 是样本规模为 n 时的样本极端值,而且满足 $m_n = \max\{X_1, X_2, \cdots, X_n\}$ 且 X_i 独立同分布,故此可推导得到:

$$P^*[m_n < m_n^*] = P^*[m_1 < m_n^*]P^*[m_2 < m_n^*]\cdots P^*[m_n < m_n^*] = (1-\alpha)^n \quad (1-53)$$

将式(1-53)代入式(1-52)可得:

$$\text{VaR} = \begin{cases} \mu_n - \frac{\sigma_n}{\zeta_n}\{1 - [-n\ln(1-\alpha)]^{-\zeta_n}\}, & \zeta_n \neq 0 \\ \mu_n - \sigma_n \ln[-n\ln(1-\alpha)], & \zeta_n = 0 \end{cases}$$

其中,n 是子区间长度。

例 1-9 假设某只股票的 $n = 56, \hat{\sigma}_n = 0.847, \hat{\mu}_n = 2.496, \hat{\zeta}_n = 0.236$,求对于左尾概率 $p = 0.01$ 对应的 VaR 是多少。

$$\text{VaR} = 2.496 - \frac{0.847}{0.236}\{1 - [-56\ln(1-0.01)]^{-0.236}\} = 5.992$$

2. ES

极值理论的另一个重要应用就是计算 ES。ES 又称条件 VaR 或者预期尾部损失,是指在损失超过 VaR 时,金融资产或者投资组合的平均损失。ES 是在 VaR 的基础上衍生出的风险度量工具,有效弥补了 VaR 没有考虑尾部风险、不满足次可加性等缺点。其数学表达式是:

$$ES = E[V \mid V > \text{VaR}] \quad (1\text{-}54)$$

其中,V 表示损失,指损失超过 VaR 阈值时可能遭受的平均潜在损失。

根据 ES 计算公式 $ES = \dfrac{1}{1-\alpha}\int_{\alpha}^{1}\text{VaR}\,dx$,并结合 VaR 计算公式,进一步可以得到 ES 的计算公式为:

$$ES = \frac{\text{VaR}}{1-\zeta_n} + \frac{\sigma_n - \zeta_n \mu_n}{1-\zeta_n} \quad (1\text{-}55)$$

例 1-10 假设某只股票的 $n = 56$,$\hat{\sigma}_n = 0.847$,$\hat{\mu}_n = 2.496$,$\hat{\zeta}_n = 0.236$,求对于左尾概率 $P = 0.01$ 对应的 ES 是多少。

$$ES = \frac{\text{VaR}}{1-\zeta_n} + \frac{\sigma_n - \zeta_n \mu_n}{1-\zeta_n} = \frac{5.992}{1-0.236} + \frac{0.847 - 0.236 \times 2.496}{1-0.236} = 8.181$$

从上述估计数值结果看,ES 大于 VaR,这与理论是相符的。

本章小结

本章主要介绍金融资产收益率,首先介绍资产价格和收益率,包括简单、复合、资产组合等多种收益率。接着介绍资产收益率的分布,主要有单一收益率和多元收益率的分布。最后介绍收益率分布的小概率区制——极值理论,包括极值理论的概念、极值分布参数的估计以及极值理论的实际应用。

课后习题

1. 假设 3 月 6 日为第一期,3 月 9 日为第四期,某只股票 3 月 9 日收益率为 12.66%,3 月 8 日收益率为 12.46%,3 月 7 日收益率为 11.85%,计算 3 月 9 日的两期收益率。

2. 假设初始资本为 1 000 元,年收益率为 15%,计算投资两年的连续复合后的资产净值。

3. 假设年利率为 11%,投资三年的连续复合后的资产的现值为 1 160 元,计算初始资本。

4. 假设某只股票 4 月 5 日的收盘价为 10.89 元,4 月 6 日的收盘价为 11.74 元,同时 4 月 6 日分红 1.5 元。计算不考虑分红的连续复合单期收益率以及考虑分红的连续复合单期收益率。

5. 假设某个资产组合由三只股票组成,其中 A 股票在 t 时刻的收益率为 12%,占总资产的比重为 33%;B 股票的收益率为 10%,占比为 37%;C 股票的收益率为 10%,占比为 30%,计算 t 时刻该资产组合的收益率。

6. 假设在 t 时刻某只股票的简单收益率为 14%,此时无风险资产的简单收益率为 7%,计算 t 时刻的简单超额收益率。

7. 假设某只股票的 $n=66$,$\hat{\sigma}_n = 0.88$,$\hat{\mu}_n = 2.489$,$\hat{\zeta}_n = 0.257$,求对于左尾概率 $P=0.01$ 对应的 VaR 和 ES。

8. 请描述 VaR 和 ES 的区别与联系。

主要参考文献

[1] Cox D R, and Hinkley D V. Theoretical Statistics [M]. London: Chapman and Hall, 1974.

[2] Gumbel E J. Statistics of Extremes [M]. New York: Columbia University Press, 1958.

[3] Hill B M. A simple general approach to inference about the tail of a distribution [J]. Annals of Statistics, 1975, 3: 1163-1173.

[4] Pickands J. Statistical inference using extreme order statistics [J]. Annals of Statistics, 1975, 3: 119-131.

第二章
收益率方程建模：自回归移动平均模型

> **阅读指引**
>
> 第一章主要介绍了金融资产收益率的基本理论和统计理论，为了进一步分析以及预测金融中的随机变量，本章从时间序列角度出发，介绍时间序列及其相关概念，阐述了时间序列中 AR 模型和 MA 模型的统计性质及其特点；在此基础上，阐述 ARMA 族模型的特点，继而通过案例来介绍 ARMA 模型的构建流程。

第一节　时间序列初步

一、时间序列的定义

时间序列是统计学中的一个基本概念，指的是按时间的先后顺序排列的一组数据，即存在一组随机变量 $\{Y_t, t \in T\}$ 表示随机事件的时间序列，用 $y_1, y_2, y_3, \cdots, y_t, \cdots$ 表示随机事件的有序观测值，若 $t = 1, 2, 3, \cdots, n$，则称该时间序列长度为 n。

在经济和金融分析中，时间序列是一种常见的数据格式，如每个季度的 GDP 总量组成的序列即为一组时间序列数据，每个月的广义货币供应量 M2 组成的序列也是一组时间序列数据。可见，时间序列分析对了解宏观经济现象有着十分重要的指导意义，而时间序列分析的目的正是通过严密且完备的数理统计方法揭示时间序列的性质，同其他统计分析一样，通过对观测值性质的分析来推断时间序列的性质。

二、时间序列的统计特征

我们在对时间序列数据进行分析前，需要了解时间序列的统计性质，这些性质决定了时间序列的特征，继而根据这些特征可以判定时间序列的类型，并基于不同的时间序列类型采用特定的分析方法来实现特定的分析目标。下面对几个时间序列的统计性质进行阐述。

1. 自相关与偏自相关

相关系数反映的是两个变量之间的线性关系,通过计算两个变量间的协方差得出,公式如下:

$$\rho_{x,y} = \frac{\text{Cov}(x,y)}{\sqrt{\text{Var}(x)}\sqrt{\text{Var}(y)}} \tag{2-1}$$

由于时间序列数据是由单一事件在不同时间点上的观测值组成的集合,因此时间序列的协方差与相关系数被定义为与滞后 k 期的数据之间的相关性程度。

定义 2.1 对于时间序列 $\{Y_t, t \in T\}$ 中任意的 $t, t-s \in T$,定义

$$\gamma(t, t-s) = E(Y_t - \mu_t) E(Y_{t-s} - \mu_{t-s}) \tag{2-2}$$

为 $\{Y_t\}$ 的自协方差;定义

$$\rho(t, t-s) = \frac{\gamma(t, t-s)}{\sqrt{DY_t}\sqrt{DY_{t-s}}} \tag{2-3}$$

为时间序列的自相关系数。为了更简洁地表达,令

$$\gamma(s) = \gamma(t, t-s) \tag{2-4}$$

为时间序列 $\{Y_t\}$ 与滞后 s 阶的数据的自协方差;令

$$\rho(s) = \rho(t, t-s) \tag{2-5}$$

为时间序列与滞后 s 阶的数据的相关系数。

由上述定义可以看出,自协方差和自相关系数反映了当前观测值与过去观测值直接的相关性程度。若自相关系数显著不为 0,则意味着该时间序列保留了对过去信息的"记忆",自相关系数越大表明对过去信息的"记忆"越强烈。

虽然自相关系数反映滞后 k 阶的信息对当前信息的影响,但深入思考就会发现,若当前的数据会受到过去一系列数据的影响,那么 $\rho(k)$ 虽然反映滞后 k 阶的数据对当前数据的影响,但其中又包含由滞后 k 阶数据变动造成滞后 $k-1, k-2, \cdots, 1$ 阶数据的变动进而对当前数据的影响。这使得仅通过自相关系数 $\rho(k)$ 来获取滞后 k 阶数据对当前数据的直接影响程度变得困难。为了解决这一问题,条件均值的思想被引入时间序列,这一思想的产物被称为偏自相关系数。

定义 2.2 对于时间序列 $\{Y_t\}$,在控制中间 $k-1$ 个变量不变的情况下,y_{t-k} 对 x_t 的影响程度为:

$$\rho_{y_t, y_{t-k} | y_{t-1}, y_{t-2}, \cdots, y_{t-k+1}} = \frac{E[(y_t - \hat{E}y_t)(y_{t-k} - \hat{E}y_{t-k})]}{E[(y_{t-k} - \hat{E}y_{t-k})^2]} \tag{2-6}$$

其中,$\hat{E}y_t = E[y_t | y_{t-1}, y_{t-2}, \cdots, y_{t-k+1}]$,$\hat{E}y_{t-k} = E[y_{t-k} | y_{t-1}, y_{t-2}, \cdots, y_{t-k+1}]$,该影响系

数为偏自相关系数。

2. 平稳性

平稳性是时间序列分析的基础,其可以分为严平稳性和宽平稳性。严平稳性指的是时间序列的任意统计性质不会随着时间的推移而发生变化的一种特征。

定义 2.3 存在一个时间序列 $\{Y_t, t \in T\}$,对于任意的 $t_1, t_2, \cdots, t_m \in T$,正整数 k 有:

$$F_{t_1, t_2, \cdots, t_m}(y_1, y_2, \cdots, y_m) = F_{t_1+k, t_2+k, \cdots, t_m+k}(y_1, y_2, \cdots, y_m) \tag{2-7}$$

其中,$F(\cdot)$ 为时间序列的联合概率分布族,称该时间序列为严平稳时间序列。

由于时间序列的统计性质是由其联合概率分布族所决定的,因此若一个时间序列是严平稳时间序列,则其所有统计性质不会随着时间推移而变化。严平稳性为时间序列分析提供了坚实的理论基础:若统计性质不会随着时间的推移而变化,则基于样本得出的统计量是对该时间序列统计性质的最适估计,并且估计得出的统计性质在过去、现在和未来都是一致的。虽然严平稳性为时间序列分析奠定了坚实的基础,但对联合概率分布族不随时间变化这一要求太过苛刻,若在分析时严格遵循严平稳的定义,则现实中几乎没有合格的时间序列数据。为了使时间序列分析得以进行下去,对平稳性的条件进行一定的放松,对统计性质不随时间推移发生改变的特性限定在二阶矩上,若时间序列的二阶矩平稳,则认为该时间序列近似稳定,这一特性被称为宽平稳性。

定义 2.4 若一个时间序列 $\{Y_t, t \in T\}$ 满足以下三个条件:

(i) $\forall t \in T, EY_t^2 < \infty$

(ii) $\forall t \in T, EY_t = \mu$

(iii) $\forall t, s \in T, k \in N$

使得 $k + s - t \in T, \gamma(t,s) = \gamma(k, k+s-t)$,其中 $\gamma(t,s)$ 为时间序列的自协方差,则该时间序列为宽平稳时间序列。由宽平稳时间序列的定义可知,平稳序列将会在某一水平上波动,而且这种波动范围是有限的。由于大多数统计分析只关注低阶矩的性质,因此宽平稳性为更广泛地开展时间序列分析打下了理论基础。在实际应用中大多数的时间序列分析都是针对宽平稳的时间序列,若无特殊说明,本教材所指的时间序列都是宽平稳时间序列。

3. 白噪声

白噪声是一种特殊的时间序列。

定义 2.5 若一个时间序列 $\{Y_t, t \in T\}$ 满足以下性质:

(i) $\forall t \in T, EY_t = \mu$

(ii) $\forall t, s \in T, \gamma(t,s) = \begin{cases} \sigma^2, & t = s \\ 0, & t \neq s \end{cases}$

则时间序列为白噪声(White Noise),记为 $Y_t \sim WN(\mu, \sigma^2)$;特别地,若一个白噪声 $EY_t =$

0，则称该白噪声为高斯白噪声（White Noise Gaussian）。由于白噪声的自协方差为0，因此当前时点的观测值跟过去的观测值不存在任何联系，即白噪声不存在任何信息或记忆。正是由于白噪声的这种特性，使得其不具有分析的意义。下面介绍白噪声的几种检验方式。

（1）自相关图。由白噪声定义得到，序列间不存在相关性，0阶自相关系数为1即 $\rho_0 = 1$，其他阶数的自相关系数为0。但是实际上，由于样本有限性，期初滞后项的自相关系数在0附近，可认为无自相关性。

以下用python随机生成白噪声序列，调用statsmodels库的acf函数计算自相关系数，结果如图2-1所示。

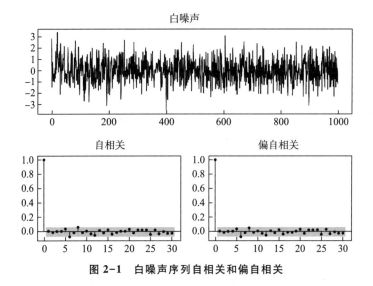

图2-1　白噪声序列自相关和偏自相关

从图2-1发现，除了0阶的自相关系数和偏自相关系数为1，其他阶数的在显著性水平下均趋于0或等于0。

（2）Box-Pierce检验。巴特莱特（Barlett）证明，如果一个时间序列是纯随机的，得到一个观察期数为 n 的观察序列，那么该序列的延迟非零期的样本自相关系数将近似服从均值为0、方差为序列观察期数倒数的正态分布。用数学语言表达如下：

$$\hat{\rho}_k \sim N(0, \frac{1}{n}), \forall k \neq 0$$

其中，n 为序列的观察时间数，$\hat{\rho}_k$ 为滞后 k 阶的样本自相关系数的估计值。

1970年，博克斯（Box）和皮尔斯（Pierce）推导出了 Q_{BP} 统计量，用来检测一个时间序列数据所有 k 阶自相关系数是否联合为0。

原假设为：延迟期数小于或等于 m 期的序列值之间相互独立，即序列为独立同分布的白噪声。

$$H_0: \rho_1 = \rho_2 = \cdots = \rho_m = 0, \forall m \geqslant 1$$

备择假设为:延迟期数小于或等于 m 期的序列值之间相关,即序列为非独立同分布的白噪声。

$$H_1: 至少存在某个 \rho_k \neq 0, \forall m \geqslant 1, k \leqslant m$$

其中,ρ_k 为延后 k 阶的自相关系数,m 为最大延迟阶数。

检验原假设使用 Q_{BP} 统计量,Q_{BP} 具体为:

$$Q_{BP} = n \sum_{k=1}^{m} \hat{\rho}_k^2 \sim \chi^2(m)$$

其中,n 为序列观察期数,m 为最大延迟阶数,ρ_k 为延后 k 阶的自相关系数。

使用该方法的判断准则:当 Q_{BP} 统计量小于选定置信水平下的临界值,或者 P 值大于显著性水平(如 0.05),不能拒绝原假设时,可认为序列是白噪声序列;当 Q_{BP} 统计量大于选定置信水平下的临界值,或者 P 值小于显著性水平(如 0.05),拒绝原假设时,可认为序列值之间存在相关性,序列是非白噪声序列。

(3)Ljung-Box 检验。在现实应用过程中,研究者发现 Q_{BP} 统计量在大样本场合(n 很大,如 $n=120$)的检验效果很好,但 Box-Pierce 检验的不足是,当样本量比较小时(如 $n \leqslant 50$)可能会不准确,对此,博克斯和杨(Ljung)在 1979 年进行了改进,从自由度和系数方面对其进行了修正,拟合效果得到大幅改善,推导出 LB(Ljung-Box)统计量,即第 k 阶数的自相关系数前乘以 $\dfrac{n+2}{n-k}$ 做修正。该检验方法的假设条件同 Box-Pierce 检验。

原假设为:延迟期数小于或等于 m 期的序列值之间相互独立,即序列为独立同分布的白噪声。

$$H_0: \rho_1 = \rho_2 = \cdots = \rho_m = 0, \forall m \geqslant 1$$

备择假设为:延迟期数小于或等于 m 期的序列值之间相关,即序列为非独立同分布的白噪声。

$$H_1: 至少存在某个 \rho_k \neq 0, \forall m \geqslant 1, k \leqslant m$$

其中,ρ_k 为延后 k 阶的自相关系数,m 为最大延迟阶数。

一致统计量为:

$$Q_{LB} = n(n+2) \sum_{k=1}^{m} \frac{\hat{\rho}_k^2}{n-k} \sim \chi^2(m)$$

使用该方法的判断准则:当 LB 统计量小于选定置信水平下的临界值,或者 P 值大于显著性水平(如 0.05)时,不能拒绝原假设时,可认为序列是白噪声序列;当 LB 统计量大于选定置信水平下的临界值,或者 P 值小于显著性水平(如 0.05),拒绝原假设时,可认为序列值之间存在相关性,序列是非白噪声序列。

例 2-1 采用 python 中 statsmodels 库的 acorr_ljungbox 函数可以直接得到序列的

Q_{LB} 统计量和 P 值。在 python 随机生成一个白噪声序列,并利用上述函数,一般算出延迟 20 阶的 Q_{LB} 统计量和 P 值。结果如表 2-1 所示。

表 2-1　白噪声的 LB 检验结果

延迟阶数	Q_{LB} 统计量	P 值	延迟阶数	Q_{LB} 统计量	P 值
1	2.9708	0.0848	11	8.6263	0.6563
2	4.5586	0.1024	12	10.5016	0.5720
3	4.6699	0.1976	13	10.5491	0.6485
4	5.3231	0.2557	14	11.4003	0.6543
5	6.0283	0.3035	15	13.3746	0.5734
6	6.0457	0.4181	16	15.2335	0.5076
7	6.3245	0.5024	17	15.7985	0.5382
8	6.7736	0.5613	18	16.2665	0.5740
9	6.9355	0.6438	19	17.5259	0.5543
10	8.5359	0.5766	20	21.1314	0.3894

从结果分析可知,LB 统计量小于选定置信水平下的临界值,P 值均大于 0.05,则该序列是白噪声序列。

4. 单整

对于一个时间序列 $\{x_t\}$,若其单位根检验结果拒绝了非平稳假设,则认为该序列是平稳的,这样的时间序列称为 0 阶单整,记为 $I(0)$;若该序列未能拒绝非平稳假设而其一阶差分后的序列平稳,则称该序列为一阶单整,记为 $I(1)$;以此类推,若该序列直至 p 阶差分后才实现平稳,则称该序列为 p 阶单整,记为 $I(p)$。

三、Wold 分解定理

在时间序列分析中,Wold 分解定理是基础理论(王燕,2008)。其为分解时间序列所包含的信息提供了理论基础,也为后续的分解理论提供了理论方向。其具体理论如下:

对于任意的平稳时间序列 $\{Y_t\}$,都可以分解为一个确定性序列 $\{V_t\}$ 和一个随机性序列 $\{\xi_t\}$ 之和,同时这两个序列互不相关,即一个平稳时间序列可以表示为:

$$x_t = V_t + \xi_t \tag{2-8}$$

在 Wold 分解定理中,V_t 被视为可由历史信息预测的部分,ξ_t 则被认为是完全随机的扰动,这种扰动不包含任何信息,由此也无法被解读。其中,V_t 是一系列历史序列的线性组合,即

$$V_t = \sum_{k=1}^{\infty} \varphi_k y_{t-k} \tag{2-9}$$

而 ξ_t 是由一系列独立同分布的白噪声的线性组合,即

$$\xi_t = \sum_{k=1}^{\infty} \theta_k \varepsilon_{t-k} \tag{2-10}$$

其中,$\{\varepsilon_t\}$ 为白噪声序列且彼此相互独立,$\sum_{k=1}^{\infty} \theta_k^2 < \infty$。

第二节 自回归过程

一、AR 过程的定义

现实生活中,单摆原理的应用不仅仅局限于物理领域,还可以应用于经济学和统计学领域。设 y_t 为 t 时刻的摆动幅度,根据物理原理可知 t 时刻的摆动幅度由前一个单位时间的摆动幅度 y_{t-1} 决定,所以存在 $y_t = \varphi y_{t-1}$;考虑空气扰动等因素影响,假设存在随机干扰 $\varepsilon_t \sim N(0, \sigma^2)$,所以 $y_t = \varphi y_{t-1} + \varepsilon_t, t \geq 1$。我们可以看出,参数 φ 对随机过程的稳定性起决定性意义,而噪声波动强度 σ^2 决定序列的波动程度,在这里我们称其为一阶自回归过程。接下来,我们将介绍一般自回归过程。

自回归过程是用自身做回归。具体来说,就是用一个变量的时间数列作为因变量数列,用同一变量向过去推移若干期的时间数列作为自变量数列,分析一个因变量数列和另一个或多个自变量数列的相关关系。

$\{y_t\}$ 满足以下方程:

$$y_t = c + \varphi_1 y_{t-1} + \varphi_2 y_{t-2} + \cdots + \varphi_p y_{t-p} + \varepsilon_t \tag{2-11}$$

其中,$\{\varepsilon_t\}$ 是白噪声序列且 $\varepsilon_t \sim WN(0, \sigma^2)$,$\varphi_i(i=1,\cdots,p)$ 是系数且 $\varphi_p \neq 0$,则称 y_t 是 p 阶自回归过程,记为 $AR(p)$。以上 AR 过程引入滞后算子后,得到:

$$\Phi(B) y_t = c + \varepsilon_t \tag{2-12}$$

其中,$\Phi(B) = 1 - \varphi_1 B - \varphi_2 B^2 - \cdots - \varphi_p B^p$,方程 $\Phi(B) = 0$ 也称 $AR(p)$ 的特征方程。

二、AR 模型的平稳性判定

前文已经对时间序列的统计性质进行了阐述,下面将对时间序列统计性质的判别及检验方法进行阐述。

1. 图解法

由前文中的平稳性定义可知,一个平稳时间序列将在某一均值水平上波动,因此可

以通过绘制时间序列图的方法观察时间序列,对其平稳性进行判别。如图 2-2 所示,流通中现金(M0)供应量期末值时间序列出现持续上升的趋势,表现出一定的趋势性,显然不符合平稳性特征;如图 2-3 所示,食品类居民消费价格指数的一阶差分时间序列在某一水平上波动,初步认为该时间序列可能存在平稳性特征。

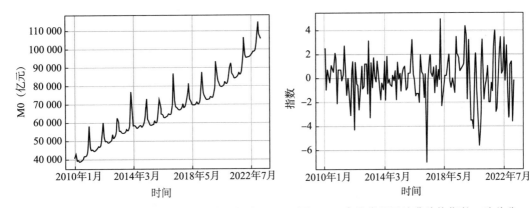

图 2-2　流通中现金供应量期末值时间序列　　图 2-3　食品类居民消费价格指数一阶差分时间序列

虽然图解法能够直观地反映时间序列的特征,但这种方法受较大的主观影响,如图 2-3 和图 2-4 所示,虽然这两个序列都在一定均值水平上波动,似乎反映出这两个时间序列都是平稳性时间序列,但实际上只有食品类居民消费价格指数一阶差分时间序列是平稳性时间序列,这在后面进行论证。

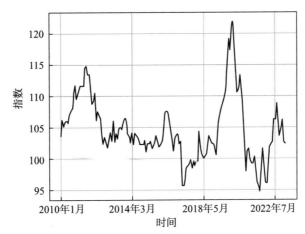

图 2-4　食品类居民消费价格指数时间序列(上年同月=100)

2. 单位根检验法

如前所述,图解法仅可以用在具有明显趋势时间序列的判别上,而对于像图 2-3 和图 2-4 的时间序列,图解法无法给出明确的证据来证明时间序列的平稳性。为了对时间序列的平稳性作出更准确的判别,需要提出更为严密的检验方法,下面简要介绍几种方法。

对于任意的 AR(p) 过程 $y_t = \varphi_0 + \varphi_1 y_{t-1} + \cdots + \varphi_p y_{t-p} + \varepsilon_t$，可以将其看作非齐次线性差分方程，对应的特征方程为：

$$\lambda^p - \varphi_1 \lambda^{p-1} - \varphi_2 \lambda^{p-2} - \cdots - \varphi_p = \varphi_0 + \varepsilon_t \tag{2-13}$$

设 $\lambda_1, \lambda_2, \cdots, \lambda_p$ 为特征方程的根，则齐次线性差分方程

$$\lambda^p - \varphi_1 \lambda^{p-1} - \varphi_2 \lambda^{p-2} - \cdots - \varphi_p = 0 \tag{2-14}$$

的通解为：

$$y'_t = c_1 \lambda_1^t + c_2 \lambda_2^t + \cdots + c_p \lambda_p^t \tag{2-15}$$

其中，$c_i (i = 1, 2, 3, \cdots, p)$ 为任意实数，令特征方程（2-13）的特解为 y''_t，易得 y''_t 与 y'_t 具有同样的敛散性。因此一个时间序列可以表示成特征方程解的形式：

$$y'_t = c_1 \lambda_1^t + c_2 \lambda_2^t + \cdots + c_p \lambda_p^t + y'' \tag{2-16}$$

根据平稳性的定义，时间序列始终围绕在其均值附近波动，即平稳时间序列随着时间推移而向均值收敛：

$$\lim_{t \to \infty} y_t = \lim_{t \to \infty} c_1 \lambda_1^t + c_2 \lambda_2^t + \cdots + c_p \lambda_p^t + y'' = \mu \tag{2-17}$$

为了使时间序列收敛，对应的特征根必须满足如下条件：

$$|\lambda_i| < 1, i = 1, 2, \cdots, p \tag{2-18}$$

因此，对 AR 过程的平稳性判别可以转化为对应差分方程特征根的求解。若单位根的绝对值都小于 1，那么该 AR 过程平稳；反之，则认为该 AR 过程非平稳。

以上方法被称为特征根检验法，其核心思想是通过 AR 过程与差分方程建立联系来检验时间序列的平稳性。而从参数估计的角度来看，若能够通过估计得到的参数来判别序列的平稳性，我们也可以根据参数直接判断序列的平稳性。通过探究参数特征与平稳性的联系进而检验序列平稳的方法被称为平稳域判别法。该方法的核心思想是：若一个 AR 过程是非平稳的，则意味着其对参数空间 $\{\varphi_1, \varphi_2, \cdots, \varphi_p\}$ 没有任何限制，其可以取遍 p 维欧氏空间任何一点；若一个 AR 过程是平稳的，则其参数空间将被约束，这种约束使得其对应特征根的值都小于 1。

以 AR(1) 过程为例，易得对任意的 AR(1) 过程 $y_t = \varphi_0 + \varphi_1 y_{t-1} + \varepsilon_t$，其特征根 $\lambda = \varphi_1$，若一个 AR(1) 过程平稳，则其系数 $|\varphi_1| < 1$。这一判别方法可以用递归推导的方式加以证明，设

$$y_1 = \varphi_0 + \varphi_1 y_0 + \varepsilon_1$$
$$y_2 = \varphi_0 + \varphi_1 y_1 + \varepsilon_2$$
$$= \varphi_0 + \varphi_1 \varphi_0 + \varphi_1^2 y_0 + \varphi_1 \varepsilon_1 + \varepsilon_2$$
$$\vdots$$
$$y_t = \varphi_1^t y_0 + \sum_{i=0}^{t-1} \varphi_1^i \varphi_0 + \sum_{i=0}^{t-1} \varphi_1^i \varepsilon_{t-i} \tag{2-19}$$

易得当 $|\varphi_1| < 1$ 时，序列 $\{y_t\}$ 的均值为：

$$E(y_t) = \frac{\varphi_0}{1-\varphi_1}, t \to \infty \tag{2-20}$$

将这一情形推广至 AR(2) 过程 $y_t = \varphi_0 + \varphi_1 y_{t-1} + \varphi_2 y_{t-2} + \varepsilon_t$，其对应的特征根为 λ_1 和 λ_2，根据韦达定理及平稳性条件，

$$\begin{cases} \lambda_1 + \lambda_2 = \varphi_1 \\ \lambda_1 \lambda_2 = -\varphi_2 \end{cases} \tag{2-21}$$

且 $|\lambda_1| < 1, |\lambda_1| < 1$

推导可得：

$$\begin{aligned} &\text{(i)} \ |\varphi_2| = |\lambda_1 \lambda_2| < 1 \\ &\text{(ii)} \ \varphi_1 + \varphi_2 = -\lambda_1 \lambda_2 + \lambda_1 + \lambda_2 < 1 \\ &\text{(iii)} \ \varphi_1 - \varphi_2 = -\lambda_1 \lambda_2 - \lambda_1 - \lambda_2 < 1 \end{aligned} \tag{2-22}$$

由推导可得参数的平稳域为：

$$\{\varphi_1 \varphi_2 | |\varphi_2| < 1, 且 |\lambda_1| < 1, |\lambda_2| < 1\}$$

由上述论述可知，对于时间序列平稳性检验的关键是计算单位根，但随着 AR 过程滞后阶数的增加，检验的计算语法也会渐趋复杂。为了得到更简便、更高效的检验方法，各种数理统计方法被开发出来，其中最为经典的是由统计学家迪基（Dickey）和福勒（Fuller）提出的 DF 检验法。

DF 检验是针对最简单的时间序列构造提出的，时间序列的确定性部分被认为是由滞后一期的历史数据来描述的，即时间序列 $\{Y_t\}$ 可以被分解为：

$$y_t = \varphi_1 y_{t-1} + \xi_t \tag{2-23}$$

其中，ξ_t 为随机序列，假设 $\xi_t \sim N(0, \sigma^2)$，易得由式（2-23）所决定的差分方程的特征根为：

$$\lambda = \varphi_1 \tag{2-24}$$

当特征根的取值在单位圆内时，该时间序列平稳，即 $|\varphi_1| < 1$；而当特征根的取值在单位圆外时，该时间序列非平稳，即 $|\varphi_1| \geq 1$。

因此 DF 检验的核心就是做 y_t 关于 y_{t-1} 的回归，并检验 φ_1 是否显著小于 1，若 φ_1 显著小于 1，则认为时间序列是平稳序列。由于大多数时间序列是非平稳的，因此在检验中对原假设和备择假设做出如下设定。

$$H_0: |\varphi_1| \geq 1$$
$$H_1: |\varphi_1| < 1$$

DF 检验构造如下检验统计量：

$$\tau = \frac{|\hat{\varphi}_1| - 1}{S(\hat{\varphi}_1)} \tag{2-25}$$

统计量没有一个明确的概率密度函数,其概率分布需要通过蒙特卡洛模拟得出,这超出本教材的讨论范围,不在此详细讨论。对于检验统计结果,读者只需根据以下规则进行判别即可:

(i) 当 $\tau \leq \tau_\alpha$ 时,拒绝原假设,认为该序列平稳。这一结果等价于统计量对应的 P 值 $\leq$ 显著性水平 α。

(ii) 当 $\tau > \tau_\alpha$ 时,不拒绝原假设,认为该序列非平稳。这一结果等价于统计量对应的 P 值 $>$ 显著性水平 α。

例 2-2 检验以下两个 AR(1) 的平稳性:

(1) $y_t = 1.25 y_{t-1} + \varepsilon_t$ (2) $y_t = 0.8 y_{t-1} + \varepsilon_t$

平稳性检验结果如表 2-2 所示。

表 2-2 平稳性检验结果

模型	ADF 检验	P 值	1%	5%	10%
(1)	9 656.3295	1.0000	−2.5748	−1.9421	−1.6158
(2)	−4.6605	0.0000			

由于 DF 检验只针对确定趋势,检验由滞后一期的历史数据构成的情形,当出现高阶的 AR 过程序列时,DF 检验就无法满足平稳性检验的需要,为此数理统计学家们在 DF 检验的基础上提出增广的 DF(Augmented Dickey-Fuller)检验法,也称 ADF 检验。

在前文的论述中,时间序列的必要条件为对应差分方程的特征根绝对值小于 1,ADF 检验正是基于这一关系建立的。下面简述 ADF 检验的原理,设有 AR(p) 过程的时间序列:

$$y_t = \varphi_0 + \varphi_1 y_{t-1} + \cdots + \varphi_1 y_{t-1} + \varepsilon_t \tag{2-26}$$

其对应差分方程的特征根记为 $\lambda_1, \lambda_2, \cdots, \lambda_p$,若存在一特征根 $\lambda_i = 1, i \in \{1,2,3,\cdots,p\}$,称该时间序列存在单位根,则时间序列非平稳。将单位根代入特征方程得:

$$1 - \varphi_1 - \varphi_2 - \cdots - \varphi_p = 0$$

$$\text{即 } 1 = \varphi_1 + \varphi_2 + \cdots + \varphi_p \tag{2-27}$$

由此可见,当 AR 序列的所有参数之和等于 1 时,该序列为非平稳时间序列。而 ADF 检验的核心就是对估计得出的参数之和进行检验。下面介绍 ADF 统计量的构造。

对 AR(p) 过程进行等价变换:

$$\begin{aligned} y_t - y_{t-1} &= (\varphi_1 - 1) y_{t-1} + \cdots + \varphi_p y_{t-p} + \varepsilon_t \\ &= (\varphi_1 - 1) y_{t-1} + \cdots + \varphi_{p-1} y_{t-p+1} + \varphi_p y_{t-p+1} - \varphi_p y_{t-p+1} + \varphi_p y_{t-p} + \varepsilon_t \\ &= (\varphi_1 - 1) y_{t-1} + \cdots + \varphi_{p-1} y_{t-p+1} + \varphi_p y_{t-p+1} - \varphi_p (y_{t-p} - y_{t-p+1}) + \varepsilon_t \\ &\vdots \\ &= (\varphi_1 + \varphi_2 + \cdots + \varphi_p - 1) y_{t-1} - (\varphi_1 + \varphi_2 + \cdots + \varphi_p)(y_{t-1} - y_{t-2}) - \cdots - \varphi_p (y_{t-p} - y_{t-p+1}) + \varepsilon_t \end{aligned}$$

$$\tag{2-28}$$

令

$$\nabla y_t = y_t - y_{t-1}$$
$$\rho = \varphi_1 + \varphi_2 + \varphi_3 + \cdots + \varphi_p - 1 \qquad (2\text{-}29)$$
$$\beta_j = \varphi_{j+1} + \varphi_{j+2} + \varphi_{j+3} + \cdots + \varphi_p, j = 1, 2, \cdots, p-1$$

AR 过程的等价形式可以简化为：

$$\nabla y_t = \rho y_{t-1} - \beta_1 \nabla y_{t-1} - \cdots - \beta_{p-1} \nabla y_{t-p+1} + \varepsilon_t \qquad (2\text{-}30)$$

ADF 检验就是对式(2-30)中的 ρ 进行假设检验。原假设和备择假设如下。

$$H_0: \rho \geqslant 0$$
$$H_1: \rho < 0$$

对应的检验统计量为：

$$\tau = \frac{|\hat{\rho}| - 1}{S(\hat{\rho})} \qquad (2\text{-}31)$$

同 DF 检验一样，ADF 检验统计量的概率分布通过蒙特卡洛模拟得出，也不在本教材的讨论范围之内。现有的统计软件大都有成熟的实现方式，读者只需知道当 τ 小于 τ_α 或者 P 值小于显著性水平时，即可认为时间序列平稳。

例 2-3 对 2010—2023 年的食品类居民消费价格指数的原始序列及一阶差分序列进行平稳性检验，结果如表 2-3 所示。

表 2-3 平稳性检验结果

序列	ADF 检验	P 值	1%	5%	10%
原始序列	-0.6534	0.4322	-2.5812	-1.9429	-1.6152
一阶差分序列	-6.1516	0.0000	-2.5805	-1.9429	-1.6152

三、AR 模型的统计性质

1. 均值

若 AR(p) 模型满足平稳性条件，等式两边取期望，得：

$$E(y_t) = E(c + \varphi_1 y_{t-1} + \varphi_2 y_{t-2} + \cdots + \varphi_p y_{t-p} + \varepsilon_t) \qquad (2\text{-}32)$$

其中，因为 $\{\varepsilon_t\}$ 是白噪声序列，所以 $E(\varepsilon_t) = 0$，且平稳序列均值为同一常数，故 $E(y_i) = \mu, \forall i \in t$，可以得：

$$\mu = c + \mu(\varphi_1 + \varphi_2 + \cdots + \varphi_p)$$
$$\Rightarrow \mu = \frac{c}{1 - \varphi_1 - \varphi_2 - \cdots - \varphi_p} \qquad (2\text{-}33)$$

特别地，对于中心化的 AR(p) 模型，$c = 0$，故有 $E(y_t) = \mu = 0$。

2. 方差

由于涉及高阶差分方程，需要借助 Green 函数，首先给出 Green 函数的定义。

定义 2.6 设零均值平稳序列 $\{y_t, t=0, \pm 1, \pm 2, \cdots\}$ 能够表示为：

$$y_t = \sum_{j=0}^{\infty} G_j \varepsilon_{t-j} \tag{2-34}$$

则式(2-34)为平稳序列 $\{y_t, t=0, \pm 1, \pm 2, \cdots\}$ 的传递形式，其中的加权系数 G_j 称为 Green 函数，定义 $G_0 = 1$，则式(2-34)可以记为：

$$y_t = G(B)\varepsilon_t \tag{2-35}$$

其中，$G(B) = \sum_{j=0}^{\infty} G_j B^j$，表明具有传递形式的平稳序列可以由现在时刻的白噪声 ε_t 通过 $G(B)$ 的作用生成 Green 函数 G_j，即 j 个单位时间以前加入干扰项 ε_{t-j} 对现实相应的权重，也是描述记忆扰动的函数。

由上文知道引入滞后算子后有：

$$\Phi(B) y_t = \varepsilon_t \tag{2-36}$$

可推导得到：

$$y_t = \frac{\varepsilon_t}{\Phi(B)} = \sum_{i=1}^{p} \frac{k_i}{1 - \lambda_i B} \varepsilon_t = \sum_{i=1}^{p} \sum_{j=0}^{\infty} k_i (\lambda_i B)^j \varepsilon_t = \sum_{j=1}^{\infty} \sum_{i=0}^{p} k_i \lambda_i^j \varepsilon_{t-j} \triangleq \sum_{j=0}^{\infty} G_j \varepsilon_{t-j} \tag{2-37}$$

所以，有：

$$G_0 = 1, G_j = \sum_{i=0}^{p} k_i \lambda_i^j, \quad j = 1, 2, \cdots \tag{2-38}$$

方程(2-38)称为 Green 函数，从而得到 Green 函数与特征方程根之间的联系。

据此，进一步推导 Green 函数的递推公式：

$$\begin{cases} \Phi(B) y_t = \varepsilon_t \\ y_t = G(B)\varepsilon_t \end{cases} \Rightarrow \Phi(B) G(B) \varepsilon_t = \varepsilon_t \Rightarrow \Phi(B) G(B) = 1 \tag{2-39}$$

即

$$(1 - \varphi_1 B - \varphi_2 B^2 - \cdots - \varphi_p B^p)(G_0 + G_1 B + G_2 B^2 + G_3 B^3 + \cdots) = 1$$
$$\Rightarrow G_0 + (G_1 - G_0 \varphi_1) B + (G_2 - G_1 \varphi_1 - G_0 \varphi_2) B^2 + (G_3 - G_2 \varphi_1 - G_1 \varphi_2 - G_0 \varphi_3) B^2 + \cdots = 1 \tag{2-40}$$

由于 $G_0 = 1$，得到：

$$G_1 = G_0 \varphi_1$$
$$G_2 = G_1 \varphi_1 + G_0 \varphi_2$$
$$G_3 = G_2 \varphi_1 + G_1 \varphi_2 + G_0 \varphi_3$$
$$\vdots \tag{2-41}$$

得出规律公式,
$$G_j = G_{j-1}\varphi_1 + G_{j-2}\varphi_2 + \cdots + G_0\varphi_j, j = 1, 2, \cdots \quad (2\text{-}42)$$

结合 $G_0 = 1$

$$\begin{cases} G_0 = 1 \\ G_j = \sum_{k=1}^{j} \varphi'_k G_{j-k}, j = 1, 2, \cdots \end{cases} \quad 其中 \varphi'_k = \begin{cases} \varphi_k, k \leq p \\ 0, k > p \end{cases} \quad (2\text{-}43)$$

平稳 AR 过程借助 Green 函数表示为 $y_t = \sum_{j=0}^{\infty} G_j \varepsilon_{t-j}$,两边取方差得到:

$$\text{Var}(y_t) = \sum_{j=0}^{\infty} G_j^2 \sigma^2 \quad (2\text{-}44)$$

其中 G_j 是 Green 函数。

以 AR(1) 为例,可求得:

$$G_0 = 1$$
$$G_1 = \varphi_1 G_0 = \varphi_1$$
$$G_2 = \varphi_1 G_1 + 0 G_0 = \varphi_1^2$$
$$G_3 = \varphi_1 G_2 + 0 G_1 + 0 G_0 = \varphi_1^3$$
$$\vdots$$
$$G_j = \varphi_1^j \quad (2\text{-}45)$$

所以得到:

$$\text{Var}(y_t) = \sum_{j=0}^{\infty} (\varphi_1^j)^2 \sigma^2 = \frac{\sigma^2}{1 - \varphi_1^2} \quad (2\text{-}46)$$

同时,低阶数的 AR(1) 或 AR(2) 可以不通过 Green 函数求解方差,比如中心化后的 AR(1) 可以通过求解一阶差分方程的平稳解(James,1994),继而计算方差。比如 $y_t = \varphi_1 y_{t-1} + \varepsilon_t$ 是一阶差分方程,并且 $\{y_t\}$ 和 $\{\varepsilon_t\}$ 是平稳随机过程,可以得到:

$$y_t = \varepsilon_t + \varphi_1 \varepsilon_{t-1} + \varphi_1^2 \varepsilon_{t-2} + \varphi_1^3 \varepsilon_{t-3} + \cdots \quad (2\text{-}47)$$

由此看出,AR(1) 过程可转换为 MA(∞) 过程来分析。

因为 $y_t = c + \varphi_1 y_{t-1} + \varepsilon_t$,所以 $\text{Var}(y_t) = \varphi_1^2 \text{Var}(y_{t-1}) + \text{Var}(\varepsilon_t)$,已知 $\text{Var}(\varepsilon_t) = \sigma^2$,$\text{Var}(y_t) = \text{Var}(y_{t-1}) = \gamma_0$,从中得到序列的方差为:

$$\gamma_0 = \frac{\sigma^2}{1 - \varphi_1^2} \quad (2\text{-}48)$$

而平稳 AR(2) 的方差可通过 $y_t - \mu = \varphi_1(y_{t-1} - \mu) + \varphi_2(y_{t-2} - \mu) + \varepsilon_t$ 两边乘以 $y_t - \mu$,

$$E(y_t - \mu)(y_t - \mu) = \varphi_1 E(y_{t-1} - \mu)(y_t - \mu) + \varphi_2 E(y_{t-2} - \mu)(y_t - \mu) + E(\varepsilon_t)(y_t - \mu)$$
$$\Rightarrow \gamma_0 = \varphi_1 \gamma_1 + \varphi_2 \gamma_2 + E(\varepsilon_t)(y_t - \mu) \quad (2\text{-}49)$$

其中,$E(\varepsilon_t)(y_t - \mu) = E(\varepsilon_t[\varphi_1(y_{t-1} - \mu) + \varphi_2(y_{t-2} - \mu) + \varepsilon_t]) = E(\varepsilon_t^2) = \sigma^2$,得到:

$$\gamma_0 = \varphi_1\gamma_1 + \varphi_2\gamma_2 + \sigma^2 = \varphi_1\rho_1\gamma_0 + \varphi_2\rho_2\gamma_0 + \sigma^2$$

$$\Rightarrow \gamma_0 = \frac{\sigma^2}{1 - \varphi_1\rho_1 - \varphi_2\rho_2} = \frac{(1-\varphi_2)\sigma^2}{(1+\varphi_2)[(1-\varphi_2)^2 - \varphi_1^2]} \tag{2-50}$$

3. 自协方差

上文讲到自协方差与自相关系数反映当前观测值与过去观测值的直接联系程度,从以上均值等式,得:

$$y_t - \mu = \varphi_1(y_{t-1} - \mu) + \varphi_2(y_{t-2} - \mu) + \cdots + \varphi_p(y_{t-p} - \mu) + \varepsilon_t \tag{2-51}$$

两边乘以 $y_{t-j} - \mu$ 得:

$$(y_t - \mu)(y_{t-j} - \mu) = \varphi_1(y_{t-1} - \mu)(y_{t-j} - \mu) + \varphi_2(y_{t-2} - \mu)(y_{t-j} - \mu) + \cdots + \varphi_p(y_{t-p} - \mu)(y_{t-j} - \mu) + \varepsilon_t(y_{t-j} - \mu) \tag{2-52}$$

当 $j \geq 1$ 时,两边取期望,ε_t 与 y_{t-j} 不相关且 μ 是常数,所以 ε_t 与 $y_{t-j} - \mu$ 不相关,则 $E[\varepsilon_t(y_{t-j} - \mu)] = 0$。

得到自协方差函数:

$$\gamma_j = \begin{cases} \varphi_1\gamma_{j-1} + \varphi_2\gamma_{j-2} + \cdots + \varphi_p\gamma_{j-p}, j = 1, 2, \cdots \\ \varphi_1\gamma_1 + \varphi_2\gamma_2 + \cdots + \varphi_p\gamma_p + \sigma^2, j = 0 \end{cases} \tag{2-53}$$

其中

$$\begin{aligned} E[\varepsilon_t(y_t - \mu)] &= E[\varepsilon_t\varphi(y_{t-1} - \mu) + \varepsilon_t] \\ &= E(\varphi\varepsilon_t y_{t-1} - \varphi\mu\varepsilon_t + \varepsilon_t^2) \\ &= E(\varepsilon_t^2) \\ &= \sigma^2 \end{aligned} \tag{2-54}$$

将自协方差函数的递推公式应用到 AR(1)中,当 $j \geq 1$ 时,得到:

$$\begin{aligned} \gamma_j &= \varphi_1\gamma_{j-1}, \gamma_{j-1} \\ &= \varphi_1\gamma_{j-2}, \cdots \\ &= \varphi_1^j \gamma_0 \end{aligned} \tag{2-55}$$

平稳的 AR(1)过程的方差为:

$$\gamma_0 = \frac{\sigma^2}{1 - \varphi_1^2} \tag{2-56}$$

得到平稳 AR(1)过程的协方差函数递推公式为:

$$\gamma_j = \varphi_1^j \frac{\sigma^2}{1 - \varphi_1^2}, j \geq 1 \tag{2-57}$$

同理,平稳 AR(2)模型的协方差递推公式为:

$$\gamma_j = \varphi_1\gamma_{j-1} + \varphi_2\gamma_{j-2}, j \geq 1 \tag{2-58}$$

令 $j = 1$,则有:

$$\gamma_1 = \varphi_1\gamma_0 + \varphi_2\gamma_1 \tag{2-59}$$

根据以上平稳 AR(2) 的方差,得到:

$$\begin{cases} \gamma_0 = \dfrac{(1-\varphi_2)\sigma^2}{(1+\varphi_2)[(1-\varphi_2)^2 - \varphi_1^2]} \\ \gamma_1 = \dfrac{\varphi_1\gamma_0}{1-\varphi_2} \\ \gamma_j = \varphi_1\gamma_{j-1} + \varphi_2\gamma_{j-2}, j \geqslant 2 \end{cases} \tag{2-60}$$

4. 自相关性系数

根据自协方差函数的递推形式,由于 $\rho_k = \dfrac{\gamma_k}{\gamma_0}$,将自协方差方程等式两边同除以 γ_0 得到:

$$\rho_j = \begin{cases} \varphi_1\rho_{j-1} + \varphi_2\rho_{j-2} + \cdots + \varphi_p\rho_{j-p}, j = 1,2,\cdots \\ 1, \qquad\qquad\qquad\qquad\qquad\qquad j = 0 \end{cases} \tag{2-61}$$

可以看出,这是尤尔-沃克(Yule-Walker)方程,上面的自协方差函数和自相关函数均是同样形式的 p 阶差分方程。

以 AR(2) 过程为例,AR(2) 过程为:

$$y_t = \varphi_1 y_{t-1} + \varphi_2 y_{t-2} + \varepsilon_t \tag{2-62}$$

可以得到自相关函数为:

$$\rho_j = \begin{cases} 1, & j = 0 \\ \dfrac{\varphi_1}{1-\varphi_2}, & j = 1 \\ \varphi_1\rho_{j-1} + \varphi_2\rho_{j-2}, & j \geqslant 2 \end{cases} \tag{2-63}$$

式(2-36)可用于刻画 AR(p) 过程自相关系数的拖尾性。

由以上得知自相关系数的递推公式为:

$$\rho_j = \begin{cases} \varphi_1\rho_{j-1} + \varphi_2\rho_{j-2} + \cdots + \varphi_p\rho_{j-p}, j = 1,2,\cdots \\ 1, \qquad\qquad\qquad\qquad\qquad\qquad j = 0 \end{cases}$$

当 $j \geqslant 1$ 时,$\rho_j = \varphi_1\rho_{j-1} + \varphi_2\rho_{j-2} + \cdots + \varphi_p\rho_{j-p}$ 为齐次差分方程,则可设其通解形式为:

$$\rho_j = \sum_{i=1}^{p} c_i \lambda_i^j \tag{2-64}$$

其中

$$|\lambda_i| < 1 \text{ 且 } c_1, c_2, \cdots, c_p \text{ 不能全为 } 0$$

由于 $|\lambda_i| < 1$,得到 $\rho_j = \sum_{i=1}^{p} c_i \lambda_i^j$ 趋于 0,也称呈现指数衰减,该性质也称拖尾性,即 ρ_j 不会在 j 大于某个常数之后就恒等于 0。

例 2-4 通货膨胀①是宏观经济最重要的指标之一。通货膨胀的准确、可靠的预测,不仅是政府政策部门和央行宏观经济决策的重要依据,也是企业和居民经济活动以及预期形成的重要参考。随着计量经济学在时间序列方面的发展,已经形成一系列可以选择的模型来预测通货膨胀。我们采用 1994—2023 年的中国整体通货膨胀数据,使用 AR(1)模型来预测通货膨胀,即 $\pi_t = 0.5\pi_{t-1} + \varepsilon_t$。下面验证该过程自相关系数的拖尾性,如图 2-5 所示。

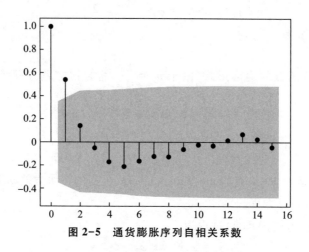

图 2-5 通货膨胀序列自相关系数

从图 2-5 中可以发现,自相关系数不为 0 但趋于 0,并且具有伪周期性,具有拖尾特性。

5. AR 过程的偏自相关函数

对于时间序列 $\{y_t\}$,y_t 与 y_{t-k} 的偏自相关系数是指去掉 $y_{t-1},y_{t-2},\cdots y_{t-k+1}$ 的间接影响后,y_t 与 y_{t-k} 间的简单相关系数。偏自相关函数(Partial Autocorrelation Function,PACF)即偏自相关系数构成的序列。

用数学语言表示:

$$\rho_{y_t,y_{t-k}|y_{t-1},\cdots,y_{t-k+1}} = \frac{E[(y_t - \hat{E}y_t)(y_{t-k} - \hat{E}y_{t-k})]}{E[(y_{t-k} - \hat{E}y_{t-k})^2]}$$

其中,$\hat{E}y_t = E[y_t|y_{t-1},\cdots,y_{t-k+1}]$。

为了求得偏自相关系数,需要对 y_t 做滞后 k 阶自回归拟合,假设 y_t 已经中心化,此时,

$$y_t = \varphi_{k1}y_{t-1} + \varphi_{k2}y_{t-2} + \cdots + \varphi_{kk}y_{t-k} + \varepsilon_t \tag{2-65}$$

取 $\hat{E}y_t = E[y_t|y_{t-1},\cdots,y_{t-k+1}]$ 条件期望,得到:

$$\hat{E}(y_t) = \varphi_{k1}y_{t-1} + \varphi_{k2}y_{t-2} + \cdots + \varphi_{kk}\hat{E}(y_{t-k}) \tag{2-66}$$

---

① 本教材为了简化表述,"通货膨胀""通货膨胀率"统一表述为"通货膨胀"。

式(2-65)和式(2-66)相减可以得到：

$$y_t - \hat{E}(y_t) = \varphi_{kk}[y_t - \hat{E}(y_{t-k})] + \varepsilon_t$$

$$\Rightarrow [y_t - \hat{E}(y_t)][y_t - \hat{E}(y_{t-k})] = \varphi_{kk}[y_t - \hat{E}(y_{t-k})]^2 + \varepsilon_t[y_t - \hat{E}(y_{t-k})]$$

(2-67)

两边取期望后得到：

$$\rho_{y_t, y_{t-k} \mid y_{t-1}, \cdots, y_{t-k+1}} = \frac{E[(y_t - \hat{E}y_t)(y_{t-k} - \hat{E}y_{t-k})]}{E[(y_{t-k} - \hat{E}y_{t-k})^2]} = \varphi_{kk} \tag{2-68}$$

由以上 Yule-Walker 方程可将自相关函数一一展开：

$$\begin{aligned}
\rho_1 &= \varphi_{k1}\rho_0 + \varphi_{k2}\rho_1 + \varphi_{k3}\rho_2 + \cdots + \varphi_{kk}\rho_{k-1} \\
\rho_2 &= \varphi_{k1}\rho_1 + \varphi_{k2}\rho_0 + \varphi_{k3}\rho_1 + \cdots + \varphi_{kk}\rho_{k-2} \\
&\vdots \\
\rho_k &= \varphi_{k1}\rho_{k-1} + \varphi_{k2}\rho_{k-2} + \varphi_{k3}\rho_{k-3} + \cdots + \varphi_{kk}\rho_0
\end{aligned} \tag{2-69}$$

将方程组(2-69)用矩阵表示

$$\begin{pmatrix} \rho_1 \\ \rho_2 \\ \vdots \\ \rho_k \end{pmatrix} = \begin{pmatrix} 1 & \rho_1 & \rho_2 & \cdots & \rho_{k-2} & \rho_{k-1} \\ \rho_1 & 1 & \rho_1 & \cdots & \rho_{k-3} & \rho_{k-2} \\ \vdots & \vdots & \vdots & & \vdots & \vdots \\ \rho_{k-1} & \rho_{k-2} & \rho_{k-3} & \cdots & \rho_1 & 1 \end{pmatrix} \begin{pmatrix} \varphi_{k1} \\ \varphi_{k2} \\ \vdots \\ \varphi_{kk} \end{pmatrix} \tag{2-70}$$

可以根据 Cramer 法则计算延迟 k 偏自相关系数：

$$\varphi_{kk} = \frac{D_k}{D} \tag{2-71}$$

其中

$$D = \begin{vmatrix} 1 & \rho_1 & \cdots & \rho_{k-1} \\ \rho_1 & 1 & \cdots & \rho_{k-2} \\ \vdots & \vdots & & \vdots \\ \rho_{k-1} & \rho_{k-2} & \cdots & 1 \end{vmatrix}, D_k = \begin{vmatrix} 1 & \rho_1 & \cdots & \rho_1 \\ \rho_1 & 1 & \cdots & \rho_2 \\ \vdots & \vdots & & \vdots \\ \rho_{k-1} & \rho_{k-2} & \cdots & \rho_k \end{vmatrix}$$

是 AR(p)模型偏自相关系数的截尾性。

从上文得到自相关系数为 $\rho_j = \varphi_1\rho_{j-1} + \varphi_2\rho_{j-2} + \cdots + \varphi_p\rho_{j-p}$，由 Yule-Walker 方程(2-70)得到：

$$\begin{pmatrix} \rho_1 \\ \rho_2 \\ \vdots \\ \rho_k \end{pmatrix} = \begin{pmatrix} 1 & \rho_1 & \rho_2 & \cdots & \rho_{p-2} & \rho_{p-1} \\ \rho_1 & 1 & \rho_1 & \cdots & \rho_{p-3} & \rho_{p-2} \\ \vdots & \vdots & \vdots & & \vdots & \vdots \\ \rho_{k-1} & \rho_{k-2} & \rho_{k-3} & \cdots & \rho_{k-p+1} & \rho_{k-p} \end{pmatrix} \begin{pmatrix} \varphi_{k1} \\ \varphi_{k2} \\ \vdots \\ \varphi_{kp} \end{pmatrix}$$

当 $k > p$ 时,

$$D_k = \begin{vmatrix} 1 & \rho_1 & \cdots & \rho_{p-1} & \cdots & \rho_1 \\ \rho_1 & 1 & \cdots & \rho_{p-2} & \cdots & \rho_2 \\ \vdots & \vdots & & \vdots & & \vdots \\ \rho_{k-1} & \rho_{k-2} & \cdots & \rho_{k-p} & \cdots & \rho_k \end{vmatrix} = 0 \qquad (2-72)$$

此时偏自相关系数为:

$$\varphi_{kk} = \frac{D_k}{D} = 0 \qquad (2-73)$$

一个好的模型通常要求残差序列方差较小,同时模型相对简单,即要求阶数较低。当 $\{y_t\}$ 的 PACF 具有截尾性,即 PACF(k) 在 $k>p$ 时变为 0,据此确定 AR 模型的阶数,PACF 在 p 阶延迟后未必严格为 0,而是在 0 附近小范围内波动。我们根据样本 PACF 条形图来判断 AR 的阶数。

例 2-5 依旧使用上面的例子来阐述 AR(p) 过程的 p 阶截尾,绘制序列的偏自相关系数图形,可以发现,在 $k > 1$ 之后,有偏自相关系数等于 0,即为截尾性,如图 2-6 所示。

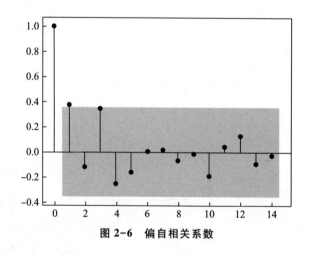

图 2-6 偏自相关系数

四、AR 模型的建立

建立一个 AR 模型,模型定阶、参数估计及模型检验是关键,下面使用中国 2010—2023 年的水产品类居民消费价格指数(上年同月 = 100)来构建 AR 模型。在开始建模前,需要对模型的构建流程及模型定阶、参数估计及模型构建的理论基础进行介绍。

1. 模型的构建流程

由前文对平稳性的定义可知,只有平稳时间序列数据才具备建立模型分析的基础,因为若时间序列的统计性质随着时间推移而变化,那么依据这些性质构建的模型也就变得不稳定,无法建立一个可分析的模型,也就无法准确把握时间序列的特征,因此一个 AR 模型必须建立在平稳时间序列上。而在现实生活中,大多数时间序列为非平稳时间序列,这就需要对原始序列进行平稳性处理,最常用的方法为差分方法。大多数时间序列数据经过一阶差分后为平稳时间序列,即大多数序列满足一阶单整的条件。一个完整的建模流程如下:

(1) 对原始序列进行平稳性判断,若为平稳序列则转至步骤(3),若为非平稳序列则转至步骤(2)。

(2) 对原始序列进行差分处理,并回到步骤(1)进行平稳性检验。

(3) 计算 PACF,并判断 PACF 序列在第几阶截尾。

(4) 设定模型阶数,并估计参数。

(5) 对模型进行检验,若通过检验则输出模型。

2. 模型定阶

由前文对 AR(p) 模型的偏自相关系数截尾性的分析可知,若一个平稳时间序列的偏自相关系数在 p 阶截尾,那么可以在该平稳时间序列上建立一个 AR(p) 模型。前文已对偏自相关系数截尾性与模型滞后阶数进行了详细的论述,不在此赘述。

3. 参数估计

一个中心化后的 AR(p) 过程,具体表达式如下:

$$y_t = \varphi_1 y_{t-1} + \cdots + \varphi_p y_{t-p} + \varepsilon_t$$

若 AR 过程存在非 0 均值,可以在中心化后再分析,则 AR 过程存在 $p+1$ 个参数,包括 $\varphi_i (i = 1, \cdots, p)$ 和 σ^2,估计这些参数的方法主要有 Yule-Walker 方程估计、最小二乘估计、极大似然估计。

(1) Yule-Walker 方程估计。根据以上 AR 模型的统计性质得到自协方差函数如下:

$$\gamma_j = \begin{cases} \varphi_1 \gamma_{j-1} + \varphi_2 \gamma_{j-2} + \cdots + \varphi_p \gamma_{j-p}, j = 1, 2, \cdots \\ \varphi_1 \gamma_1 + \varphi_2 \gamma_2 + \cdots + \varphi_p \gamma_p + \sigma^2, j = 0 \end{cases}$$

由 Yule-Walker 方程得到:

$$\begin{pmatrix} \gamma_1 \\ \gamma_2 \\ \vdots \\ \gamma_p \end{pmatrix} = \begin{pmatrix} \gamma_0 & \gamma_1 & \cdots & \gamma_{p-1} \\ \gamma_1 & \gamma_0 & \cdots & \gamma_{p-2} \\ \vdots & \vdots & & \vdots \\ \gamma_{p-1} & \gamma_{p-2} & \cdots & \gamma_0 \end{pmatrix} \begin{pmatrix} \varphi_1 \\ \varphi_2 \\ \vdots \\ \varphi_p \end{pmatrix} \quad (2-74)$$

并且唯一得到:

$$\sigma^2 = \gamma_0 - \sum_{j=1}^{p} \varphi_j \gamma_j \quad (2-75)$$

根据偏自相关函数的 Yule-Walker 方程(2-70):

$$\begin{pmatrix} \rho_1 \\ \rho_2 \\ \vdots \\ \rho_k \end{pmatrix} = \begin{pmatrix} 1 & \rho_1 & \rho_2 & \cdots & \rho_{p-2} & \rho_{p-1} \\ \rho_1 & 1 & \rho_1 & \cdots & \rho_{p-3} & \rho_{p-2} \\ \vdots & \vdots & \vdots & & \vdots & \vdots \\ \rho_{k-1} & \rho_{k-2} & \rho_{k-3} & \cdots & \rho_{k-p-1} & \rho_{k-p} \end{pmatrix} \begin{pmatrix} \varphi_{k1} \\ \varphi_{k2} \\ \vdots \\ \varphi_{kp} \end{pmatrix}$$

反复迭代可以求解出 $\varphi_{ki}(i=1,\cdots,p)$，并且 $\varphi_i = \varphi_{ki}$。

（2）最小二乘估计。AR 模型与回归模型有较强的相似性，利用最小二乘法或许也可以估计 AR 模型中未知的参数。

$$y_t = \varphi_1 y_{t-1} + \cdots + \varphi_p y_{t-p} + \varepsilon_t$$

其中，$\varphi_1, \varphi_2, \cdots, \varphi_p$ 是待估计的参数，ε_t 为白噪声。

通过样本序列估计参数值，假设有一个样本长度为 n 的样本序列 $y_1, y_2, \cdots, y_n$。据此得到：

$$\begin{aligned} y_{p+1} &= \varphi_1 y_p + \varphi_2 y_{p-1} + \cdots + \varphi_p y_1 + \varepsilon_{p+1} \\ y_{p+2} &= \varphi_1 y_{p+1} + \varphi_2 y_p + \cdots + \varphi_p y_2 + \varepsilon_{p+2} \\ &\vdots \\ y_n &= \varphi_1 y_{n-1} + \varphi_2 y_{n-2} + \cdots + \varphi_p y_{n-p} + \varepsilon_n \end{aligned} \qquad (2-76)$$

表示为矩阵形式：

$$Y = X\Phi + E \qquad (2-77)$$

其中，$Y = \begin{pmatrix} y_{p+1} \\ y_{p+2} \\ \vdots \\ y_n \end{pmatrix}, X = \begin{pmatrix} y_p & y_{p-1} & \cdots & y_1 \\ y_{p+1} & y_p & \cdots & y_2 \\ \vdots & \vdots & & \vdots \\ y_{n-1} & y_{n-2} & \cdots & y_{n-p} \end{pmatrix}, \Phi = \begin{pmatrix} \varphi_1 \\ \varphi_2 \\ \vdots \\ \varphi_p \end{pmatrix}, E = \begin{pmatrix} \varepsilon_{p+1} \\ \varepsilon_{p+2} \\ \vdots \\ \varepsilon_n \end{pmatrix}$

利用最小二乘估计，寻找一个参数向量 $\hat{\Phi}$ 使得预测值 $\hat{Y} = X\hat{\Phi}$ 尽可能接近。

根据线性回归方程的最小二乘法原理得到参数向量的估计值为：

$$\hat{\Phi} = (X^T X)^{-1} X^T Y, \quad \hat{\sigma}^2 = \frac{E^T E}{n-p} \qquad (2-78)$$

（3）极大似然估计。寻找一个参数向量 $\hat{\Phi}$ 和 $\hat{\sigma}^2$ 使得似然函数最大。首先定义似然函数，假设模型的误差服从均值为 0、方差为 σ^2 的正态分布，存在样本长度为 n 的样本序列 $y_1, y_2, \cdots, y_n$。

样本序列 $y_1, y_2, \cdots, y_n$ 的似然函数为：

$$\begin{aligned} &L(\varphi_1, \varphi_2, \cdots, \varphi_p | y_1, y_2, \cdots, y_n) \\ &= \prod_{t=p+1}^{n} \frac{1}{\sqrt{2\pi\sigma^2}} \exp\left[-\frac{(y_t - \varphi_1 y_{t-1} - \varphi_2 y_{t-2} - \cdots - \varphi_p y_{t-p})^2}{2\sigma^2}\right] \end{aligned} \qquad (2-79)$$

对式(2-79)求对数并求其极大值点，即

$$\ln L(\varphi_1, \varphi_2, \cdots, \varphi_p | y_1, y_2, \cdots, y_n)$$
$$= \sum_{t=p+1}^{n} \left[-\frac{1}{2}\ln(2\pi) - \frac{1}{2}\ln(\sigma^2) - \frac{(y_t - \varphi_1 y_{t-1} - \varphi_2 y_{t-2} - \cdots - \varphi_p y_{t-p})^2}{2\sigma^2} \right] \quad (2-80)$$

为了求极大值点，对式(2-80)分别关于 $\varphi_1, \varphi_2, \cdots, \varphi_p$ 求偏导数，并令偏导数为 0：

$$\frac{\partial \ln L(\varphi_1, \varphi_2, \cdots, \varphi_p | y_1, y_2, \cdots, y_n)}{\partial \varphi_i} = \frac{1}{\sigma^2} \sum_{t=p+1}^{n} \varepsilon_t y_{t-i} = 0, i = 1, 2, \cdots, p \quad (2-81)$$

将 $\varepsilon_t = y_t - \varphi_1 y_{t-1} - \cdots - \varphi_p y_{t-p}$ 代入式(2-81)，并用矩阵形式表示如下：

$$\begin{pmatrix} \sum_{t=p+1}^{n} y_{t-1}^2 & \sum_{t=p+1}^{n} y_{t-2} y_{t-1} & \cdots & \sum_{t=p+1}^{n} y_{t-p} y_{t-1} \\ \sum_{t=p+1}^{n} y_{t-1} y_{t-2} & \sum_{t=p+1}^{n} y_{t-2}^2 & \cdots & \sum_{t=p+1}^{n} y_{t-p} y_{t-2} \\ \vdots & \vdots & & \vdots \\ \sum_{t=p+1}^{n} y_{t-1} y_{t-p} & \sum_{t=p+1}^{n} y_{t-2} y_{t-p} & \cdots & \sum_{t=p+1}^{n} y_{t-p}^2 \end{pmatrix} \begin{pmatrix} \varphi_1 \\ \varphi_2 \\ \vdots \\ \varphi_p \end{pmatrix} = \begin{pmatrix} \sum_{t=p+1}^{n} \varepsilon_t y_{t-1} \\ \sum_{t=p+1}^{n} \varepsilon_t y_{t-2} \\ \vdots \\ \sum_{t=p+1}^{n} \varepsilon_t y_{t-p} \end{pmatrix} \quad (2-82)$$

利用线性方程组求解 $\varphi_1, \varphi_2, \cdots, \varphi_p$ 的值，接下来还要估计误差方差 σ^2：

$$\hat{\sigma}^2 = \frac{\sum_{t=p+1}^{n} (y_t - \hat{y}_t)^2}{n - p} \quad (2-83)$$

其中，$\hat{y}_t$ 是利用上述估计出的 $\hat{\varphi}_1, \hat{\varphi}_2, \cdots, \hat{\varphi}_p$ 的值计算出来的预测值。

4. 模型检验

在对模型进行参数估计后，现在面临一个问题：估计出来的参数组合是否恰当，即估计出来的参数组合是否利用了样本里全部有价值的信息，以及估计得到的参数是否显著。对于所估计的参数是否显著这一问题的回答，与经典的横截面回归中对参数的检验一样，通过构建 t 统计量进行检验(不在此赘述)；而对于参数组合是否充分利用了样本有价值信息的回答，可以转换为对估计得到的模型残差进行白噪声检验。下面对模型的检验进行介绍。

对于任意一个估计得到的 ARMA 序列，总有 $\varepsilon_t = y_t - \hat{y}_t$，其中 ε_t 为残差，y_t 为时间序列的实际值，$\hat{y}_t$ 为 ARMA 模型的估计值。若一个 ARMA 模型的参数组合 $\omega = (\varphi_1, \varphi_2, \cdots, \varphi_p; \theta_1, \cdots, \theta_q)'$ 充分利用了样本信息，那么该参数组合下的 ARMA 模型的残差序列 $\{\varepsilon_t\}$ 将不再含有能够被分解利用的有价值信息，即残差序列 $\{\varepsilon_t\}$ 为白噪声序列。因此，对该参数组合下的模型恰当与否的检验转变为对模型残差序列的白噪声检验，在这一思想的指导下，随机性检验的 LB 统计量被顺理成章地引入模型的检验。在前

文对时间序列白噪声检验的介绍中已知,若残差序列为白噪声序列,则满足:

$$\gamma_{\varepsilon_t}(k) = 0, \forall k \neq 0$$

在此简单重述一下检验流程,提出原假设和备择假设。

$$H_0 : \rho_1 = \rho_2 = \cdots = \rho_m = 0, \forall m \geq 1$$

$$H_1 : 至少存在某个 \rho_k \neq 0, \forall m \geq 1, k \leq m$$

构造 LB 检验统计量:

$$LB = n(n+2) \sum_{k=1}^{m} \left[\frac{\hat{\rho}_{\varepsilon_t}^2(k)}{n-k} \right] \tag{2-84}$$

当 LB 统计量的值大于自由度为 m 的卡方分布的 $1-\alpha$ 分位点(即 LB 统计量的 P 值小于 α)时,则可以拒绝原假设,否则不拒绝残差序列为白噪声的假定。

对于所有通过残差白噪声检验的模型,可以认为该参数组合很好地利用了样本的信息,若具体的参数通过 t 检验,则认为这样的参数是显著的,对于模型检验的具体案例将在构建流程再进行说明。

例 2-6 对中国 2010—2023 年水产品类居民消费价格指数(上年同月 = 100)时间序列进行分析并构建 AR 模型。首先绘制 2010—2023 年水产品类居民消费价格指数(上年同月 = 100)的原始序列图,如图 2-7 所示。

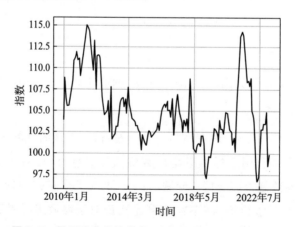

图 2-7 居民消费价格指数(上年同月 = 100)时间序列

图 2-7 显示该序列存在一定的下降趋势,这显然不符合平稳时间序列的定义,同时表 2-4 的结果也表明,原始序列为一个非平稳时间序列。

表 2-4 居民消费价格指数时间序列的平稳性检验结果

ADF 检验	P 值	1%	5%	10%
−0.7124	0.4074	−2.5813	−1.9430	−1.6151

为了获得一个平稳时间序列,对数据进行一阶差分,差分时间序列如图 2-8 所示。

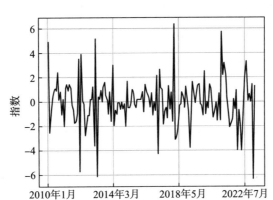

图 2-8　居民消费者价格指数一阶差分时间序列

显然,一阶差分时间序列围绕着某一均值波动,这是平稳时间序列的一个重要特征,同时表 2-5 的 ADF 检验结果表明,一阶差分后的数据为平稳时间序列,即水产品类居民消费价格指数为一阶单整的时间序列。

表 2-5　一阶差分后的数据 ADF 检验

ADF 检验	P 值	1%	5%	10%
−5.2974	0.0000	−2.5813	−1.9430	−1.6151

在获得了平稳序列后,需要确定 AR 模型的阶数,由前文的论述可知,利用平稳序列的偏自相关系数的截尾性可确定模型的阶数,一阶差分时间序列的偏自相关性如图 2-9 所示,由此可以看出一阶差分时间序列的偏自相关系数在 2 阶后截尾,据此构建一个 AR(2) 模型,模型检验结果如表 2-6 所示。

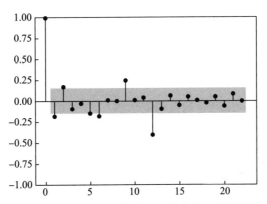

图 2-9　居民消费价格指数一阶差分偏自相关序列

表 2-6 模型结果

被解释变量	水产品类居民消费者价格指数（上年同月＝100）			观察值	159	
模型	ARIMA(2,1,0)			AIC	644.311	
Log Likelihood	−319.15			BIC	653.499	
	coef	std err	z	P>|z|	[0.025	0.975]
ar.L1	−0.1601	0.069	−2.337	0.019	−0.294	−0.026
ar.L2	0.1975	0.091	2.173	0.03	0.019	0.376
sigma2	3.3244	0.275	12.087	0	2.785	3.864
Ljung-Box (L1) (Q)：		0.05		Jarque-Bera (JB)：	31.75	
Prob(Q)：		0.83		Prob(JB)：	0	
Heteroskedasticity (H)：		0.94		Skew：	0.1	
Prob(H) (two-sided)：		0.81		Kurtosis：	5.19	

对于模型检验结果，由表 2-6 可知，LB 检验的 P 值大于 5% 的显著性水平；同时，模型参数检验均显著，可认为该 AR(2) 模型是恰当的。模型表达式为：

$$\nabla y_t = -0.1601 \nabla y_{t-1} + 0.1975 \nabla y_{t-2} + \varepsilon_t$$

即

$$y_t = 0.8499 y_{t-1} + 0.3576 y_{t-2} - 0.1975 y_{t-3} + \varepsilon_t$$

该结果表明当前时期的水产品类居民消费者价格指数是由指数滞后三期变量和随机扰动项构成的函数。由前文对偏自相关系数的定义可得，当前数据会对未来三期数据产生直接影响，并且对未来两期的指数产生正向影响，而在第三期这种影响方向发生转变，同时影响程度逐渐衰减。

第三节　移动平均过程

一、MA 过程的定义

定义 2.7　若一个时间序列过程有如下结构：

$$\begin{cases} y_t = \mu + \varepsilon_t - \theta_1 \varepsilon_{t-1} - \theta_2 \varepsilon_{t-2} - \cdots - \theta_q \varepsilon_{t-q} \\ \theta_q \neq 0 \\ E(\varepsilon_t) = 0, \mathrm{Var}(\varepsilon_t) = \sigma_\varepsilon^2, E(\varepsilon_s \varepsilon_t) = 0, s \neq t \end{cases} \quad (2\text{-}85)$$

则称该模型为 q 阶的移动平均过程（Moving Average），简记为 MA(q)。

为了简化表述，通常将 MA(q) 简记为：

$$y_t = \mu + \Theta(B) \varepsilon_t \quad (2\text{-}86)$$

其中,
$$\Theta(B) = 1 - \theta_1 B - \theta_1 B^2 - \cdots - \theta_q B^q \qquad (2-87)$$

为了方便分析,通常对 MA 过程进行中心化处理,进行一个简单的位移,令 $g_t = y_t - \mu = \Theta(B)\varepsilon_t$,则中心化的 MA 过程表示为 $y_t = \Theta(B)\varepsilon_t$。

二、MA 过程的统计性质分析

1. 均值

当 MA 过程是有限阶时,其均值为:

$$E(y_t) = E(\mu + \varepsilon_t - \theta_1 \varepsilon_{t-1} - \theta_2 \varepsilon_{t-2} - \cdots - \theta_q \varepsilon_{t-q}) = \mu \qquad (2-88)$$

中心化的 MA 过程的均值为 0。

2. 方差

MA 过程的方差为:

$$\begin{aligned} \text{Var}(y_t) &= \text{Var}(\mu + \varepsilon_t - \theta_1 \varepsilon_{t-1} - \theta_2 \varepsilon_{t-2} - \cdots - \theta_q \varepsilon_{t-q}) \\ &= (1 + \theta_1^2 + \theta_2^2 + \cdots + \theta_q^2) \sigma_\varepsilon^2 \end{aligned} \qquad (2-89)$$

3. 自协方差

MA 过程的自协方差为:

$$\begin{aligned} \gamma_k &= E(y_t y_{t-k}) \\ &= E[(\varepsilon_t - \theta_1 \varepsilon_{t-1} - \theta_2 \varepsilon_{t-2} - \cdots - \theta_q \varepsilon_{t-q})(\varepsilon_{t-k} - \theta_1 \varepsilon_{t-k-1} - \theta_2 \varepsilon_{t-k-2} - \cdots - \theta_q \varepsilon_{t-k-q})] \\ &= \begin{cases} (1 + \theta_1^2 + \theta_2^2 + \cdots + \theta_q^2) \sigma_\varepsilon^2, & k = 0 \\ \left(-\theta_k + \sum_{i=1}^{q-k} \theta_i \theta_{k+i}\right) \sigma_\varepsilon^2, & 1 \leq k \leq q \\ 0, & k > q \end{cases} \end{aligned} \qquad (2-90)$$

MA 过程的自相关系数为:

$$\rho_k = \frac{\gamma_k}{\gamma_0} = \begin{cases} 1, & k = 0 \\ \dfrac{\left(-\theta_k + \sum_{i=1}^{q-k} \theta_i \theta_{k+i}\right)}{1 + \theta_1^2 + \theta_2^2 + \cdots + \theta_q^2}, & 1 \leq k \leq q \\ 0, & k > q \end{cases} \qquad (2-91)$$

由上述推导可知 MA 过程的自相关系数存在明显的截尾性。

例 2-7 绘制以下几个 MA 过程的自相关系数图,并分析其自相关系数特性,其中 ε_t 为白噪声。

(1) $y_t = \mu + \varepsilon_t - 0.75\varepsilon_{t-1}$　　　　(2) $y_t = \mu + \varepsilon_t - 0.75\varepsilon_{t-1} + 3\varepsilon_{t-2}$

(3) $y_t = \mu + \varepsilon_t + 1.3\varepsilon_{t-1} - 0.8\varepsilon_{t-2} + 1.25\varepsilon_{t-3}$　　(4) $y_t = \mu + \varepsilon_t - 0.8\varepsilon_{t-1} + 1.25\varepsilon_{t-2}$

上述各 MA 过程的自相关系数图如图 2-10 所示。

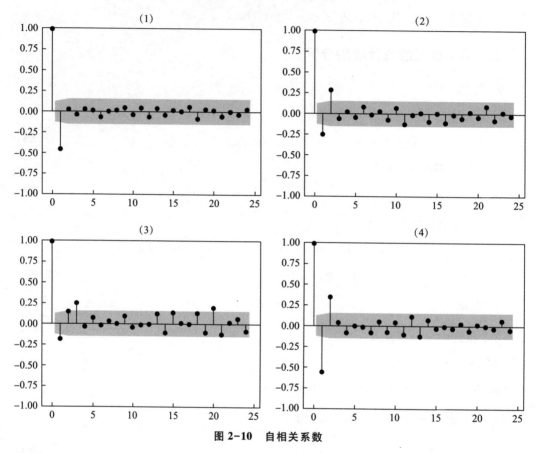

图 2-10　自相关系数

由以上结果可以看出，式(1)为一个 MA(1)过程的自相关系数一阶截尾；同理，式(2)和式(4)为 MA(2)过程的自相关系数二阶截尾；式(3)为 MA(3)过程的自相关系数三阶截尾。

4. MA 过程的可逆性分析

有如下四个 MA 过程：

(1) $y_t = \varepsilon_t - 2\varepsilon_{t-1}$　　　　　　　　(2) $y_t = \varepsilon_t - 0.5\varepsilon_{t-1}$

(3) $y_t = \varepsilon_t - \dfrac{4}{5}\varepsilon_{t-1} + \dfrac{16}{25}\varepsilon_{t-2}$　　(4) $y_t = \varepsilon_t - \dfrac{5}{4}\varepsilon_{t-1} + \dfrac{25}{16}\varepsilon_{t-2}$

由前文所述的自相关系数公式计算可得，(1)过程和(2)过程具有相同的自相关系数：

$$\rho = \begin{cases} 0.4, & k = 1 \\ 0, & k > 1 \end{cases}$$

同理,(3)过程和(4)过程的 MA(2)过程也有着相同的自相关系数:

$$\rho = \begin{cases} 0.1405, & k = 1 \\ -0.3431, & k = 2 \\ 0, & k > 2 \end{cases}$$

这种自相关系数与过程之间不是一一对应的情况,给后续的建模分析带来了困难,因为无法根据自相关系数的特征来选定合适的模型。为了确保自相关性系数与模型过程的一一对应关系,需要对 MA 过程提出约束条件,这一条件被称为可逆性(Invertibility)条件。

在讨论 MA 过程的可逆性之前,先对 MA 过程的 AR 表达形式进行说明。以 MA(1)过程为例,有 MA(1)过程:

$$y_t = \mu + \varepsilon_t + \theta \varepsilon_{t-1} \tag{2-92}$$

其等价表达为:

$$\begin{aligned} \varepsilon_t &= y_t - \mu - \theta \varepsilon_{t-1} \\ &= y_t - \mu - \theta(y_{t-1} - \mu - \theta \varepsilon_{t-2}) \\ &= y_t - \mu - \theta(y_{t-1} - \mu) + \theta^2 \varepsilon_{t-2} \\ &\quad \vdots \\ &= (y_t - \mu) - \theta(y_{t-1} - \mu) + \theta^2(y_{t-2} - \mu) - \theta^3(y_{t-3} - \mu) + \cdots + (-\theta)^k(y_{t-k} - \mu) + \cdots \end{aligned} \tag{2-93}$$

令 $g_t = y_t - \mu$,则 MA(1)过程可表示为:

$$\varepsilon_t = \sum_{i=0}^{\infty} (-\theta)^i y_{t-i} \tag{2-94}$$

引入滞后算子 B,MA(1)过程可记为:

$$\varepsilon_t = \varphi(B) y_{t-i} \tag{2-95}$$

其中,$\varphi(B) = 1 - \theta B + (-\theta)^2 B^2 + \cdots$,即 MA(1)过程可由一个 AR($\infty$)过程表示。下面将阐述 MA 过程可逆性的定义。

定义 2.8 若一个 MA(q)过程表示为 AR 形式的过程收敛,则称 MA(q)过程为可逆的,一个自相关系数唯一对应一个可逆的 MA 过程。

MA 过程可逆性的定义为其可逆性分析奠定了基础,通过将 MA 过程转换为 AR 过程,并分析转换后 AR 过程的敛散性来判断 MA 过程的可逆性。具体分析过程如下。

对中心化 MA 过程 $y_t = \Theta(B)\varepsilon_t$ 转换为 AR(p)的表达形式:

$$\varepsilon_t = \frac{y_t}{\Theta(B)} \tag{2-96}$$

设 $\dfrac{1}{\lambda_1}, \dfrac{1}{\lambda_2}, \cdots, \dfrac{1}{\lambda_p}$ 为系数多项式 $\Theta(B)$ 的 q 个根,那么转换成 AR 过程后可再变形为:

$$\varepsilon_t = \dfrac{y_t}{(1-\lambda_1 B)(1-\lambda_2 B)\cdots(1-\lambda_q B)} \tag{2-97}$$

由前文的论述可知式(2-97)收敛的充要条件为 $|\lambda_i|<1$,因此 MA 过程可逆的条件为 $\left|\dfrac{1}{\lambda_i}\right|<1$。

5. MA 偏自相关系数

在前面提到,偏自相关系数可以理解为 AR(p) 过程中滞后 p 阶的系数,而任意的 MA 过程都可以表示为一个 AR(∞) 过程,即任意一个 MA 过程都有着无穷个偏自相关系数,并且这一系列偏自相关系数具有拖尾性。

例 2-8 推导 MA(1)模型的偏自相关系数表达式。

由前文推导可知,延迟 p 阶的偏自相关系数是如下方程组的最后一个参数 φ_{pp}:

$$\rho_k = \varphi_{p1}\rho_{k-1} + \varphi_{p2}\rho_{k-2} + \cdots + \varphi_{p(p-1)}\rho_{k-p+1} + \varphi_{pp}\rho_{k-p}, \quad k=1,2,\cdots,K \tag{2-98}$$

对方程组求解得:

$$\varphi_{11} = \rho_1 = \dfrac{-\theta_1}{1+\theta_1^2} \tag{2-99}$$

$$\varphi_{22} = \dfrac{\rho_2 - \rho_1^2}{1-\rho_1^2} = \dfrac{-\theta_1}{1+\theta_1^2} \tag{2-100}$$

$$\varphi_{33} = \dfrac{\begin{vmatrix} 1 & \rho_1 & \rho_1 \\ \rho_1 & 1 & \rho_2 \\ \rho_2 & \rho_1 & \rho_3 \end{vmatrix}}{\begin{vmatrix} 1 & \rho_1 & \rho_2 \\ \rho_1 & 1 & \rho_1 \\ \rho_2 & \rho_1 & 1 \end{vmatrix}} = \dfrac{-\theta_1^3}{1+\theta_1^2+\theta_1^4+\theta_1^6} \tag{2-101}$$

同理可推导得:

$$\varphi_{pp} = \dfrac{-\theta_1^p}{\sum_{i=0}^{p}\theta_1^{2p}}, \quad p>1 \tag{2-102}$$

例 2-9 绘制以下 MA 过程的偏自相关系数图并观察其拖尾性:

(1) $y_t = \mu + \varepsilon_t - 0.75\varepsilon_{t-1}$

(2) $y_t = \mu + \varepsilon_t - 0.75\varepsilon_{t-1} + 3\varepsilon_{t-2}$

(3) $y_t = \mu + \varepsilon_t + 1.3\varepsilon_{t-1} - 0.8\varepsilon_{t-2} + 1.25\varepsilon_{t-3}$

(4) $y_t = \mu + \varepsilon_t - 0.8\varepsilon_{t-1} + 1.25\varepsilon_{t-2}$

四个 MA 过程的偏自相关系数图如图 2-11 所示。

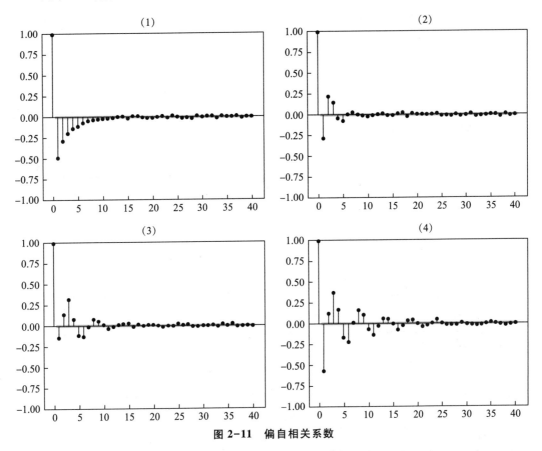

图 2-11　偏自相关系数

由此可见，无论 MA 过程的滞后阶数为多少，其偏自相关系数都存在明显的拖尾性。

三、MA 模型的建立

MA 模型的建立与 AR 模型的建立基本一致，只有在模型定阶的选择上略有不同。由前文的论述可知，MA 模型阶数的确定取决于其自相关系数的截尾情况，因此一个完整的 MA 模型构建流程如下：

（1）对原始序列进行平稳性判断，若为平稳序列则转至步骤（3），若为非平稳序列则转至步骤（2）。

（2）对原始序列进行差分处理，并回到步骤（1）进行平稳性检验。

（3）计算 PACF，并判断 PACF 序列在第几阶截尾。

（4）设定模型阶数，并估计参数。

（5）对模型进行检验，若最优则输出模型，反之重回步骤（4）。

下面将以 2010—2023 年制造业经理采购指数中的生产指数建立 MA 模型。

例 2-10　对 2010—2023 年制造业经理采购指数中的生产指数序列进行分析并建

立 MA 模型。

首先绘制原始序列图,如图 2-12 所示,生产指数有着明显的下降趋势,同时由表 2-7 的 ADF 检验结果可知,原始序列为非平稳序列。对序列进行一阶差分,由图 2-13 和表 2-7 的 ADF 检验结果可知,生产指数为一阶单整序列。

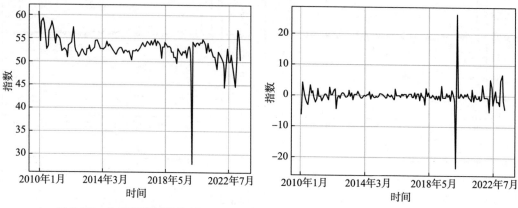

图 2-12　生产指数时间序列　　　　图 2-13　生产指数一阶差分时间序列

表 2-7　ADF 检验

ADF 检验	*P* 值	1%	5%	10%
生产指数序列				
-0.6359	0.4396	-2.5806	-1.9429	-1.6152
生产指数一阶差分序列				
-7.9390	0.0000	-2.5806	-1.9429	-1.6152

在获得平稳性的数据后,绘制平稳序列的自相关序列系数图,如图 2-14 所示,生产指数的一阶差分序列的自相关系数在一阶后截尾。由此可以确定建立一个 MA(1) 模型,模型的结果如表 2-8 所示。

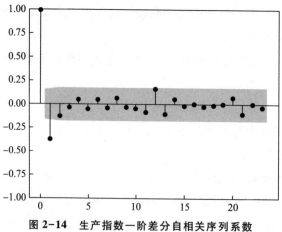

图 2-14　生产指数一阶差分自相关序列系数

表 2-8 模型结果

被解释变量		生产指数(%)				观察值	160
模型:		ARIMA(0,1,1)				AIC	767.013
Log Likelihood		−381.50				BIC	773.151
	coef	std err	z	P>|z|	[0.025	0.975]	
ar.L1	−0.8357	0.063	−13.36	0.000	−0.958	−0.713	
ar.L2	7.0527	0.220	32.039	0.000	6.621	7.484	
sigma2	−0.8357	0.063	−13.36	0.000	−0.958	−0.713	
Ljung-Box (L1) (Q):		2.29		Jarque-Bera (JB):		21 736.04	
Prob(Q):		0.13		Prob(JB):		0	
Heteroskedasticity (H):		0.19		Skew:		−6.05	
Prob(H) (two-sided):		0.00		Kurtosis:		58.99	

由表 2-8 的结果可知,LB 检验的 P 值大于 5% 的显著性水平,且参数的检验结果表明估计得到的参数是显著的,即可认为该 MA(1) 是恰当的。模型表达式如下:

$$\nabla y_t = \varepsilon_t - 0.8357\varepsilon_{t-1}$$

即

$$y_t = y_{t-1} + \varepsilon_t - 0.8357\varepsilon_{t-1}$$

该模型表明,当前的生产指数是滞后一期生产指数、当期随机波动以及滞后一期随机波动的加权和,即过去一期的随机波动对当期的影响仍存在,且这种影响是对当期指数的一种反向冲击。

第四节 自回归移动平均过程

一、ARMA 过程的定义

上文的 Wold 分解定理证明[详见式(2-8)、式(2-9)、式(2-10)],可知平稳序列 $\{y_t\}$ 一定可以分解为 $y_t = V_t + \xi_t$ 的形式,其中 V_t 称为 $\{y_t\}$ 确定的部分,它可以表达为 $\{y_t\}$ 历史信息的线性组合:

$$V_t = \sum_{j=1}^{\infty} \varphi_j y_{t-j}$$

ξ_t 称为 $\{y_t\}$ 随机的部分,它可以表达为纯随机波动 $\{\varepsilon_t\}$ 的线性组合:

$$\xi_t = \sum_{j=0}^{\infty} \theta_j \varepsilon_{t-j}$$

即平稳序列 $\{y_t\}$ 可以表达为以下模型形式:

$$y_t = \sum_{j=1}^{\infty} \varphi_j y_{t-j} + \sum_{j=0}^{\infty} \theta_j \varepsilon_{t-j} \tag{2-103}$$

式(2-103)被称为自回归移动平均(ARMA)模型。若

$$y_t = \sum_{j=1}^{p} \varphi_j y_{t-j} + \sum_{i=0}^{q} \theta_i \varepsilon_{t-i} \tag{2-104}$$

则称该 ARMA 过程为一个 ARMA(p,q) 过程。

由此可见 ARMA 过程是一个 AR 过程和一个 MA 过程的加总,为方便表述,引入延迟算子 B,将 ARMA(p,q) 模型简记为:

$$\varphi(B) y_t = \Theta(B) \varepsilon_t \tag{2-105}$$

其中,$\varphi(B) = 1 - \varphi_0 - \varphi_1 - \cdots - \varphi_p$,$\Theta(B) = 1 - \theta_0 - \theta_1 - \cdots - \theta_q$。

二、ARMA 过程的可逆性与平稳性

前文的论述中,ARMA(p,q) 可以视为一个 AR(p) 过程和一个 MA(q) 过程的加总,因此 ARMA(p,q) 过程继承了 AR(p) 过程和 MA(q) 过程的统计性质。若 ARMA(p,q) 对应的 AR(p) 过程和 MA(q) 过程是平稳和可逆的,那么 ARMA(p,q) 将同时具备平稳性及可逆性。因此,我们可以使用分析 AR 过程平稳性条件的方法来分析 ARMA 过程的平稳性条件,令 $\nu_t = \Theta(B)\varepsilon_t$,前文已证得 $\{\nu_t\}$ 均值为 0、方差为 $(1 + \theta_0^2 + \theta_1^2 + \cdots + \theta_q^2)\sigma_\varepsilon^2$,则 ARMA 过程可以用以下形式表示:

$$\varphi(B) y_t = \nu_t \tag{2-106}$$

ARMA 的平稳性判别可转换为对应 AR 过程的平稳性判别,前文已经对这一方法进行了详细论述,在此不再赘述,读者仅需记得当 $\varphi(B) = 0$ 的特征根在单位圆外时 ARMA 序列不平稳,同理当 $\Theta(B) = 0$ 的特征根在单位圆外时 ARMA 序列可逆。

例 2-11 分析以下 ARMA 过程的平稳性与可逆性。

若 $y_t = c + \varphi_1 y_{t-1} + \cdots + \varphi_p y_{t-p} + \varepsilon_t + \theta_1 \varepsilon_{t-1} + \cdots \theta_q \varepsilon_{t-q}$ 平稳,在两边取期望得:

$$\mu = \frac{c}{1 - \varphi_1 - \varphi_2 - \cdots - \varphi_p} \tag{2-107}$$

这里可以看出 ARMA 模型的平稳性取决于自回归的参数,而与移动平均参数无关。

将均值方程代入,得到 $y_t - \mu = \varphi_1(y_{t-1} - \mu) + \cdots + \varphi_p(y_{t-p} - \mu) + \varepsilon_t + \theta_1 \varepsilon_{t-1} + \cdots \theta_q \varepsilon_{t-q}$;引入滞后算子,依旧得到 $\Phi(B)(y_t - \mu) = \theta(B)\varepsilon_t$,令 $\psi(B) = \theta(B)/\Phi(B) = \sum_{i \geq 1} \psi_i B^i$,则 ARMA 可写成纯 MA 过程:$y_t = \psi(B)\varepsilon_t + u$,即

$$y_t = \sum_{j=0}^{\infty} \psi_j \varepsilon_{t-j} \tag{2-108}$$

令 $\pi(B) = \Phi(B)/\theta(B) = 1 - \sum_{i \geq 1} \pi_i B^i$,则 ARMA 可写成纯 AR 过程:$\pi(B)(y_t - u) = \varepsilon_t$,即

$$\sum_{j=0}^{\infty} \pi_j y_{t-j} - \pi(B)u = \varepsilon_t \qquad (2\text{-}109)$$

以上说明 ARMA 过程可以通过变换,既可写成纯 MA 过程,也可写成纯 AR 过程,但 ARMA 常应用于实践中是因为它比较简便、阶数不多,同时满足平稳性和可逆性的条件。

三、ARMA 过程的统计性质

1. 均值

非中心化的 ARMA(p,q):

$$y_t = \varphi_0 + \varphi_1 y_{t-1} + \varphi_2 y_{t-2} + \cdots + \varphi_p y_{t-q} + \cdots + \varepsilon_t + \theta_1 \varepsilon_{t-1} + \theta_2 \varepsilon_{t-2} + \cdots + \theta_q \varepsilon_{t-q}$$

对等式两边取均值得:

$$\mu = \varphi_0 + \varphi_1 \mu + \varphi_2 \mu + \cdots + \varphi_p \mu$$

进行恒等变换得:

$$\mu = \frac{\varphi_0}{1 - \varphi_1 - \cdots - \varphi_p}$$

即式(2-107),容易证得中心化的 ARMA(p,q) 的均值为 0。

2. 自协方差与自相关系数

由前文推导得一个 ARMA 过程可以表示为一个无穷阶的 MA 过程,即

$$y_t = \frac{\Theta(B)}{\varphi^{-1}(B)} \varepsilon_t = \sum_{j=0}^{\infty} G_j \varepsilon_j \qquad (2\text{-}110)$$

根据自协方差的定义可得:

$$\gamma_k = E(y_t y_{t+k}) = E\left[\left(\sum_{i=0}^{\infty} G_i \varepsilon_{t-i}\right)\left(\sum_{j=0}^{\infty} G_j \varepsilon_{t+k-i}\right)\right] = E\left(\sum_{i=0}^{\infty} G_i \sum_{j=0}^{\infty} G_j \varepsilon_{t-i} \varepsilon_{t+k-i}\right) = \sigma_\varepsilon^2 \sum_{i=0}^{\infty} G_i G_{i+k}$$

(2-111)

易得自相关系数为:

$$\rho_k = \frac{\gamma_k}{\gamma_0} = \frac{\sum_{i=0}^{\infty} G_i G_{i+k}}{\sum_{i=0}^{\infty} G_i^2} \qquad (2\text{-}112)$$

根据式(2-112)可以得出 ARMA 过程具有明显的拖尾性,这是由于任意的 ARMA 过程可以转换为无穷阶的 MA 过程,同理 ARMA 过程同样可以转换为无穷阶的 AR 过程,因此其偏自相关系数也具有拖尾性。

例 2-12 绘制如下 ARMA 过程的自相关系数图与偏自相关系数图。

(1) $y_t = 0.5 y_{t-1} - 0.7 y_{t-2} + \varepsilon_t - 0.8 \varepsilon_{t-1}$

(2) $y_t = 0.5 y_{t-1} - 0.7 y_{t-2} - 0.9 y_{t-3} + \varepsilon_t - 0.8 \varepsilon_{t-1} - 0.9 \varepsilon_{t-2}$

两个 ARMA 过程的自相关系数图与偏自相关系数图如图 2-15 所示。

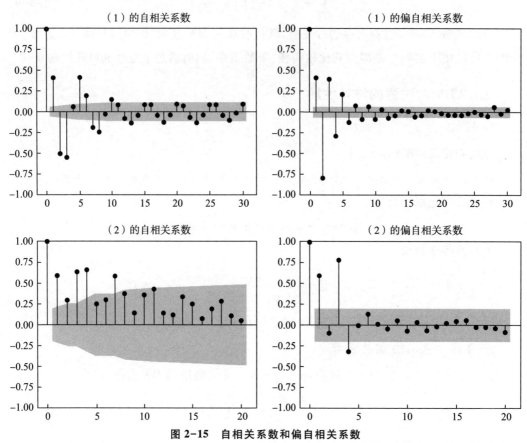

图 2-15 自相关系数和偏自相关系数

由此可以总结出 AR 过程、MA 过程和 ARMA 过程的 ACF 和 PACF 的特点,如表 2-9 所示。

表 2-9 AR、MA、ARMA 特点总结

	ACF	PACF
AR	拖尾	截尾
MA	截尾	拖尾
ARMA	拖尾	拖尾

第五节 自回归移动平均模型估计

前面章节对 ARMA 的各项统计性质进行了详细的阐述,但未详细说明如何构建一个 ARMA 模型。对于 ARMA 模型的估计包括参数估计、模型检验及模型选择三个核心步骤,其中模型检验的思想和原理与前文介绍的一致,不再重复介绍,下面将说明 ARMA 建模中的其余步骤。

一、模型的构建流程

模型的构建流程如图 2-16 所示。

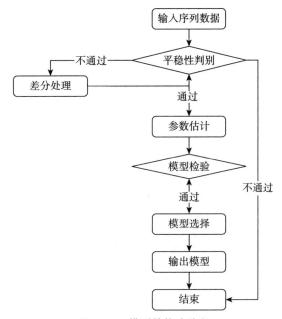

图 2-16 模型的构建流程

（1）对原始序列进行平稳性判断,若为平稳序列则转至步骤（3）,若为非平稳序列则转至步骤（2）。

（2）对原始序列进行差分处理,并回到步骤（1）进行平稳性检验。

（3）选择滞后阶数组合,并对各个组合进行参数估计。

（4）对模型进行检验。

（5）对通过模型检验的参数组合进行选择,输出最优模型。

二、参数估计

在前文的论述中可知一个 ARMA(p,q) 过程可以抽象为：

$$f(y_t) = f(Y;\varepsilon;\omega) \tag{2-113}$$

其中,$Y = (y_{t-1}, y_{t-2}, \cdots, y_{t-p})'$,$\varepsilon = (\varepsilon_t, \varepsilon_{t-1}, \varepsilon_{t-2}, \cdots, \varepsilon_{t-q})'$,$\omega = (\varphi_1, \varphi_2, \cdots, \varphi_p; \theta_1, \cdots, \theta_q)'$,而参数估计则是在给定时间序列的样本后采用特定的数理方法估计参数向量 ω。对于一个 ARMA(p,q) 过程,根据给定的样本其共有 $p+q+2$ 个待估参数以及参数向量 ω、均值 μ 及方差 σ^2,下面将对这些参数的估计方法进行介绍。

首先是均值的估计。对于一个非中心化的 ARMA(p,q) 模型,有：

$$y_t = \mu - \frac{\Theta_q(B)}{\varphi_p(B)}\varepsilon_t \tag{2-114}$$

其中

$$\varepsilon_t \sim WN(0, \sigma_\varepsilon^2)$$
$$\Theta_q(B) = 1 - \theta_1 B - \cdots - \theta_q B$$
$$\varphi_p(B) = 1 - \varphi_1 B - \cdots - \varphi_p B$$

对于均值的估计,常用的是矩估计方法,即

$$\hat{\mu} = \frac{\sum_{i=0}^{n} y_i}{n} \tag{2-115}$$

对于其他参数,常用的方法有最小二乘估计和极大似然估计,下面将对这两种方法进行阐述。

(1) 最小二乘估计。最小二乘估计的核心思想是,最小化实际值与预测值之间的平方误差,使得平方误差最小的参数就是我们要找的最优参数。

ARMA(p,q)模型的一般形式为:

$$y_t = \sum_{i=1}^{p} \varphi_i y_{t-i} + \sum_{j=0}^{q} \theta_j \varepsilon_{t-j}$$

其中,φ_i 是自回归系数,θ_j 是移动平均系数,ε_t 是白噪声。

我们可以将 ARMA(p,q) 模型表示为向量形式:

$$Y = X\beta + \varepsilon \tag{2-116}$$

其中,$Y = \begin{bmatrix} y_{p+1} \\ y_{p+2} \\ \vdots \\ y_T \end{bmatrix}$, $X = \begin{bmatrix} y_p & y_{p-1} & \cdots & y_1 & \varepsilon_p & \varepsilon_{p-1} & \cdots & \varepsilon_1 \\ y_{p+1} & y_p & \cdots & y_2 & \varepsilon_{p+1} & \varepsilon_p & \cdots & \varepsilon_2 \\ \vdots & \vdots & & \vdots & \vdots & \vdots & & \vdots \\ y_{T-1} & y_{T-2} & \cdots & y_{T-p} & \varepsilon_{T-1} & \varepsilon_{T-2} & \cdots & \varepsilon_{T-p} \end{bmatrix}$, $\beta = \begin{bmatrix} \varphi_1 \\ \vdots \\ \varphi_p \\ \theta_0 \\ \vdots \\ \theta_q \end{bmatrix}$, $\varepsilon = \begin{bmatrix} \varepsilon_{p+1} \\ \vdots \\ \varepsilon_T \end{bmatrix}$

下面来推导 ARMA(p,q) 模型的最小二乘估计。我们需要找到使误差平方和最小的 β 值。设误差向量为 $e = Y - X\beta$,则误差平方和为:

$$S(\beta) = e'e = (Y - X\beta)'(Y - X\beta) \tag{2-117}$$

对 β 求导,并令其等于 0,得到:$\frac{\partial S(\beta)}{\partial \beta} = -2X'(Y - X\beta) = 0$,解出 β,得到:

$$\hat{\beta} = \begin{bmatrix} \varphi_1 \\ \vdots \\ \varphi_p \\ \theta_0 \\ \vdots \\ \theta_q \end{bmatrix} = (X'X)^{-1} X'Y \tag{2-118}$$

其中，$(X'X)^{-1}$ 是矩阵 $X'X$ 的逆矩阵。

（2）极大似然估计。极大似然估计的思想是，对于给定的观测数据 x，从所有的参数中找到能最大概率生成观测数据的参数作为估计结果。要求得极大似然估计，必须先知道总体分布函数或密度函数，由于现实生活中并不知道序列的分布，我们假设序列服从多维高斯分布（多元正态分布），以方便计算。

定义 2.9 设 D 维随机变量 $X = (X_1, X_2, \cdots, X_D)^T$ 的协方差矩阵为 $\sum \text{Cov}(X)$，数学期望向量为 $\mu = (\mu_1, \mu_2, \cdots, \mu_D)^T$，由 $x = (x_1, x_2, \cdots, x_D)^T$，则密度函数为：

$$p(x) = p(x_1, x_2, \cdots, x_D) = \frac{1}{(2\pi)^{D/2} |\sum|^{1/2}} \exp\left[-\frac{1}{2}(x-\mu)^T \sum\nolimits^{-1}(x-\mu)\right] \quad (2\text{-}119)$$

该分布称为 D 元正态分布，记为 $X \sim N(\mu, \sum)$，其中 $|\sum|$ 为 $\sum$ 的行列式，$\sum^{-1}$ 表示为 $\sum$ 的逆矩阵，其中 $\sum$ 是对称正定矩阵。

已知 ARMA(p,q) 过程也可写作 $\varphi(B)y_t = \Theta(B)\varepsilon_t$，我们假设序列服从多维高斯分布，且序列的均值为 0。假定白噪声 ε_t 为独立同分布的正态分布，令 $y = (y_1, y_2, \cdots, y_n)$，其中参数为 $\beta = (\varphi_1, \cdots, \varphi_p; \theta_1, \cdots, \theta_q)^T$。

由上文得知 ARMA 过程可以表示为一个无穷阶的 MA 过程，即式（2-110）：

$$y_t = \frac{\Theta(B)}{\varphi^{-1}(B)} \varepsilon_t = \sum_{j=0}^{\infty} G_j \varepsilon_j$$

同时得到自协方差函数，即式（2-111）：

$$\gamma_k = E(y_t y_{t+k}) = \sigma_\varepsilon^2 \sum_{i=0}^{\infty} G_i G_{i+k}$$

计算协方差矩阵 $\sum_n$ 为：

$$\sum\nolimits_n = \begin{pmatrix} \sum_{i=0}^{\infty} G_i^2 & \cdots & \sum_{i=0}^{\infty} G_i G_{i+n-1} \\ \vdots & & \vdots \\ \sum_{i=0}^{\infty} G_i G_{i+n-1} & \cdots & \sum_{i=0}^{\infty} G_i^2 \end{pmatrix} \sigma_\varepsilon^2 \quad (2\text{-}120)$$

所以，可得到 $y = (y_1, y_2, \cdots, y_n)$ 的似然函数为：

$$L(\beta; y) = p(y_1, y_2, \cdots, y_n; \beta)$$

$$= \frac{1}{(2\pi)^{n/2} |\sum_n|^{1/2}} \exp\left[-\frac{1}{2} yT \sum\nolimits_n^{-1} (y)\right] \quad (2\text{-}121)$$

对似然函数进行对数化,得到:

$$l(\beta;y) = -\frac{n}{2}\ln(2\pi) - \frac{1}{2}\ln\left(\left|\sum\nolimits_n\right|\right) - \frac{1}{2}y^T\sum\nolimits_n^{-1}(y)$$

$$= -\frac{n}{2}\ln(2\pi) - \frac{n}{2}\ln(\sigma_\varepsilon^2) - \frac{1}{2}\ln(\Omega) - \frac{1}{2\sigma_\varepsilon^2}(y^T\Omega^{-1}y) \quad (2-122)$$

对未知参数求偏导数,得到方程式,再进一步估计参数:

$$\begin{cases} \dfrac{\partial}{\partial \sigma_\varepsilon^2}l(\beta;y) = -\dfrac{n}{2\sigma_\varepsilon^2} + \dfrac{S(\beta)}{2\sigma_\varepsilon^4} = 0 \\ \dfrac{\partial}{\partial \beta}l(\beta;y) = -\dfrac{1}{2}\dfrac{\partial\ln|\Omega|}{\partial \beta} - \dfrac{1}{\sigma_\varepsilon^2}\dfrac{\partial S(\beta)}{2\partial \beta} = 0 \end{cases} \quad (2-123)$$

其中,$S(\beta) = y^T\Omega^{-1}y$。

据此计算得到:

$$\hat{\sigma}_\varepsilon^2 = \frac{S(\beta)}{n} \quad (2-124)$$

未知参数需要借助迭代算法才能求出极大似然值。这个过程要借助计算机编程才比较容易算出;但是在非正态分布情况下,最大似然估计不易计算,通常需要很好的初始值。

三、模型选择

模型选择是建立时间序列模型的重要环节,因为在实际的模型构建中,往往有多个参数组合下的模型才能通过检验。那么,哪一种参数组合下的模型才是最优的?或者说,为什么采用某一种参数组合而抛弃其他参数组合?这一问题在时间序列建模中也是模型定阶的等价表达,即如何确定一个 ARMA 模型的滞后阶数 p 和 q,以使得所选择的模型是最优估计。前文在 AR 模型和 MA 模型的构建中,利用 PACF 序列和 ACF 序列的截尾情况确定模型的滞后阶数,但这在 ARMA 模型的构建中将变得困难,因为若一个时间序列满足 ARMA(p, q)过程,那么该时间序列的 ACF 和 PACF 都将出现拖尾的情况。也就是说,通过 ACF 和 PACF 对 ARMA 模型定阶将充满主观性。为了更加客观地进行模型选择,即确定模型的阶数,需要采用更加合理的方法,其中较为经典的方法为赤池信息量(AIC)准则(罗乔林,1981;Akaike,1998;Burnham and Anderson,2004),由日本学者赤池弘次(Hirotsugu Akaike)提出。AIC 准则平衡了模型拟合的优良性和使用参数的规模,AIC 的计算标准如下:

$$\text{AIC} = -2\ln g(\hat{\theta}_k \mid y) + 2n \quad (2-125)$$

其中，$g(\hat{\theta}_k | y)$ 为极大似然函数，n 为模型使用的参数个数。AIC 准则巧妙地回答了如何用更少的参数获得表现更好的模型，等式右侧第一项反映了模型拟合的优良性，计量分析领域的一个共识为采用越多的变量可获得一个表面上越优的拟合情况，但引入越多的变量也会带来越多的成本和问题；而第二项是对盲目增加变量的处罚，这一思想一直指导计量统计对于模型选择的研究。本教材在接下来的建模中将采用 AIC 准则对通过检验的模型进行判别，以确定最优的模型阶数。此外，也有着其他类型的模型选择方法，读者有兴趣可以自行查找阅读。

四、模型构建

例 2-13 对 2010 年 1 月至 2023 年 4 月的进口指数进行分析并建立 ARMA 建模。

1. 序列分析

首先绘制时间序列图，如图 2-17 所示，虽然指数序列围绕某一均值水平波动，但这一波动有着明显的周期性，会导致时间序列不平稳。ADF 检验的结果如表 2-10 所示。

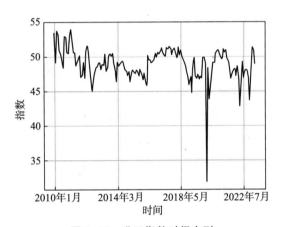

图 2-17　进口指数时间序列

表 2-10　ADF 检验

ADF 检验	P 值	1%	5%	10%
-0.2931	0.5787	-2.5805	-1.9429	-1.6152

根据上述分析结果可知，进口指数序列并不平稳，无法直接进行 ARMA 建模，需要对序列进行一阶差分。其一阶差分序列图和检验结果分别如图 2-18 和表 2-11 所示，显然一阶差分序列围绕均值波动，可以认为一阶差分序列已经平稳；ADF 检验的结果也表明一阶差分后的数据为平稳序列。

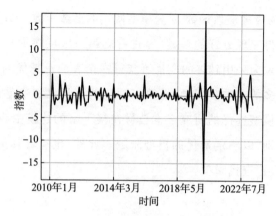

图 2-18 进口指数一阶差分时间序列

表 2-11 一阶差分后的 ADF 检验

ADF 检验	P 值	1%	5%	10%
−7.5635	0.0000	−2.5805	−1.9429	−1.6152

2. 参数估计

在获得了平稳时间序列后,需要对模型的参数进行估计;在估计参数前,需要明确的一个问题是要估计多少组参数组合,即模型的最高滞后阶数应该是多少。本教材在此介绍一种常用方法,即通过平稳序列 ACF 和 PACF 初步判定模型的最高滞后阶数。如图 2-19 和图 2-20 所示,进口指数的 ACF 和 PACF 分别在一阶和五阶后截尾,这意味着该平稳序列的 AR 过程部分可能服从一个 AR(1) 过程,而 MA 过程部分最高的滞后模型可能是一个 MA(5) 过程。对 $p \in \{0,1\}$,$q \in \{0,1,2,3,4,5\}$ 的 ARMA(p,q) 组合进行参数估计,其结果如表 2-12 所示。

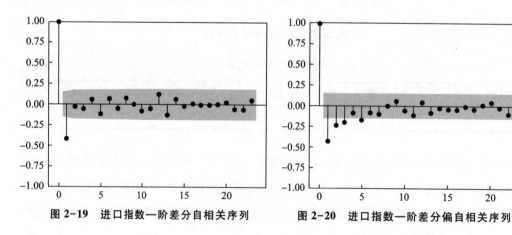

图 2-19 进口指数一阶差分自相关序列   图 2-20 进口指数一阶差分偏自相关序列

表 2-12　参数估计

变量	参数	标准误	z	P 值	[0.25	0.75]
ARMA(0,1)						
ma.L1	−0.6868	0.049	−14.135	0.000	−0.782	−0.592
ARMA(0,2)						
ma.L1	−0.6363	0.043	−14.698	0.000	−0.721	−0.551
ma.L2	−0.0899	0.066	−1.358	0.174	−0.220	0.040
ARMA(0,3)						
ma.L1	−0.6332	0.042	−15.096	0.000	−0.715	−0.551
ma.L2	−0.0566	0.104	−0.545	0.586	−0.260	0.147
ma.L3	−0.0629	0.121	−0.520	0.603	−0.300	0.174
ARMA(1,0)						
ar.L1	−0.4281	0.029	−14.540	0.000	−0.486	−0.370
ARMA(1,1)						
ar.L1	0.1543	0.088	17.54	0.080	−0.018	0.327
ma.L1	−0.7802	0.089	−8.804	0.000	−0.954	−0.607
ARMA(1,2)						
ar.L1	0.8643	0.159	5.446	0.000	0.553	1.175
ma.L1	−1.5400	0.171	−9.029	0.000	−1.874	−1.206
ma.L2	0.5460	0.153	3.567	0.000	0.246	0.846
ARMA(1,3)						
ar.L1	−0.9177	0.205	−4.482	0.000	−1.319	−0.516
ma.L1	0.2918	0.214	1.364	0.173	−0.127	0.711
ma.L2	−0.6531	0.169	−3.872	0.000	−0.984	−0.323
ma.L3	−0.1309	0.072	−1.808	0.071	−0.273	0.011

同时,对所有模型的残差序列进行随机性检验,结果如表 2-13 所示。

表 2-13　随机性检验

模型	残差白噪声检验滞后六阶 P 值	残差白噪声检验滞后十二阶 P 值
ARMA(0,1)	0.977232	0.997626
ARMA(0,2)	0.962092	0.996565
ARMA(0,3)	0.970798	0.996859

（续表）

模型	残差白噪声检验滞后六阶 P 值	残差白噪声检验滞后十二阶 P 值
ARMA(1,0)	0.944247	0.977561
ARMA(1,1)	0.961521	0.996395
ARMA(1,2)	0.978144	0.997105
ARMA(1,3)	0.961671	0.997393

由此可见所有模型的残差序列都是白噪声，可以认为所构建的模型充分利用了时间序列信息。结合表 2-13 中对参数 t 检验的 P 值可得 ARMA(0,1)、ARMA(1,0)、ARMA(1,2) 这三个模型可认为是恰当的，模型的表达式如下：

ARMA(0,1)　　　　$\nabla y_t = \varepsilon_t - 0.6868\varepsilon_{t-1}$

ARMA(1,0)　　　　$\nabla y_t = -0.4281\nabla y_t + \varepsilon_t$

ARMA(1,2)　　　　$\nabla y_t = 0.8643\nabla y_{t-1} + \varepsilon_t - 1.54\varepsilon_{t-1} + 0.546\varepsilon_t$

其中，∇y_t 为进口指数的一阶差分序列，$\varepsilon_t \sim WN(0, \sigma^2)$。

3. 模型选择

在获得恰当的模型后，需要选择一个最优模型，前文已经简要介绍了 AIC 准则，在此直接展示各模型的 AIC 系数，如表 2-14 所示，可看出最优模型为 ARMA(1,2)。

表 2-14　各模型 AIC 系数

模型	AIC
ARMA(0,1)	688.063
ARMA(1,0)	708.111
ARMA(1,2)	687.375

根据以上各类检验结果可以得到最优模型为 ARMA(1,2)，即

$$\nabla y_t = 0.8643\nabla y_{t-1} + \varepsilon_t - 1.54\varepsilon_{t-1} + 0.546\varepsilon_{t-2}$$

$$y_t = 1.8643 y_{t-1} - 0.8643 y_{t-2} + \varepsilon_t - 1.54\varepsilon_{t-1} + 0.546\varepsilon_{t-2}$$

由该模型结果可以看出，当期进口指数会对未来两期进口指数产生直接影响，并且这种影响呈现方向相反、强度衰减的现象；同时，过去两期随机冲击仍会对当期数据产生影响，并且这种影响也呈现方向相反、强度衰减的现象。

本章小结

本章先介绍时间序列的定义、时间序列的平稳性及随机性，探讨平稳性对于时间序列分析的意义以及平稳性的检验方法。然后对 AR 过程及 MA 过程的统计性质进行分

析,可知 AR 过程的自相关系数具有拖尾性,偏自相关系数具有截尾性,以及 AR 过程平稳性与参数的关系;MA 过程则与之相反,其自相关系数具有截尾性,偏自相关系数具有拖尾性,这一性质可以通过 AR 与 MA 相互转换表达式来证明,并通过 MA 过程的 AR 表达式论证 MA 过程可逆性的条件。通过对 ARMA 过程的定义,分析可知其为一个 AR 过程和一个 MA 过程之和,由此论证得出其继承了对应过程的平稳性和可逆性,同时 ARMA 过程的自相关系数与偏自相关系数也具有拖尾性。最后以 2010 年 1 月至 2023 年 4 月的进口指数为例,构建一个 ARMA 模型,阐述完整模型的构建流程。

课后习题

1. 时间序列的主要特点有哪些?
2. 简述严平稳时间序列和宽平稳时间序列的概念以及彼此间的关系。
3. 有一个 AR(1) 过程 $y_t = 0.88 y_{t-1} + \varepsilon_t, \varepsilon_t \sim WN(0,1)$,计算 $E(y_t)$、$\text{Var}(y_t)$ 和 ρ_2。
4. 有一个 AR(2) 过程 $(1 - 0.45B)(1 + 0.6B) y_t = \varepsilon_t, \varepsilon_t \sim WN(0,1)$,计算 $E(y_t)$、$\text{Var}(y_t)$、$\rho_p(p = 1,2,3)$。
5. 有一个 AR(2) 序列 $y_t = 1.2 y_t + c y_t + \varepsilon_t, \varepsilon_t \sim WN(0,1)$,确定 c 的取值范围使得 AR(2) 序列为平稳序列。
6. 已知 AR(2) 模型为 $(1 - 0.5B)(1 - 0.3B) Y_t = \varepsilon_t, \sigma_\varepsilon^2 = 0.5$,计算偏自相关系数 $\varphi_{kk}(k = 1,2,3)$ 和 $\text{Var}(Y_t)$。
7. 已知 MA(2) 模型: $Y_t = \varepsilon_t - 0.7 \varepsilon_{t-1} + 0.4 \varepsilon_{t-2}$,计算自相关系数 $\rho_k(k \geq 1)$ 和偏自相关系数 $\varphi_{kk}(k = 1,2,3)$。
8. 分析以下几组 MA 序列的可逆性,并绘制其自相关系数图和偏自相关系数图,其中 $\{\varepsilon\}_t$ 为白噪声序列。

$y_t = \varepsilon_t - 1.25 \varepsilon_{t-1}$ $y_t = \varepsilon_t - 0.8 \varepsilon_{t-1}$

$y_t = \varepsilon_t - 1.25 \varepsilon_{t-1} + 2.33 \varepsilon_{t-2}$ $y_t = \varepsilon_t - 0.8 \varepsilon_{t-1} + \dfrac{1}{2.33} \varepsilon_{t-2}$

$y_t = \varepsilon_t + 1.5 \varepsilon_{t-1}$ $y_t = \varepsilon_t + \dfrac{2}{3} \varepsilon_{t-1}$

$y_t = \varepsilon_t + 1.5 \varepsilon_{t-1} - 1.25 \varepsilon_{t-2}$ $y_t = \varepsilon_t + \dfrac{2}{3} \varepsilon_{t-1} - 0.8 \varepsilon_{t-2}$

9. 分析以下几个 AR 序列的平稳性并绘制自相关序列系数图与偏自相关序列系数图,其中 $\{\varepsilon\}_t$ 为白噪声序列。

$y_t = 1.44 y_{t-1} - 0.68 y_{t-2} + \varepsilon_t$ $y_t = 1.44 y_{t-1} - 0.15 y_{t-2} + \varepsilon_t$

$y_t = 1.25 y_t + \varepsilon_t$ $y_t = 0.8 y_t + \varepsilon_t$

10. 判定下列模型的平稳性和可逆性。

$$y_t = 0.8y_{t-1} + \varepsilon_t - 0.4\varepsilon_{t-1} \qquad y_t - 0.8y_{t-1} + 1.4y_{t-2} = 0.5\varepsilon_{t-2} + 1.6\varepsilon_{t-1} + \varepsilon_t$$

11. 尝试推导 ARMA(1,1) 模型的自协方差函数的表达式。

12. 一个 ARMA 模型的 Green 函数为 $G_j = 0.4(0.9)^{j-1}(j \geq 1)$,求解相应的 ARMA 模型及参数。

13. 绘制 2021—2022 年上证指数的时间序列,分析其平稳性及,并建立 ARMA 模型。

14. 用 Q_{LB} 统计量检验第 13 题的残差序列是否属于白噪声。

15. 绘制 2016—2022 年的美元指数,并建立 ARMA 模型。

16. 现介绍一种期货套利策略——协整套利策略。该策略的具体做法如下:若两个标的对应的期货价格的时间序列 $\{X\}$,$\{Y\}$ 服从 $I(1)$,其线性组合 $aX + bY$ 服从 $I(0)$,则这两个标的对应的期货的配对价差具有均值回归的特性,设 $\varepsilon_t = Y_t - \dfrac{a}{b} X_t$ 为标的的配对价差,若 ε_t 高于平均水平则认为价差会向下回归,可以做空 Y、做多 X;若 ε_t 低于平均水平则认为价差会向上回归,可以做多 Y、做空 X。请以我国期货市场进行操作,分析中证 500 股指期货与上证 50 股指期货的时间序列的平稳性,并对 2018—2021 年的数据进行回归得出配对系数,对价差的平稳性进行分析同时考察协整套利策略在 2022 年的收益情况。

主要参考文献

[1] 罗乔林. 关于统计识别的 AIC 准则[J]. 数学的实践与认识, 1981, 4: 51-58.

[2] 聂巧平, 张晓峒. ADF 单位根检验中联合检验 F 统计量研究[J]. 统计研究, 2007, 2: 73-80.

[3] 王燕. 应用时间序列分析[M]. 2 版. 北京: 中国人民大学出版社, 2008.

[4] Akaike H. Information Theory And an Extension of the Maximum Likelihood Principle[M]. New York: Springer, 1998.

[5] Burnham K P, and Anderson D R. Multimodel inference understanding AIC and BIC in model selection[J]. Sociological Methods & Research, 2004, 33(33): 261-304.

[6] James D H. Time Series Analysis [M]. New Jersey: Princeton University Press, 1994.

[7] Metcalfe A V, and Cowpertwait P S P. Introductory Time Series with R[M]. New Jersey: John Wiley & Sons, Inc., 2009.

第三章

波动率方程建模：条件异方差模型

> **阅读指引**
>
> 不确定性是现代经济和金融研究的焦点问题，现实生活中我们往往面临大量的不确定性，如金融市场收益的不确定性、宏观经济波动的不确定性以及外汇市场汇率变动的不确定性。在模型分析中，不确定性一般用方差来度量，而且为了分析的简便，通常会在模型中假设随机干扰项满足零均值、同方差和互不相关。然而，实践表明，许多经济或者金融的时间序列往往表现出集群现象，即序列的较大幅波动后面伴随着较大幅的波动，而较小幅波动后面伴随着一些较小幅的波动。在这种情况下，同方差的假设是不恰当的，这时要考虑使用波动率模型。本章将介绍在经济和金融领域应用十分广泛的自回归条件异方差(Auto-Regressive Conditional Heteroskedasticity，ARCH)模型和广义自回归条件异方差(General Auto-Regressive Conditional Heteroskedasticity，GARCH)模型以及由 GARCH 衍生出来的一系列模型，包括 GARCH 族模型、非对称 GARCH 模型、Jump-GARCH 模型和 BEKK-GARCH 模型。最后简要介绍描述金融衍生价格波动的随机波动(SV)模型。

第一节 自回归条件异方差模型构建

一、ARCH 模型的界定及特性

Engle(1982)在研究英国因工资上涨而导致的通货膨胀问题时提出了 ARCH 模型。ARCH 模型的基本思想是：第一，股票收益率均值方程的扰动项 ε_t 前后不相关，但也前后不独立；第二，设定 $r_t = \mu + \varepsilon_t$，$\varepsilon_t$ 不独立，即 $\text{Var}(r_t | \Phi_{t-1}) = \text{Var}(\varepsilon_t | \Phi_{t-1})$ 可以由 ε_t 的滞后项线性表示。具体地说，ARCH(p)模型的设定为：

$$\varepsilon_t = \sigma_t e_t \tag{3-1}$$

$$\sigma_t^2 = \alpha_0 + \alpha_1 \varepsilon_{t-1}^2 + \cdots + \alpha_p \varepsilon_{t-p}^2 \tag{3-2}$$

其中，$E(\varepsilon_t) = 0$，$\text{Var}(\varepsilon_t) = \sigma^2$，$e_t \sim N(0,1)$。实际上，通常假定 $\{e_t\}$ 服从标准正态分布、标准的学生 t 分布、广义误差分布。以 ARCH(1) 模型为例：

$$\varepsilon_t = \sigma_t e_t \tag{3-3}$$

$$\sigma_t^2 = \alpha_0 + \alpha_1 \varepsilon_{t-1}^2 \tag{3-4}$$

当 $\alpha_0 > 0$ 及 $0 < \alpha_1 < 1$ 时满足方差有限性。ARCH(1) 模型无条件方差和期望的性质如下：

$$E(\varepsilon_t) = E[E(\varepsilon_t | \Phi_{t-1})] = E[\sigma_t E(e_t | \Phi_{t-1})] = 0 \tag{3-5}$$

$$\text{Var}(\varepsilon_t) = E(\varepsilon_t^2) = E[E(\varepsilon_t^2 | \Phi_{t-1})] = E(\sigma_t^2) = E(\alpha_0 + \alpha_1 \varepsilon_{t-1}^2) = \alpha_0 + \alpha_1 E(\varepsilon_{t-1}^2) \tag{3-6}$$

因为 ε_t 是平稳过程且 $E(\varepsilon_t) = 0$，有：

$$\text{Var}(\varepsilon_t) = \text{Var}(\varepsilon_{t-1}) = E(\varepsilon_{t-1}^2) \tag{3-7}$$

$$\text{Var}(\varepsilon_t) = \alpha_0 + \alpha_1 \text{Var}(\varepsilon_t) \tag{3-8}$$

$$\text{Var}(\varepsilon_t) = \alpha_0 / (1 - \alpha_1) \tag{3-9}$$

二、ARCH 效应检验

想要拟合 ARCH 模型，首先要进行 ARCH 检验。ARCH 检验是一种特殊的异方差检验，它要求序列具有某种自相关关系的异方差，这种自相关关系可以用残差序列自回归模型进行拟合。常见的 ARCH 检验方法有三种：第一种是以参数估计的渐近正态性为基础的 Wald 检验，包括 t 检验、F 检验等；第二种是 1982 年罗伯特·恩格尔（Robert Engle）提出的拉格朗日乘子检验（Lagrange Multiplier Test），简称 LM 检验；第三种是 Mcleod and Li(1983) 提出的 Portmanteau Q 检验。LM 检验和 Portmanteau Q 检验的基本思想相同：如果残差序列方差非齐且具有集群效应，那么残差平方序列通常具有自相关性，此时可以通过 ARCH 模型拟合残差平方序列，即方差齐性检验转化了方程是否显著成立的检验。若方程显著成立，则意味着残差平方序列具有自相关性。具体地，考虑均值回归：

$$\gamma_t = r'_{t-k} \beta + \varepsilon_t \tag{3-10}$$

其中，r_{t-k} 是包含 γ_t 的滞后项。对上述方程采用最小二乘估计（OLS），从而得到残差 $\hat{\varepsilon}_t$。然后，拟合残差平方序列：

$$\hat{\varepsilon}_t^2 = \omega + \sum_{j=1}^{p} \lambda_j \hat{\varepsilon}_{t-j}^2 + e_t \tag{3-11}$$

式 (3-11) 回归检验的原假设为 $H_0 : \lambda_1 = \lambda_2 = \cdots = \lambda_p = 0$，备择假设为 $H_1 : \lambda_1, \lambda_2, \cdots, \lambda_p$ 不全为 0。若原假设被拒绝，则表明序列 r_t 具有 ARCH 效应，否则不存在 ARCH 效应。

对于 LM 检验，计算总残差平方和 SST（自由度为 $T-1$）和最小二乘回归残差平方和 SSE（自由度为 $T-p-1$），并由此构建 LM 检验统计量：

$$\text{LM}(p) = \frac{(\text{SST} - \text{SSE})/p}{\text{SSE}/(T - p - 1)} \tag{3-12}$$

当原假设成立时,LM 统计量服从自由度为 $p-1$ 的 χ^2 分布。

对于 Portmanteau Q 检验,可以构建 LB 统计量:

$$\mathrm{LB}(p) = T(T+2) \sum_{j=1}^{p} \frac{\lambda_j^2}{T-j} \tag{3-13}$$

同理,当原假设成立时,LB 统计量服从自由度为 $p-1$ 的 χ^2 分布;当拒绝原假设时,认为该序列方差非齐,可以用 p 阶自回归模型拟合残差平方序列中的自相关关系。

三、建立 ARCH 模型的步骤

建立 ARCH 模型有以下几个步骤:

1. 确定模型阶数

若 ARCH 效应显著存在,则可以用 ε_t^2 的偏自相关函数(PACF)确定模型阶数 p。在给定样本的情况下,ε_t^2 是 σ_t^2 的无偏估计,因此我们期望 ε_t^2 以 p 阶自回归模型方式与 $\varepsilon_{t-1}^2, \varepsilon_{t-2}^2, \cdots, \varepsilon_{t-p}^2$ 线性相关。

2. 估计模型参数

假定 e_t 服从标准正态分布、标准学生 t 分布或者广义误差分布。根据不同分布,用不同的似然函数估计模型参数。当 e_t 服从标准正态分布时,ARCH(p) 模型的似然函数为:

$$f(\varepsilon_1, \cdots, \varepsilon_T \mid \alpha) = f(\varepsilon_T \mid \Phi_{T-1}) f(\varepsilon_{T-1} \mid \Phi_{T-2}) \cdots f(\varepsilon_{p+1} \mid \Phi_p) f(\varepsilon_1, \cdots, \varepsilon_p \mid \alpha)$$

$$= \prod_{t=p+1}^{T} \frac{1}{\sqrt{2\pi\sigma_t^2}} \exp\left[-\frac{\varepsilon_t^2}{2\sigma_t^2}\right] \times f(\varepsilon_1, \cdots, \varepsilon_p \mid \alpha) \tag{3-14}$$

其中,$\alpha = (\alpha_0, \alpha_1, \cdots, \alpha_p)'$、$f(\varepsilon_1, \cdots, \varepsilon_p \mid \alpha)$ 是 $\varepsilon_1, \cdots, \varepsilon_p$ 的联合概率密度函数。当样本容量较大且 $f(\varepsilon_1, \cdots, \varepsilon_p \mid \alpha)$ 的表达式较复杂时,通常将其从公式中舍去。进一步地,可得出条件似然函数,并使用最大似然估计法(MLE)进行估计,其中 $\sigma_t^2 = \alpha_0 + \alpha_1 \varepsilon_{t-1}^2 + \cdots + \alpha_p \varepsilon_{t-p}^2$ 可以递推地计算:

$$f(\varepsilon_{p+1}, \cdots, \varepsilon_T \mid \alpha, \varepsilon_1, \cdots, \varepsilon_p) = \prod_{t=p+1}^{T} \frac{1}{\sqrt{2\pi\sigma_t^2}} \exp\left[-\frac{\varepsilon_t^2}{2\sigma_t^2}\right] \tag{3-15}$$

将式(3-15)取对数,得到条件对数似然函数为:

$$l(\varepsilon_{p+1}, \cdots, \varepsilon_T \mid \alpha, \varepsilon_1, \cdots, \varepsilon_p) = \sum_{t=p+1}^{T} \left[-\frac{1}{2}\ln(2\pi) - \frac{1}{2}\ln(\sigma_t^2) - \frac{1}{2}\frac{\varepsilon_t^2}{\sigma_t^2}\right] \tag{3-16}$$

由于第一项 $\ln(2\pi)$ 中不含参数,条件对数似然函数可写为:

$$l(\varepsilon_{p+1}, \cdots, \varepsilon_T \mid \alpha, \varepsilon_1, \cdots, \varepsilon_p) = -\sum_{t=p+1}^{T} \left[\frac{1}{2}\ln(\sigma_t^2) + \frac{1}{2}\frac{\varepsilon_t^2}{\sigma_t^2}\right] \tag{3-17}$$

假设 e_t 服从标准学生 t 分布,随机变量 x_v 服从自由度为 v 的学生 t 分布,则 $v > 2$ 时有 $\mathrm{Var}(x_v) = v/(v-2)$,记 $e_t = x_v/\sqrt{v/(v-2)}$,e_t 的概率密度函数为:

$$f(e_t \mid v) = \frac{\Gamma((v+1)/2)}{\Gamma(v/2)\sqrt{(v-2)\pi}} \left(1 + \frac{e_t^2}{v-2}\right)^{-(v+1)/2}, v > 2 \qquad (3-18)$$

其中，$\Gamma(x) = \int_0^\infty y^{x-1} e^{-y} \mathrm{d}y$，由 $\varepsilon_t = \sigma_t e_t$，可以得到 ε_t 的条件似然函数：

$$f(\varepsilon_{p+1}, \cdots, \varepsilon_T \mid \alpha, A_p) = \prod_{t=p+1}^{T} \frac{\Gamma((v+1)/2)}{\Gamma(v/2)\sqrt{(v-2)\pi}} \frac{1}{\sigma_t} \left[1 + \frac{\varepsilon_t^2}{(v-2)\sigma_t^2}\right]^{-(v+1)/2}$$

$$(3-19)$$

其中，$v > 2, A_p = (\varepsilon_1, \cdots, \varepsilon_p)$。使用最大似然估计法（MLE）进行估计，其自由度既可以提前赋值，也可以和其他参数一起估计。

如果学生 t 分布的自由度提前给定，那么条件对数似然函数为：

$$l(\varepsilon_{p+1}, \cdots, \varepsilon_T \mid \alpha, A_p) = -\sum_{t=p+1}^{T} \left[\frac{v+1}{2} \ln\left(1 + \frac{\varepsilon_t^2}{(v-2)\sigma_t^2}\right) + \frac{1}{2} \ln(\sigma_t^2)\right] \qquad (3-20)$$

反之，则对数似然函数为：

$$l(\varepsilon_{p+1}, \cdots, \varepsilon_T \mid \alpha, v, A_p) = (T-p)\left\{\ln\left[\Gamma\left(\frac{v+1}{2}\right)\right] - \ln\left[\Gamma\left(\frac{v}{2}\right)\right] - 0.5 \ln[(v-2)\pi]\right\}$$
$$+ l(\varepsilon_{p+1}, \cdots, \varepsilon_T \mid \alpha, A_p) \qquad (3-21)$$

3. 验证模型的设定

建立 ARCH 模型之后，求得标准化残差，这是一个独立同分布的随机过程：

$$\hat{\varepsilon}_t = \frac{\varepsilon_t}{\sigma_t} \qquad (3-22)$$

$\{\hat{\varepsilon}_t\}$ 的 Ljung-Box 统计量可用来检验均值方程的充分性，其偏度、峰度、QQ 图可用来检验分布假定的正确性；$\{\hat{\varepsilon}_t^2\}$ 的 Ljung-Box 统计量可用来检验波动率方程的正确性。

4. 预测

考虑一个 ARCH(p) 模型。从预测原点 h 出发，σ_{h+1}^2 的向前 1 步、向前 2 步、向前 l 步的预测分别为：

$$\sigma_h^2(1) = \alpha_0 + \alpha_1 \varepsilon_h^2 + \cdots + \alpha_p \varepsilon_{h+1-p}^2 \qquad (3-23)$$

$$\sigma_h^2(2) = \alpha_0 + \alpha_1 \sigma_h^2(1) + \alpha_2 \varepsilon_h^2 + \cdots + \alpha_p \varepsilon_{h+2-p}^2 \qquad (3-24)$$

$$\sigma_h^2(l) = \alpha_0 + \sum_{i=1}^{p} \alpha_i \sigma_h^2(l-i) \qquad (3-25)$$

其中，当 $l - i \leq 0$ 时，有 $\sigma_h^2(l-i) = \varepsilon_{h+l-i}^2$。

例 3-1 利用 ARCH 模型估算波动率。选取上证指数 2016 年 1 月 1 日至 2023 年 4 月 30 日的日收盘价，建立对数收益率序列，并估算波动率。首先，利用 python 得到上证指数在样本区间内的日收益率，并绘制上证指数收盘价及对数收益率图，如图 3-1 所示。

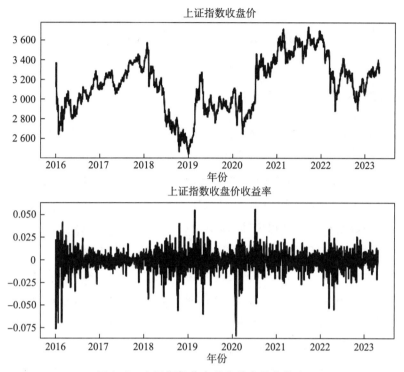

图 3-1 上证指数收盘价和收盘价收益率

建立 ARCH(1) 模型，估计结果如下：

$$\sigma_t^2 = 0.00092746 + 0.25\varepsilon_{t-1}^2$$

图 3-2 给出了基于 ARCH 模型估计得到的上证指数波动率走势。

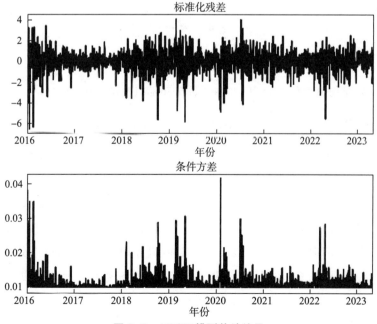

图 3-2 ARCH 模型估计结果

第二节 GARCH 族模型

一、GARCH 模型界定及特性

ARCH 模型的提出在金融界引起了热烈的反响,使得之前不具备预测性的大量金融时间序列信息得以有效提取,创造了实用的波动性分析和预测方法。ARCH 的实质是使用残差平方序列的 p 阶移动平均拟合当期异方差函数值,但是由于移动平均模型具有自相关系数 p 阶截尾性,因此 ARCH 模型只适用于短期自相关过程。在实践中,有些残差序列的异方差函数具有长期自相关性,这会使得 ARCH 模型的阶数 p 过大,需要估计过多参数,在有限样本情况下将降低参数估计效率。此外,ARCH 模型存在滞后期数 p 的确定以及有时会出现与方差非负条件冲突的问题。为此,恩格尔的学生提姆·波勒斯勒夫(Tim Bollerslev)1986 年提出广义自回归条件异方差模型,简称 GARCH 模型。

GARCH 模型实际上就是在 ARCH 模型的基础上增加考虑异方差函数的 p 阶自相关性,从而有效拟合具有长期自相关性的序列。在 ARCH 模型中,残差的方差服从 AR 过程,仅与残差平方滞后项有关;而在 GARCH 模型中,残差服从 ARMA 过程,即残差的条件方差不仅与残差平方滞后项有关,还取决于条件方差的滞后项。因此,GARCH 模型的弹性较大。

具体地,对于收益率序列 r_t,令 $\varepsilon_t = r_t - \mu$ 为 t 时刻的信息,称 ε_t 服从 GARCH(p,q) 模型:

$$\varepsilon_t = \sigma_t e_t \tag{3-26}$$

$$\sigma_t^2 = \gamma V_L + \sum_{i=1}^{p} \alpha_i \varepsilon_{t-i}^2 + \sum_{j=1}^{q} \beta_j \sigma_{t-j}^2 \tag{3-27}$$

其中,$\{e_t\}$ 是均值为 0、方差为 1 的独立同分布随机变量序列,$0 < \omega = \gamma V_L, 0 < \gamma < 1$,$\alpha_i \geq 0, \beta_j \geq 0, \sum_{i=1}^{p} \alpha_i + \sum_{j=1}^{q} \beta_j + \gamma = 1$,同前面一样,通常假定 e_t 为标准正态分布、标准化学生 t 分布或者广义误差分布。GARCH(p,q) 模型等价于高阶的 ARCH 模型,待估参数的个数大为减少,从而解决了 ARCH 模型的参数估计问题。

在 GARCH 模型中,条件方差取决于过去 1 期到无穷多期的残差的方差值,也就是 GARCH(1,1) 模型相当于 ARCH(∞)。因此,在实证研究中 ARCH 模型可能需要选用较长的滞后期,而 GARCH(1,1) 模型足以较好地模拟各种时序数据,可充分捕获数据中的时变特征。令 $\omega = \gamma V_L$,GARCH(1,1) 模型的均值方程和条件方差方程均为:

$$r_t = \mu + \varepsilon_t \tag{3-28}$$

$$\varepsilon_t = \sigma_t e_t \tag{3-29}$$

$$\sigma_t^2 = \omega + \alpha\varepsilon_{t-1}^2 + \beta\sigma_{t-1}^2 \qquad (3-30)$$

对式(3-30)进行估计,可得出 ω、α、β 参数的估计值,并可估计得出 $\gamma = 1 - \alpha - \beta$,同时长期方差为 $V_L = \omega/\gamma$。为了保持 GARCH(1,1)模型稳定,要求 $\alpha + \beta < 1$,否则对应的长期平均方差的权重为负值。关于权重设定,对式(3-30)作递归处理,可得:

$$\begin{aligned}
\sigma_t^2 &= \omega + \alpha\varepsilon_{t-1}^2 + \beta\sigma_{t-1}^2 \\
&= \omega + \alpha\varepsilon_{t-1}^2 + \beta(\omega + \alpha\varepsilon_{t-2}^2 + \beta\sigma_{t-2}^2) \\
&= \omega + \beta\omega + \alpha\varepsilon_{t-1}^2 + \alpha\beta\varepsilon_{t-2}^2 + \beta^2\sigma_{t-2}^2
\end{aligned} \qquad (3-31)$$

由式(3-31)可知,大的 ε_{t-1}^2 或者 σ_{t-1}^2 将会引起大的 σ_t^2,这意味着大的 σ_{t-1}^2 会紧跟着另一个大的 ε_t^2,这样就会产生时间序列中有名的"波动聚集性"现象。

进一步将 σ_{t-2}^2 代入,继续递归可得:

$$\sigma_t^2 = \sum_{i=1}^{m} \beta^{i-1}\omega + \sum_{i=1}^{m} \alpha\beta^{i-1}\varepsilon_{t-i}^2 \qquad (3-32)$$

可以看出 ε_{t-i}^2 对应的权重为 $\alpha\beta^{i-1}$ 且以 β 指数速度下降,β 可被解释为衰减速度(Decay Rate)。一般情况下,GARCH(1,1)模型可以很好地拟合异方差问题,GARCH 模型的阶数并不需要很高,GARCH(1,1)也被普遍认为是"标准"模型,其无条件方差和期望的性质如下:

$$E(\varepsilon_t) = 0 \qquad (3-33)$$

$$\text{Var}(\varepsilon_t) = E(\varepsilon_t^2) = E(\sigma_t^2) = E(\omega + \alpha\varepsilon_{t-1}^2 + \beta\sigma_{t-1}^2) \qquad (3-34)$$

$$\text{Var}(\varepsilon_t) = \frac{\omega}{1 - \alpha - \beta} \qquad (3-35)$$

二、建立 GARCH 模型的步骤

一个完整的 GARCH 模型由以下三部分构成:均值模型、条件异方差模型和分布假定。由此,拟合 GARCH 模型包括如下五个步骤:

(1) 构建水平模型,提取序列均值中蕴含的相关信息。
(2) 检验残差序列是否具有条件异方差特征。
(3) 对具有条件异方差特征的序列拟合 GARCH 模型。
(4) 检验拟合模型的优劣,优化模型。
(5) 使用拟合模型进行预测。

GARCH 模型也存在一定的局限性:首先,GARCH 模型主要适用于回报率序列,但是金融决策很少只以期望回报率及波动率作为依据;其次,虽然 GARCH 是为捕捉随时间变化的条件方差而设计的,但它往往无法捕捉到高度不规则的现象;最后,GARCH 也往往难以完全捕获资产收益率序列中观察到的厚尾情况。

以 GARCH(1,1)模型为例,假定以 h 为预测原点,向前一步预测:

$$\sigma_{h+1}^2 = \omega + \alpha\varepsilon_h^2 + \beta\sigma_h^2 \tag{3-36}$$

其中，ε_h 和 σ_h^2 在时间指标 h 处是已知的，因此向前一步预测为：

$$\sigma_{h(1)}^2 = \omega + \alpha\varepsilon_h^2 + \beta\sigma_h^2 \tag{3-37}$$

由 $\varepsilon_t^2 = \sigma_t^2 e_t^2$ 可知，向前多步预测为：

$$\sigma_{t+1}^2 = \omega + (\alpha + \beta)\sigma_t^2 + \alpha\sigma_t^2(e_t^2 - 1) \tag{3-38}$$

当 $t = h + 1$ 时，有：

$$\sigma_{h+2}^2 = \omega + (\alpha + \beta)\sigma_{h+1}^2 + \alpha\sigma_{h+1}^2(e_{h+1}^2 - 1) \tag{3-39}$$

由于 $E(e_{h+1}^2 - 1 \mid F_h) = 0$，故以 h 为预测原点的向前两步预测波动率方程满足：

$$\sigma_h^2(2) = \omega + (\alpha + \beta)\sigma_h^2(1) \tag{3-40}$$

一般地，

$$\sigma_h^2(l) = \omega + (\alpha + \beta)\sigma_h^2(l - 1), l > 1 \tag{3-41}$$

对式（3-41）重复迭代，我们得到向前 l 步预测的波动率方程为：

$$\sigma_h^2(l) = \frac{\alpha_0[1 - (\alpha + \beta)^{l-1}]}{1 - \alpha - \beta} + (\alpha + \beta)^{l-1}\sigma_h^2(1) \tag{3-42}$$

只要满足 $\alpha + \beta < 1$，就有：

$$\sigma_h^2(l) \to \frac{\alpha_0}{1 - \alpha - \beta}，当 l \to \infty 时 \tag{3-43}$$

因此，只要 ε_t 的无条件方差 $\text{Var}(\varepsilon_t)$ 存在，当 $l \to \infty$ 时，GARCH(1,1)模型的向前多步波动率预测收敛于 $\text{Var}(\varepsilon_t)$。

三、其他 GARCH 族模型

接下来，开始分析 GARCH 族模型，其主要分为：

1. 单整 GARCH（IGARCH）模型

在现实中存在这样一种情况：外部冲击对序列带来的影响衰减缓慢，即条件方差序列存在冲击影响的"持续记忆"特性，条件方差序列呈现非平稳性。对于 GARCH(1,1)模型，如果估计系数 α 和 β 之和接近于 1，则表明条件方差较为持久。为此，Engle and Bollerslev(1986)提出单整 GARCH（Integrated GARCH，IGARCH）模型，对条件波动更具持久性的时间序列进行建模。IGARCH 模型形式与 GARCH 模型相似，但约束条件不同，IGARCH(p, q)模型可表示为：

$$r_t = \mu + \varepsilon_t \tag{3-44}$$

$$\varepsilon_t = \sigma_t e_t, \varepsilon_t^2 / F_{t-1} \sim N(0, \sigma_t^2) \tag{3-45}$$

$$\sigma_t^2 = \omega + \sum_{i=1}^{p}\alpha_i\varepsilon_{t-i}^2 + \sum_{j=1}^{q}\beta_j\sigma_{t-j}^2 \tag{3-46}$$

其中，要求 $\sum_{i=1}^{p}\alpha_i + \sum_{j=1}^{q}\beta_j = 1$。GARCH 模型中对参数有界的约束是保证 ε_t 的无条件方差有界，模型可以实现宽平稳。但是，当把约束条件改为 $\sum_{i=1}^{p}\alpha_i + \sum_{j=1}^{q}\beta_j = 1$ 时，即为 IGARCH 模型，显然 ε_t 的无条件方差是无界的，所以其无条件方差没有意义。因此，IGARCH 模型被称作方差无穷 GARCH 模型。

以 IGARCH(1,1) 模型为例：$\sigma_t^2 = \omega + \alpha\varepsilon_{t-1}^2 + \beta\sigma_{t-1}^2$，当 $\alpha + \beta = 1$ 时，式(3-46)重复迭代可得：

$$\sigma_h^2(l) = \sigma_h^2(1) + (l-1)\alpha_0, l \geq 1 \tag{3-47}$$

其中，h 为预测原点。由此，$\sigma_h^2(1)$ 对将来波动率的效应也是持续的，斜率为 α_0。对于 IGARCH(1,1) 模型，我们重点研究 $\alpha_0 = 0$ 的情形，对所有预测步长，波动率的预测值都是 $\sigma_h^2(1)$，这是风险度量系统所用的波动率模型，可以用来度量在险价值 VaR，同时也是序列 $\{\varepsilon_t^2\}$ 的指数平滑模型，证明如下：

$$\begin{aligned}\sigma_t^2 &= (1-\beta_1)\varepsilon_{t-1}^2 + \beta_1\sigma_{t-1}^2 \\ &= (1-\beta_1)\varepsilon_{t-1}^2 + \beta_1[(1-\beta)\varepsilon_{t-2}^2 + \beta_1\sigma_{t-2}^2] \\ &= (1-\beta_1)\varepsilon_{t-1}^2 + (1-\beta_1)\beta_1\varepsilon_{t-2}^2 + \beta_1^2\sigma_{t-2}^2\end{aligned} \tag{3-48}$$

重复迭代得到：

$$\sigma_t^2 = (1-\beta_1)(\varepsilon_{t-1}^2 + \beta_1\varepsilon_{t-2}^2 + \beta_1^2\varepsilon_{t-3}^3 + \cdots) \tag{3-49}$$

由此得到贴现因子为 β_1 的指数平滑公式。因此，指数平滑方法可以用来估计 IGARCH(1,1) 模型。IGARCH 模型刻画波动受外部冲击影响的"持续记忆"特征，更适用于描述具有单位根特征（随机游走）的条件异方差，从理论上看，IGARCH 现象可能是由波动率常有的水平移动引致的。

2. GARCH 均值(GARCH-M)模型

前面讨论的 ARCH 模型和 GARCH 模型都认为时间序列的均值不会受到方差变化的影响。但在实际应用中，存在某些时间序列的条件方差变化会直接影响序列的均值。例如，在考虑投资回报与风险时，风险厌恶投资者要求资产的收益率与资产的波动性匹配，因此资产风险越大（条件方差变大），投资者要求的风险补偿也会越大，这就意味着条件方差的变化会影响条件均值。最初注意到这一现象的是 Engle et al.(1987)，为了解决这一问题，他们在均值方程中引入条件方差作为解释变量，从而允许序列的均值依赖于自身波动性，该模型被统称为 GARCH 均值(GARCH in Mean, GARCH-M)模型。GARCH-M 模型的结构可以表示为：

$$r_t = \mu + \varphi\sigma_t + \varepsilon_t \tag{3-50}$$

$$\varepsilon_t = \sigma_t e_t \tag{3-51}$$

$$\sigma_t^2 = \omega + \sum_{i=1}^{p} \alpha_i \varepsilon_{t-i}^2 + \sum_{j=1}^{q} \beta_j \sigma_{t-j}^2 \quad (3-52)$$

GARCH-M 模型中的参数也有类似于 GARCH(p,q) 模型的参数非负和有界的限制条件。GARCH-M 模型广泛应用于各种金融资产收益率研究。例如，汇率分析和利率的期限结构分析经常涉及风险溢价，因此有许多研究使用该模型估计它们的波动率风险。

此外，GARCH 族模型还包括由 Taylor(1986) 和 Schwert(1990) 提出的绝对值 GARCH(Absolute Value GARCH, SGARCH) 模型，Higgins and Bera(1992) 提出的非线性 ARCH(Nonliner ARCH, NARCH) 模型以及 Engle and Gonzalez-Rivera(1991) 提出的半/非参数模型等。

例 3-2 利用 GARCH 模型估算波动率。选取上证指数 2016 年 1 月 1 日至 2023 年 4 月 30 日的日收盘价，建立对数收益率序列，并利用 GARCH(1,1) 模型估算波动率，结果如下式所示：

$$\sigma_t^2 = 0.0000024732 + 0.1\varepsilon_{t-1}^2 + 0.88\sigma_{t-1}^2$$

图 3-3 给出基于 GARCH 模型估计得到的上证指数波动率走势。

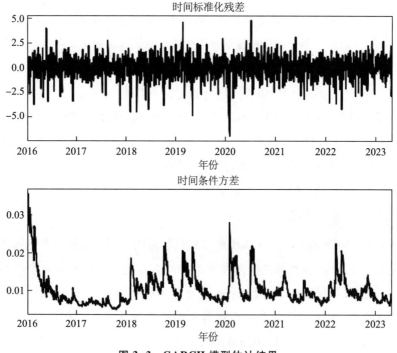

图 3-3 GARCH 模型估计结果

第三节 非对称 GARCH 模型

金融资产价格波动中存在杠杆效应(Leverage Effect)，是指金融资产价格波动对"利空消息"和"利好消息"的反应是不同的，一般情况下金融资产价格对"利空消息"的波动会高于对"利好消息"的波动,这种现象可以看作不确定的"信息"对条件方差的一种非对称影响。为此,一些学者提出非对称 GARCH 模型,包括指数 GARCH 模型、门限 GARCH 模型及渐进幂 ARCH 模型。

一、EGARCH 模型

GARCH 模型虽然理论依据充分,但是金融和经济领域许多序列的估计结果往往违反了非负参数约束的条件,从而使得 GARCH 的分析陷入困境。而且,GARCH 模型中外部冲击对条件方差的影响程度只取决于外部冲击的绝对值大小,与冲击的符号无关。为此,Nelson(1991)提出指数 GARCH(Exponential GARCH,EGARCH)模型,在波动率方程中采用条件方差的对数形式,由此波动率方程中系数的任何值都不会导致条件方差为负。更重要的是,EGARCH 模型能有效刻画金融时间序列的杠杆效应,允许在模型中体现正的和负的资产收益率的非对称效应。

我们以最简单的 EGARCH(1,1)模型为例:

$$r_t = \mu + \varepsilon_t \tag{3-53}$$

$$\varepsilon_t = \sigma_t e_t \tag{3-54}$$

$$\ln(\sigma_t^2) = \omega + \theta \frac{\varepsilon_{t-1}}{\sigma_{t-1}} + \alpha \frac{|\varepsilon_{t-1}|}{\sigma_{t-1}} + \beta \ln(\sigma_{t-1}^2) \tag{3-55}$$

其中,$\varepsilon_t^2 | F_{t-1} \sim N(0, \sigma_t^2)$,$e_t \sim N(0,1)$。若将 EGARCH(1,1)扩展为更一般的 EGARCH(p,q)模型,其方差方程可写为:

$$\ln(\sigma_t^2) = \omega + \sum_{k=1}^{p} \theta_k \frac{\varepsilon_{t-k}}{\sigma_{t-k}} + \sum_{i=1}^{p} \alpha_i \frac{|\varepsilon_{t-i}|}{\sigma_{t-i}} + \sum_{j=1}^{q} \beta_j \ln(\sigma_{t-j}^2) \tag{3-56}$$

可见,EGARCH 模型与一般的 GARCH 模型的区别在于:①在方程中采用对数形式,从而放松对波动率方程中参数非负的约束;②引入标准化冲击 $\frac{\varepsilon_{t-i}}{\sigma_{t-i}}$ 来解释条件方差的变化;③引入 ε_{t-i} 的绝对值形式,使得条件方差表现为非对称特征。以 $p=1$ 为例,当 ε_{t-1} 为正数时,标准化冲击对 $\ln(\sigma_t^2)$ 的影响为 $\theta + \alpha$;当 ε_{t-1} 为负数时,标准化冲击对 $\ln(\sigma_t^2)$ 的影响为 $\alpha - \theta$。估计系数 θ 的显著性可以作为判断条件方差是否存在非对称效应的一种检验标准,$\theta = 0$ 表明序列的正负冲击是对称的,不存在非对称效应。

二、TGARCH 模型

Zakoian(1994)和 Glosten et al.(1993)提出门限 GARCH(Threshold GARCH,TGARCH)模型用于捕捉金融资产价格波动中的杠杆效应,因此有时该模型也被称作杠杆 GARCH 模型。该模型结构简洁并且能够反映金融资产价格受正负冲击影响的差异程度。具体地,TGARCH 模型设定一个指示变量,将其作为门限,若正负冲击对条件波动率的影响超

过阈值,则表明冲击发生变化。TGARCH(p,q)模型的表示形式为:

$$r_t = \mu + \varepsilon_t \tag{3-57}$$

$$\varepsilon_t = \sigma_t e_t, \varepsilon_t^2 \mid F_{t-1} \sim N(0, \sigma_t^2) \tag{3-58}$$

$$\sigma_t^2 = \omega + \sum_{i=1}^{p} (\alpha_i + \gamma_i N_{t-i}) \varepsilon_{t-i}^2 + \sum_{j=1}^{q} \beta_j \sigma_{t-j}^2 \tag{3-59}$$

其中,N_{t-i}是关于ε_{t-i}是否为负的指示变量,即

$$N_{t-i} = \begin{cases} 1, \varepsilon_{t-i} < 0 \\ 0, \varepsilon_{t-i} \geq 0 \end{cases} \tag{3-60}$$

其中,α_i、γ_i和β_j为非负参数,满足类似于 GARCH 模型的条件。从模型中可以看出,正的ε_{t-i}对σ_t^2的贡献为$\alpha_i \varepsilon_{t-i}^2$,负的$\varepsilon_{t-i}$对$\sigma_t^2$的贡献为$(\alpha_i + \gamma_i)\varepsilon_{t-i}^2$,其中$\gamma_i > 0$且大于$\varepsilon_{t-i}$为正时的值,描绘出杠杆效应的非对称性。

三、APARCH 模型

非对称幂自回归条件异方差(Asymmetric Power ARCH,APARCH)模型是 Ding et al. (1993)提出的一种用于刻画金融时间序列非对称性的扩展 GARCH 模型,APARCH(p,q)模型的表示形式为:

$$r_t = \mu + \varepsilon_t \tag{3-61}$$

$$\varepsilon_t = \sigma_t e_t, \varepsilon_t^2 \mid I_{t-1} \sim N(0, \sigma_t^2) \tag{3-62}$$

$$\sigma_t^h = \omega + \sum_{i=1}^{p} \alpha_i (|\varepsilon_{t-i}| - \gamma_i \varepsilon_{t-i})^h + \sum_{j=1}^{q} \beta_j \sigma_{t-j}^h \tag{3-63}$$

其中,h表示幂的值,$h > 0$为正实数;非对称性由γ_i取值的符号捕捉,当$\gamma_i > 0$时,说明负的外部冲击比正的外部冲击引发的杠杆效应更大,会导致更大的条件方差;当$\gamma_i < 0$时,说明正的外部冲击比负的外部冲击引发的杠杆效应更大;当$\gamma_i = 0$时,则表明系统不存在杠杆效应。APARCH 模型对条件标准差过程和非对称绝对残差施加了 Box-Cox 幂变换,σ_t^h代表σ_t的 Box-Cox 变换$(\sigma_t^h - 1)/h$。若$h = 2$且$\gamma_i = 0$,则 APARCH 模型退化为 GARCH 模型。APARCH 模型具有一般 GARCH 模型的特点,但又比一般 GARCH 模型具有更大的灵活性。

例 3-3 采用 EGARCH 模型分析中国股市杠杆效应。

选取上证指数 2016 年 1 月 1 日至 2023 年 4 月 30 日的日收盘价,建立对数收益率序列,并利用 EGARCH(1,1)模型估算波动率,估计结果如下:

$$\ln(\sigma_t^2) = -6.2861 - 9.6202 \frac{\varepsilon_{t-1}}{\sigma_{t-1}} - 13.2417 \frac{|\varepsilon_{t-1}|}{\sigma_{t-1}} + 0.1542 \ln(\sigma_{t-1}^2)$$

其中,杠杆系数θ小于 0,说明利空消息引起的波动程度比利好消息更大,即存在杠杆效应。利好消息造成一个$\alpha - |\theta| = -22.8619$倍大小的冲击,利空消息造成一个

$\alpha+|\theta|=-3.6215$ 倍大小的冲击。由此得出,市场波动对利空消息的反应更加敏感。

图 3-4 给出了基于 EGARCH 模型估计得到的上证指数波动率走势。

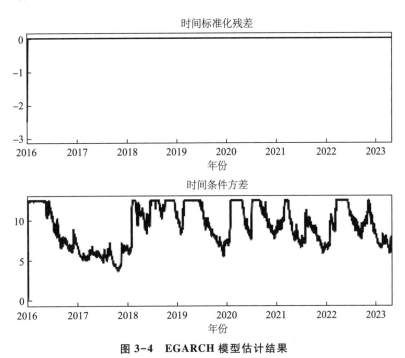

图 3-4　EGARCH 模型估计结果

第四节　Jump-GARCH 模型

一、Jump-GARCH 模型简介

GARCH 模型是最优的条件方差模型,而在 GARCH 模型的基础之上引入跳跃因子就形成了 Jump-GARCH 模型。在实际的金融市场中,考虑到经济和政治等多种因素的影响,股票收益率序列可能会出现大幅的异常波动,使得 GARCH 族模型的简单应用在此时并不能有效说明情况。另外,GARCH 模型虽然能够较好地刻画资产价格收益率的异方差性以及波动的时变性和集聚性,但是它只能反映波动率的连续平滑变化,无法解释金融资产价格非连续性的、非经常性的、跳跃式的异常波动,而不考虑资产价格的跳跃性很可能存在定价偏差,不能做出合适的对冲决策。因此,大量国内外学者在原有 GARCH 族模型的基础上加入股价的跳跃行为,并建立了 Jump-GARCH 模型进行相关研究。

目前 Jump-GARCH 模型在描述资产价格的跳跃性中使用最多,其主要通过在 GARCH 模型的基础上加入跳跃结构去捕捉金融时间序列中存在的异常波动情况。Press (1967)最先探索金融市场中存在的跳跃行为,他在模型中加入泊松过程,把金融资产收益率设定为连续波动和离散跳跃的结果,跳跃次数服从泊松分布,跳跃幅度是随机的且服从正态分布。在这类混合跳跃模型中,GARCH 模型用来解释波动率的平滑变动,Jump 模型则用来体现收益率的跳跃变动。本节主要参考 Chan and Maheu(2002)、Maheu and McCurdy(2004)和 Daal et al.(2007)的做法,在 GARCH 成分的条件方差中加入跳跃成分,以衡量跳跃行为对正常波动成分的反馈效应。

Jump-GARCH 模型的具体构建过程如下:

假定 $t-1$ 时刻的信息集 Φ_{t-1} 是历史收益率的函数,满足 $\Phi_{t-1} = \{r_{t-1}, \cdots, r_1\}$,其中 r_t 可由式(3-64)表示:

$$r_t = \mu + \varepsilon_{1,t} + \varepsilon_{2,t} \tag{3-64}$$

$$\varepsilon_{1,t} = \sigma_t e_t, e_t \sim NID(0,1) \tag{3-65}$$

从式(3-64)可明显看出,Jump-GARCH 模型与 GARCH 模型在残差项的划分和设定上存在一定的差异。Jump-GARCH 模型在原有 GARCH 模型的基础上,将 GARCH 模型的残差项 ε_t 细分为 $\varepsilon_{1,t}$ 和 $\varepsilon_{2,t}$ 两个部分之和。其中,$\varepsilon_{1,t}$ 代表平滑的残差,用来刻画收益率平稳且连续的波动情况,体现收益率的平滑变动,是 GARCH 模型可以解释的部分,且它是由正常消息事件的冲击引起的,其中 $E[\varepsilon_{1,t} | \Phi_{t-1}] = 0$;$\varepsilon_{2,t}$ 称为跳跃残差,代表由各类突发事件引起的离散性跳跃所导致的残差,能够体现资产收益率的跳跃变动,它是由异常消息事件的冲击引起的前期信息不能解释的跳跃误差。另外,$\varepsilon_{1,t}$ 和 $\varepsilon_{2,t}$ 是相互独立的。

二、Jump-GARCH 模型估计

与 GARCH 模型还存在差别的是,Jump-GARCH 模型在 GARCH 模型的基础上引入泊松过程。在给定信息集 Φ_{t-1} 的前提下,跳跃次数 n_t 服从泊松分布,则 n_t 在 $(t-1,t)$ 时间段内发生 j 次跳跃的概率密度为:

$$P(n_t = j | \Phi_{t-1}) = \frac{\exp(-\lambda_t)\lambda_t^j}{j!}, j = 0,1,2,\cdots \tag{3-66}$$

跳跃强度 $\lambda_t \equiv E(n_t | \Phi_{t-1})$,表示在信息集 Φ_{t-1} 下对 $(t-1,t)$ 时间段内发生跳跃次数的事前预期,即在 $(t-1,t)$ 时间段内发生跳跃的可能性大小,其动态表达式为:

$$\lambda_t = \lambda_0 + \rho\lambda_{t-1} + \gamma\xi_{t-1} \tag{3-67}$$

其中,$\lambda_0 \geq 0, \rho, \gamma < 1$。$\rho$ 解释了前期跳跃强度对下一期的影响,揭示跳跃的持续性或集聚性;γ 度量预期偏差对跳跃强度的影响,揭示跳跃的持续程度,若 $\rho = \gamma = 0$ 则产生一个恒定跳跃的跳跃密度(Jorion,1988)。ξ_{t-1} 为预期偏差,表达式为:

$$\xi_{t-1} \equiv E[n_{t-1} | \Phi_{t-1}] - \lambda_{t-1} = \sum_{j=0}^{\infty} jP(n_{t-1} = j | \Phi_{t-1}) - \lambda_{t-1} \tag{3-68}$$

其中,$P(n_{t-1} = j | \Phi_{t-1})$ 是对 $(t-2,t-1)$ 时间段内发生 j 次跳跃的可能性的事后推断。n_{t-1} 是 $(t-2,t-1)$ 时间段内跳跃发生次数的事后推断,$\lambda_{t-1} = E(n_{t-1} | \Phi_{t-2})$ 是 $(t-$

$2,t-1)$ 时间段内跳跃发生次数的事前预期，$\xi_{t-1} = E[n_{t-1} | \Phi_{t-1}] - E[n_{t-1} | \Phi_{t-2}]$ 是跳跃发生次数的事前预期与事后推断之间的偏离，又称预期偏差，相当于 Φ_{t-1} 的边际差分。此时 $E[\xi_t | \Phi_{t-1}] = 0$，从而 $E(\xi_t) = 0, \text{Cov}(\xi_t, \xi_{t-1}) = 0, i > 0$，这说明跳跃强度偏差并不存在自相关性。

若自回归跳跃强度（ARJI）是平稳的，即 $|\rho| < 1$，则无条件跳跃密度的均值为：

$$E[\lambda_t] = \frac{\lambda_0}{1-\rho} \tag{3-69}$$

另外，对 λ_{t+i} 的多期预测为：

$$E[\lambda_{t+i} | \Phi_{t-1}] = \begin{cases} \lambda_t, & i = 0 \\ \lambda_0(1 + \rho + \cdots + \rho^{i-1}) + \rho^i \lambda_t, & i \geq 1 \end{cases} \tag{3-70}$$

则 ARJI 模型可重新写，并且对于所有的 $t, \lambda_t > 0$ 的充分条件是 $\lambda_0 > 0, \rho \geq \gamma, \gamma \geq 0$ 且满足：

$$\lambda_t = \lambda_0 + (\rho - \gamma)\lambda_{t-1} + \gamma E[n_{t-1} | \Phi_{t-1}] \tag{3-71}$$

假设跳跃幅度为 $Y_{t,k}, k = 1, 2, \cdots, N_t$，每次跳跃彼此相互独立且是正态分布的 $Y_{t,k} \sim \text{NID}(\theta, \delta^2)$，则资产收益率跳跃幅度过程 J_t 可表达为：

$$J_t = \sum_{k=1}^{n_t} Y_{t,k} \tag{3-72}$$

假设 n_t 和 $Y_{t,k}$ 独立，$\forall i \neq j, Y_{t,i}$ 与 $Y_{t,j}$ 独立，跳跃次数已知，则 J_t 的分布为 $J_t \sim N[\theta \lambda_t, (\theta^2 + \delta^2)\lambda_t]$。此时，$t$ 时刻资产价格的跳跃残差为：

$$\varepsilon_{2,t} = J_t - E[J_t | \Phi_{t-1}] = \sum_{k=1}^{n_t} Y_{t,k} - \theta \lambda_t \tag{3-73}$$

显然，这是零均值扰动，且上述跳跃残差 $\varepsilon_{2,t}$ 满足：

$$E(\varepsilon_{2,t}) = 0 \tag{3-74}$$

$$\text{Var}(\varepsilon_{2,t}) = (\theta^2 + \delta^2)\lambda_t \tag{3-75}$$

σ_t^2 是影响 $\varepsilon_{1,t}$ 的 GARCH 过程中的条件方差，即 $\sigma_t^2 \equiv \text{Var}(\varepsilon_{1,t} | \Phi_{t-1})$。

另外，ε_{t-1} 为 $t-1$ 期的收益残差，包括平滑残差 $\varepsilon_{1,t-1}$ 和跳跃残差 $\varepsilon_{2,t-1}$ 两部分。表达式为：

$$\sigma_t^2 = \omega + g(\Lambda, \Phi_{t-1})\varepsilon_{t-1}^2 + \beta \sigma_{t-1}^2 \tag{3-76}$$

$$\varepsilon_{t-1} = \varepsilon_{1,t-1} + \varepsilon_{2,t-1} \tag{3-77}$$

$g(\Lambda, \Phi_{t-1})$ 是关于参数向量集 Λ 的反馈函数，刻画了收益率残差对条件方差的反馈效应。Maheu and McCurdy（2004）认为，由于已实现的扰动可能导致市场不同的交易策略发生变化，而这些交易策略的变化不仅会导致跳跃的发生，还可能产生更大的波动聚集性现象，因此有必要考虑这种反馈效应。其中，参数向量 $\Lambda = \{\alpha, \alpha_j, \alpha_a, \alpha_{a,j}\}$，$g(\Lambda, \Phi_{t-1})$ 非负，$I(\varepsilon_{t-1})$ 为示性函数，当 $\varepsilon_{t-1} < 0$ 时，$I(\varepsilon_{t-1}) = 1$，则 $g(\Lambda, \Phi_{t-1})$ 的表达式为：

$$g(\Lambda, \Phi_{t-1}) = \exp\{\alpha + \alpha_j E[n_{t-1} | \Phi_{t-1}] + I(\varepsilon_{t-1})(\alpha_a + \alpha_{a,j} E[n_{t-1} | \Phi_{t-1}])\} \tag{3-78}$$

$g(\Lambda, \Phi_{t-1})$ 可以刻画利好消息 $\varepsilon_{t-1} > 0$ 和利空消息 $\varepsilon_{t-1} < 0$ 的非对称性冲击，体现正常扰动和跳跃扰动的反馈效应。利好消息 $\varepsilon_{t-1} > 0$ 对收益有正向影响，利空消息 $\varepsilon_{t-1} < 0$ 对收益有负向影响，两种影响最终呈现非对称性。参数 α_a 和 $\alpha_{a,j}$ 则反映利空消息 $\varepsilon_{t-1} < 0$ 的"附加"影响。参数 α_j 和 $\alpha_{a,j}$ 反映跳跃行为对波动预期非对称的反馈效应。$g(\Lambda, \Phi_{t-1})\varepsilon_{t-1}^2$ 表示消息冲击函数。若最后一期是利好消息且没有跳跃则 $g(\Lambda, \Phi_{t-1}) = \exp(\alpha)$；若有一次跳跃则 $g(\Lambda, \Phi_{t-1}) = \exp(\alpha + \alpha_j)$；若最后一期是利空消息且没有跳跃则 $g(\Lambda, \Phi_{t-1}) = \exp(\alpha + \alpha_a)$，若有一次跳跃则 $g(\Lambda, \Phi_{t-1}) = \exp(\alpha + \alpha_j + \alpha_a + \alpha_{a,j})$。

资产收益率的总条件均值和总条件方差分别为：

$$E[r_t | \Phi_{t-1}] = \mu \tag{3-79}$$

$$\mathrm{Var}(r_t | \Phi_{t-1}) = \mathrm{Var}(\varepsilon_{1,t} | \Phi_{t-1}) + \mathrm{Var}(\varepsilon_{2,t} | \Phi_{t-1}) = \sigma_t^2 + (\theta^2 + \delta^2)\lambda_t \tag{3-80}$$

对于 Jump-GARCH 模型参数估计，我们采用最大似然估计法，$f(r_t | n_t = j, \Phi_{t-1})$ 是在信息集 Φ_{t-1} 下发生 j 次跳跃时，资产收益率的条件分布为正态分布的概率密度函数，其满足：

$$f(r_T, r_{T-1}, \cdots, r_1) = \prod_{t=2}^{T} f(r_t | \Phi_{t-1}) \tag{3-81}$$

$$f(r_t | \Phi_{t-1}) = \sum_{j=0}^{\infty} f(r_t | n_t = j, \Phi_{t-1}) P(n_t = j | \Phi_{t-1}) \tag{3-82}$$

$$f(r_t | n_t = j, \Phi_{t-1}) = \frac{1}{\sqrt{2\pi(\sigma_t^2 + j\delta^2)}} \exp\left[-\frac{(r_t - \mu + \theta\lambda_t - \theta j)^2}{2(\sigma_t^2 + j\delta^2)}\right] \tag{3-83}$$

式(3-82)中的 $P(n_t = j | \Phi_{t-1})$ 称为滤子，分解信息集有：

$$P(n_t = j | \Phi_t) = P(n_t = j | r_t, \Phi_{t-1}) \tag{3-84}$$

进一步，根据贝叶斯法则，可得到：

$$P(n_t = j | \Phi_t) = \frac{f(r_t | n_t = j, \Phi_{t-1}) P(n_t = j | \Phi_{t-1})}{f(r_t | \Phi_{t-1})}, \quad j = 0, 1, 2, \cdots \tag{3-85}$$

滤子给出跳跃次数 n_t 的事后分布。因此，在模型参数估计的基础上，可根据滤子评价跳跃行为发生的事后概率，例如至少引发一次跳跃的概率为 $P(n_t \geq 1 | \Phi_t) = 1 - P(n_t = 0 | \Phi_t)$。

总的来说，Jump-GARCH 模型是一种用于计量金融学中波动率的建模技术，它将 GARCH 模型与跳跃过程相结合。Jump-GARCH 模型的主要优点是能够捕捉到非常规事件的影响，它使用跳跃过程来考量在分析期内发生的非常规事件，这能够更好地理解这些事件对价格变动和波动率的影响，Jump-GARCH 模型也可用于任何类型金融资产的预测，它具有与其他 GARCH 模型的拓展性相似等优点。然而，Jump-GARCH 模型也存在不足：第一，计算复杂度高，需要进行大量参数估计和迭代，因此在处理大量数据或者时间跨度较长的数据时，计算速度可能会变慢；第二，跳跃分布难以精确编码，跳跃过程的影响通常很难用精确的分布来描述，这使得 Jump-GARCH 模型中的跳跃项可能不够准确。

例 3-4 采用 Jump-GARCH 模型研究比特币期货和现货的波动率。

选取 2018 年 1 月 1 日至 2023 年 4 月 30 日的 CME 交易所比特币现货日结算价格和 BTC/USD 期货合约的日结算价格作为样本数据，使用 Jump-GARCH 族模型中的 ARJI 模型对参数进行估计。

ARJI 常数模型如下：

$$r_t = \mu + \varphi_1 r_{t-1} + \varphi_2 \varepsilon_{1,t-1} + \varepsilon_{1,t} + \varepsilon_{2,t}$$

$$\varepsilon_{1,t} = \sigma_t e_t, e_t \sim \text{NID}(0,1)$$

$$\varepsilon_{2,t} = J_t - E[J_t | \Phi_{t-1}] = \sum_{k=1}^{n_t} Y_{t,k} - \theta \lambda_t, Y_{t,k} \sim \text{NID}(\theta, \delta^2)$$

$$\sigma_t^2 = \omega + \alpha \varepsilon_{t-1}^2 + \beta \sigma_{t-1}^2$$

$$P(n_t = j | \Phi_{t-1}) = \frac{\exp(-\lambda_t) \lambda_t^j}{j!}, j = 0, 1, 2, \cdots$$

ARJI 模型如下：

$$r_t = \mu + \varphi_1 r_{t-1} + \varphi_2 \varepsilon_{1,t-1} + \varepsilon_{1,t} + \varepsilon_{2,t}$$

$$\varepsilon_{1,t} = \sigma_t e_t, e_t \sim \text{NID}(0,1)$$

$$\varepsilon_{2,t} = J_t - E[J_t | \Phi_{t-1}] = \sum_{k=1}^{n_t} Y_{t,k} - \theta \lambda_t, Y_{t,k} \sim \text{NID}(\theta, \delta^2)$$

$$\sigma_t^2 = \omega + \alpha \varepsilon_{t-1}^2 + \beta \sigma_{t-1}^2$$

$$P(n_t = j | \Phi_{t-1}) = \frac{\exp(-\lambda_t) \lambda_t^j}{j!}, j = 0, 1, 2, \cdots$$

$$\lambda_t = \lambda_0 + \rho \lambda_{t-1} + \gamma \xi_{t-1}$$

ARJI-R^2 模型如下：

$$r_t = \mu + \varphi_1 r_{t-1} + \varphi_2 \varepsilon_{1,t-1} + \varepsilon_{1,t} + \varepsilon_{2,t}$$

$$\varepsilon_{1,t} = \sigma_t e_t, e_t \sim \text{NID}(0,1)$$

$$\varepsilon_{2,t} = J_t - E[J_t | \Phi_{t-1}] = \sum_{k=1}^{n_t} Y_{t,k} - \theta \lambda_t, Y_{t,k} \sim \text{NID}(\theta, \delta^2)$$

$$\sigma_t^2 = \omega + \alpha \varepsilon_{t-1}^2 + \beta \sigma_{t-1}^2$$

$$P(n_t = j | \Phi_{t-1}) = \frac{\exp(-\lambda_t) \lambda_t^j}{j!}, j = 0, 1, 2, \cdots$$

$$\lambda_t = \lambda_0 + \rho \lambda_{t-1} + \gamma \xi_{t-1}$$

$$\theta_0 = \eta_0 + \eta_1 R_{t-1} D(R_{t-1}) + \eta_2 R_{t-1}[1 - D(R_{t-1})]$$

$$\delta_t^2 = \zeta_0^2 + \zeta_1 R_{t-1}^2$$

ARJI-h_t模型如下：

$$r_t = \mu + \varphi_1 r_{t-1} + \varphi_2 \varepsilon_{1,t-1} + \varepsilon_{1,t} + \varepsilon_{2,t}$$

$$\varepsilon_{1,t} = \sigma_t e_t, e_t \sim \mathrm{NID}(0,1)$$

$$\varepsilon_{2,t} = J_t - E[J_t \mid \Phi_{t-1}] = \sum_{k=1}^{n_t} Y_{t,k} - \theta \lambda_t, Y_{t,k} \sim \mathrm{NID}(\theta, \delta^2)$$

$$\sigma_t^2 = \omega + \alpha \varepsilon_{t-1}^2 + \beta \sigma_{t-1}^2$$

$$P(n_t = j \mid \Phi_{t-1}) = \frac{\exp(-\lambda_t)\lambda_t^j}{j!}, j = 0,1,2,\cdots$$

$$\lambda_t = \lambda_0 + \rho \lambda_{t-1} + \gamma \xi_{t-1}$$

$$\theta_0 = \eta_0 + \eta_1 R_{t-1} D(R_{t-1}) + \eta_2 R_{t-1}[1 - D(R_{t-1})]$$

$$\delta_t^2 = \zeta_0^2 + \zeta_1 \sigma_{t-1}^2$$

各模型的参数估计结果如表 3-1 所示，由表中结果可知，大部分参数是显著的。我们看到不管对于比特币现货还是期货，跳跃密度一阶自回归系数 ρ 的值都较大，基本在 0.94 附近，并且在 1% 的水平下是统计显著的，它用来衡量跳跃强度的持续性以及滞后影响，这说明跳跃强度存在高度自相关性，即集聚效应，当期大幅的跳跃往往伴随着下一时段大幅的跳跃。跳跃密度一阶移动平均系数 γ 代表跳跃密度 λ 过去期的跳跃强度偏差 ξ_{t-1} 的敏感性，系数 γ 的值在 1% 的水平下基本上也都是统计显著的，如表中第 4 列所示，跳跃强度偏差 ξ_{t-1} 增加 1 个单位，将对下期跳跃密度 λ 产生一个仅仅约 0.15 倍的削弱效应。

表 3-1　ARJI-GARCH 各模型的参数估计结果

参数	常数		ARJI		ARJI-R^2		ARJI-h_t	
	现货	期货	现货	期货	现货	期货	现货	期货
μ	0.1062*	0.1077*	0.1078*	0.1110*	0.1131*	0.1249**	0.1124*	0.1174**
	(0.0652)	(0.0973)	(0.0662)	(0.0606)	(0.0506)	(0.0372)	(0.0500)	(0.0471)
Φ_1	−0.0651***	−0.0697***	−0.0706***	−0.0742***	−0.0978***	−0.0887***	−0.1014***	−0.1036***
	(0.0015)	(0.0010)	(0.0010)	(0.0002)	(0.0001)	(0.0000)	(0.0000)	(0.0000)
Φ_2	0.0181	−0.0191	0.0194	0.0213	0.0210	0.0225	0.0203	0.0219
	(0.4135)	(0.3854)	(0.3571)	(0.3074)	(0.2724)	(0.2391)	(0.2962)	(0.2645)
ω	−0.0150	−0.0207	0.0000	−0.0058	−0.0001	−0.0363***	0.0011	−0.0058
	(0.3287)	(0.1806)	(0.9980)	(0.7210)	(0.9948)	(0.0000)	(0.9461)	(0.7302)
α	0.0294***	0.0277***	0.0148***	0.0143***	0.0153***	0.0293***	0.0151***	0.0150***
	(0.0000)	(0.0000)	(0.0008)	(0.0006)	(0.0000)	(0.0000)	(0.0020)	(0.0027)

(续表)

参数	常数		ARJI		ARJI-R^2		ARJI-h_t	
	现货	期货	现货	期货	现货	期货	现货	期货
β	0.9293***	0.9349***	0.9452***	0.9508***	0.9436***	0.9419***	0.9423***	0.9482***
	(0.0000)	(0.0000)	(0.0000)	(0.0000)	(0.0000)	(0.0000)	(0.0000)	(0.0000)
ζ_0	5.0706***	4.9883***	4.2346***	4.2592***	4.1777***	5.3530***	4.0215***	4.0856***
	(0.0000)	(0.0000)	(0.0000)	(0.0000)	(0.0000)	(0.0000)	(0.0000)	(0.0000)
ζ_1					0.0237	−0.0140	0.3334	0.3043
					(0.5548)	(0.9579)	(0.5689)	(0.6020)
η_0	−0.2756	−0.2556	−0.1497	−0.1551	−0.2614	−0.3635	−0.2684	−0.2891
	(0.3080)	(0.3741)	(0.3670)	(0.3961)	(0.2582)	(0.2127)	(0.2304)	(0.2482)
η_1					0.1312*	0.2526***	0.1402*	0.1464*
					(0.0986)	(0.0001)	(0.0632)	(0.0753)
η_2					0.0593	0.3428***	0.0560	0.0546
					(0.4396)	(0.0000)	(0.4584)	(0.5079)
λ_0	0.3144***	0.32231***	0.0312**	0.0306**	0.0299**	0.0771***	0.0320**	0.0318**
	(0.0000)	(0.0000)	(0.0212)	(0.0298)	(0.0198)	(0.0000)	(0.0201)	(0.0263)
ρ			0.9450***	0.9443***	0.9467***	0.7145***	0.9441***	0.9413***
			(0.0000)	(0.0000)	(0.0000)	(0.0000)	(0.0000)	(0.0000)
γ			0.1543***	0.1494***	0.1419***	0.0495	0.1403***	0.1349***
			(0.0008)	(0.0014)	(0.0005)	(0.3539)	(0.0038)	(0.0069)
L	−5 057.35		−5 052.24		−5 049.80		−5 049.96	

注：***、**、* 分别表示 1%、5%、10%的显著性水平，括号中为 P 值，L 为极大似然估计值。

第五节　BEKK-GARCH 模型

一、BEKK-GARCH 模型简介

GARCH 模型用来衡量单组时间序列数据的波动性，只能解释单变量往期波动对未来波动的预测效果，很难衡量多变量波动特性之间的跨越性影响。为了准确解释不同变量之间的波动相关情况，Bollerslev(1986)最早构建了多元 GARCH 模型和 VECH 模型。相较于传统的一元波动率模型，多元波动率模型更能捕捉到条件方差-协方差矩阵的信息，简化多个资产收益率波动率之间的动态关系，并且能够检验波动率溢出效应，计算包括多个资产的金融头寸风险值，在组合选择与资产配置中起到至关重要的作用。多元 GARCH 模型主要有 BEKK-GARCH 模型、DCC-GARCH 模型、CCC-GARCH 模型、VECH-

GARCH 模型等。

目前,在探究多元变量波动关系的模型中,应用最广泛的是由 Engle and Kroner (1995)建立的 BEKK-GARCH 模型。BEKK-GARCH 模型是 Engle and Kroner(1995)在 Baba et al.(1985)的研究基础上提出的一种多元 GARCH 模型,因此模型以上述四人姓氏首字母命名。相较于传统的单变量 GARCH 模型,多元 GARCH 模型能够利用残差的条件方差-协方差向量的信息,更加充分地捕捉到不同金融时间序列之间波动的相互影响。同时,和其他多元 GARCH 模型相比,BEKK-GARCH 模型的研究对象正是不同金融时间序列之间的波动溢出效应,能够同时反映波动溢出效应的显著性和方向,且其对差异化的序列内部波动溢出效应的检验更为有效。同时,BEKK-GARCH 模型能够在很弱的约束下保证方差-协方差向量的正定性,还具有需要估计的参数较少等优点,使运算复杂度大幅下降。

BEKK-GARCH 模型的具体构建过程如下。

以 BEKK-GARCH(1,1)模型为例,条件均值方程和方差方程分别为:

$$r_t = \beta_0 + \sum_{i=1}^{p} \beta_i r_{t-i} + \varepsilon_t, \varepsilon_t \mid \Phi_{t-1} \sim N(0, H_t) \tag{3-86}$$

$$H_t = C'C + A'\varepsilon_{t-1}\varepsilon'_{t-1}A + B'H_{t-1}B \tag{3-87}$$

其中,$r_t = (r_{1t}, r_{2t})'$ 代表收益率向量,β_0 代表常数矩阵,$\beta_1, \cdots, \beta_p$ 代表系数矩阵,p 为 VAR 模型滞后阶数,$\varepsilon_t = (\varepsilon_{1t}, \varepsilon_{2t})'$ 为随机扰动项。

将 BEKK-GARCH(1,1)模型中方差方程各矩阵展开可得:

$$H_t = \begin{bmatrix} h_{11,t} & h_{12,t} \\ h_{21,t} & h_{22,t} \end{bmatrix}, C = \begin{bmatrix} c_{11} & 0 \\ c_{21} & c_{22} \end{bmatrix}, A = \begin{bmatrix} a_{11} & a_{12} \\ a_{21} & a_{22} \end{bmatrix}, B = \begin{bmatrix} b_{11} & b_{12} \\ b_{21} & b_{22} \end{bmatrix} \tag{3-88}$$

其中,H_t 为协方差矩阵,C 为常数矩阵,A 为 ARCH 项系数矩阵,B 为 GARCH 项系数矩阵,ARCH 项和 GARCH 项分别反映波动的聚集性和持续性;$h_{11,t}$ 和 $h_{22,t}$ 分别表示 r_{1t} 和 r_{2t} 的方差,$h_{12,t}$ 表示 r_{1t} 和 r_{2t} 的协方差。

进一步,将 BEKK-GARCH(1,1)模型矩阵形式的方差方程展开写成方程组的形式可以得到:

$$h_{11,t} = c_{11}^2 + c_{21}^2 + (a_{11}^2 \varepsilon_{1,t-1}^2 + 2a_{11}a_{21}\varepsilon_{1,t-1}\varepsilon_{2,t-1} + a_{21}^2 \varepsilon_{2,t-1}^2) + \\ (b_{11}^2 h_{11,t-1} + 2b_{11}b_{21}h_{12,t-1} + b_{21}^2 h_{22,t-1}) \tag{3-89}$$

$$h_{22,t} = c_{22}^2 + (a_{12}^2 \varepsilon_{1,t-1}^2 + 2a_{12}a_{22}\varepsilon_{1,t-1}\varepsilon_{2,t-1} + a_{22}^2 \varepsilon_{2,t-1}^2) + \\ (b_{12}^2 h_{11,t-1} + 2b_{12}b_{22}h_{12,t-1} + b_{22}^2 h_{22,t-1}) \tag{3-90}$$

$$h_{12,t} = c_{21}c_{22} + [a_{11}a_{12}\varepsilon_{1,t-1}^2 + (a_{12}a_{21} + a_{11}a_{22})\varepsilon_{1,t-1}\varepsilon_{2,t-1} + a_{21}a_{22}\varepsilon_{2,t-1}^2] + \\ [b_{11}b_{12}h_{11,t-1} + (b_{12}b_{21} + b_{11}b_{22})h_{12,t-1} + b_{21}b_{22}h_{22,t-1}] \tag{3-91}$$

通过式(3-90)和式(3-91)可知,一个变量的波动主要受两个方面的影响:①该变量及另一个变量自身的前期波动项 $h_{11,t-1}$ 和 $h_{22,t-1}$ 以及协方差 $h_{12,t-1}$；②该变量及另一个变量前期残差 $\varepsilon_{1,t-1}$ 和 $\varepsilon_{2,t-1}$ 及残差的交叉项 $\varepsilon_{1,t-1}\varepsilon_{2,t-1}$。当一个变量受来自另一个变量的影响不显著时，其波动便只受自身前期波动的影响。

因此，在矩阵 A 和矩阵 B 中，a_{11}、a_{22} 分别表示 r_{1t}、r_{2t} 波动中的 ARCH 效应，b_{11}、b_{22} 分别表示 r_{1t}、r_{2t} 波动中的 GARCH 效应；a_{12}、a_{21} 分别代表 r_{1t} 对 r_{2t}、r_{2t} 对 r_{1t} 的 ARCH 溢出效应，b_{12}、b_{21} 分别代表 r_{1t} 对 r_{2t}、r_{2t} 对 r_{1t} 的 GARCH 溢出效应。所以，我们可以通过检验系数 a_{ij} 和 b_{ij} 是否显著不为 0，判断两个变量之间是否存在波动溢出效应。

总的来说，虽然 BEKK-GARCH 模型的优点在于能够容易地施加约束条件从而保证方差-协方差矩阵的正定性，但是它也存在一些缺点：首先，待估参数的个数仍然比较多，为了有效地估计参数，依旧需要大量样本；其次，参数的含义不明确，不能直观地分析哪个解释变量对被约束变量的影响。如果需要分析变量之间的影响关系，需要将矩阵写成方程的形式，即将矩阵之间的乘积化简，在变量比较多的情况下，这存在一定难度。

二、BEKK-GARCH 模型案例实现

例 3-5 采用 BEKK-GARCH(1,1) 模型研究我国股票市场、债券市场和外汇市场间的波动溢出效应。

选取 2018 年 1 月 1 日至 2023 年 4 月 30 日我国股票市场（上证指数）、债券市场（上证国债指数）和外汇市场（人民币对美元汇率）的日收盘价格作为样本数据。对三个市场收益率残差序列建立 BEKK-GARCH(1,1) 模型，最终 BEKK-GARCH(1,1) 模型的具体估计结果如表 3-2 所示。

表 3-2 BEKK-GARCH(1,1) 模型的估计结果

变量	系数	标准误	t 统计量	P 值
Mean(1)	0.00017214	0.00028458	0.60491	0.54523964
Mean(2)	0.00017254	0.00000828	20.84783	0.00000000
Mean(3)	−0.00030154	0.00004545	−6.63404	0.00000000
C(1,1)	0.00241498	0.00223547	1.08030	0.28000817
C(2,1)	0.00015279	0.00006889	2.21788	0.02656280
C(2,2)	−0.00028513	0.00003692	−7.72301	0.00000000
C(3,1)	−0.00027834	0.00080911	−0.34401	0.73084217
C(3,2)	−0.00059387	0.00031576	−1.88078	0.06000152
C(3,3)	0.00000043	0.00059445	0.00072	0.99942385
A(1,1)	−0.24623747	0.02894470	−8.50717	0.00000000

(续表)

变量	系数	标准误	t统计量	P值
A(1,2)	0.00722986	0.00168431	4.29246	0.00001767
A(1,3)	0.04541017	0.01087944	4.17394	0.00002994
A(2,1)	0.69012534	0.82366663	0.83787	0.40210387
A(2,2)	−0.19126113	0.06231236	−3.06939	0.00214494
A(2,3)	−5.16875880	0.50670151	−10.20080	0.00000000
A(3,1)	−0.11096241	0.04354238	−2.54838	0.01082253
A(3,2)	0.00055341	0.00180060	0.30735	0.75857818
A(3,3)	3.77409642	0.08202727	46.01026	0.00000000
B(1,1)	0.82656775	0.03910549	21.13687	0.00000000
B(1,2)	−0.00927665	0.00264691	−3.50471	0.00045710
B(1,3)	0.05782921	0.01221693	4.73353	0.00000221
B(2,1)	−11.51807988	3.03270607	−3.79795	0.00014590
B(2,2)	−0.18510839	0.15375982	−1.20388	0.22863592
B(2,3)	4.47416624	0.59752040	7.48789	0.00000000
B(3,1)	−0.06050468	0.02332869	−2.59357	0.00949840
B(3,2)	−0.00825640	0.00132246	−6.24322	0.00000000
B(3,3)	0.03702901	0.02656632	1.39383	0.16336809

在分析表3-2中BEKK-GARCH(1,1)模型的估计结果前,应知道表中的1指股票市场,2指债券市场,3指外汇市场。接下来对表中的估计结果进行分析:首先,在整体样本的基础上,A(1,1)、A(2,2)、A(3,3)和B(1,1)都在1%的统计水平下显著,而B(2,2)和B(3,3)不显著,表明三个市场中只有股票市场收益率体现了ARCH效应和GARCH效应,即波动持久性和方差随时间变化的特性。

其次,观察其他变量的显著性,A(1,2)和B(1,2)在1%的统计水平下显著,这意味着从股票市场收益率到债券市场收益率的波动溢出效应显著;A(1,3)和B(1,3)在1%的统计水平下显著,这意味着存在从股票市场收益率到外汇市场收益率的波动溢出效应;A(2,1)显著而B(2,1)显著,这意味着从债券市场收益率到股票市场收益率的波动溢出效应不显著;A(2,3)和B(2,3)在1%的统计水平下显著,表示存在从债券市场收益率到外汇市场收益率的波动溢出效应;A(3,1)和B(3,1)在5%的统计水平下显著,这意味着从外汇市场收益率到股票市场收益率的波动溢出效应显著;A(3,2)不显著而B(3,2)显著,这表明从外汇市场收益率到债券市场收益率的波动溢出效应不显著。

第六节 随机波动模型

一、随机波动模型简介

金融时间序列存在较为普遍的波动性,而波动性是描述金融市场风险的一个重要变量,它是通过金融收益率的方差来测度的。目前研究金融衍生物价格的波动模型有随机游走(Random Walk)模型、对数正态分布模型等,主要分为两大类:一类是由诺贝尔经济学奖获得者、美国著名统计学家恩格尔 1982 年在研究英国通货膨胀指数问题时提出的自回归条件异方差模型,简称 ARCH 模型,以及后面由波勒斯勒夫提出的 GARCH 类模型;另一类是 Taylor(1986)在解释金融收益率序列波动的自回归行为时提出的随机波动(Stochastic Volatility)模型,简称 SV 模型。但是,SV 模型与 GARCH 模型相比优势明显。GARCH 模型采用时变的条件方差来捕捉价格波动的时变性和序列相关性,但其将条件方差定义为过去观测值的平方项和前期条件方差的确定性函数,条件方差的估计与过去的观测值直接相关,因此当存在异常观测值时,估计的波动性序列不是很稳定,且 GARCH 模型对于长期波动性的预测能力也比较差。SV 模型能够克服以上缺点,且能够反映金融资产的隐性波动,更有助于刻画金融市场的本质特征,并比 GARCH 族模型更适合描述金融时序数据的特征。

误差过程为正态分布、收益均值为 0、无自相关平稳过程是 SV 模型的基本假设。随着随机波动模型估计方法的快速发展,SV 模型已经得到广泛应用。传统的 SV 模型的估计是通过近似或者模拟的方法构造似然函数或者矩阵进行估计,主要有广义矩估计(GMM)、拟最大似然估计(QML)、伪极大似然估计(SML)等。同 GARCH 族模型的发展一样,为了更好地刻画数据随机波动的特征,SV 模型也在不断发展,目前的扩展随机波动模型有厚尾 SV 模型、均值 SV 模型和杠杆 SV 模型等。

SV 模型是一种金融时间序列模型,主要用于描述金融资产价格中的随机波动性。与传统的 GARCH 模型不同,SV 模型允许波动率本身也具有时变特性。SV 模型假设波动的扰动服从正态分布,同时假设波动序列服从 AR(1)过程,其具体形式如下:

$$y_t = \exp\left(\frac{\theta_t}{2}\right) \varepsilon_t, t = 1,2,\cdots,n \tag{3-92}$$

$$\theta_t = \mu + \varphi(\theta_{t-1} - \mu) + \eta_t, t = 1,2,\cdots,n \tag{3-93}$$

式(3-92)和式(3-93)中,SV 模型的波动率是由均值方程和波动方程组合构成的。y_t 表示第 t 日的收益率;ε_t 为独立同分布的正态白噪声干扰,且满足 $\varepsilon_t \sim \text{i.i.d } N(0,1)$;$\eta_t$ 为独立同分布波动的扰动水平,且满足 $\eta_t \sim \text{i.i.d } N(0,\tau^2)$,其中 τ 是反映波动扰动水平的参数;μ 是反映波动水平的参数;误差项 η_t 和 ε_t 都是不可观测值,且两者之间不具有任何

的相关性；φ 通常被认为是度量股票波动持续性的参数，反映了当前波动对未来波动的影响，并且对于 $|\varphi|<1$，SV 模型是协方差平稳的；θ_t 是刻画波动率的随机过程，具有一阶自回归特征，且持续性参数为 φ。

若考虑系统存在单变量波动，则其一般情况的表达式为：

$$y_t = \mu + \sigma_t z_t \tag{3-94}$$

式(3-94)中，$y_t \in \psi_{t-1}$，ψ_{t-1} 表示在 $t-1$ 时刻可获得的信息集，$\mu_t = \mu(y_{t-1})$ 为前期可测变量的一个可测函数，σ_t 为一个待设定的严格正波动过程，$\{z_t\}$ 表示独立标准正态分布过程，它与前期可测变量及同期变量无关。

对于式(3-94)的约束条件，最主要的是一阶矩与二阶矩可以完全解释 y_t 的同期相依性，此时残差的标准化及分布系统演化具有不变的性质，即

$$z_t = (y_t - \mu)/\sigma_t \tag{3-95}$$

式(3-95)中，由于 y_t 和 μ 已知，想要求得 z_t，只要再可获得 σ_t 的值即可。对于 SV 模型来讲，决定性的问题是 σ_t 是否可测。ARCH 模型和 SV 模型的本质区别就在于此，也是学者区分两者的主要依据。

ARCH 模型或者 GARCH 模型与 SV 模型的本质区别在于：GARCH 模型不允许波动结构中含有扰动项，也即 ARCH 或者 GARCH 模型中给出期数据时，它们的波动是确定的。也正是因为这个特征，使得 GARCH 模型计算起来比较容易，能够容易得到数据的似然函数，所以模型的估计也十分容易。SV 模型则是由一个不可观测的随机过程所决定的。由于金融时间序列数据波动性规律不断发生变化，SV 模型更加适合金融领域的实证研究。但是，正是由于引入了信息项，SV 模型的似然函数很难获得精确的形式，参数的极大似然估计值无法直接得到。这也正是长期以来 SV 模型在实证应用方面受到限制的主要原因。

二、随机波动模型的案例实现

例 3-6 基于 SV 模型分析我国股票市场的波动性。

选取 2015 年 1 月 1 日至 2022 年 12 月 31 日的我国股票市场(上证指数)的日收盘价格作为样本数据，并计算其收益率进行随机波动模型的估计。图 3-5 为 2015 年 1 月至 2022 年 12 月的上证指数日回报率。

考虑到实际情况，进一步假定 $y_t = \exp\left(\dfrac{\theta_t}{2}\right)\varepsilon_t + \mu$，$\theta_t = \mu_h + \varphi(\theta_{t-1} - \mu_h) + \eta_t$。在经过 1 000 次燃烧期后，我们使用吉布斯采样器从后验分布中获得 20 000 次绘制。图 3-6 描述了时变标准差 $\exp\left(\dfrac{\theta_t}{2}\right)$ 的后验均值和分位数。如图 3-6 所示，波动率在 2015—2022 年间发生较大变化；特别是在 2015 年至 2016 年年初，估计的标准差大多在 2% 以上。

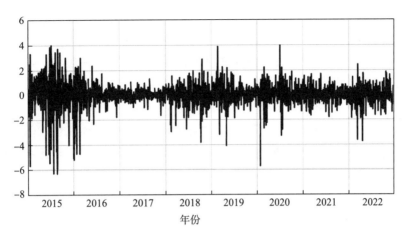

图 3-5　上证指数日回报率

2015 年年中达到顶峰,高达 3.6%;2017—2022 年,估计的标准差处于稳定水平,在 1.5% 上下小幅波动。

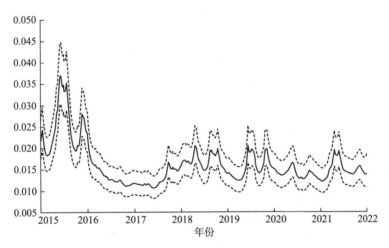

图 3-6　时变标准差 $\exp\left(\dfrac{\theta_t}{2}\right)$ 的后验均值(实线)和 90% 置信区间(虚线之间)

SV 模型参数的后验均值、标准差和分位数如表 3-3 所示。可见,在 2015 年 1 月至 2022 年 12 月,我国股票市场的平均日回报率估计为 0.02%,且状态方程 $[\theta_t = \mu_h + \varphi(\theta_{t-1} - \mu_h) + \eta_t]$ 的 AR(1) 系数的后验均值为 0.9858,表明其具有非常高的持久性水平。

表 3-3　随机波动模型参数的后验均值、标准差和分位数

参数	后验均值	后验标准差	5%分位数	95%分位数
μ	0.0002	0.0003	−0.0003	0.0007
μ_h	−8.0663	1.1375	−8.5614	−7.6176
φ	0.9858	0.0060	0.9762	0.9965
τ^2	0.0104	0.0020	0.0074	0.0139

本章小结

本章对金融计量经济学中常用的条件异方差模型进行了全面概述。首先介绍 ARCH 模型构建过程,该模型捕捉资产收益率中的波动聚集性。然后继续讨论 GARCH 族模型,该模型通过结合过去方差的信息来扩展 ARCH 模型,并允许对条件方差进行更灵活的建模。此外,本章还介绍了几种基于 GARCH 的高级模型,包括非对称 GARCH 模型、Jump-GARCH 模型和 BEKK-GARCH 模型。这些模型中的每一个都有自己独特的特征和假设,使其适用于不同的应用场景。最后讨论随机波动(SV)模型。SV 模型假设波动率随时间随机变化,而不需要任何特定的条件方差函数形式。金融时间序列数据大多呈现自相关、条件异方差、波动聚集性、厚尾等特性,因此对收益率序列进行特定的波动率建模具有重要现实意义,其在期权价格预测、投资组合配置、风险管理和量化投资决策等方面具有深远的影响,同时也为投资者后续的企业风险管理和投资决策制定提供重要的理论支持。

课后习题

1. 请简要论述检验 ARCH 效应的拉格朗日乘数检验法的基本思想和步骤。
2. 请解释为什么 GARCH 模型可以解决高阶 ARCH 估计参数过多的问题。
3. 尝试从 Wind 数据库获取 2009 年 1 月至 2022 年 8 月上证收盘 180 指数的日收益率数据,然后分别使用 ARCH 模型和 GARCH(1,1) 模型估计波动率。
4. 请简要论述 Jump-GARCH 模型和 BEKK-GARCH 模型的异同。
5. 以任意一只股票为样本,拟合一个 Jump-GARCH 模型,依次描述跳跃成分、跳跃集聚性、跳跃波动在总波动中所占比重、跳跃强度对条件方差的反馈效应,并画出跳跃波动在总波动中所占比重的时变图。
6. 以中国、美国、日本、英国的股市为研究对象,构建一个 BEKK-GARCH 模型用来拟合四元时间序列,并画出动态相关系数图。
7. 运用 SV 模型比较我国深证指数和上证指数的波动性。
8. 简述本章所涉及的所有模型的优缺点。

主要参考文献

[1] Baba Y, Engle R F, Kraft D, et al. Multivariate Simultaneous Generalized ARCH[M]. San Diego: Department of Economics, University of California, 1985.

[2] Bollerslev T. Generalized autoregressive conditional heteroskedasticity[J]. Journal of Econometrics, 1986, 31(3): 307-327.

[3] Chan W H, and Maheu J M. Conditional jump dynamics in stock market returns[J]. Journal of Business & Economic Statistics, 2002, 20(3): 377-389.

[4] Daal E, Naka A, and Yu J S. Volatility clustering, leverage effects, and jump dynamics in the US

and emerging Asian equity markets[J]. Journal of Banking & Finance, 2007, 31(9): 2751-2769.

[5] Ding Z X, Granger C W J, and Engle R F. A long memory property of stock market returns and a new model[J]. Journal of Empirical Finance, 1993, 1: 83-106.

[6] Engle R, and Bollerslev T. Modelling the persistence of conditional variances[J]. Econometric Reviews, 1986, 5(1): 1-50.

[7] Engle R E, Lilien D M, and Robins R P. Estimating time varying risk premia in the term structure: The ARCH-M model[J]. Econometrica, 1987, 55(2): 391-407.

[8] Engle R F. Autoregressive conditional heteroscedasticity with estimates of the variance of United Kingdom inflation[J]. Econometrica, 1982, 50(4): 987-1007.

[9] Engle R F, and Gonzalez-Rivera G. Semiparametric ARCH models[J]. Journal of Business Economic Statistics, 1991, 9: 345-359.

[10] Engle R, and Kroner K. Multivariate simultaneous generalized ARCH[J]. Econometric Theory, 1995, 11(1): 122-150.

[11] Glosten L R, Jagannathan R, and Runkle D E. On the relation between the expected value and the volatility of the nominal excess return on stocks [J]. The Journal of Finance, 1993, 48: 1779-1801.

[12] Higgins M L, and Bera A K. A class of nonlinear ARCH models[J]. International Economic Review, 1992, 33(1): 137-158.

[13] Jorion P. On jump processes in the foreign exchange and stock markets[J]. Review of Financial Studies, 1988, 1(4): 427-445.

[14] Maheu J M, and McCurdy T H. News arrival, jump dynamics, and volatility components for individual stock returns[J]. Social Science Electronic Publishing, 2004, 59(2): 755-793.

[15] Mcleod A I, and Li W K. Diagnostic checking ARMA time series models using squared residual autocorrelations[J]. Journal of Time Series Analysis, 1983, 4(4): 269-273.

[16] Nelson D B. Conditional heteroskedasticity in asset returns: A new approach[J]. Econometrica, 1991, 2: 347-370.

[17] Press J S. A compound events model for security prices [J]. The Journal of Business, 1967, 3: 317-335.

[18] Schwert G W. Indexs of United States stock prices from 1802 to 1987[J]. Journal of Business, 1990, 63: 399-426.

[19] Taylor S. Modelhng Financial Time Series[M]. New York: While, 1986.

[20] Zakoian J M. Threshold heteroscedastic models[J]. Journal of Economic Dynamics and Control, 1994, 18: 931-955.

第四章

波动率方程建模：混频条件异方差模型

> **阅读指引**
>
> 第三章介绍了基本的 ARCH 模型和 GARCH 模型及其一系列的衍生模型，这些模型的不断完善和改进为更好地捕捉金融市场各类数据的波动率作出了贡献。但金融市场数据频率不尽相同，GARCH 族模型存在无法同时分析不同频率数据之间关系的局限性，传统研究通常将数据进行同频化处理，这将造成数据信息的损失。混频数据抽样 MIDAS(Mixed Data Sampling)模型的出现使得将不同频数据纳入同一模型成为可能。由此，本章主要介绍 GARCH-MIDAS 模型、EWMA-MIDAS 模型、ARCH-MIDAS 模型、T(E)GARCH-MIDAS 模型以及 APARCH-MIDAS 模型，这些模型的设定有效提高了波动率和不同频宏观经济时间序列关联性研究的准确性。

第一节 GARCH-MIDAS 建模

自 GARCH 模型被提出以来，利用 GARCH 族模型分析金融市场波动率成为普遍的做法，但 GARCH 族模型存在一个局限性，即无法同时研究不同频率数据之间的关系。随着信息技术的发展，数据的精准化、高频化使得部分学者开始尝试将高频数据引入传统计量模型。Ghysels and Valkanov(2004)首次提出 MIDAS(Mixed Data Sampling)模型，通过给予高频数据不同的权重而将高频数据引入线性模型的估计中。MIDAS 模型并没有对混频数据进行处理，而是将不同频率数据放入同一个模型中，以充分利用数据信息。之后，Engle et al.(2013)提出单因子 GARCH-MIDAS 模型，将波动率分解为长期成分和短期成分，其中长期成分可引入外生变量进行估计。Engle et al.(2013)以股市为例，将股票价格的波动率建模为宏观经济效应和时间序列动态的组合，发现纳入宏观经济变量的 GARCH-MIDAS 模型短期及长期预测效果均更优。进一步，考虑到低频波动率与宏观经济运行指标对波动率长期成分的共同影响，Conrad et al.(2014)将单因子 GARCH-MIDAS

模型扩展到多因子 GARCH-MIDAS 模型,避免不同宏观变量与已实现波动率之间相互独立。相较于传统 GARCH 模型,混频数据 GARCH-MIDAS 模型的主要特点是增加了成分方程的设定,将金融资产波动分解为长期波动与短期波动,将原有 GARCH 模型中的 σ_t 表示为 $\sqrt{\tau_t g_{i,t}}$,从而得到新的方程:

$$r_{i,t} = \mu + \sqrt{\tau_t g_{i,t}} e_{i,t}, \ i = 1,\cdots,N_t \qquad (4-1)$$

其中,$r_{i,t}$ 表示在第 t 月(季度、年)第 i 天的收益率,即日度频率数据,为高频数据。μ 为估计系数,τ_t 和 $g_{i,t}$ 分别表示长期波动率和短期波动率。假设在时期 t 内总共有 N_t 天,其中扰动项为 $e_{i,t} \mid \Phi_{i-1,t} \sim N(0,1)$,$\Phi_{i-1,t}$ 表示在第 t 月第 $i-1$ 天可获得的历史信息集。$g_{i,t}$ 是短期(高频)的日波动率且假定服从 GARCH(1,1)过程:

$$g_{i,t} = (1 - \alpha - \beta) + \alpha \frac{(r_{i-1,t} - \mu)^2}{\tau_t} + \beta g_{i-1,t} \qquad (4-2)$$

在 GARCH-MIDAS 模型设定中,τ_t 表示波动率的长期成分,可由某个低频变量刻画。参考 Ghysels and Valkanov(2004)和 Ghysels et al.(2007)提出的 MIDAS 回归方法,可以用基于收益率的已实现波动率 RV_t 刻画长期成分 τ_t(指通过 MIDAS 回归平滑已实现波动率 RV_t),RV_t 是金融资产的月度已实现波动率,即一个月中所有交易日的日收益率平方之和,则有:

$$\tau_t = m + \theta \sum_{k=1}^{K} \varphi_k(\omega_1, \omega_2) RV_{t-k} \qquad (4-3)$$

$$RV_t = \sum_{i=1}^{N_t} r_{i,t}^2 \qquad (4-4)$$

对 τ_t 取对数,使由宏观经济变量刻画的长期成分始终为正值,则有:

$$\log \tau_t = m + \theta \sum_{k=1}^{K} \varphi_k(\omega_1, \omega_2) RV_{t-k} \qquad (4-5)$$

其中,K 表示低频变量的最大滞后阶数,而 $\varphi_k(\omega_1, \omega_2)$ 则是一个基于 Beta 函数的权重方程,即

$$\varphi_k(\omega_1, \omega_2) = \frac{f(k/K, \omega_1, \omega_2)}{\sum_{k=1}^{K} f(k/K, \omega_1, \omega_2)} \qquad (4-6)$$

其中:

$$f(x, a, b) = \frac{x^{a-1}(1-x)^{b-1} \Gamma(a+b)}{\Gamma(a) + \Gamma(b)} \qquad (4-7)$$

$$\Gamma(a) = \int_0^{\infty} e^{-x} x^{a-1} dx \qquad (4-8)$$

计算得到:

$$\varphi_k(\omega_1,\omega_2) = \frac{(k/K)^{\omega_1-1}(1-k/K)^{\omega_2-1}}{\sum_{j=1}^{K}(j/K)^{\omega_1-1}(1-j/K)^{\omega_2-1}} \qquad (4-9)$$

长期成分 τ_t 与宏观经济变量密切相关,参照 Engle et al.(2013)的做法,将宏观经济变量的原始值作为该变量响应的水平值,X_{t-k}^l 表示某个宏观经济变量在当期 t 滞后 k 期的水平值,K_l 表示变量 X 的水平值的最大滞后阶数。基于宏观经济变量水平值的单因子 GARCH-MIDAS 模型为:

$$\log\tau_t = m + \theta\sum_{k}^{K_l}\varphi_k(\omega_{1,l},\omega_{2,l})X_{t-k}^l \qquad (4-10)$$

参考 Schwert(1989)的做法,使用自回归模型计算残差,并通过残差项的平方构造宏观经济变量波动率的代理变量。依据信息准则选取最优滞后阶数,X_{t-k}^v 表示某个宏观经济变量在当期 t 滞后 k 期的波动率,K_v 表示变量 X 的波动率的最大滞后阶数。基于宏观经济变量波动率的单因子 GARCH-MIDAS 模型为:

$$\log\tau_t = m + \theta\sum_{k}^{K_v}\varphi_k(\omega_{1,l},\omega_{2,l})X_{t-k}^v \qquad (4-11)$$

将已实现波动率以及宏观经济变量共同放入模型中构成双因子 GARCH-MIDAS 模型:

$$\log\tau_t = m + \theta_{RV}\sum_{k=1}^{K_{RV}}\varphi_k(\omega_{1,R},\omega_{2,R})RV_{t-k} + \theta_X\sum_{k=1}^{K_X}\varphi_k(\omega_{1,X},\omega_{2,X})X_{t-k} \qquad (4-12)$$

其中,θ_{RV} 和 θ_X 分别为已实现波动率和宏观经济变量对波动率的长期影响成分。以此类推,我们可以扩展上述模型,例如,构建一个基于已实现波动率和多个宏观经济变量的多因子 GARCH-MIDAS 模型,或者只基于多个宏观经济变量的多因子 GARCH-MIDAS 模型。

例 4-1 运用单因子 GARCH-MIDAS 模型预测股市波动率。

我们选取 2000 年 1 月 4 日至 2023 年 5 月 8 日中国上证指数的收益率作为样本数据,构建单因子 GARCH(1,1)-MIDAS 模型来分解股市波动的长期成分,估计结果如表 4-1 所示。

表 4-1 单因子 GARCH-MIDAS 模型参数估计结果

参数	系数	标准误	t 统计量	P 值
μ	0.0002	0.0001	1.4524	0.1464
α	0.0956***	0.0052	18.3570	0.0000
β	0.8597***	0.0104	82.4860	0.0000
θ	0.0357***	0.0028	12.6780	0.0000

（续表）

参数	系数	标准误	t 统计量	P 值
ω	1.5158***	0.3142	4.8238	0.0000
m	5.5677E-05***	8.91E-06	6.2459	0.0000
Obs.	5 654			
Log-likelihood	16 193.3			
AIC	−32 374.6			
BIC	−32 334.8			
RMSE	5.78E-04			

注：***表示1%的显著性水平拒绝原假设。

由表中结果可知，在 GARCH-MIDAS 模型中，除 μ 外，其他所有参数都统计显著，表明使用日度数据模型的估计结果较为稳健。其中，有 $\alpha+\beta<1$，表明 GARCH 效应显著，即股指对数收益率的短期成分满足 GARCH(1,1) 过程，也表明短期波动是稳定的，短期波动成分在长期内是趋同的。特别地，θ 是股指所有滞后的低频已实现波动对股市波动长期成分的总效应。若 θ 大于 0 则表明当本月度波动性增强时，股市波动的长期成分在下个季度也会增加；θ 的值越大，长期成分的波动性越强，金融市场本身就越脆弱。由估计结果可知，θ 显著为 0.0357，表明低频已实现波动受长期波动成分的影响较小，短期波动是总波动的主要影响因素。ω 是 GARCH-MIDAS 模型中模型的最优估计权重，显著为 1.5158。根据 GARCH-MIDAS 模型估计后获得的 RMSE 值为 5.78E-04，接近 0，说明模型的拟合效果较好。基于上述参数估计结果，可以得到 GARCH-MIDAS 模型下的上证指数长、短期波动率如图 4-1 所示。

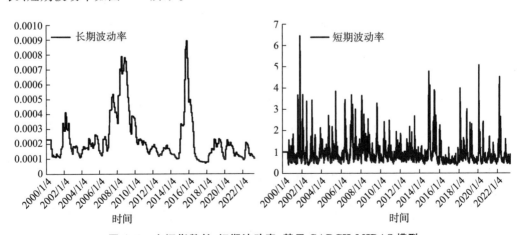

图 4-1　上证指数长、短期波动率：基于 GARCH-MIDAS 模型

从长期波动率的估计结果可知,中国上证指数在 2007—2010 年和 2015—2016 年经历了暴涨暴跌的周期性波动,这两个阶段中国股市的风险相对较高,其他时间则处于风险相对较低位置;同时,从短期波动率看,中国股市均展现出较强的波动特征。而 GARCH-MIDAS 模型能够很好地分离股市的长、短期波动率,并由此识别具体的长、短期波动规律。

第二节　ARCH-MIDAS 建模

为了进一步阐述混频条件异方差模型的具体应用,本节进一步对一般化的 GARCH-MIDAS 模型施加约束条件,将模型分别简化为 ARCH-MIDAS 模型。事实上,Engel(1982)首次提出 ARCH 模型——自回归条件异方差模型,刻画的是金融时间序列的前期值可以解释当期值,即方差受上期方差观测值的影响,条件异方差描述的是波动聚集效应,即金融时间序列在不同期间具有不同程度的波动性,ARCH 模型可以描述波动率的统计特征。但是 ARCH 模型并不考虑包括波动率的平滑性特征,即本章第一节模型中施加的 $\beta=0$,即可退化为 ARCH-MIDAS 模型。故此,一个经典的 ARCH-MIDAS 模型可由下述四个方程共同决定:

$$r_{i,t} = \mu + \sqrt{\tau_t g_{i,t}} e_{i,t},\ i = 1,\cdots,N_t \quad (4-13)$$

$$g_{i,t} = (1-\alpha) + \alpha \frac{(r_{i-1,t} - \mu)^2}{\tau_t} \quad (4-14)$$

$$\log\tau_t = m + \theta \sum_{k=1}^{K} \varphi_k(\omega_1,\omega_2) \mathrm{RV}_{t-k} \quad (4-15)$$

$$\mathrm{RV}_t = \sum_{i=1}^{N_t} r_{i,t}^2 \quad (4-16)$$

其中,各变量和参数的定义可参见本章第一节。该模型的基本思想是:第一,股票收益率均值方程的扰动项 e_t 前后不相关,且前后不独立;第二,e_t 不独立,即 $\mathrm{Var}(r_t|\Phi_{t-1}) = \mathrm{Var}(e_t|\Phi_{t-1})$ 可以由 e_t 的滞后项线性表示,Φ_{t-1} 为第 $t-1$ 期已知的其他信息。

例 4-2　这用单因子 ARCH-MIDAS 模型预测股市波动率。

我们选取 2000 年 1 月 4 日至 2023 年 5 月 8 日中国上证指数收益率作为样本数据,构建单因子 ARCH(1,1)-MIDAS 模型分解股市波动的长期成分,估计结果如表 4-2 所示。

表 4-2　单因子 ARCH-MIDAS 模型的参数估计结果

参数	系数	标准误	t 统计量	P 值
μ	7.84E-05	0.0002	0.4925	0.6223
α	0.1467***	0.0088	16.603	0.0000

(续表)

参数	系数	标准误	t 统计量	P 值
θ	0.0427***	0.0012	34.683	0.0000
ω	4.2610***	0.2611	16.321	0.0000
m	2.7573E-05***	3.01E-06	9.1557	0.0000
Obs.	5 654			
Log-likelihood	16 029.2			
AIC	−32 048.5			
BIC	−32 015.3			
RMSE	5.84E-04			

注：***表示1%的显著性水平拒绝原假设。

由表中结果可知，在ARCH-MIDAS模型中，除 μ 外，其他所有参数均统计显著，这表明模型估计结果较为稳健。α 估计系数显著为0.1467，表明收益率波动对短期波动率变化具有一定的解释能力；θ 显著大于0，表明当本月度波动性增强时，股市波动的长期成分在下个季度也会增加，但其数值为0.0427，表明低频已实现波动，受长期波动成分的影响较小，短期波动是总波动的主要影响因素；RMSE值为5.84E-04，接近0，说明模型的拟合效果较好。基于上述参数估计结果，可以估计得到ARCH-MIDAS模型下的上证指数长、短期波动率如图4-2所示。

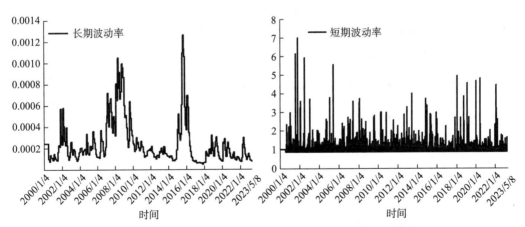

图4-2　上证指数长、短期波动率：基于ARCH-MIDAS模型

对比图4-2与图4-1可知，两者均可以在某种程度上识别中国上证指数在2007—2010年和2015—2016年经历了暴涨暴跌的周期性波动；但从短期波动率看，与GARCH-MIDAS模型相比，ARCH-MIDAS没能很好地刻画股市具有哪些明显的波动特征。

第三节 EWMA-MIDAS 建模

对于式(4-2)，如果施加约束 $\alpha + \beta = 0$，则该经典模型可退化为混频指数加权移动平均（EWMA-MIDAS）模型。EWMA 模型也称指数平滑模型，通过引入指数平滑过程，其基本思想是随着时间间隔的增大，各数值的权重呈指数衰减，即当前数据所占权重较大，更看重近期观测的数据，从而有助于提高模型预测精准度。故此，一个经典的 EWMA-MIDAS 模型可由下述四个方程共同决定：

$$r_{i,t} = \mu + \sqrt{\tau_t g_{i,t}} e_{i,t}, \ i = 1, \cdots, N_t \tag{4-17}$$

$$g_{i,t} = \lambda \frac{(r_{i-1,t} - \mu)^2}{\tau_t} + (1 - \lambda) g_{i-1,t} \tag{4-18}$$

$$\log \tau_t = m + \theta \sum_{k=1}^{K} \varphi_k(\omega_1, \omega_2) \mathrm{RV}_{t-k} \tag{4-19}$$

$$\mathrm{RV}_t = \sum_{i=1}^{N_t} r_{i,t}^2 \tag{4-20}$$

其中，常数 λ 为衰减因子，表示加权程度，$0 < \lambda < 1$，一般设定为 0.90—0.98。λ 越大，表示当前信息对下期波动率的影响越小，模型迭代速度逐渐变慢。因此，想要提高当前新信息的影响，应降低 λ 值。指数加权移动平均模型的优点在于考虑了历史数据的价值，并且赋予不同的权重。

例 4-3 运用单因子 EWMA-MIDAS 模型预测股市波动率。

我们选取 2000 年 1 月 4 日至 2023 年 5 月 8 日中国上证指数收益率作为样本数据，构建单因子 EWMA-MIDAS 模型分解股市波动的长期成分，估计结果如表 4-3 所示。

表 4-3 单因子 EWMA-MIDAS 模型的参数估计结果

参数	系数	标准误	t 统计量	P 值
μ	0.0001	0.0001	1.2336	0.2174
λ	0.0817***	0.0031	26.095	0.0000
θ	−0.0019**	0.0009	−2.1993	0.0279
ω	1.6260***	0.2852	5.7019	0.0000
m	4.8777E-05**	2.18E-05	2.2394	0.0251
Obs.	5 654			
Log-likelihood	16 172.2			
AIC	−32 332.5			
BIC	−32 292.6			
RMSE	5.81E-04			

注：***、**分别表示 1%、5%的显著性水平拒绝原假设。

由表中结果可知,在 EWMA-MIDAS 模型中,除 μ 外,其他所有系数均统计显著,这表明模型估计结果较为稳健。λ 估计系数显著为 0.0817,$1-\lambda$ 高达 0.92,表明收益率波动对短期波动率变化具有一定的解释能力,但长期波动率具有较强的惯性特征;θ 显著小于 0,表明在 EWMA-MIDAS 模型中,当本月度波动性增强时,股市波动的长期成分在下月度也会减少,但其数值为 -0.0019,相对较小,这表明低频已实现波动受长期波动成分的影响较小,短期波动是总波动的主要影响因素。此外,RMSE 值为 5.81E-04,接近 0,说明模型的拟合效果较好。

第四节 T(E)GARCH-MIDAS 建模

正如第三章第二节介绍的非线性 GARCH 模型所指出的,金融资产收益率的条件方差对利好消息和利空消息的反应往往不同,导致市场波动程度不同,当利空消息或者未预期到的损失出现时,收益率序列的条件方差可能会显著增大,这种现象可以看作不确定的"新信息"(Innovations)对条件方差的一种非对称影响,即杠杆效应。因此,我们有必要利用非对称 GARCH 模型分析金融资产收益率的波动性问题,以处理波动率的杠杆效应。Glosten et al.(1993)提出门限 GARCH(Threshold GARCH,TGARCH)模型,也称 GJR-GARCH 模型,即设定一个指示变量并将其作为门限,以探究正负冲击对条件波动率的影响。同时,Nelson(1991)提出另一种非对称的 EGARCH 模型(Exponential GARCH),以便有效刻画金融时间序列的杠杆效应,并允许在模型中体现正的和负的资产收益率的非对称效应。

本节将同频的 TGARCH 模型和 EGARCH 模型分别拓展至混频模式,改进并提出 T(E)GARCH-MIDAS 模型。以最简单的 EGARCH(1,1)-MIDAS 模型为例:

$$r_{i,t} = \mu + \sqrt{\tau_t g_{i,t}} e_{i,t}, \ i = 1, \cdots, N_t \tag{4-21}$$

$$\log(g_{i,t}) = (1 - \alpha - \beta - \lambda) + \alpha \frac{r_{i-1,t} - \mu}{\tau_t} + \lambda \frac{|r_{i-1,t} - \mu|}{\tau_t} + \beta \log(g_{i-1,t}) \tag{4-22}$$

$$\log \tau_t = m + \theta \sum_{k=1}^{K} \varphi_k(\omega_1, \omega_2) RV_{t-k} \tag{4-23}$$

$$RV_t = \sum_{i=1}^{N_t} r_{i,t}^2 \tag{4-24}$$

EGARCH-MIDAS 模型的方差方程与传统波动率模型不同,等式左边是 $\ln(\sigma_t^2)$,从上述模型可以看出,由于 $\sigma_t^2 = \exp[\ln(\sigma_t^2)]$,因此可以保证方差 σ_t^2 始终为正值,即不需要约束方差等式中的系数 $(\omega, \theta, \alpha, \beta)$ 就能够保证方差永远为正值。同时,对于 EGARCH-MIDAS 模型中的 $\log(g_{i-1,t})$ 项,当 $\beta > 0$ 时,能够捕捉到波动的持续性现象。模型中均值方程的 $r_{i-1,t} - \mu$ 与长期波动率标准差 τ_t 之比 $\alpha \frac{r_{i-1,t} - \mu}{\tau_t}$、$|r_{i-1,t} - \mu|$ 与长期波动率标准

差 τ_t 之比 $\lambda \frac{|r_{i-1,t} - \mu|}{\tau_t}$ 就是用来刻画非对称影响的因子,它们可以衡量正负冲击对波动率的非对称性影响。进一步,将 EGARCH-MIDAS 模型中方差方程刻画的非对称影响具体写为:

$$\begin{cases} \ln(g_{i,t}) = (1 - \alpha - \beta - \lambda) + (\alpha + \lambda) \frac{|r_{i-1,t} - \mu|}{\tau_t} + \beta \ln(g_{i-1,t}), r_{i-1,t} - \mu > 0 \\ \ln(g_{i,t}) = (1 - \alpha - \beta - \lambda) + (\alpha - \lambda) \frac{|r_{i-1,t} - \mu|}{\tau_t} + \beta \ln(g_{i-1,t}), r_{i-1,t} - \mu < 0 \end{cases}$$

(4-25)

因此,当 $\lambda = 0$ 时,风险因子对收益率序列的正负冲击是对称的,说明收益率序列的波动性不会随着利好消息或者利空消息的出现而产生差异化反应;当 $\lambda \neq 0$ 时,则存在非对称效应。我们注意到,由于标准差 $\tau_t > 0$,$r_{i-1,t} - \mu > 0$ 代表出现利好消息,此时 $\frac{r_{i-1,t} - \mu}{\tau_t} > 0$,经验研究表明,我们期望收益率的波动性减弱,即 $\lambda \frac{r_{i-1,t} - \mu}{\tau_t} < 0$;反之,$r_{i-1,t} - \mu < 0$ 代表出现利空消息,此时 $\frac{r_{i-1,t} - \mu}{\tau_t} < 0$,经验研究表明,我们期望收益率的波动性增强,即 $\lambda \frac{r_{i-1,t} - \mu}{\tau_t} > 0$。据此,我们可以通过检验 θ 的符号间接验证 EGARCH-MIDAS 模型是否存在非对称性。原假设 $H_0: \theta = 0$,备择假设 $H_1: \theta < 0$,如果拒绝原假设,则说明存在非对称效应。

将 EGARCH(1,1)-MIDAS 模型扩展为更一般的 EGARCH(p,q)-MIDAS 模型,其长期方差方程可写为:

$$\ln(g_{i,t}) = \left(1 - \sum_{i=1}^{p} \alpha_i - \sum_{j=1}^{q} \beta_j - \sum_{k=1}^{m} \lambda_k\right) + \sum_{k=1}^{m} \lambda_k \frac{r_{i-1,t} - \mu}{\tau_t} + \sum_{i=1}^{p} \alpha_i \frac{|r_{i-1,t} - \mu|}{\tau_t} + \sum_{j=1}^{q} \beta_j \ln(g_{i-1,t})$$

(4-26)

式(4-26)即为一般化的可用于刻画混频模式下股市非线性特征的 EGARCH(p,q)-MIDAS 模型。

此外,本节将同频的 TGARCH 模型拓展至混频模式,改进并提出一般化的 TGARCH-MIDAS 模型,其模型设定形式如下:

$$r_{i,t} = \mu + \sqrt{\tau_t g_{i,t}} e_{i,t}, \quad i = 1, \cdots, N_t \tag{4-27}$$

$$g_{i,t} = \left[1 - \sum_{i=1}^{p} (\alpha_i + \gamma_i N_{t-i}) - \sum_{j=1}^{q} \beta_j\right] + \sum_{i=1}^{p} (\alpha_i + \gamma_i N_{t-i}) \frac{(r_{i-1,t} - \mu)^2}{\tau_t} + \sum_{j=1}^{q} \beta_j g_{i-1,t}$$

(4-28)

$$\log \tau_t = m + \theta \sum_{k=1}^{K} \varphi_k(\omega_1, \omega_2) \mathrm{RV}_{t-k} \qquad (4-29)$$

$$\mathrm{RV}_t = \sum_{i=1}^{N_t} r_{i,t}^2 \qquad (4-30)$$

其中，N_{t-i} 是关于 ε_{t-i} 是否为负的指示变量，即

$$N_{t-i} = \begin{cases} 1, \dfrac{r_{i-1,t} - \mu}{\tau_t} < 0 \\ 0, \dfrac{r_{i-1,t} - \mu}{\tau_t} \geq 0 \end{cases} \qquad (4-31)$$

其中，α_i、γ_i 和 β_j 为非负参数，满足类似 GARCH-MIDAS 模型的条件。从模型中可以看出，正的 $\dfrac{r_{i-1,t} - \mu}{\tau_t}$ 对 $g_{i,t}$ 的贡献为 $\sum_{i=1}^{p} \alpha_i \dfrac{(r_{i-1,t} - \mu)^2}{\tau_t}$；负的 $\dfrac{r_{i-1,t} - \mu}{\tau_t}$ 对 $g_{i,t}$ 的贡献为 $\sum_{i=1}^{p} (\alpha_i + \gamma_i) \dfrac{(r_{i-1,t} - \mu)^2}{\tau_t}$，其中 $\gamma_i > 0$，描绘了杠杆效应的非对称性，即股市受到负面的利空消息冲击对波动率的影响大于受到正面的利好消息冲击的情形。

例 4-4 运用 TGARCH-MIDAS 模型分析中国股市杠杆效应和长短期波动率。

我们选取 2000 年 1 月 4 日至 2023 年 5 月 8 日中国上证指数收益率作为样本数据，构建单因子 TGARCH(1,1)-MIDAS 模型分解股市波动的长期成分。估计结果如表 4-4 所示。

表 4-4 单因子 TGARCH-MIDAS 模型的参数估计结果

参数	系数	标准误	t 统计量	P 值
μ	0.0002	0.0001	1.4487	0.1474
α	0.0956***	0.0054	17.5470	0.0000
β	0.8597***	0.0106	81.4750	0.0000
θ	0.0356***	0.0043	8.2264	0.0000
γ	0.4953	25.3020	0.0196	0.9844
ω	1.5146***	0.3148	4.8109	0.0000
m	5.5741E-05***	8.9092E-06	6.2565	0.0000
Obs.	5 654			
Log-likelihood	16 193.3172			
AIC	-32 372.6344			
BIC	-32 326.1536			
RMSE	5.775E-04			

注：*** 表示 1% 的显著性水平拒绝原假设。

由表中结果可知,在 TGARCH-MIDAS 模型中,除 μ 和 γ 外,其他所有系数均统计显著。其中,$\alpha+\beta<1$,表明股指对数收益率的短期成分满足 TGARCH(1,1)过程,也表明短期波动稳定,短期波动成分在长期内是趋同的。θ 显著大于 0,表明当本月度波动性增强时,股市波动的长期成分在下月度也会增加,但其数值为 0.0356,这表明低频已实现波动受长期波动成分的影响较小,短期波动是总波动的主要影响因素。但令人意外的是,γ 无法拒绝异于 0 的原假设,这表明 TGARCH(1,1)-MIDAS 模型的估计结果表明中国股市不存在杠杆效应,与第五节 APARCH(1,1)-MIDAS 的估计结果不一致,由此也表明选择不同的模型可能会直接导致估计结果存在显著性差异。此外,RMSE 值为 5.775E-04,接近 0,说明模型的拟合效果较好。基于上述参数估计结果,可以得到 TGARCH(1,1)-MIDAS 模型下的上证指数长、短期波动率,如图 4-3 所示。

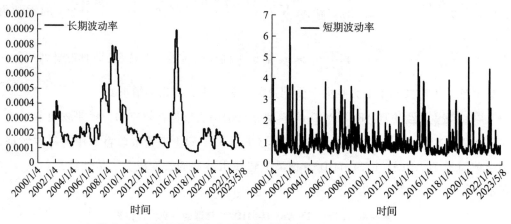

图 4-3 上证指数长、短期波动率:基于 TGARCH-MIDAS 模型

对比图 4-3 与图 4-1 可知,两者均可以在某种程度上识别出中国上证指数在 2007—2010 年和 2015—2016 年经历了暴涨暴跌的周期性波动;同时,短期波动率也具有类似的走势特征,数值大小也较为一致。可见,GARCH-MIDAS 模型和 TGARCH-MIDAS 模型可用于刻画股市的长、短期波动率特征。

第五节 APARCH-MIDAS 建模

非对称幂 APARCH(Asymmetric Power ARCH)模型是 Ding et al.(1993)提出的另一种用于刻画金融时间序列非对称性的扩展 GARCH 模型,本节将 APARCH 模型拓展至混频模式,改进并提出 APARCH-MIDAS 模型。结合本章第一节 GARCH-MIDAS 模型和传统 APARCH 模型可以将混频模型 APARCH-MIDAS(1,1)的表达形式设定如下:

$$r_{i,t} = \mu + \sqrt{\tau_t g_{i,t}} e_{i,t}, i = 1, \cdots, N_t \qquad (4-32)$$

$$g_{i,t} = (1 - \alpha - \beta) + \alpha \frac{(|r_{i-1,t}| - \gamma r_{i-1,t})^h}{\tau_t} + \beta g_{i-1,t} \qquad (4-33)$$

$$\log \tau_t = m + \theta \sum_{k=1}^{K} \varphi_k(\omega_1, \omega_2) \text{RV}_{t-k} \qquad (4-34)$$

$$\text{RV}_t = \sum_{i=1}^{N_t} r_{i,t}^2 \qquad (4-35)$$

其中,h 表示幂的值,非对称性由 γ 捕捉,若 $\gamma = 0$ 则不存在非对称性,若 $\gamma_i \neq 0$ 则说明系统存在"杠杆效应"。特别是,当 $h = 2, \gamma_i = 0, \tau_t = 1$ 时,APARCH 模型退化为 GARCH 模型。APARCH 模型具有一般 GARCH 模型的特征,但又比一般 GARCH 模型具有更大的灵活性。

例 4-5 运用 APARCH-MIDAS 模型分析中国股市杠杆效应和长、短期波动率。

我们选取 2000 年 1 月 4 日至 2023 年 5 月 8 日中国上证指数收益率作为样本数据,构建单因子 APARCH(1,1)-MIDAS 模型分解股市波动的长期成分,与现有研究一致,设定 $h = 2$,估计结果如表 4-5 所示。

表 4-5 单因子 APARCH-MIDAS 模型的参数估计结果

参数	系数	标准误	t 统计量	P 值
μ	0.0001	0.0001	0.7354	0.4621
α	0.0957***	0.0052	18.2520	0.0000
β	0.8478***	0.0113	74.7480	0.0000
θ	0.0348***	0.0024	14.4740	0.0000
γ	0.1502***	0.0012	126.3100	0.0000
ω	1.6612***	0.2980	5.5751	0.0000
m	4.6814E-05***	7.0063E-06	6.6817	0.0000
Obs.	5 654			
Log-likelihood	16 205.3598			
AIC	-32 396.7196			
BIC	-32 350.2388			
RMSE	5.756E-04			

注:***表示 1%的显著性水平拒绝原假设。

由表中结果可知,在 APARCH-MIDAS 模型中,除 μ 外,其他所有系数均统计显著,表明模型估计结果较为稳健。其中,$\alpha + \beta < 1$,表明 APARCH 效应显著,即股指对数收益率的短期成分满足 APARCH(1,1)过程,也表明短期波动稳定,短期波动成分在长期内是趋同的。特别是,γ 显著异于 0 且为 0.1502,表明中国股市存在非对称性,即存在杠杆效

应。此外,θ 显著大于 0,表明当本月度波动性增强时,股市波动的长期成分在下个季度也会增加,但其数值为 0.0348,这表明低频已实现波动受长期波动成分的影响较小,短期波动是总波动的主要影响因素。此外,RMSE 值为 5.756E-04,接近 0,说明模型的拟合效果较好。基于上述参数估计结果,可以得到 APARCH-MIDAS 模型下的上证指数长、短期波动率如图 4-4 所示。

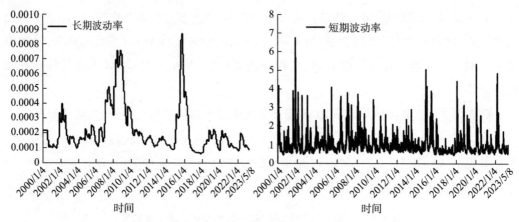

图 4-4　上证指数长、短期波动率:基于 APARCH-MIDAS 模型

对比图 4-4 与图 4-1 可知,两者均可以在某种程度上识别出中国上证指数在 2007—2010 年和 2015—2016 年经历了暴涨暴跌的周期性波动;同时,短期波动率也具有类似的走势特征,可见 GARCH-MIDAS 模型和 APARCH-MIDAS 模型均能较好地刻画股市的长、短期波动率特征。

本章小结

本章介绍了 GARCH-MIDAS、ARCH-MIDAS、EWMA-MIDAS、T(E)GARCH-MIDAS 和 APARCH-MIDAS 五种不同的时间序列模型。这些模型基于 MIDAS 框架,MIDAS 将高频数据和低频数据进行有效融合,能够更好地捕捉金融市场中的波动性和相关性信息。GARCH-MIDAS 模型使用 MIDAS 框架拓展了标准 GARCH 模型,对短期波动率与长期波动率分别建模。ARCH-MIDAS 模型引入 MIDAS 框架来估计 ARCH 模型的参数,从而捕捉未观测到的高频波动性。EWMA-MIDAS 模型是混频的指数移动加权模型。T(E)GARCH-MIDAS 模型则在 GARCH-MIDAS 模型的基础之上增加 t 分布或者广义误差分布,以处理异常事件的风险因素。最后,APARCH-MIDAS 是一种扩展的 GARCH 模型,能够针对长尾现象更好地建模。总体来说,本章涵盖的模型都是基于高频时间序列和低频时间序列进行整合的,它们都适用于金融市场和其他领域,且每种模型各有优缺点,我们需要根据问题的性质来选择适当的模型,也可以利用它们来建立复杂的组合模型,以更好地预测市场波动率,并做出最合适的交易策略。

课后习题

1. 请简要描述 MIDAS 框架,并说明它的应用场景。
2. 请简要分析 T(E)GARCH-MIDAS 模型增加 t 分布或广义误差分布的原因。
3. 请简要讲述 APARCH-MIDAS 模型相对于标准 GARCH 模型的优势。
4. 请论述 GARCH-MIDAS 模型和 T(E)GARCH-MIDAS 模型的差异。
5. MIDAS 框架在不同数据频率混合的情况下能否提高模型泛化性能,简述其原因。
6. 请使用单因子 EWMA-MIDAS 模型来预测我国债券市场的波动率。
7. 请运用 TGARCH-MIDAS 模型来比较分析美国、英国和日本股市的长、短期波动率。
8. 讨论:在金融市场中,哪种时间序列模型最常被用于预测波动率,试阐述原因。

主要参考文献

[1] Conrad C, Loch K, and Rittler D. On the macroeconomic determinants of long-term volatilities and correlations in U.S. stock and crude oil markets [J]. Journal of Empirical Finance, 2014, 29: 26-40.

[2] Ding Z X, Granger C W J, and Engle R F. A long memory property of stock market returns and a new model [J]. Journal of Empirical Finance, 1993, 1: 83-106.

[3] Engle R F. Autoregressive conditional heteroskedasticity with estimates of the variance of United Kingdom inflation [J]. Econometrica, 1982, 50: 987-1008.

[4] Engle R F, Ghysels E, and Sohn B. Stock market volatility and macroeconomic fundamentals [J]. The Review of Economics and Statistics, 2013, 95(3): 776-797.

[5] Ghysels E, and Valkanov R. The MIDAS touch: Mixed data sampling regression models [W]. CIRANO Working Papers 2004s-20, CIRANO, 2004.

[6] Ghysels E, Sinko A, and Valkanov R. MIDAS regressions: Further results and new directions [J]. Econometric Reviews, 2007, 26(1): 53-90.

[7] Glosten L R, Jagannathan R, and Runkle D E. On the relation between the expected value and the volatility of the nominal excess return on stocks [J]. The Journal of Finance, 1993, 48: 1779-1801.

[8] Nelson D B. Conditional heteroskedasticity in asset returns: A new approach [J]. Econometrica, 1991, 2: 347-370.

[9] Schwert, G. W. Testing for unit roots: A monte carlo investigation [J]. Journal of Business and Economic Statistics, 1989, 7: 147-159.

第五章
单方程回归建模：协整与误差修正模型

> **阅读指引**
>
> 20世纪70年代，许多传统的计量经济学模型在经济动荡时预测失灵，误差修正模型却表现出稳定性。因此，协整理论应运而生。本章主要介绍协整与误差修正模型。在介绍误差修正模型之前，本章先介绍七种平稳性检验，接着讨论协整检验，包括Engle-Granger两步协整检验法和Johansen协整检验法。在此基础上，接着介绍协整估计方法，包括经典的DOLS方法、FMOLS方法、自回归分布滞后模型、误差修正模型。

第一节 单位根检验

平稳性检验是时间序列分析的基础，是时间序列中最重要的概念之一。平稳的时间序列表明均值、方差和协方差不随时间变化而改变。但是在实际应用中，许多实证时间序列都表现出随时间变化的性质。为了检验时间序列的平稳性，通常进行单位根检验。20世纪80年代，单位根检验方法受到关注，诸多检验统计量也应运而生，Hamilton(1994)和Tsay(2010)详细介绍了多种检验统计量。在实际运用的过程中，较为常见的主要是图形分析法和假设检验法。其中，假设检验法包括DF检验、ADF检验、PP检验、ERS检验、KPSS检验、NG检验以及断点单位根检验。

一、图形分析法

图形分析法是一种最简单、最基本的判断方法，即通过绘制移动平均值或者移动变量的图形，观察其是否随时间变化进行判断。本节以1996年第一季度至2022年第四季度的利率数据为例进行分析。

例 5-1 利用图形分析法检验 1996 年第一季度至 2022 年第四季度利率的平稳性（见图 5-1）。

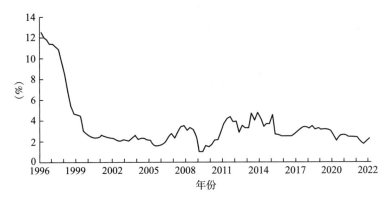

图 5-1 1996 年第一季度至 2022 年第四季度的利率

根据图 5-1 可知，1996 年第一季度至 2022 年第四季度利率数据的均值基本稳定，其中，2000 年以后利率似相对平稳。这是一个初步判定，该序列是否为平稳序列仍需要构建计量方法展开实证检验。

二、假设检验法

在平稳性的假设检验中，目前主流方法是判断其是否存在单位根。如果存在单位根，则表明是非平稳序列；如果不存在单位根，则说明是平稳序列。在实证研究之前需要对变量的平稳性进行单位根检验的主要原因在于：对于单位根过程（差分平稳序列），每一个冲击都具有长期记忆性，方差趋于无穷大，故均值的概念就会变得毫无意义；但是，对于趋势平稳过程，随机冲击只具有有限记忆，其影响也会很快消失，冲击对趋势的偏离是暂时性的。因此，对于趋势平稳序列，只要正确估计其确定性趋势，即可实现长期趋势与平稳波动部分的分离。单位根检验的另外一个作用是可以辨别变量之间的因果关系是否存在伪回归（Spurious Regression）[①]现象。这种现象通常发生在非平稳时间序列之间不存在协整关系的情形下，即回归模型的拟合优度和显著性均很高，但这仅仅是数字上的巧合，并不能真实反映被解释变量和解释变量之间的均衡关系。从统计角度看，当回归模型得到的残差序列（Residual）不满足平稳性时，即可断定出现伪回归。因此，单位根检验在金融计量经济学中具有举足轻重的作用，本节介绍的单位根检验方法包括 DF 检验、ADF 检验、PP 检验、ERS 检验、KPSS 检验、NG 检验以及断点单位根检验。

---

① 伪回归是自变量和因变量之间本来没有任何因果关系，但出于某种原因，回归分析却显示它们之间存在统计意义上的相关性，让人错误地认为两者有关联，这种相关性称被作伪关系（Spurious Relationship）。

1. DF 检验

DF 检验是最常用的单位根检验方法之一,由 Dickey and Fuller(1979)提出。他们将非平稳序列的基本特征归为三点:第一,当时间序列数据的走势呈现无规则的上升或者下降时,将其定义为无漂移项自回归过程;第二,当时间序列数据呈现明显的随时间递增或者递减的趋势且表现得不是十分陡峭时,将其定义为带漂移项自回归过程;第三,当时间序列数据走势随时间快速增强时,将其定义为带趋势项回归过程。

根据以上定义可以将对应的检验回归方程写为:

(1) 无漂移项自回归方程:$Y_t = \rho Y_{t-1} + \varepsilon_t, t = 1,2,\cdots,n, Y_0 = 0$ (5-1)

(2) 带漂移项自回归过程:$Y_t = \mu + \rho Y_{t-1} + \varepsilon_t, t = 1,2,\cdots,n, Y_0 = 0$ (5-2)

(3) 带漂移项和趋势项自回归过程:$Y_t = \mu + \alpha t + \rho Y_{t-1} + \varepsilon_t, t = 1,2,\cdots,n, Y_0 = 0$ (5-3)

其中,μ 是常数,αt 是时间趋势项,ε_t 是白噪声无自相关性,期望为 0,方差为 σ^2。

DF 检验的假设如下。

原假设 $H_0: \rho = 1$;

备择假设 $H_1: \rho < 1$。

原假设表明存在单位根,时间序列是非平稳的;备择假设则表明不存在单位根,时间序列是平稳的。在原假设 H_0 成立的条件下,检验的 t 统计量为:

$$t = \frac{\hat{\rho} - 1}{\hat{\sigma}_{\hat{\rho}}}$$ (5-4)

其中,$\hat{\sigma}_{\hat{\rho}}$ 为估计系数 $\hat{\rho}$ 的标准误。Dickey and Fuller(1979)研究发现,在原假设成立的条件下,t 统计量不服从 t 分布,所以传统的 t 检验失效;但可以证明该统计量存在极限分布,一般将其称为 Dickey-Fuller 分布,为了区分,该统计量有时也被称为 τ 值。Dickey and Fuller(1979)编制了 DF 检验的临界值表供查,后来 Mackinnon(1994)对临界值进行扩充,形成目前广泛使用的临界值表。在实际检验过程中,对于式(5-1)、式(5-2)和式(5-3)三种不同的单位根检验形式均有不同的临界值表。

在实际应用过程中,可以按照如下步骤展开 DF 检验:

第一步,用 OLS 法估计一阶自回归模型,得到 OLS 估计系数:$\hat{\rho} = \dfrac{\sum Y_t Y_{t-1}}{\sum Y_{t-1}^2}$。

第二步,提出假设 $H_0: \rho = 1, H_1: \rho < 1$,检验用常规 t 统计量 $t = \dfrac{\hat{\rho} - \rho}{\hat{\sigma}_{\hat{\rho}}}$。当 $N \to \infty$ 时,对于式(5-2)的模型设定,$t = \dfrac{\hat{\rho} - \rho}{\hat{\sigma}_{\hat{\rho}}} \Rightarrow \dfrac{(1/2)[W(1)^2 - 1] - W(1)\int_0^1 W(i)\mathrm{d}i}{\left\{\int_0^1 W(i)^2 \mathrm{d}i - \left[\int_0^1 W(i)\mathrm{d}i\right]^2\right\}^{1/2}}$。同理,也

可以得到式(5-1)和式(5-3)的极限分布,这些分布均是 Wiener 过程函数,由于它们无法用解析方法求解,故此一般都是采用数值模拟的方法进行求解。

第三步,计算在原假设成立条件下的 t 统计量值,查看 DF 检验临界值表。若 t 统计量小于 DF 检验临界值则拒绝原假设,说明需要不存在单位根;若 t 统计量大于或等于 DF 检验临界值则接受原假设,说明需要存在单位根。

2. ADF 检验

DF 检验存在的一个问题是,设定的模型假设随机扰动项不存在自相关性,但是大多数经济时间序列均不能满足该假设。特别是,当随机扰动项存在自相关性时,会直接导致 DF 检验出现偏误。为了保证单位根检验的有效性,学者们对 DF 检验进行拓展,形成了扩展 DF(Augmented Dickey-Fuller)检验,简称 ADF 检验,是目前较为常用的检验方法之一。ADF 检验与 DF 检验的差别主要是,DF 检验是一阶自回归过程,不能对高阶自回归过程进行平稳性检验,由此在 DF 检验中引入更高阶的滞后项,修正后的方程为:

(1) 无漂移项自回归方程:$Y_t = \rho Y_{t-1} + \sum_{i=1}^{j} \beta_i \Delta Y_{t-i} + \varepsilon_t, t = 1,2,\cdots,n, Y_0 = 0$ (5-5)

(2) 带漂移项自回归过程:$Y_t = \mu + \rho Y_{t-1} + \sum_{i=1}^{j} \beta_i \Delta Y_{t-i} + \varepsilon_t, t = 1,2,\cdots,n, Y_0 = 0$

(5-6)

(3) 带漂移项和趋势项自回归过程:

$$Y_t = \mu + \alpha t + \rho Y_{t-1} + \sum_{i=1}^{j} \beta_i \Delta Y_{t-i} + \varepsilon_t, t = 1,2,\cdots,n, Y_0 = 0 \quad (5-7)$$

其中,μ 是常数,αt 是时间趋势项,ε_t 是白噪声无自相关性。

ADF 检验的假设如下。

原假设 $H_0: \rho = 1$;

备择假设 $H_1: \rho < 1$。

与 DF 检验一致,原假设表明存在单位根,时间序列是非平稳的,备择假设则表明不存在单位根,时间序列是平稳的。可以证明,上述模型检验原假设 t 统计量的极限分布与 DF 检验的极限分布相同,从而可以使用相同的临界值表,这种检验被称为 ADF 检验。

例 5-2 利用 ADF 检验 1996 年第一季度至 2022 年第四季度的利率的平稳性。

根据图 5-1 可知,1996 年第一季度至 2022 年第四季度利率数据的均值随时间呈现下降的趋势,为非平稳序列。ADF 单位根检验结果如表 5-1 所示。

表 5-1 ADF 单位根检验结果

变量	检验类型	t 统计量	P 值	滞后期数	平稳性
利率(i)	含截距项	−4.0532	0.0017***	1	平稳
	含截距项和时间趋势项	−3.5041	0.0441**	1	平稳
	不含截距项和时间趋势项	−3.5037	0.0006***	1	平稳

注：***、**分别表示 1%、5%的显著性水平拒绝原假设；检验中的最优滞后期数根据 SIC 来确定。

根据表 5-1 的检验结果可知，在含截距项时，利率变量的显著性水平 $P=0.0017<0.01$，拒绝原假设，是平稳时间序列；在含截距项和时间趋势项时，t 统计量大于 1% 临界值但小于 5% 临界值，因此在 5% 的显著性水平下拒绝原假设，是平稳时间序列；在不含截距项和时间趋势项时，t 统计量小于 1% 临界值，因此在 1% 的显著性水平下拒绝原假设，也是平稳时间序列。

3. PP 检验

Phillips and Perron(1988)提出 PP 检验，这是一种非参数检验方法，主要用于解决残差项中潜在的序列相关和异方差问题。考虑 DF 检验式(5-2)的情形，假定变量服从如下过程：

$$Y_t = \alpha + \rho Y_{t-1} + \varepsilon_t, \varepsilon_t = \varphi(B)u_t = \sum_{j=0}^{\infty}\varphi_j u_{t-j} \tag{5-8}$$

其中，序列 u_t 满足独立同分布，$E(u_t)=0$，$\mathrm{Var}(u_t)=\sigma^2<\infty$，$\varphi(B)=\sum_{j=0}^{\infty}\varphi_j B^j$，$B$ 为滞后算子且满足 $\sum_{j=0}^{\infty} j|\varphi_j|<\infty$。对于回归方程 $Y_t=\alpha+\rho Y_{t-1}+\varepsilon_t$，检验的假设是，$H_0: \rho=1$，$\alpha=0$。与 DF 检验一样，模型 OLS 的参数估计结果为：

$$\begin{pmatrix}\hat{\alpha}\\\hat{\rho}\end{pmatrix} = \begin{pmatrix} T & \sum Y_{t-1} \\ \sum Y_{t-1} & \sum Y_{t-1}^2 \end{pmatrix}^{-1} \begin{pmatrix} \sum Y_t \\ \sum Y_{t-1}Y_t \end{pmatrix} \tag{5-9}$$

其中，T 表示样本长度，在原假设成立时，式(5-9)可改写为：

$$\begin{pmatrix}\hat{\alpha}\\\hat{\rho}-1\end{pmatrix} = \begin{pmatrix} T & \sum Y_{t-1} \\ \sum Y_{t-1} & \sum Y_{t-1}^2 \end{pmatrix}^{-1} \begin{pmatrix} \sum \varepsilon_t \\ \sum Y_{t-1}\varepsilon_t \end{pmatrix} \tag{5-10}$$

式(5-10)两边乘以矩阵 $A=\mathrm{diag}(T^{1/2},T)$，可得：

$$\begin{pmatrix}T^{1/2}\hat{\alpha}\\T(\hat{\rho}-1)\end{pmatrix} = \left\{A^{-1}\begin{pmatrix} T & \sum Y_{t-1} \\ \sum Y_{t-1} & \sum Y_{t-1}^2 \end{pmatrix}A^{-1}\right\}^{-1}\left\{A^{-1}\begin{pmatrix} \sum \varepsilon_t \\ \sum Y_{t-1}\varepsilon_t \end{pmatrix}\right\}$$

$$=\begin{pmatrix} 1 & T^{-3/2}\sum Y_{t-1} \\ T^{-3/2}\sum Y_{t-1} & T^{-2}\sum Y_{t-1}^2 \end{pmatrix}\begin{pmatrix} T^{-1/2}\sum \varepsilon_t \\ T^{-1}\sum Y_{t-1}\varepsilon_t \end{pmatrix} \tag{5-11}$$

参照 DF 极限分布,可得:

$$\begin{pmatrix} T^{1/2}\hat{\alpha} \\ T(\hat{\rho}-1) \end{pmatrix} \rightarrow \begin{pmatrix} 1 & \lambda\int_0^1 W(i)\mathrm{d}i \\ \lambda\int_0^1 W(i)\mathrm{d}i & \lambda^2\int_0^1 W^2(i)\mathrm{d}i \end{pmatrix}^{-1} \begin{pmatrix} \lambda W(1) \\ \frac{1}{2}[\lambda^2 W^2(1) - \gamma_0] \end{pmatrix} \quad (5-12)$$

其中,$\lambda = \sigma\varphi(1)$,$\gamma_0 = \sigma^2\sum_{s=0}^{\infty}B_s^2$。故此,可进一步得到检验的极限分布为:

$$T(\hat{\rho}-1) \Rightarrow \frac{(1/2)[W(1)^2-1] - W(1)\int_0^1 W(i)\mathrm{d}i}{\int_0^1 W(i)^2\mathrm{d}i - \left[\int_0^1 W(i)\mathrm{d}i\right]^2} + \frac{\frac{1}{2}(\lambda^2-\gamma_0)/\lambda^2}{\int_0^1 W(i)^2\mathrm{d}i - \left[\int_0^1 W(i)\mathrm{d}i\right]^2} \quad (5-13)$$

式(5-13)第一项是 ε_t 为独立同分布式 $T(\hat{\rho}-1)$ 的极限分布;第二项由 ε_t 自相关造成,若残差满足独立同分布,则该项等于 0。同理,可以证明统计量 $T^2\hat{\sigma}_{\hat{\rho}}^2$ 服从的极限分布为:

$$T^2\hat{\sigma}_{\hat{\rho}}^2 \Rightarrow \frac{\gamma_0}{\lambda^2}\frac{1}{\int_0^1 W(i)^2\mathrm{d}i - \left[\int_0^1 W(i)\mathrm{d}i\right]^2} \quad (5-14)$$

式(5-14)与 DF 相比多了因子项 γ_0/λ^2,用于刻画自相关程度对 $T^2\hat{\sigma}_{\hat{\rho}}^2$ 极限分布的影响。特别是,当扰动项相互独立时,对于 $j=1,2,\cdots,\varphi_0=1,\varphi_j=0$,则 $\gamma_0/\lambda^2=1$,由此说明 PP 是 ADF 的更一般化形式。结合式(5-13)、式(5-14)可推导得到 t 统计量的极限分布为:

$$t = \frac{\hat{\rho}-\rho}{\hat{\sigma}_{\hat{\rho}}} = \frac{T(\hat{\rho}-1)}{(T^2\hat{\sigma}_{\hat{\rho}}^2)^2} \Rightarrow$$

$$\frac{\frac{1}{2}[W(1)^2-1] - W(1)\int_0^1 W(i)\mathrm{d}i}{\left\{\int_0^1 W(i)^2\mathrm{d}i - \left[\int_0^1 W(i)\mathrm{d}i\right]^2\right\}^{1/2}}\frac{\lambda}{\sqrt{\gamma_0}} + \frac{\frac{1}{2}(\lambda^2-\gamma_0)/\sqrt{\gamma_0}}{\lambda\left\{\int_0^1 W(i)^2\mathrm{d}i - \left[\int_0^1 W(i)\mathrm{d}i\right]^2\right\}^{1/2}} \quad (5-15)$$

对 t 统计量按 $\frac{\sqrt{\gamma_0}}{\lambda}t - \frac{\lambda^2-\gamma_0}{2\lambda}\frac{T\hat{\sigma}_{\hat{\rho}}}{s}$ 进行修正,可得到如下极限分布:

$$\frac{\sqrt{\gamma_0}}{\lambda}t - \frac{\lambda^2-\gamma_0}{2\lambda}\frac{T\hat{\sigma}_{\hat{\rho}}}{s} \Rightarrow \frac{\frac{1}{2}[W(1)^2-1] - W(1)\int_0^1 W(i)\mathrm{d}i}{\left\{\int_0^1 W(i)^2\mathrm{d}i - \left[\int_0^1 W(i)\mathrm{d}i\right]^2\right\}^{1/2}} \quad (5-16)$$

可见,修正后的统计量与 DF 式(5-2)假设情形具有相同的极限分布,因此在 PP 单位根检验过程中也可以使用 DF 检验的临界值表。然而,由于极限分布式(5-15)包含未

知参数 γ_0 和 λ，因此需要对它们展开识别估计。在实际应用过程中，PP 单位根检验的具体操作步骤如下：

第一步，用 OLS 法估计一阶自回归模型的参数估计值和残差序列。

第二步，计算残差的样本自协方差：$\hat{\gamma}_j = T^{-1} \sum_{t=j+1}^{T} \hat{\varepsilon}_t \hat{\varepsilon}_{t-j}, j = 0, 1, 2\cdots$，以及 $\lambda = \sigma\varphi(1)$ 的估计值 $\hat{\lambda}^2 = \hat{\gamma}_0 + 2\sum_{j=1}^{q}\left(1 - \frac{j}{q+1}\right)\hat{\gamma}_j$。其中，$q$ 的大小根据实际情况而定，若当从 h 阶后，$\hat{\gamma}_j$ 对 $\hat{\lambda}^2$ 的贡献可以忽略不计，则 q 等于 h，同时，Newey and West(1994)建议 q 取值为 3 或 4。

第三步，计算参数估计量 $\hat{\rho}$ 的标准差 $\hat{\sigma}_{\hat{\rho}}$ 和残差 ε_t 的估计方差 $s^2 = \frac{1}{T-2}\sum \hat{u}_t^2$。

第四步，将上述的计算结果代入统计量表达式 $Z_t = \frac{\sqrt{\gamma_0}}{\lambda}t - \frac{\lambda^2 - \gamma_0}{2\lambda}\frac{T\hat{\sigma}_{\hat{\rho}}}{s}$，并查临界值表，断定序列是否存在单位根。

例 5-3 运用 PP 检验法检验 1996 年第一季度至 2022 年第四季度的利率的平稳性。

PP 单位根检验结果如表 5-2 所示。

表 5-2　PP 单位根检验结果

变量	检验类型	t 统计量	P 值	带宽	平稳性
利率(i)	含截距项	−4.1173	0.0014***	3	平稳
	含截距项和时间趋势项	−3.4652	0.0485*	3	平稳
	不含截距项和时间趋势项	−3.7213	0.0003***	3	平稳

注：***、* 分别表示 1%、10% 的显著性水平拒绝原假设；检验中的带宽借鉴 Newey and West(1994)的选择。

根据表 5-2 的检验结果可知，在包括截距项、不含截距项和时间趋势项时，t 统计量小于 1% 临界值，因此在 1% 的显著性水平下拒绝原假设，是平稳时间序列；在含截距项和时间趋势项时，利率变量的显著性水平 $P = 0.0485 < 0.5$，在 10% 的显著性水平下拒绝原假设，是平稳时间序列。

4. ERS 检验

ERS-DFGLS 检验是 Elliott et al.(1996)提出的一种单位根检验方法，全称是使用广义最小二乘法去除趋势的检验，其检验过程与 ADF 检验及 PP 检验明显不同。在进行 ERS-DFGLS 检验时，先对数据进行准差分，然后利用准差分的数据对原数据去除趋势，最后利用不含截距项和时间趋势项的 ADF 检验对去除趋势后的数据进行单位根检验。首先，定

义 Y_t 的准差分形式为：

$$d(Y_t|a) = \begin{cases} Y_t, & t = 1 \\ Y_t - aY_{t-1}, & t > 1 \end{cases} \quad (5-17)$$

其中，a 是给定的一个点，ERS 检验 a 的取值为：

$$a = \begin{cases} 1 - 7/T, & x_t = \{1\} \\ 1 - 13.5/T, & x_t = \{1, t\} \end{cases} \quad (5-18)$$

其中，$x_t = \{1\}$ 表示常数项，$x_t = \{1, t\}$ 是含截距项和趋势项的两个变量。

其次，依据如下方程对差分数据进行 GLS 估计，即

$$d(Y_t|a) = d(Y_t|a)'\beta + e_t \quad (5-19)$$

其中，β 表示系数向量，e_t 为随机扰动项。接着，利用估计模型得到的回归参数得到去除趋势的变量：

$$y_t^d = y_t - x_t'\beta \quad (5-20)$$

最后，采用 ADF 检验的模型形式对 y_t^d 进行检验：

$$\Delta y_t^d = \rho y_{t-1}^d + \sum_{i=2}^{p} \varphi_i y_{t-(i-1)}^d + \varepsilon_t \quad (5-21)$$

其中，原假设是 $H_0: \rho = 0$，备择假设是 $H_1: \rho = a$，并可参照 ADF 的检验步骤断定序列是否存在单位根。

此外，ERS Point-Optimal 检验则需要利用以下模型估计得到残差：

$$\hat{E}_t(a) = d(Y_t|a) - d(Y_t|a)'\beta \quad (5-22)$$

求解得到式(5-22)的残差平方和 $SSR(a) = \sum \hat{E}_t^2(a)$，由此，Point-Optimal 检验统计量为：

$$P_T = \frac{SSR(a) - aSSR(1)}{f_0} \quad (5-23)$$

其中，f_0 是频率为 0 的残差谱估计，可以基于统计量 P_T 检验序列的平稳性。

例 5-4 运用 ERS 检验 1996 年第一季度至 2022 年第四季度的利率的平稳性。ERS-DFGLS 单位根检验结果如表 5-3 所示。

表 5-3 ERS-DFGLS 单位根检验结果

变量	检验类型	t 统计量	滞后期数	平稳性
利率(i)	含截距项	-0.2781	3	非平稳
	含截距项和时间趋势项	-1.2143	3	非平稳

根据表 5-3 的检验结果可知，在对原数据进行含截距项以及含截距项和时间趋势项检验时，t 统计量均大于 10% 临界值，因此不能拒绝原假设，表明该时间序列非平稳。

5. KPSS 检验

KPSS 检验由 Kwiatkowski et al.(1992)提出,它与以上几种检验方法最大的不同在于原假设是不存在单位根,即时间序列是平稳的,而备择假设是时间序列存在单位根。KPSS 检验是从待检验序列中剔除截距项和趋势项的序列 e_t 来构建 LM 统计量。令 $Y_t = \beta x_t + \varepsilon_t, Y_t = 0, e_t \sim \text{i.i.d}(0, \sigma_e^2)$。其中,$x_t$ 是外生变量序列,包含检验序列 Y_t 的截距项或截距项和趋势项,即 $x_t = \{1\}$ 表示常数项或 $x_t = \{1, t\}$ 包含截距项和趋势项两个变量。具体检验的过程为:①利用普通最小二乘法回归得到残差序列 $\hat{E}_t = Y_t - \hat{\beta} x_t$;②检验该残差是否存在单位根,以此断定序列是否有单位根。检验的 LM 统计量为:

$$\text{LM} = \frac{\sum_t S(t)^2}{T^2 f_0}, \quad S(t) = \sum_i^t \hat{E}_i \tag{5-24}$$

其中,f_0 是频率为 0 的残差谱估计,$S(t)$ 是累积残差函数。当 LM 统计量小于 3 个临界值时,拒绝原假设,即序列具有单位根;反之,当 LM 统计量大于或等于 3 个临界值时,则表明时间序列是平稳的。

例 5-5 利用 KPSS 检验 1996 年第一季度至 2022 年第四季度的利率的平稳性。

KPSS 单位根检验结果如表 5-4 所示。

表 5-4 KPSS 单位根检验结果[①]

变量	检验类型	LM 统计值	带宽	平稳性
利率(i)	含截距项	0.3872*	8	平稳
	含截距项和时间趋势项	0.1836**	8	平稳

注:*、**分别表示 10%、5%的显著性水平拒绝原假设;检验中的带宽根据 Newey and West(1994)选择。

根据表 5-4 的检验结果可知,在含截距项时,LM 统计量的检验值为 0.3872,大于 10%的临界值但小于 5%的临界值,因此在 5%的显著性水平下无法拒绝原假设,表明该序列在 5%显著性水平下是平稳时间序列;而在含截距项和时间趋势项时,LM 统计量的检验值为 0.1836,大于 5%的临界值但小于 1%的临界值,因此在 1%的显著性水平下无法拒绝原假设,表明该序列在 1%的显著性水平下是平稳时间序列。

6. NG 检验

NG 检验是 Ng and Perron(2001)提出的单位根检验方法,基于被检验序列 Y_t 的广义最小二乘退势序列 Δy_t^d 构造统计量来检验序列的平稳性。其构造的检验方程为:

---

① 本表的显著性判断标准来自 Kwiatkowski et al.(1992, Table 1),样本容量为 108 的 LM 在 1%、5%和 10%显著性水平下对应的临界值分别为 0.2160、0.1460 和 0.1190。

$$\Delta y_t^d = y_t - x_t'\beta \tag{5-25}$$

其中,参数符号的设定与其他检验方法相同。接着,给定参数计算公式:

$$\kappa = \frac{\sum_{t=2}^{T}(y_{t-1}^d)^2}{T^2} \tag{5-26}$$

最后,定义四个统计量用于检验序列的平稳性,具体如下:

$$MZ_\alpha = [T^{-1}(y_T^d)^2 - f_0]/2\kappa \tag{5-27}$$

$$MSB = (\kappa/f_0)^{0.5} \tag{5-28}$$

$$MZ_t = MZ_\alpha MSB \tag{5-29}$$

$$MP_t = \begin{cases} [\bar{c}^2\kappa - \bar{c}^2 T^{-1}(y_T^d)^2]/f_0, & x_t = \{1\} \\ [\bar{c}^2\kappa + (1-\bar{c})T^{-1}(y_T^d)^2]/f_0, & x_t = \{1,t\} \end{cases} \tag{5-30}$$

其中,f_0 是频率为 0 的残差谱估计,并且设定:$\bar{c} = \begin{cases} -7, & x_t = \{1\} \\ -13.5, & x_t = \{1,t\} \end{cases}$。依据四个统计量的实际估计数值与临界值作对比可以断定序列是否存在单位根。

例 5-6 利用 NG 检验 1996 年第一季度至 2022 年第四季度的利率的平稳性。

NG 单位根检验结果如表 5-5 所示。

表 5-5 NG 单位根检验结果

变量	检验类型	MZ_α	MSB	MZ_t	MP_t	滞后期数	平稳性
利率(i)	含截距项	0.3077	0.3577	1.1627	78.9443	0	非平稳
临界值	1%	−13.8	−2.58	0.174	1.78		
	5%	−8.1	−1.98	0.233	3.17		
	10%	−5.7	−1.62	0.275	4.45		
利率(i)	含截距项和时间趋势项	−1.0726	−0.6616	0.6168	71.9730	0	非平稳
临界值	1%	−23.8	−3.42	0.143	4.03		
	5%	−17.3	−2.91	0.168	5.48		
	10%	−14.2	−2.62	0.185	6.67		

根据表 5-5 的检验结果可知,四个统计量的数值均大于 10% 显著性水平的临界值,表明不论是只含截距项还是含截距项和时间趋势项,均无法拒绝存在单位根的原假设,由此说明变量是非平稳序列。

7. 断点单位根检验

传统单位根检验(ADF 和 PP)易把结构性突变的平稳序列误判为单位根变量。为此,接下来将介绍基于 Perron(2006)和 Carrion et al.(2009)的结构突变单位根(断点单位根)检验方法,并运用其对各变量进行平稳性检验。同时,我们考虑附加异常值(AO)和新息异常值(IO)两种突变模型。其中,AO 模型是基于瞬间突变,IO 模型则是基于渐进演变过程中状态切换的突变。包含水平和斜率双突变的两类模型如下。

$$\text{AO 模型:} Y_t = \mu + \gamma_1 T + \gamma_2 \text{DU}_t + \gamma_3 \text{DT}_t + \varepsilon_t \tag{5-31}$$

其中,Y_t 表示检验的序列变量,$\text{DU}_t = \begin{cases} 0, & T \leq T_B \\ 1, & T > T_B \end{cases}$,$\text{DT}_t = \begin{cases} 0, & T \leq T_B \\ T - T_B, & T > T_B \end{cases}$,且扰动项满足 $\varepsilon_t = \kappa \varepsilon_{t-1} + \iota_t$,$\iota_t$ 为白噪声序列。

$$\text{IO 模型:} Y_t = Y_{t-1} + \mu^* + c(L)[\gamma_2^* \text{DU}_t + \gamma_3^* D(T_B)_t + \varepsilon_t] \tag{5-32}$$

其中,T 表示时间趋势项,当 $T = T_B + 1$ 时,$D(T_B)_t = 1$,其他时刻 $D(T_B)_t = 0$。对于 AO 模型做单位根检验采取两步法:第一步对式(5-31)采用普通最小二乘法做退势处理,得到残差序列 $\{\widetilde{Y}_t\}$;第二步对残差序列做单位根检验。其检验模型为:

$$\widetilde{Y}_t = b_1 \widetilde{Y}_{t-1} + \sum_{i=0}^{l} b_i D(T_B)_{t-i} + \sum_{i=1}^{l} \vartheta_i \Delta \widetilde{Y}_{t-i} + \widetilde{\varepsilon}_t \tag{5-33}$$

对于 IO 模型,单位根检验模型为:

$$\Delta Y_t = b_0^* + b_1^* Y_{t-1} + b_2^* T + b_3^* \text{DU}_t + b_4^* \text{DT}_t + b_5^* D(T_B)_t + \sum_{i=1}^{l} \vartheta_i^* \Delta Y_{t-i} + \widetilde{\varepsilon}_t^* \tag{5-34}$$

与 Carrion et al.(2009)一致,我们将式(5-33)和式(5-34)的残差平方和最小的估计值作为突变时点。此时,模型检验的原假设是 $H_0: b_1 = 0$ 或 $H_0: b_1^* = 0$,即模型存在单位根;反之备择假设为 $H_1: b_1 < 0$ 或 $H_1: b_1^* < 0$,此时数据是有断点的平稳序列。

例 5-7 运用断点单位根检验 1996 年第一季度至 2022 年第四季度的利率的平稳性。

断点单位根检验结果如表 5-6 所示。

表 5-6 断点单位根检验结果

变量	检验类型	断点单位根检验:AO 模型			断点单位根检验:IO 模型		
		断点时刻	t 统计量	P 值	断点时刻	t 统计量	P 值
利率(i)	含截距项	1997Q3	−6.8845	<0.01	1997Q3	−6.9720	<0.01
	含截距项和时间趋势项	1997Q3	−6.2505	<0.01	1997Q3	−6.5229	<0.01

表 5-6 报告了 AO 模型和 IO 模型的内生结构性突变的单位根检验结果,由检验结果可知,在考虑内生结构性断点后,两种不同检验类型中四个统计量的检验结果均表明在

1%显著性水平下拒绝存在单位根的原假设,表明变量是平稳序列。

综上可知,多种检验方法得出的结果并不完全一致。因此,在检验过程中,我们可以使用几种方法互为补充,确定最终结果。

第二节 协整检验

本章第一节中主要介绍单位根检验,即时间序列的平稳性,但事实上,有一些时间序列自身是平稳的,而序列之间存在非常紧密的长期均衡关系。为了衡量序列之间是否存在长期均衡关系,Engle and Granger(1987)提出协整的概念。协整是指两个或多个变量之间存在长期的稳定关系。协整检验主要用来分析变量之间的长期均衡关系,若变量是协整的则不会产生伪回归结果,且变量间存在长期稳定关系。时间序列的协整检验主要有 Engle-Granger(EG)两步协整检验法和 Johansen 协整检验法。

一、Engle-Granger 两步协整检验法

Engle and Granger(1987)提出对回归方程的残差进行单位根检验的协整检验方法,其核心思想是,如果自变量和因变量之间存在协整关系,就是表明存在稳定的长期均衡关系。如果因变量能被自变量的某个线性组合解释,而不能被所有自变量解释的部分构成残差序列,则该残差序列应该是平稳序列。因此,检验自变量和因变量是否存在协整关系就可以等价于检验回归方程的残差序列是否平稳。

假设 $\{y_t\}$ 和 $\{R_t\}$ 是两个 $I(1)$ 的不平稳序列,这两个序列组合是协整的,用数学表达式可以写为:

$$y_t - \delta R_t \sim I(0) \qquad (5-35)$$

其中,δ 为协整系数。Engle-Granger 两步协整检验法的假设条件为:H_0 是回归残差序列非平稳,H_1 是回归残差序列平稳。

检验步骤如下:

第一步,建立回归方程,并得到残差。用 y_t 对 R_t 进行回归,并得到残差序列 ε_t。

第二步,对回归残差序列进行平稳性检验。通常采用 ADF 检验残差的平稳性,如果残差是平稳的,则说明 $\{y_t\}$ 和 $\{R_t\}$ 是协整的。

例 5-8 运用 EG 两步法检验 1996 年第一季度至 2023 年第一季度的产出缺口和利率是否存在协整关系。

第一步,建立回归方程 $y_t = \alpha + \beta i_t + \varepsilon_t$,并用 OLS 回归得到残差项。

第二步,对残差进行 ADF 单位根检验。在残差序列的 ADF 检验模型中,由于回归方程的残差和为 0,残差序列围绕均值上下波动,因此残差序列的 ADF 模型不含截距项和

时间趋势项。残差的 ADF 检验结果如表 5-7 所示。

表 5-7 残差 ADF 单位根检验结果

变量	检验类型	t 统计量	P 值	滞后期数	平稳性
ε	不含截距项和时间趋势项	−2.6445***	0.0085***	1	平稳

注：***表示 1%的显著性水平拒绝原假设；检验中的最优滞后期数根据 SIC 来确定。

根据表 5-7 的检验结果可知，残差序列的 P 值为 0.0085<0.01，表明残差序列在 1% 的显著性水平下是平稳的，因此产出缺口和利率之间存在协整关系。

二、Johansen 协整检验法

第二种常用的协整检验法是 Johansen 协整检验或者称 JJ 检验，是由 Johansen(1988) 以及 Johansen and Juselius(1990) 提出的运用向量自回归模型进行协整检验的方法。Johansen协整检验法适用于多变量的协整检验，与 Engle-Granger 两步协整检验法的区别在于：EG 两步法使用一元方程，而 Johansen 协整检验法使用多元方程，由此 Johansen 协整检验法受到的限制更小。

首先构建一个滞后 p 阶的向量自回归模型：

$$y_t = \alpha_1 y_{t-1} + \cdots + \alpha_p y_{t-p} + \beta \theta_t + \eta_t \tag{5-36}$$

其中，$y_t = (y_{1t}, y_{2t}, \cdots, y_{nt})^T$ 是 1 阶单整的，表明 y_t 是 $I(1)$ 的不平稳序列。θ_t 表示常数项、趋势项等，是一个外生向量。对式(5-36)进行差分可以得到：

$$\Delta y_t = \Psi y_{t-1} + \sum_{i=1}^{p-1} \Phi_i \Delta y_{t-i} + \beta \theta_t + \eta_t \tag{5-37}$$

其中，$\Psi = \sum_{i=1}^{p} \alpha_i - I, \Phi_i = -\sum_{j=i+1}^{p} \alpha_j$。

协整检验的核心思想是对矩阵 Ψ 的秩进行分析。从式(5-37)可以看出，Ψy_{t-1} 是 $I(0)$ 的向量，即只要 y_{t-1} 的各个分量之间是协整的，就能保证 Δy_t 是平稳过程。矩阵 Ψ 的秩 r 决定了 y_{t-1} 各个分量之间是否存在协整关系。同时，由于矩阵 Ψ 的秩等于其非零特征根的个数，因此通过检验矩阵 Ψ 的非零特征根的个数就能够确定协整关系。检验特征根的方法通常有两种，一种是迹检验，另一种是最大特征值检验。

1. 迹检验

矩阵 Ψ 的 n 个特征根由大到小排序为 $\lambda_1 > \lambda_2 > \cdots > \lambda_n$，$r$ 个最大特征根对应 r 个协整向量，而对于 $n-r$ 个非协整组合，$\lambda_{n+1}, \cdots, \lambda_n$ 的值为 0，由此可以得到迹检验的原假设和备择假设分别如下：

$$H_{r0}: \lambda_r > 0, \lambda_{r+1} = 0 ; H_{r1}: \lambda_{r+1} > 0, r = 0, 1, \cdots, n-1$$

原假设是有 r 个协整关系。

对应的检验统计量为：

$$\gamma_r = -T \sum_{i=r+1}^{n} \ln(1-\lambda_i), \quad r = 0,1,\cdots,n-1 \qquad (5\text{-}38)$$

其中，γ_r 是特征根迹统计量，服从 Johansen 分布。当 r 取值 $0,1,2,\cdots,n-1$ 时，可以对一系列特征根迹统计量 $\gamma_0,\gamma_1,\gamma_2,\cdots,\gamma_{n-1}$ 的显著性依次进行检验。当特征根迹统计量 γ_{r-1} 显著时，表明拒绝原假设，至少有 r 个协整向量，应继续对 γ_r 进行检验；当特征根迹统计量 γ_r 不显著时，表明存在 r 个协整向量，即存在 r 个协整关系。由此可见，迹检验是一系列复合检验，而非单一检验。

例 5-9 运用迹检验方法检验 1996 年第一季度至 2023 年第一季度的产出缺口、利率和 M2 增速是否存在协整关系，迹检验结果如表 5-8 所示。

表 5-8 迹检验结果

原假设：协整个数	特征根	迹统计量	5%临界值	P 值
None***	0.227312	38.0527	29.7971	0.0045
At most 1	0.079651	11.2331	15.4947	0.1976
At most 2	0.024699	2.6009	3.8415	0.1068

注：*** 表示 1% 的显著性水平拒绝原假设；检验中的最优滞后期数根据 SIC 来确定。

根据表 5-8 的估计结果可知，当原假设为没有协整关系时，特征根迹统计量为 38.0527，大于临界值 29.7971，因此在 5% 的统计水平下显著。当原假设为最多存在一个协整关系和最多存在两个协整关系时，特征根迹统计量均小于临界值，表明产出缺口、利率和 M2 增速仅存在一个协整关系。

2. 最大特征值检验

在 Johansen 协整检验法中还有一个常用的检验法是最大特征值检验，与迹检验法一样，最大特征值检验也是由一系列检验组成的复合检验。其原假设和备择假设分别如下。

$$H_{r0}: \lambda_{r+1} = 0; \quad H_1: \lambda_{r+1} > 0, \quad r = 0,1,\cdots,n-1$$

其对应的统计量为：

$$\eta_r = -T\ln(1-\lambda_{r+1}), \quad r = 0,1,\cdots,n-1 \qquad (5\text{-}39)$$

其中，η_r 为最大特征值统计量。在检验过程中也要依次检验 $\eta_0,\eta_1,\eta_2,\cdots,\eta_{n-1}$ 一系列最大特征值统计量的显著性，直到出现第一个不显著的最大特征值统计量 η_r，表明有 r 个协整向量。

例 5-10 运用最大特征值检验方法检验 1996 年第一季度至 2023 年第一季度的产出缺口、利率和 M2 增速是否存在协整关系,最大特征值检验结果如表 5-9 所示。

表 5-9 最大特征值检验结果

原假设:协整个数	特征根	迹统计量	5%临界值	P 值
None***	0.2273	26.8195	21.1316	0.0071
At most 1	0.0797	8.6322	14.2646	0.3180
At most 2	0.0247	2.6009	3.8415	0.1068

注:***表示 1%的显著性水平拒绝原假设。

根据表 5-9 的估计结果可知,Johansen 协整检验的特征根迹统计量在原假设为不存在协整关系时为 26.8195,大于临界值 21.1316,因此在 5%的显著性水平下拒绝原假设;当原假设为最多存在一个协整关系和最多存在两个协整关系时,特征根迹统计量均小于临界值,表明产出缺口、利率和 M2 增速仅存在一个协整关系。

第三节 协整估计:DOLS 方法和 FMOLS 方法

本章第二节详细介绍了协整检验法,用于检验变量之间是否存在协整关系。在检验变量之间的协整关系之后,就要估计协整方程。事实上,Johansen 协整检验法也提供了协整方程估计结果,它最常用的协整估计方法是普通最小二乘法(OLS);然而,该方法也有一定的缺陷,比如当解释变量内生或者误差项序列相关时,OLS 估计出的参数是有偏的,是由内生偏误和非中心偏误组成的二阶偏误。为了解决 OLS 参数估计导致的问题,Phillips and Hansen(1990)用非参数方法对 OLS 估计量进行修正,即完全修正普通最小二乘法(FMOLS);Stock and Watson(1993)则把 $I(1)$ 变量的一阶差分的领先项、滞后项作为解释变量对 OLS 估计量进行修正。研究表明,在大样本的情况下,完全修正普通最小二乘法(FMOLS)和动态 OLS(DOLS)估计法等价于完全信息的极大似然估计法(FIML),即 Johansen 协整估计。本节分别使用 FMOLS 和 DOLS 方法估计长期协整系数,以保证研究结论的稳健性和可靠性。

考虑如下回归模型:

$$\begin{aligned} y_t &= \prod{'} x_t + u_t \\ x_t &= x_{t-1} + v_t \end{aligned} \tag{5-40}$$

其中,$\prod{'}$ 表示协整系数,u_t 和 v_t 分别表示各方程的回归残差。研究表明,当 u_t 与 v_t

相关时,该模型估计得出的协整系数 $\prod'$ 为渐近有偏且非有效。为了有效解决该问题,Phillips and Hansen(1990)基于半参数两阶段估计法校正扰动项的内生性和序列相关性,从而获得协整系数的渐近最优估计量以及完全修正的 t 统计量和 Wald 统计量(Hansen,1992)。

定义 $w_{it} = (\mu_{it}, \varepsilon')'$,Phillips and Hansen(1990)建议对 $\hat{w}_t$ 建立 Var(1)模型:$\hat{w}_t = \varphi \hat{w}_{t-1} + \hat{E}_t$,并通过核函数(Kernel Function)估计可获取 w_{it} 的自协方差和长期方差矩阵的一致估计量 $\hat{\sum}$ 和 $\hat{\Omega}$ 为:

$$\hat{\sum} = (I - \hat{\varphi})^{-1} \hat{\sum}_e (I - \hat{\varphi}')^{-1} - (I - \hat{\varphi})^{-1} \hat{\varphi} \hat{\Lambda} \tag{5-41}$$

$$\hat{\Omega} = (I - \hat{\varphi})^{-1} \hat{\Omega}_e (I - \hat{\varphi}')^{-1} \tag{5-42}$$

其中,$\hat{\Lambda} = (1/n) \sum_{i=1}^{n} \hat{W}_t \hat{W}_t'$,$\hat{\sum}_e = \sum_{j=0}^{n} W(j/M) \frac{1}{n} \sum_{t=j+1}^{n} \hat{E}_{t-j} \hat{E}_t'$

$\hat{\Omega}_e = \sum_{j=-n}^{n} W(j/M) \frac{1}{n} \sum_{t=j+1}^{n} \hat{E}_{t-j} \hat{E}_t'$,且 $W(\cdot)$ 为核函数,并提供 Quadratic Spectral(二次谱核)、Parzen9(帕仁核)和 Bartlett(三角核)三种不同核函数选择的估计方法,M 为带宽。通过构造校正因子的方法,可获得校正偏差后的因变量(Transformed Dependent Variable)为:

$$y_t^+ = y_t - \hat{\Omega}_{12} \hat{\Omega}_{22}^{-1} \hat{u}_{2t} \tag{5-43}$$

此时 FMOLS 估计量为:

$$\hat{\beta}_{FM} = \left\{ \sum_{t=1}^{n} \left[y_t^+ x_t' - \left(0 \quad \hat{\sum}_{21}^+ \right) \right] \right\} \left(\sum_{t=1}^{n} x_t x_t' \right)^{-1} \tag{5-44}$$

其中,$\hat{\sum}_{21}^+ = \hat{\sum}_{21} - \hat{\sum}_{22} \hat{\Omega}_{22}^{-1} \hat{\Omega}_{21}$,$\hat{\Omega}_{1.2} = \hat{\Omega}_{11} - \hat{\Omega}_{12} \hat{\Omega}_{22}^{-1} \hat{\Omega}_{21}$。

Stock and Watson(1993)提出的 DOLS 估计方法是在原模型基础上增加回归元 Δx_t 的领先项、滞后项,以获取长期协整系数的超一致估计量,其估计模型如下:

$$y_t = \prod' x_t + \sum_{|k| \leq p} \prod_k' \Delta x_{t-p} + \eta_{pt} \tag{5-45}$$

其中,$\eta_{pt} = \eta_t + \sum_{|k| > p} \prod_k' \Delta x_{t-k}$,$p$ 为领先阶数、滞后阶数,可使用 AIC 准则取得,$\prod_k'(-p, \cdots, -2, -1, 0, 1, 2, \cdots, p)$ 为协整误差项 η_{pt} 对滞后、当期和领先 Δx_t 的最小二乘投影系数,矩阵系数 $\prod'$ 为最小二乘估计系数。Stock and Watson(1993)的研究表明:当扰动项存在自相关以及扰动项与自变量相关时,在原模型的基础上增加自变量一阶差分的领先项、滞后项,DOLS 估计可获得长期协整系数的超一致估计量:长期协整系数经加权调整后的 t 统计量与 Wald 统计量同样具有近似的标准正态分布和卡方分布,其中 t

统计量和 Wald 统计量的加权调整系数分别为 $(s/\hat{\lambda})$ 和 $(s/\hat{\lambda})^2$ ①。

例 5-11 运用 DOLS 和 FMOLS 方法估计 1996 年第一季度至 2023 年第一季度的产出缺口和通货膨胀的协整方程。

首先用 ADF 检验对产出缺口和通货膨胀进行单位根检验，检验其平稳性，结果如表 5-10 所示。

表 5-10 ADF 检验结果

变量	ADF 统计量	5%显著性水平	P 值	平稳性
产出缺口	-5.4457***	-3.4520	0.0001	平稳
通货膨胀	-3.9333**	-3.4540	0.0140	平稳

注：ADF 检验含截距项和趋势项；***、**分别表示 1%、5% 的显著性水平拒绝原假设。

从表 5-10 的估计结果可知，产出缺口和通货膨胀的单位根检验结果表明产出缺口和通货膨胀都是平稳的，即 1996 年第一季度至 2023 年第一季度产出缺口和通货膨胀都是 $I(1)$ 的过程。接下来我们对该序列进行协整检验，VAR 模型最佳滞后期选择如表 5-11 所示。

表 5-11 VAR 模型最佳滞后期选择

Lag	LogL	LR	FPE	AIC	SC	HQ
0	-422.2217	NA	15.2515	8.4004	8.4522	8.4214
1	-323.8061	190.9846	2.3516	6.5308	6.6862	6.5937
2	-309.3694	27.4441	1.9128	6.3241	6.5831*	6.4290
3	-303.1244	11.6244	1.8301	6.2797	6.6422	6.4264*
4	-302.264	1.5675	1.9485	6.3419	6.8079	6.5305
5	-294.1761	14.4140	1.7984	6.2609	6.8305	6.4915
6	-288.1845	10.4408*	1.7308*	6.2215*	6.8947	6.4940

注：*表示 10% 的显著性水平拒绝原假设。

根据表 5-11 的估计结果可知，选取 5 个检验准则最小值数量最多的阶数即为模型

---

① 其中，S 为式 (5-40) OLS 估计的回归标准差，$\hat{\lambda}$ 通过以下过程构造：令 $\hat{\varepsilon}_t$ 是式 (5-12) OLS 估计的残差，$\hat{\varepsilon}_t$ 的 AR(p) 过程是 $\hat{\varepsilon}_t = \rho_1 \hat{\varepsilon}_{t-1} + \rho_2 \hat{\varepsilon}_{t-2} + \cdots + \rho_p \hat{\varepsilon}_{t-p} + e_t$，其中 $t = p+1, \cdots, T$，并使用 AIC 确定可能的滞后阶数，令 $\hat{\sigma}^2 = \dfrac{1}{T-p} \sum_{t=p+1}^{T} \hat{e}_t^2$，则 $\hat{\lambda}^2 = \dfrac{\hat{\sigma}^2}{(1 - \hat{\rho}_1 - \cdots - \hat{\rho}_p)^2}$。

的滞后阶数,因此 VAR 的最大滞后阶数为 6,即协整检验最佳滞后期数为 5。Johansen 协整检验结果如表 5-12 所示。

表 5-12 Johansen 协整检验结果

原假设:协整个数	特征根	最大迹统计量	5%临界值	P 值最大
None ***	0.1940	22.2185	14.2646	0.0023
At most 1 ***	0.1365	15.1137	3.8415	0.0001

注:*** 表示 1% 的显著性水平拒绝原假设。

根据表 5-12 的估计结果可知,Johansen 协整检验在原假设为不存在协整关系和最多存在一个协整关系时,特征根迹统计量均大于 5% 的临界值,表明在 5% 的显著性水平拒绝原假设。因此,产出缺口和通货膨胀存在协整方程,说明它们之间存在长期稳定的均衡关系。进一步使用 DOLS 和 FMOLS 方法估计其协整参数。

产出缺口和通货膨胀协整关系的估计如表 5-13 所示。

表 5-13 产出缺口和通货膨胀协整关系的估计

估计方法	系数	标准误	t 统计量	P 值
FMOLS	0.2019*	0.1209	1.6695	0.0980
DOLS	0.2979*	0.1531	1.9455	0.0545

注:* 表示 10% 的显著性水平拒绝原假设。

根据表 5-13 的估计结果可以发现,DOLS 和 FMOLS 方法估计出的结果比较接近,表明估计结果稳健;并且 DOLS 和 FMOLS 估计出的 P 值都小于 0.1,表明在 10% 的显著性水平下不能拒绝原假设,且 t 统计量均在 10% 的显著性水平拒绝原假设。由估计结果可知,通货膨胀对产出缺口的影响效应显著为 0.2019(FMOLS)和 0.2979(DOLS),这表明通货膨胀会显著导致产出缺口增大,即经济扩张。

第四节 自回归分布滞后模型

自回归分布滞后(Auto Regressive Distributed Lag,ARDL)模型是采用标准最小二乘法估计的模型,其主要思想是通过边界检验法确定变量间是否存在协整关系,并在此基础上估计变量间的相关系数。ARDL 模型由 Charemza and Deadman(1992)提出,后经 Pesaran et al.(2001)完善和推广,作为检验变量之间协整关系的方法受到学者的欢迎。ARDL 模型能克服常用计量模型对于利率时间序列平稳性或同阶单整较高的要求。其具体操作步骤如下:

第一步是运用单位根检验法检验时序变量的平稳性,确定序列单整阶数,变量符合零阶单整 I(0) 或一阶单整 I(1),则可以进一步建模。

第二步是构建 ARDL 模型,基本表达式如下:

$$A_t = \alpha_1 + \sum_{i=1}^{k} \beta_{1i} A_{t-i} + \sum_{j=1}^{n} \gamma_{1j} B_{t-j} + \varepsilon_{1t} \tag{5-46}$$

$$B_t = \alpha_2 + \sum_{i=1}^{l} \beta_{2i} B_{t-i} + \sum_{j=1}^{m} \gamma_{2j} A_{i-j} + \varepsilon_{2t} \tag{5-47}$$

模型中既包括自变量的当期值和若干滞后值,还含有因变量的滞后值。在式(5-46)中,α_1 为截距项;β_{1i} 代表第 $t-i$ 期 A_{t-i} 对第 t 期 A_t 变量的影响程度,其绝对值衡量该指标在波动过程中表现的惯性大小;ε_{1t} 为随机扰动项;k 和 n 分别是最大滞后期数。类似地,在式(5-47)中,α_2 为截距项;β_{2i} 代表第 $t-i$ 期 B_{t-i} 对第 t 期 B_t 变量的影响程度,其绝对值衡量该指标在波动过程中表现的惯性大小;γ_{2j} 代表第 $t-j$ 期 A_{i-j} 对第 t 期 B_t 变量的影响程度;ε_{2t} 为随机扰动项;l 和 m 分别是最大滞后期数。综上所述,以上两个联立方程能较完整地估计两个指标的传导机制。

区别于传统的协整检验模型,ARDL 模型的优势体现在:①ARDL 边限协整方法相较于标准的协整检验,不要求变量必须是同阶单整,即不管变量是 $I(0)$ 还是 $I(1)$ 抑或两者兼具,均可以用边限检验变量之间长期的关系,对变量的平稳性要求不高;②当时间序列样本量较少时,ARDL 模型依然能保持较精确的估计结果,并且不用区分内生变量和外生变量,对样本容量的要求不高;③能够通过估计自变量与因变量的滞后项回归系数,研究因变量的影响因素,而且也能通过建立联立的 ARDL 方程研究两变量的相互影响关系,更加直观、全面地观察到两个变量的交互关系。

例 5-12 运用自回归分布滞后(ARDL)模型对经济增速和通货膨胀进行相关性分析,样本选择 1996 年第一季度至 2023 年第一季度的季度数据。经济增速时间序列难以保证平稳或者同阶单整,ARDL 不需要模型估计中的所有变量均为同阶平稳,即不管变量是否同阶单整,都可以用边限协整检验变量之间的协整关系。

(1)单位根检验。虽然 ARDL 边限协整检验不要求变量必须同阶单整或全部平稳,但也要求对回归变量做体验,以判断其是否符合 $I(0)$ 或 $I(1)$ 过程,所以第一步应对各个变量进行平稳性检验。这里采用 ADF 法对经济增速和通货膨胀两个变量进行单位根检验,结果如表 5-14 所示。

表 5-14 变量的单位根检验结果

变量	ADF 统计量	5%显著性水平	P 值	平稳性
经济增速	−5.2551***	−3.452	0.000	平稳
通货膨胀	−3.9333**	−3.454	0.014	平稳

注:ADF 检验带截距项和趋势项;**、***分别表示 5%、1%的显著性水平拒绝原假设。

由表 5-14 可以看出,在整个样本区间内,经济增速和通货膨胀均是零阶单整的,分别在 1% 和 5% 水平上高度显著,表明在 1% 的显著性水平上通货膨胀和经济增长存在不同阶协整关系,故可以采用自回归分布滞后模型(ARDL)。事实上,对于 ARDL 模型,不管回归变量是不是一阶单整或平稳都可以进行检验和估计,但是在进行标准的协整分析前,必须把变量分类成 $I(0)$ 和 $I(1)$ 过程。

(2) ARDL 边限协整检验。① 如果样本是非平稳序列的子样本区间内的变量组,还需要检验变量之间是否存在长期平稳的关系。本节案例中的变量均是平稳的,但鉴于实证操作的完整性,这里再运用 ARDL 边限协整检验法考察变量组是否存在长期平稳关系,计算相应的 F 统计量的值并据此判断变量间的协整关系。滞后阶数通过 AIC 信息准则和 SC 信息准则确定,设置最大滞后阶数为 4,结果显示:当经济增速为被解释变量时,经济增速最大滞后两阶,而通货膨胀滞后零阶,即模型形式为 ARDL(2,0);当通货膨胀为被解释变量时,根据 AIC 准则选择通货膨胀最大滞后三阶,经济增速滞后四阶,即模型形式为 ARDL(3,4)。

表 5-15 展示了两种变量 $I(0)$ 过程分别在 10%、5% 和 1% 的显著性水平下成对出现的 F 统计量的临界值。F 统计量边限检验的原假设是无协整关系,若样本 F 统计量的值大于给出的临界值则拒绝原假设,表明变量间存在长期协整关系;否则,表明变量间不存在协整关系。由表 5-15 的检验结果可知,当经济增速为被解释变量时,F 统计量的值为 6.4287,大于显著性水平为 5% 的临界值,表明在 5% 的显著性水平下变量之间存在长期协整关系。当通货膨胀为被解释变量时,F 统计量的值为 13.1761,大于显著性水平为 1% 的临界值,表明在 1% 的显著性水平下通货膨胀和经济增速之间也存在长期协整关系,代表两者之间有长期均衡关系。综上,本节认为不会出现伪回归情况,回归方程有一定意义,可以继续实证分析。

表 5-15 ARDL 边限协整检验结果

	10%	5%	1%
临界值	4.1350	5.0600	7.0950
F 统计量 经济增速	6.4287		
F 统计量 通货膨胀	13.1761		

注:各显著性水平临界值按样本容量 $n=109$ 选取。

由表 5-16 可知,当经济增速为被解释变量时,滞后一阶和滞后两阶的经济增速影响系数分别为 0.5734 和 0.1897 且均显著,表明经济增速在波动过程中受前一期和前两期经济增速的正向影响,存在较强的惯性作用,但作用强度逐渐递减。通货膨胀系数

---

① 读者可选择不同阶变量,如部分为 $I(0)$ 过程,部分为 $I(1)$ 过程,开展 ARDL 检验,该方法特别是适用于估计不同阶的协整关系。

为-0.1337但并不显著,表明当期通货膨胀很难在统计意义上解释对经济增长状况产生解释效用。

表 5-16　ARDL 回归检验结果

经济增速			通货膨胀		
变量	系数	标准差	变量	系数	标准差
L.经济增速	0.5734***	0.0967	L.通货膨胀	1.1823***	0.0970
L2.经济增速	0.1897*	0.1000	L2.通货膨胀	-0.1274	0.1510
通货膨胀	-0.1337	0.1096	L3.通货膨胀	-0.2615***	0.0903
			经济增速	0.0016	0.0324
			L.经济增速	0.1280***	0.0369
			L2.经济增速	-0.0873**	0.0382
			L3.经济增速	0.0724*	0.0394
			L4.经济增速	-0.0578	0.0350
常数项	2.2204***	0.7137	常数项	-0.0751	0.2770
Adj R^2	0.4543		Adj R^2	0.8697	

注:***、**、*分别表示1%、5%、10%的显著性水平;L.代表滞后一阶,L2.代表滞后两阶,L3.代表滞后三阶,L4.代表滞后四阶。

当通货膨胀为被解释变量时,滞后1—3阶的通货膨胀影响系数分别为1.1823、-0.1274和-0.2615,且滞后一期和滞后三期的均在1%水平上显著,滞后两期的不显著,说明物价水平在波动过程中短期有较强的惯性作用,但中期不明显,长期内存在一定程度的反向周期性调整。当期的经济增速系数不显著,经济增速滞后1—3阶的系数分别为0.1280、-0.0873和0.0724且均显著,表明我国当期通货膨胀很难在统计意义上解释经济增长状况。

综上所述,经济增长和通货膨胀存在较强的相关性,经济增速对通货膨胀具有较强的持续性解释和预测能力,但通货膨胀对经济增速无显著的解释和预测能力,说明经济发展平稳运行是物价稳定的前提。

第五节　非平稳序列建模:误差修正模型

协整反映变量间的长期均衡关系,通过协整建立的模型仅是静态模型,尚未考虑动态关系。Davidson et al.(1978)提出误差修正模型,也称DHSY模型。DHSY模型主要用于判断变量在短期波动中偏离其长期均衡关系的程度,通过建立短期动态模型来弥补长期静态模型的不足。因此,如果非平稳的时间序列存在协整关系,可以采用误差修正模型描述由短期波动向长期均衡调整的过程。误差修正模型主要有单方程和多方程两种形式。

一、单方程的误差修正模型

首先,构建(1,1)阶自回归分布滞后模型:

$$y_t = \alpha_0 + \alpha_1 x_t + \alpha_2 y_{t-1} + \alpha_3 x_{t-1} + \varepsilon_t \tag{5-48}$$

其中,$\varepsilon_t \sim$ i.i.d. $N(0, \sigma^2)$。

对式(5-48)进一步处理可以得到:

$$\begin{aligned}\Delta y_t &= \alpha_0 + \alpha_1 \Delta x_t + (\alpha_2 - 1)y_{t-1} + \alpha_3 x_{t-1} + \alpha_1 x_{t-1} + \varepsilon_t \\ &= \alpha_0 + \alpha_1 \Delta x_t + (\alpha_2 - 1)\left(y_{t-1} - \frac{\alpha_1 + \alpha_3}{1 - \alpha_2}x_{t-1}\right) + \varepsilon_t\end{aligned} \tag{5-49}$$

式(5-49)即为误差修正模型。其中,$y - \frac{\alpha_1 + \alpha_3}{1 - \alpha_2}x$ 是误差修正项。

由此,误差修正模型可进一步写为:

$$\Delta y_t = \alpha_0 + \alpha_1 \Delta x_t + \gamma \text{ecm}_{t-1} + \varepsilon_t \tag{5-50}$$

其中,ecm 为误差修正项。

由式(5-50)可以发现,y_t 的短期波动 Δy_t 主要受到短期波动和长期均衡两个因素的影响:第一个是受到自变量 x_t 的短期波动 Δx_t 的影响;第二个是受到误差修正项长期均衡 ecm 的影响。假定 y_t 和 x_t 存在长期均衡关系 $\bar{y} = \vartheta \bar{x}$,其中 $\vartheta = \frac{\alpha_1 + \alpha_3}{1 - \alpha_2}$,那么误差修正项可以写为 $y_{t-1} - \vartheta x_{t-1}$,反映的是 y_{t-1} 在 $t-1$ 时刻关于 x_{t-1} 的短期偏离。通常 $|\alpha_2| < 1$,因此误差修正项的系数 $\gamma = (\alpha_2 - 1) < 0$ 称为调整系数,反映的是 y_{t-1} 对 ϑx_{t-1} 在 $t-1$ 时刻偏差的调整速度。由此可见,误差修正模型不仅可用于研究变量间的短期动态特征,还可用于研究长期静态特征,二者结合更有利于对变量关系进行分析。

二、多方程的误差修正模型

由单一方程可以发现,只要变量之间存在协整关系,自回归分布滞后模型就可以导出误差修正模型。多方程的误差修正模型也被称为向量误差修正模型。在向量自回归模型中,方程均为自回归分布滞后模型,因此向量误差修正模型也可看作含有协整约束的向量自回归模型。

假设向量 y_t 的 n 个分量之间存在协整关系,不包括外生变量的式(5-37)可以写为:

$$\Delta y_t = \Psi y_{t-1} + \sum_{i=1}^{p-1} \Phi_i \Delta y_{t-i} + \eta_t \tag{5-51}$$

其中,矩阵 Ψ 可以分解为 $n \times r$ 阶矩阵 ϖ 和 φ 的乘积,因此,矩阵 Ψ 可以写为 $\Psi = \varpi \varphi^T$,其中 ϖ 和 φ 的秩均为 r,因此 $\Psi y_{t-1} = \varpi \varphi^T y_{t-1}$。

式(5-51)可以写为:

$$\Delta y_t = \varpi\,\varphi^T y_{t-1} + \sum_{i=1}^{p-1} \Phi_i \Delta y_{t-i} + \eta_t \tag{5-52}$$

式(5-52)的每个方程的误差项都是平稳的,可以表示为:

$$\Delta y_t = \varpi\, \mathrm{ecm}_{t-1} + \sum_{i=1}^{p-1} \Phi_i \Delta y_{t-i} + \eta_t \tag{5-53}$$

因此,式(5-53)的每个方程都是一个单一方程的误差修正模型。其中,$\mathrm{ecm}_{t-1} = \varphi^T y_{t-1}$ 表示误差修正项,反映相关变量的关系偏离长期均衡状态对短期波动的影响;系数 ϖ 表示变量间的短期波动偏离长期均衡状态时调整到均衡状态的速度;所有自变量差分项的系数表示各自变量短期波动对因变量短期变化的影响方向和程度。

例 5-13 利用误差修正模型估计 1996 年第一季度至 2023 年第一季度的产出缺口和利率的关系。

首先采用迹检验方法检验产出缺口和利率是否存在协整关系,迹检验结果如表 5-17 所示。

表 5-17 迹检验结果

原假设:协整个数	特征根	最大迹统计量	5%临界值	P 值
None ***	0.2158	32.1467	15.4947	0.0001
At most 1 ***	0.0639	6.8662	3.8415	0.0088

注:*** 表示 1%的显著性水平拒绝原假设。

根据表 5-17 的估计结果可知,在原假设为没有协整关系时,特征根迹统计量为 32.1467,大于临界值 15.4947;当原假设为最多存在一个协整关系时,特征根迹统计量也大于其临界值;二者均为 5%的显著性水平,表明产出缺口和利率存在协整关系。

因此,产出缺口和利率具有长期稳定的均衡关系,可以构建误差修正模型:

$$\Delta y_t = \sum_{i=1}^{k} \alpha_{i1} \Delta y_{t-i} + \sum_{i=1}^{k} \alpha_{i2} \Delta i_{t-i} + \gamma\,\mathrm{ecm}_{t-1} + \varepsilon_t$$

根据表 5-18 的误差修正模型估计结果可知,误差修正项的 $P<0.05$,表明在 5%的统计水平下显著,说明系统有自我修正的能力;其系数值为 -1.1488,表明当短期波动偏离长期均衡时,将以 1.1488 的调整速度将其从非均衡状态调整至均衡状态。同时,产出缺口在短期将受到其滞后 1—2 期的正向冲击,且正向冲击作用较明显,但从其系数变化能够发现,随着滞后期增大,其冲击作用逐渐减小;同时,滞后一期的利率在短期对产出缺口的冲击作用不明显。

表 5-18 误差修正模型估计结果

变量	系数	标准误	t 统计量	P 值
ecm_{t-1}	-1.1488***	0.2328	-4.9355	0.0000
Δy_{t-1}	0.6922***	0.2131	3.2478	0.0016

（续表）

变量	系数	标准误	t 统计量	P 值
Δy_{t-2}	0.1747*	0.0976	1.7899	0.0764
Δi_{t-1}	−0.1232	0.1637	−0.7528	0.4533

注：*、***分别表示10%、1%的显著性水平拒绝原假设。

本章小结

本章主要介绍了协整与误差修正模型。首先介绍了检验时间序列的平稳性检验，主要包括图形分析法和假设检验法，具体介绍了假设检验法中的 DF 检验、ADF 检验、ERS 检验、PP 检验、KPSS 检验、NG 检验以及断点单位根检验等七种方法及其应用。接着，本章介绍了衡量变量间关系的协整检验方法，主要有 Engle-Granger 两步协整检验法和 Johansen 协整检验法。在对变量关系进行检验之后，本章进一步详细分析了协整方程估计方法及其应用，具体包括 DOLS 方法、FMOLS 方法、自回归分布滞后模型以及误差修正模型。

课后习题

1. 简要说明 ADF 检验、PP 检验、DF-GLS 检验、KPSS 检验、NG 检验以及断点单位根检验等七种单位根检验方法的优劣。

2. 使用第 1 题中的七种方法检验 1996 年第一季度至 2023 年第一季度的产出缺口的平稳性。

3. 使用 EG 两步法检验任选两个变量是否存在协整关系。

4. 使用迹检验和最大特征值检验来检验任选两个变量是否存在协整关系。

5. 应用 DOLS 和 FMOLS 估计任选两个变量之间的协整关系。

6. 简述 ARDL 模型中包含的滞后项。

7. 简述 ARDL 模型的优势。

8. 使用 ARDL 模型、误差修正模型识别任选三个变量之间的协整关系。

主要参考文献

[1] Carrion J L, Kim D, and Perron P. GLS-based unit root tests with multiple structural breaks under both the null and the alternative hypotheses[J]. Econometric Theory, 2009, 25: 1754-1792.

[2] Charemza W W, and Deadman D F. New Directions in Econometric Practice: General to Specific Modelling, Cointegration and Vector Autoregression[M]. Cheltenham: Edward Elgar, 1992.

[3] Davidson J E, Hendry D F, Srba F, et al. Econometric modelling of the aggregate time-series relationship between consumers [J]. Expenditure and Income in the United Kingdom, The Economic Journal,

1978, 88: 661-692.

[4] Dickey D A, and Fuller W A. Distribution of the estimators for autoregressive time series with a unit root[J]. Journal of the American Statistical Association, 1979, 74(336): 427-431.

[5] Elliott G, Rothenberg T J, and Stock J. Efficient tests for an autoregressive unit root[J]. Econometrica, 1996, 64(4): 813-836.

[6] Engle R F, and Granger C W J. Co-integration and error correction: Representation, estimation, and testing [J]. Econometrica, 1987, 55(2): 251-276.

[7] Hamilton J D. Time Series Analysis [M]. Princeton: Princeton University Press, 1994.

[8] Hansen B E. Tests for parameter instability in regressions with I(1) processes[J]. Journal of Business and Economic Statistics, 1992, 10: 321-335.

[9] James G. MacKinnon. Approximate asymptotic distribution functions for unit-root and cointegration tests [J]. Journal of Business & Economic Statistics, 1994, 12: 167-176.

[10] Johansen S, and Juselius K. Maximum likelihood estimation and inference on cointegration with applications to the demand for money[J]. Oxford Bulletin of Economics and Statistics, 1990, 52(2): 169-210.

[11] Johansen S. Statistical analysis of cointegration vectors [J]. Journal of Economic Dynamics and Control, 1988, 12(2-3): 231-254.

[12] Kwiatkowski D, Phillips P C B, and Schmidt P. Testing the null hypothesis of stationarity against the alternative of a unit root: How sure are we that economic time series have a unit root[J]. Journal of Econometrics, 1992, 54(1-3): 159-178.

[13] Mackinnon, J G. Approximate asymptotic distribution functions for unit-root and cointegration tests[J]. Journal of Business and Economic Statistics 1994, 12: 167-176.

[14] Newey W, and West K. Automatic lag selection in covariance matrix estimation [J]. Review of Economic Studies, 1994, 61: 631-653.

[15] Ng S, and Perron P. Lag length selection and the construction of unit root tests with good size and power [J]. Econometrica, 2001, 69: 1529-1554.

[16] Perron P. Dealing with structural breaks[J]. Palgrave Handbook of Econometrics, 2006, 1: 278-352.

[17] Pesaran M H, Shin Y, and Smith R J. Bounds testing approaches to the analysis of level relationships [J]. Journal of Applied Econometrics, 2001, 16(3): 289-326.

[18] Phillips P, and Hansen B E. Statistics inference in instrumental variables with I(1) processes[J]. Review of Economic Studies, 1990, 57: 99-124.

[19] Phillips P C B, and Perron P. Testing for a unit root in time series regression [J]. Biometrika, 1988, 75: 335-346.

[20] Stock J H, and Watson M W A. Simple estimator of co-integrating vectors in higher order integrated systems [J]. Econometrica, 1993, 61: 783-820.

[21] Tsay R S. Analysis of Financial Time Series. 3rd Edition [M]. New Jersey: John Wiley & Sons, Inc., 2010.

第二篇
多元方程建模

第六章　多元方程建模：向量自回归模型

第七章　扩展向量自回归模型族

第八章　非线性向量自回归模型族

第九章　时变参数向量自回归模型族

第十章　动态随机一般均衡：向量自回归模型

第六章

多元方程建模：向量自回归模型

阅读指引

向量自回归模型由 Sims(1980)提出,在描述向量时间序列过程中,向量自回归对于估计和预测都是十分方便的,也是金融计量中多元方程建模的一个重要分支。本章首先介绍了向量自回归(VAR)模型,在此基础上,介绍了 VAR 模型的估计方法,包括最小二乘法和极大似然估计法。接着,进一步讲解了格兰杰因果关系的概念及其计量检验方法。最后介绍了两种脉冲响应函数和方差分解方法,两者有助于识别 VAR 模型中变量之间的动态关系。

第一节 向量自回归模型介绍

向量自回归(Vector Auto Regressive，VAR)模型是资产收益率多元建模时最常用的模型。VAR 模型有诸多优点,比如不带有任何事先约束条件,而且估计相对容易,不论采用最小二乘法还是极大似然法都可以得到封闭解。VAR 模型将每一个因变量的滞后期作为自变量构建多元模型系统,从而将单变量自回归模型推广到由多元时间序列变量组成的向量自回归模型。

一、VAR(1)模型

首先,对于一个 VAR(1)模型可设定如下:

$$Y_t = \varphi_0 + \varphi_1 Y_{t-1} + \varepsilon_t \tag{6-1}$$

以二元模型为例,式(6-1)可以改写为:

$$\begin{bmatrix} Y_{1t} \\ Y_{2t} \end{bmatrix} = \begin{bmatrix} \varphi_{10} \\ \varphi_{20} \end{bmatrix} + \begin{bmatrix} \varphi_{1,11} & \varphi_{1,12} \\ \varphi_{1,21} & \varphi_{1,22} \end{bmatrix} \begin{bmatrix} Y_{1,t-1} \\ Y_{2,t-1} \end{bmatrix} + \begin{bmatrix} \varepsilon_{1t} \\ \varepsilon_{2t} \end{bmatrix} \tag{6-2}$$

式(6-2)又等价于:

$$Y_{1t} = \varphi_{10} + \varphi_{1,11}Y_{1,t-1} + \varphi_{1,12}Y_{2,t-1} + \varepsilon_{1t}$$
$$Y_{2t} = \varphi_{20} + \varphi_{1,21}Y_{1,t-1} + \varphi_{1,22}Y_{2,t-1} + \varepsilon_{2t}$$
(6-3)

其中，φ_{i0} 是 φ_0 的第 i 个元素，$\varphi_{1,12}$ 表示当 $Y_{1,t-1}$ 存在时，Y_{1t} 对 $Y_{2,t-1}$ 的线性相依性。$\varphi_{1,21}$ 是在测量 $Y_{2,t-1}$ 是否存在时，Y_{2t} 与 $Y_{1,t-1}$ 的线性关系。

二、VAR(1)模型的平稳性条件和矩方程

假设式(6-1)的 VAR(1) 模型是弱平稳的，对其取期望，并且由 $E(\varepsilon_t) = 0$ 可得：

$$E(Y_t) = \varphi_0 + \varphi_1 E(Y_{t-1})$$
(6-4)

由于 $E(Y_t)$ 不随时间变化，假设矩阵 $I - \varphi_1$ 非奇异，则可得：

$$\mu \equiv E(Y_t) \equiv (I - \varphi_1)^{-1}\varphi_0$$
(6-5)

其中，I 是 $k \times k$ 单位矩阵。

利用 $\varphi_0 = (I - \varphi_1)\mu$，式(6-1)可写为：

$$(Y_t - \mu) = \varphi_1(Y_{t-1} - \mu) + \varepsilon_t$$
(6-6)

令 $\widetilde{Y}_t = Y_t - \mu$ 是均值修正后的时间序列，则 VAR(1) 模型可改写为：

$$\widetilde{Y}_t = \varphi_1 \widetilde{Y}_{t-1} + \varepsilon_t$$
(6-7)

根据该模型可推导出 VAR(1) 模型的性质，通过重复迭代，可以将式(6-6)改写为：

$$c = \varepsilon_t + \varphi_1 \varepsilon_{t-1} + \varphi_1^2 \varepsilon_{t-2} + \varphi_1^3 \varepsilon_{t-3} + \cdots$$
(6-8)

由此，可以得到 VAR(1) 的四个特征：

第一，因为 ε_t 不是序列相关的，所以 $\text{Cov}(\varepsilon_t, Y_{t-1}) = 0$。

第二，将式(6-7)右边乘 ε_t' 后取期望，并利用 ε_t 的不相关性，可以得到 $\text{Cov}(Y_t, \varepsilon_t) = \text{Cov}(\widetilde{Y}_t, \varepsilon_t) = \text{Var}(\varepsilon_t) = \sum$。

第三，φ_1 的所有特征值的模都小于 1 是 Y_t 弱平稳的充分必要条件。当 Y_t 服从 VAR(1)模型时，平稳性条件简化为 $|\varphi| < 1$。同时，由于 $|\lambda I - \varphi_1| = \lambda^k \left| I - \varphi_1 \dfrac{1}{\lambda} \right|$，因此，$Y_t$ 平稳的等价充要条件是行列式 $|\varphi(B)|$ 的所有解的绝对值都大于 1，即所有点在单位圆外。

第四，$\text{Cov}(Y_t) = \Psi_0 = \sum + \varphi_1 \sum \varphi_1' + \varphi_1^2 \sum (\varphi_1^2)' + \cdots = \sum_{i=0}^{\infty} \varphi_1^i \sum (\varphi_1^i)'$，其中，$\varphi_1^0 = I$，即 $k \times k$ 单位阵。

将式(6-7)两端乘以 $\widetilde{Y}_t'$ 后取期望，并且当 $\text{Cov}(\varepsilon_t, Y_{t-1}) = E(\varepsilon_t Y_{t-j}') = 0$ 时能够得到：

$$E(\widetilde{Y}_t \widetilde{Y}_{t-j}') = \varphi_1 E(\widetilde{Y}_{t-1} \widetilde{Y}_{t-j}'), l > 0$$
(6-9)

因此，有：

$$\Psi_l = \varphi_1 \Psi_{l-1}, l > 0$$
(6-10)

其中，Ψ_l 是 Y_t 的延迟为 l 的交叉-协方差矩阵。因此，该过程是 AR(1) 的推广。重复迭代式 (6-10)，可以得到：

$$\Psi_l = \varphi_1^l \Psi_{l-1}, l > 0 \tag{6-11}$$

在式 (6-11) 两端分别乘以 $H^{-\frac{1}{2}}$ 能够得到：

$$\kappa_l = H^{-\frac{1}{2}} \varphi_1 \Psi_{l-1} H^{-\frac{1}{2}} = H^{-\frac{1}{2}} \varphi_1 H^{\frac{1}{2}} H^{-\frac{1}{2}} \Psi_{l-1} H^{-\frac{1}{2}} = P \kappa_{l-1} \tag{6-12}$$

其中，$P = H^{-\frac{1}{2}} \varphi_1 H^{\frac{1}{2}}$，因此 VAR(1) 模型的收敛交叉映射 (Convergent Cross Mapping, CCM) 满足：

$$\kappa_l = P^l \kappa_0, l > 0 \tag{6-13}$$

三、VAR(p) 模型

将 VAR(1) 模型拓展可以得到 VAR(p) 模型，若收益率向量 Y_t 满足

$$Y_t = \varphi_0 + \varphi_1 Y_{t-1} + \cdots + \varphi_p Y_{t-p} + \varepsilon_t, j > 0 \tag{6-14}$$

则时间序列 Y_t 服从 VAR(p) 模型，其中，φ_j 是 $k \times k$ 矩阵。利用向后转移算子 B 可将模型改写为：

$$(I - \varphi_1 B - \cdots - \varphi_p B^p) Y_t = \varphi_0 + \varepsilon_t \tag{6-15}$$

其中，I 是 $k \times k$ 单位矩阵。进一步，可表示为：

$$\varphi(B) Y_t = \varphi_0 + \varepsilon_t \tag{6-16}$$

其中，$\varphi(B) = I - \varphi_1 B - \cdots - \varphi_p B^p$ 是一个矩阵多项式。若 Y_t 符合弱平稳，假设逆存在，则有：

$$\mu = E(Y_t) = (I - \varphi_1 - \cdots - \varphi_p)^{-1} \varphi_0 = [\varphi(1)]^{-1} \varphi_0 \tag{6-17}$$

令 $\widetilde{Y}_t = Y_t - \mu$，则 VAR($p$) 模型可以改写为：

$$\widetilde{Y}_t = \varphi_1 \widetilde{Y}_{t-1} + \cdots + \varphi_p \widetilde{Y}_{t-p} + \varepsilon_t \tag{6-18}$$

与 VAR(1) 一致，VAR(p) 也具有如下特征：第一，$\text{Cov}(\varepsilon_t, Y_{t-l}) = 0, l > 0$；第二，$\text{Cov}(Y_t, \varepsilon_t) = \sum$，$\sum$ 是 ε_t 的协方差矩阵；第三，$\Psi_l = \varphi_1 \Psi_{l-1} + \cdots + \varphi_p \Psi_{l-p}, l > 0$。

第三个性质是 VAR(p) 模型的多元 Yule-Walk 方程。借鉴式 (6-10) 的转换方法，用收敛交叉映射 (CCM) 表示，矩方程变为：

$$\kappa_l = P_1 \kappa_{l-1} + \cdots + P_p \kappa_{l-p}, l > 0 \tag{6-19}$$

其中，$P_i = H^{-\frac{1}{2}} \varphi_i H^{\frac{1}{2}}$。由此完成一个典型的 VAR($p$) 模型设定。

第二节 模型估计

在对向量自回归模型建模后，VAR(p) 模型可以采用最小二乘法和极大似然法来估计。本节将介绍估计 VAR(p) 模型的普通最小二乘法和极大似然估计法，最后讲解解释

变量滞后阶数的确定方法。假设 VAR(p) 模型的样本为 $\{Y_t | t=1,\cdots,T\}$，相关参数分别为 $\{\varphi_0,\varphi_1,\cdots,\varphi_p\}$ 和 $\sum_\varepsilon$。

一、普通最小二乘法(OLS)

首先,考虑相邻的 VAR 模型:

$$
\begin{aligned}
Y_t &= \varphi_0 + \varphi_1 Y_{t-1} + \varepsilon_t \\
Y_t &= \varphi_0 + \varphi_1 Y_{t-1} + \varphi_2 Y_{t-2} + \varepsilon_t \\
&\vdots \\
Y_t &= \varphi_0 + \varphi_1 Y_{t-1} + \cdots + \varphi_i Y_{t-i} + \varepsilon_t \\
&\vdots
\end{aligned}
\tag{6-20}
$$

其中,Y_t 表示收益率向量,式(6-20)模型的参数可以使用普通最小二乘法估计。对于式(6-20)中的第 i 个方程,令 $\hat{\varphi}_j^i$ 表示 φ_j 的 OLS 估计, $\hat{\varphi}_0^i$ 表示 φ_0 的 OLS 估计,其中 i 表示 VAR(i) 模型估计的对应参数数值,则残差为:

$$\hat{\varepsilon}_t^i = Y_t - \hat{\varphi}_0^i - \hat{\varphi}_1^i Y_{t-1} - \cdots - \hat{\varphi}_i^i Y_{t-i} \tag{6-21}$$

当 $i=0$ 时,残差定义为 $\hat{Y}_t^0 = Y_t - \overline{Y}$,其中 $\overline{Y}$ 为 Y_t 的样本均值。残差矩阵为:

$$\hat{\sum}_i = \frac{1}{T-2i-1}\hat{\varepsilon}_t^i (\hat{\varepsilon}_t^i)', i \geq 0 \tag{6-22}$$

通过残差矩阵可以构建模型估计的拟合优度以及系数显著性判定的统计量。

二、极大似然估计(ML)

假设 VAR(p) 模型的时间序列 Y_t 服从多元正态分布,其中 $Y_{i,j}$ 表示从 $t=i$ 到 $t=j$ 的观测值。数据的条件似然函数为:

$$
\begin{aligned}
L\left(Y_{(p+1):T} \mid Y_{1:p}, \beta, \sum_\varepsilon\right) &= \prod_{t=p+1}^T p\left(Y_t \mid Y_{1:(t-1)}, \beta, \sum_\varepsilon\right) = \prod_{t=p+1}^T p\left(\varepsilon_t \mid Y_{1:(t-1)}, \beta, \sum_\varepsilon\right) \\
&= \prod_{t=p+1}^T p(a_t \mid \beta, \sum_\varepsilon) = \prod_{t=p+1}^T \frac{1}{(2\pi)^{k/2} \left|\sum_a\right|^{1/2}} e^{\left[-\frac{1}{2}\varepsilon_t' \sum^{-1} \varepsilon_t\right]} \\
&\propto \left|\sum_\varepsilon\right|^{-(T-p)/2} e^{\left[-\frac{1}{2}\sum_{t=p+1}^T tr(\varepsilon_t' \sum^{-1} \varepsilon_t)\right]}
\end{aligned}
\tag{6-23}
$$

对数似然函数为:

$$
\begin{aligned}
l(\beta, \sum_a) &= d - \frac{T-p}{2}\log\left(\left|\sum_\varepsilon\right|\right) - \frac{1}{2}\sum_{t=p+1}^T tr\left(\varepsilon_t' \sum_\varepsilon^{-1} \varepsilon_t\right) \\
&= d - \frac{T-p}{2}\log\left(\left|\sum_\varepsilon\right|\right) - \frac{1}{2}tr\left(\sum_\varepsilon^{-1} \sum_{t=p+1}^T \varepsilon_t' \varepsilon_t\right)
\end{aligned}
\tag{6-24}
$$

其中，d 是常数，$\beta' = [\varphi_0, \varphi_1, \cdots, \varphi_p]$ 是一个 $k \times (kp+1)$ 矩阵。令 $\sum_{t=p+1}^{T} \varepsilon_t' \varepsilon_t = A'A$，其中，$A = Y - X\beta$ 是 VAR(p) 模型的新表达式；Y 指第 i 个行为是 Y_{p+i}' 的 $(T-p) \times k$ 矩阵，X 是一个 $(T-p) \times (kp+1)$ 矩阵；且第 i 个行为是 $\{1, Y_{p+i-1}', \cdots, Y_t'\}$；$A$ 指第 i 个行为是 a_{p+i}' 的 $(T-p) \times k$ 矩阵。则对数似然函数可以写为：

$$l(\beta, \Sigma_\varepsilon) = d - \frac{T-p}{2}\log(|\Sigma_\varepsilon|) - \frac{1}{2}S(\beta) \tag{6-25}$$

其中，$S(\beta) = tr\left[(R - X\beta)\Sigma_\varepsilon^{-1}(R - X\beta)'\right]$。求 β 的极大对数似然函数值等价于求解 $S(\beta)$ 的最小值，因此 β 的极大似然估计与最小二乘估计一致。

通过求解，可以得到 Σ_ε 的 ML 估计为：

$$\hat{\Sigma}_\varepsilon = \frac{1}{T-p}\hat{A}'\hat{A} = \frac{1}{T-p}\sum_{t=p+1}^{T}\varepsilon_t'\varepsilon_t \tag{6-26}$$

其中，Σ_ε 的 ML 估计是渐进无偏估计。进一步，可以得到 Σ_ε 的 ML 估计渐进协方差矩阵为：

$$-E\left[\frac{\partial^2 l(\hat{\beta}, \Sigma_\varepsilon)}{\partial \text{vec}(\Sigma_\varepsilon)\partial \text{vec}(\Sigma_\varepsilon)'}\right] = \frac{T-p}{2}[\Sigma_\varepsilon^{-1} \otimes \Sigma_\varepsilon^{-1}] \tag{6-27}$$

最后，给定数据集 $\{R_1, \cdots, R_T\}$，VAR(p) 模型的极大似然函数为：

$$L(\hat{\beta}, \hat{\Sigma}_\varepsilon | R_{1:p}) = (2\pi)^{-k(T-p)/2}|\hat{\Sigma}_\varepsilon|^{-(T-p)/2}e^{\left[\frac{-k(T-p)}{2}\right]} \tag{6-28}$$

三、最优滞后阶的选择

建立 VAR 模型除了要求满足平稳性条件，还应确定自变量的最优滞后阶数。如果滞后阶数太少，就会导致误差项出现严重的自相关问题，使得模型参数的估计结果并非一致估计量。在 VAR 模型中增加更多自变量（即包括更多滞后期的因变量），可以消除误差项中的自相关问题；但同时，自变量太多又会导致自由度太小，并降低模型参数估计的有效性。因此，在 VAR 模型估计过程中，选择最优滞后阶数尤其重要。在现有文献中，选择最优滞后阶数的方法主要有两种：一是使用 LR 统计量的序列似然比检验法，二是信息准则法。

1. 序列似然比检验法

序列似然比检验是 Tiao and Box(1981) 提出的，其主要思想是，通过比较式(6-20)第 i 个和第 $i-1$ 个方程来确定阶数 p。采用的方法是假设检验。

$$H_0: \varphi_i = 0, H_a: \varphi_i \neq 0$$

对于 OLS 估计模型，检验统计量为：

$$M(i) = -\left(T - k - i - \frac{3}{2}\right)\ln\left(\frac{|\hat{\Sigma}_i|}{|\hat{\Sigma}_{i-1}|}\right) \tag{6-29}$$

其中,T 表示样本长度,k 表示 VAR 模型中自变量的最大滞后期数,i 表示第 i 个方程,$|.|$ 表示矩阵.的行列式,$M(i)$ 服从自由度为 k^2 的 χ^2 分布。当统计量 $M(i)$ 较大、拒绝原假设时,则表示 $\varphi_i \neq 0$,应该包含滞后 $t-i$ 期的因变量作为解释变量;反之,当统计量 $M(i)$ 较小、无法拒绝原假设时,则表示 $\varphi_i = 0$,此时只需包含滞后 $t-i$ 期的因变量作为解释变量即可。

对于 LM 估计模型,检验统计量为:

$$LR = -2(\log L_k - \log L_{k+1}) \sim \chi^2(N^2) \tag{6-30}$$

其中,L_k 和 L_{k+1} 分别表示 VAR(k) 和 VAR($k+1$) 模型的极大似然估计值,k 为 VAR 模型中解释变量的最大滞后期数。在实际检验过程中,如果 VAR 模型中增加滞后期解释变量并不会使得极大似然函数的数值显著增大,则服从卡方分布的 LR 统计量的数值小于临界值,无法拒绝原假设,那么模型中增加 $k+1$ 个滞后期解释变量是毫无意义的。

2. 信息准则法

信息准则法也是选择最优滞后阶数的常用方法,主要包括 AIC 准则法和 SIC 准则法。假设 ε_t 是多元正态分布,可以采用极大似然估计(ML)估计式(6-20)中 VAR(p) 模型的第 i 个方程,并由此得到残差序列 $\hat{\varepsilon}_t^i$,则 VAR(i) 模型在正态假定下的 AIC 准则计算公式为:

$$AIC(i) = \ln\left(\frac{1}{T}\left|\sum_{t=i+1}^{T}\hat{\varepsilon}_t^{i\prime}\hat{\varepsilon}_t^i\right|\right) + \frac{2k^2 i}{T} \tag{6-31}$$

其他可用的信息准则还有 SIC 和 HQ:

$$SIC(i) = \ln\left(\frac{1}{T}\left|\sum_{t=i+1}^{T}\hat{\varepsilon}_t^{i\prime}\hat{\varepsilon}_t^i\right|\right) + \frac{k^2 i\ln[T]}{T} \tag{6-32}$$

$$HQ(i) = \ln\left(\frac{1}{T}\left|\sum_{t=i+1}^{T}\hat{\varepsilon}_t^{i\prime}\hat{\varepsilon}_t^i\right|\right) + \frac{2k^2 i\ln[\ln(T)]}{T} \tag{6-33}$$

在实际应用过程中,AIC、SIC 和 HQ 准确选择的原则是,当对应的 AIC、BIC 或 HQ 最小时,所对应的 i 即为 VAR 模型设定的最优滞后期。

第三节 格兰杰因果关系检验

在分析脉冲响应函数之前,先要考察变量间的因果关系。Granger(1969)开创了一种分析变量之间因果关系的办法,即格兰杰因果检验。格兰杰检验的因果关系并非我们通常理解的因与果的关系,而是代表某一个变量的滞后期变化有效解释了另一个变量的当期变化,人们将其称为"格兰杰原因"。本节先介绍格兰杰因果的定义,然后详细介绍如何进行格兰杰因果检验。

一、格兰杰因果的定义

格兰杰因果检验由 Granger(1969)提出,主要用于研究一个变量 X 能否帮助预测另一个变量 Y,若不能帮助预测,则称 X 不能格兰杰-引起 Y。其定义是,如果对于所有的 $j > 0$ 都有 Y_{t+j} 基于 $(Y_t, Y_{t-1}, \cdots)$ 的一个预测均方误差与 Y_{t+j} 基于 $(Y_t, Y_{t-1}, \cdots)$ 和 $(X_t, X_{t-1}, \cdots)$ 共同进行预测的 MSE 是相同的,则称 X 不能格兰杰-引起 Y。用数学表示为,在线性函数中,如果

$$\text{MSE}[\hat{E}(Y_{t+s} | Y_t, Y_{t-1}, \cdots)] = \text{MSE}[\hat{E}(Y_{t+s} | Y_t, Y_{t-1}, \cdots, X_t, X_{t-1}, \cdots)] \quad (6-34)$$

则 X 不能格兰杰-引起 Y。

在多变量情形下,假设一个 VAR 的变量被分为两组,分别是 $n_1 \times 1$ 向量 Y_{1t} 和 $n_2 \times 1$ 向量 Y_{2t}。VAR 可以写成:

$$Y_{1t} = d_1 + A'_1 X_{1t} + A'_2 X_{2t} + \varepsilon_{1t} \quad (6-35)$$

$$Y_{2t} = d_2 + B'_1 X_{1t} + B'_2 X_{2t} + \varepsilon_{2t} \quad (6-36)$$

其中,d_1 和 d_2 是常数项,A_1、A_2、B_1 和 B_2 表示自回归系数,X_{1t} 和 X_{2t} 分别是包括 Y_{1t} 和 Y_{2t} 滞后项的 $n_1 p \times 1$ 向量 和 $n_2 p \times 1$ 向量:

$$X_{1t} \equiv \begin{bmatrix} Y_{1,t-1} \\ Y_{1,t-2} \\ \vdots \\ Y_{1,t-p} \end{bmatrix}, X_{2t} \equiv \begin{bmatrix} Y_{2,t-1} \\ Y_{2,t-2} \\ \vdots \\ Y_{2,t-p} \end{bmatrix} \quad (6-37)$$

如果 Y_2 中的元素加入后对仅基于 Y_1 所有元素滞后项的 Y_1 中任意元素的预测没有改进,那么由 Y_1 组成的变量组称为关于 Y_2 中的变量在时间序列意义上是外生的,即当式(6-35)和式(6-36)中的 $A_2 = 0$ 时,Y_1 是外生的。故此,$A_2 = 0$ 表示 Y_{2t} 不是 Y_{1t} 的格兰杰原因,$B_1 = 0$ 则表示 Y_{1t} 不是 Y_{2t} 的格兰杰原因。由于该方法能够断定两个变量之间是否存在格兰杰因果关系,因此它在经济学、社会科学甚至医学领域得到广泛应用。

二、格兰杰因果关系检验

为了进行格兰杰因果关系检验,假设 VAR(p) 模型为:

$$Y_t = d_1 + \varphi_1 Y_{t-1} + \varphi_2 Y_{t-2} + \cdots + \varphi_p Y_{t-p} + \alpha_1 X_{t-1} + \alpha_2 X_{t-2} + \cdots + \alpha_p X_{t-p} + \varepsilon_t$$

$$X_t = d_1 + \varphi'_1 Y_{t-1} + \varphi'_2 Y_{t-2} + \cdots + \varphi'_p Y_{t-p} + \alpha'_1 X_{t-1} + \alpha'_2 X_{t-2} + \cdots + \alpha'_p X_{t-p} + \varepsilon_t$$

$$(6-38)$$

为了检验 X 是否为 Y 的格兰杰原因,先设定待检验的原假设为

$$H_0: \alpha_1 = \alpha_2 = \cdots = \alpha_p = 0 \tag{6-39}$$

为了检验原假设,需要构建一个 F 统计量用于统计推断,具体的检验步骤如下:

第一步,采用 OLS 估计式(6-38),并计算得到残差平方和为:

$$\text{SSR}_1 = \sum_{t=1}^{T} \hat{\varepsilon}_t^2 \tag{6-40}$$

第二步,将式(6-40)与 Y_t 的单变量自回归的残差平方和进行比较,其中单变量自回归为:

$$Y_t = d_0 + \alpha_1 Y_{t-1} + \alpha_2 Y_{t-2} + \cdots \alpha_p Y_{t-p} + u_t \tag{6-41}$$

计算式(6-41)对应的残差平方和为:

$$\text{SSR}_0 = \sum_{t=1}^{T} \hat{u}_t^2 \tag{6-42}$$

第三步,构建检验统计量:

$$F \equiv \frac{(\text{SSR}_0 - \text{SSR}_1)/p}{\text{SSR}_1/(T-p-1)} \tag{6-43}$$

如果式(6-43)比 $F(p, T-p-1)$ 分布的 5% 临界值大,则拒绝 X 不能格兰杰-引起 Y 的原假设;如果 F 足够大,则表明 X 能格兰杰-引起 Y。必须注意的是,式(6-43)仅在有固定回归元以及高斯扰动项的自回归有精确的 F 分布,当格兰杰因果检验中有滞后因变量时,此检验仅在渐进意义下有效。因此,可构建一个渐进等价的检验统计量为:

$$F_2 \equiv \frac{T(\text{SSR}_0 - \text{SSR}_1)}{\text{SSR}_1} \tag{6-44}$$

如果 F_2 大于 $\chi^2(p)$ 变量的 5% 的临界值,则表明拒绝 X 不能格兰杰-引起 Y 的原假设。从上述分析可知,格兰杰因果检验存在四种情况:

第一种情况,检验结果无法拒绝原假设 $\alpha_1 = \alpha_2 = \cdots = \alpha_p = 0$,表明 X 不是 Y 的格兰杰原因。

第二种情况,检验结果拒绝原假设 $\alpha_1 = \alpha_2 = \cdots = \alpha_p = 0$,表明 X 是 Y 的格兰杰原因。

第三种情况,检验结果无法拒绝原假设 $\varphi'_1 = \varphi'_2 = \cdots = \varphi'_p = 0$,表明 Y 不是 X 的格兰杰原因。

第四种情况,检验结果拒绝原假设 $\varphi'_1 = \varphi'_2 = \cdots = \varphi'_p = 0$,表明 Y 是 X 的格兰杰原因。

第四节 脉冲响应函数

向量自回归模型反映的是多个时间序列变量之间的相互影响关系,以上三节介绍了 VAR(p) 模型的设定、估计以及格兰杰因果检验,但模型估计出的参数结果及其显著水平不能直接反映变量间的影响关系,想要直观地呈现变量之间的关系,需要结合脉冲响应函数进行实证分析。故此,本节将进一步介绍脉冲响应函数的两种估计方法——Cholesky 脉冲响应函数和广义脉冲响应函数。

一、Cholesky 脉冲响应函数

脉冲响应函数用于刻画当输入一个外生冲击后内生变量的演变路径,故外生冲击的选择是否得当对脉冲响应函数的性质至关重要。Sims(1980)提出基于 Cholesky 分解法来解决外生冲击的选择问题,并逐渐形成经典的脉冲响应函数测度方法。其基本原理是将对称正定矩阵分解为下三角矩阵,即对于一个对称正定矩阵 $\sum$,可以将其分解为 $\sum = PP'$,其中 P 为下三角矩阵。Cholesky 分解的求解过程相对简单,可以通过矩阵的迭代得以实现,而且具有快速、准确地求解系统传递函数的优点,能够用于进一步分析系统的性能和特性。

设定拓展式 VAR(p) 模型的形式为:

$$Y_t = \sum_{i=1}^{p} \Phi_i Y_{t-1} + \Psi w_t + \varepsilon_t \tag{6-45}$$

其中,$Y_t = (Y_{1t}, Y_{2t}, \cdots, Y_{mt})$ 是一个 $m \times 1$ 的矩阵,w_t 表示确定性成分或者其他外生变量,是一个 $q \times 1$ 的矩阵,$\Phi_i(i = 1, 2, \cdots, p)$ 是一个 $m \times m$ 的估计系数矩阵,而 Ψ 表示一个 $m \times q$ 的估计系数矩阵,ε_t 为残差项。

模型设定具有三个重要假设:①满足经典模型假定 $E(\varepsilon_t) = 0$,$E(\varepsilon_t \varepsilon'_t) = \sum$,其中 $\sum = \{\sigma_{ij}\}$,$i, j = 1, 2, \cdots, m$,是一个 $m \times m$ 的正定矩阵;②模型中,$\left| I_m - \sum_{i=1}^{p} \varphi_i L^i \right| = 0$ 的所有根都落入单位圆外;③ $Y_{1t}, Y_{2t}, \cdots, Y_{mt}$ 以及 w_t 之间不存在完全多重共线性。

对式(6-45)进行变换可改写为:

$$\left(I - \sum_{i=1}^{p} \Phi_i L^i \right) Y_t = \Psi w_t + \varepsilon_t \tag{6-46}$$

由此,可以进一步求得:

$$Y_t = \left(I - \sum_{i=1}^{p} \Phi_i L^i \right)^{-1} \Psi w_t + \left(I - \sum_{i=1}^{p} \Phi_i L^i \right)^{-1} \varepsilon_t \tag{6-47}$$

式(6-47)可以改写得到无限阶的移动平均模型表达式:

$$Y_t = \sum_{i=1}^{\infty} A_i \varepsilon_{t-i} + \sum_{i=1}^{\infty} G_i w_{t-i}, t = 1, 2, \cdots, T \tag{6-48}$$

其中,$G_i = A_i \Psi$。令 $A_0 = I_m$,当 $i < 0$ 时 $A_i = 0$,则 A_i 为递归关系系数的具体表达式为:

$$A_i = \Phi_1 A_{i-1} + \Phi_2 A_{i-2} + \cdots + \Phi_p A_{i-p}, i = 1, 2, \cdots \tag{6-49}$$

脉冲响应函数刻画了在给定时间冲击导致未来内生变量的动态变化路径,由式

(6-48)可知，A_i度量了变量Y_t对ε_{t-i}冲击的脉冲响应。设定到时间$t-1$为止，基于历史已知的非递减信息集Ω_{t-1}，Koop et al.(1996)提出在提前n期时变量Y_t的脉冲响应函数为：

$$GI_x(n,\delta,\Omega_{t-1}) = E(Y_{t+n}|\varepsilon_t = \delta,\Omega_{t-1}) - E(Y_{t+n}|\Omega_{t-1}) \quad (6\text{-}50)$$

联立式(6-48)和式(6-50)，可知$GI_x(n,\delta,\Omega_{t-1}) = A_n\delta$，该公式与信息集$\Omega_{t-1}$无关，但取决于冲击因素$\delta$。故此，选择合适的$\delta$是脉冲响应函数的核心内容。特别是，由于$\varepsilon_t$的元素通常是相关的，因此$\varepsilon_t$的一个分量改变将影响$\varepsilon_t$的其他分量，由此也会为脉冲响应函数的估计带来困难。为了解决该问题，Sims(1980)提出了具体的解决方案，即采用Cholesky分解对新息进行变换，使新息的变量不相关，由此也解决了δ的选择问题。

Cholesky分解的具体逻辑是：定义$PP' = \sum$，即残差的协方差矩阵可以由一个$m \times m$阶的下三角矩阵P表示，此时式(6-48)可以重新表述为：

$$Y_t = \sum_{i=1}^{\infty}(A_iP)(P^{-1}\varepsilon_{t-i}) + \sum_{i=1}^{\infty}G_iw_{t-i} = \sum_{i=1}^{\infty}(A_iP)\xi_{t-i} + \sum_{i=1}^{\infty}G_iw_{t-i}, t = 1,2,\cdots,T$$

$$(6\text{-}51)$$

其中，$\xi_t = P^{-1}\varepsilon_t$是正交的，而且满足$E(\xi_t\xi_t') = I_m$，此时$\varepsilon_t = P\xi_t$。令$\delta = \varepsilon_t$，则$\psi^0(n) = A_n\delta = A_n\varepsilon_t = A_nP\xi_t$，由此可得变量$Y_{t+n}$对$j$方程的单位冲击的正交脉冲响应函数为：

$$\psi_j^0(n) = A_nPe_j \quad (6\text{-}52)$$

其中，e_j表示$m \times 1$阶的选择性单位向量，即第j行等于1、其他行均为0的向量。在实际估计过程中，可以进一步将正交的新息ξ_t标准化，使ξ_t的方差等于1。

虽然Cholesky分解提供了估计脉冲响应函数的一个简便方法，但其最大缺点是脉冲响应结果严重依赖于变量排序。现有多数研究的解决方法是按变量的可能排序分别估计得到脉冲响应函数，并求出均值作为最终估计值；然而对于高维数据，变量个数太多将导致上述估计思路难以实现(Pesaran and Shin, 1998)，这也是基于Cholesky分解得到脉冲响应函数估计方法的最大缺点。

二、广义脉冲响应函数

为了解决Cholesky脉冲响应函数的缺点，本部分介绍Pesaran and Shin(1998)提出的广义脉冲响应函数来克服此问题。对于式(6-35)，并不冲击ε_t的所有元素，可以选择只冲击一个元素，比如它的第j个元素，并使用假定或历史观察到的误差分布来整合其他冲击的影响，此时可得：

$$GI_x(n,\delta,\Omega_{t-1}) = E(x_{t+n}|\varepsilon_{jt} = \delta_j,\Omega_{t-1}) - E(x_{t+n}|\Omega_{t-1}), n = 0,1,\cdots \quad (6\text{-}53)$$

其中，ε_t满足多变量正态分布。借鉴Koop et al.(1996)的设定可以得到：

$$E(\varepsilon_t|\varepsilon_{jt} = \delta_j) = (\sigma_{1j},\sigma_{2j},\cdots,\sigma_{mj})'\sigma_{jj}^{-1}\delta_j = \sum e_j\sigma_{jj}^{-1}\delta_j \quad (6\text{-}54)$$

故此,变量 Y_t 对第 j 条方程在 t 时刻一个冲击的广义脉冲响应函数为:

$$A_n \sum e_j \sigma_{jj}^{-1} \delta_j = \left(\frac{A_n \sum e_j}{\sqrt{\sigma_{jj}}}\right)\left(\frac{\delta_j}{\sqrt{\sigma_{jj}}}\right), n = 0,1,\cdots \quad (6-55)$$

令 $\delta_j = \sqrt{\sigma_{jj}}$,则可得到一个标准化冲击 e 的广义脉冲响应函数为:

$$\psi_j^g(n) = \sigma_{jj}^{-0.5} A_n \sum e_j \quad (6-56)$$

式(6-56)度量了 $t+n$ 时刻变量 Y 对 t 时刻第 j 个方程的一个标准化误差冲击的脉冲响应。由于广义脉冲响应函数的估计结果不受变量排序的影响,在实际分析中得到广泛应用。

第五节 方 差 分 解

在多元时间序列分析框架中,向量自回归的动态分析除了脉冲响应函数,通常还包括方差分解。与脉冲响应函数相比,方差分解提供了描述变量动态关系的另一种方法。脉冲响应函数刻画了系统对一个内生变量的冲击效果,而方差分解分析了影响内生变量的结构冲击的贡献度,揭示了一个变量的运动轨迹分别由自己冲击和系统内其他变量冲击的贡献程度。本节介绍两种方差分解方法,一种是基于 Cholesky 脉冲响应函数的分解方法,另一种是基于广义脉冲响应函数的分解方法。

一、传统方差分解方法

结合式(6-48),可以预测 VAR 在未来 s 期的误差项为:

$$Y_{t+s} - \hat{Y}_{t+s|t} = \varepsilon_{t+s} + \varphi_1 \varepsilon_{t+s-1} + \varphi_2 \varepsilon_{t+s-2} + \cdots + \varphi_{s-1} \varepsilon_{t+1} \quad (6-57)$$

其中,$\hat{Y}_{t+s}$ 是基于 Y_{t+s} 对 Y_t,$Y_{t-1}\cdots$ 的预测。因此,提前 s 期预测的均方误差为:

$$\begin{aligned}\mathrm{MSE}(\hat{Y}_{t+s|t}) &= E[(Y_{t+s} - \hat{Y}_{t+s|t})(Y_{t+s} - \hat{Y}_{t+s|t})'] \\ &= \sum + \varphi_1 \sum \varphi_1' + \varphi_2 \sum \varphi_2' + \cdots + \varphi_{s-1} \sum \varphi_{s-1}'\end{aligned} \quad (6-58)$$

其中,$\sum = E(\varepsilon_t \varepsilon_t')$。根据 $\xi_t = P^{-1}\varepsilon_t$,两端同时左乘 P 可以得到:

$$P\xi_t = \varepsilon_t \quad (6-59)$$

将式(6-59)展开为:

$$\begin{bmatrix} 1 & 0 & 0 & \cdots & 0 \\ d_{21} & 1 & 0 & \cdots & 0 \\ d_{31} & d_{32} & 1 & \cdots & 0 \\ \vdots & \vdots & \vdots & & \vdots \\ d_{n1} & d_{n2} & d_{n3} & \cdots & 1 \end{bmatrix} \begin{bmatrix} \xi_{1t} \\ \xi_{2t} \\ \xi_{3t} \\ \vdots \\ \xi_{nt} \end{bmatrix} = \begin{bmatrix} \varepsilon_{1t} \\ \varepsilon_{2t} \\ \varepsilon_{3t} \\ \vdots \\ \varepsilon_{nt} \end{bmatrix} \quad (6-60)$$

根据式(6-60),可以将式(6-59)改写为:

$$\varepsilon_t = P\xi_t = d_1\varepsilon_{1t} + d_2\varepsilon_{2t} + \cdots + d_n\varepsilon_{nt} \tag{6-61}$$

令式(6-61)右乘其转置再取期望可以得到:

$$\sum = E(\varepsilon_t \varepsilon'_t)$$
$$= d_1 d'_1 \text{Var}(\varepsilon_{1t}) + d_2 d'_2 \text{Var}(\varepsilon_{2t}) + \cdots + d_n d'_n \text{Var}(\varepsilon_{nt}) \tag{6-62}$$

将式(6-62)代入式(6-58)可以得到:

$$\text{MSE}(\hat{Y}_{t+s|t}) = \sum_{j=1}^{n} \{\text{Var}(\xi_{jt}) \cdot [d_j d'_j + \varphi_1 d_j d'_j \varphi'_1 + \varphi_2 d_j d'_j \varphi'_2 + \cdots + \varphi_{s-1} d_j d'_j \varphi'_{s-1}]\} \tag{6-63}$$

根据式(6-63)就可以计算第 j 个正交化的新息对于提前 s 期的 MSE 的贡献为:

$$\text{Var}(\xi_{jt}) \cdot [d_j d'_j + \varphi_1 d_j d'_j \varphi'_1 + \varphi_2 d_j d'_j \varphi'_2 + \cdots + \varphi_{s-1} d_j d'_j \varphi'_{s-1}] \tag{6-64}$$

需要注意的是,该值通常取决于变量顺序。因此,采用传统方法方差分解得到的正交脉冲响应更多的是统计上的意义,在经济系统的应用中存在局限。

基于以上分析逻辑,结合 Cholesky 脉冲响应函数,可以得到对应的预测方差分解计算公式为:

$$\theta^o_{ij}(n) = \frac{\sum_{l=0}^{n} (e'_i A_l P e_j)^2}{\sum_{l=0}^{n} (e'_i A_l \sum A'_l e_i)} \tag{6-65}$$

其中,$\sum_{j=1}^{m} \theta^o_{ij}(n) = 1$。由此得出第 j 个方程的一个标准化误差冲击可以解释多少程度 $t+n$ 时刻的变量变化。

二、广义方差分解方法

广义方差分解方法基于广义脉冲响应函数计算得到,对应一个基于式(6-45)设定的 VAR 模型系统,按照方差分解思路,可以求得提前 n 期的广义方差分解公式为:

$$\theta^g_{ij}(n) = \frac{\sum_{l=0}^{n} (e'_i \sigma_{jj}^{-1/2} A_l \sum e_j)^2}{\sum_{j=1}^{k}\sum_{l=0}^{n} (e'_i \sigma_{jj}^{-1/2} A_l \sum e_j)^2} = \frac{\sigma_{jj}^{-1} \sum_{l=0}^{n} (e'_i A_l \sum e_j)^2}{\sum_{l=0}^{n} (e'_i A_l \sum e_j e'_j \sum A'_l e_i \sigma_{jj}^{-1})}$$
$$= \frac{\sigma_{jj}^{-1} \sum_{l=0}^{n} (e'_i A_l \sum e_j)^2}{\sum_{l=0}^{n} (e'_i A_l \sum A'_l e_i)} \tag{6-66}$$

其中，$\dfrac{\sum e_j e'_j}{\sigma_{jj}} = 1$。由于原始（非正交）冲击之间非零协方差，一般而言 $\sum_{j=1}^{m} \theta_{ij}^g(n) \neq 1$，在实际应用过程中可通过标准化处理求得最终广义方差分解计算公式为：

$$\widetilde{\theta}_{ij}^g(n) = \frac{\theta_{ij}^g(n)}{\sum_{j=1}^{m} \widetilde{\theta}_{ij}^g(n)} \tag{6-67}$$

我们可以基于式（6-67）描述每一个冲击信息对 VAR 系统变量影响的贡献度，它刻画的是一种相对效果。特别是，因为广义方差分解方法基于广义脉冲响应函数计算得到，所以计算结果不受变量排序的影响，在高维模型中也不会增加模型的计算量，在实践中该方法备受推崇。

第六节 VAR 建模的案例实现

本章的案例分析探究的是我国以利率为代表的货币政策与通货膨胀和经济周期之间的关系。本章选取产出缺口（y）、通货膨胀（π）和利率（i）三个变量，采用1996年第一季度至2022年第四季度的数据进行模型分析。模型选择的理论基础如下：

第一，参照 Clarida et al.(1999) 的理论模型，设定经济体参数的总需求（IS 曲线）方程为：

$$y_t = \alpha_0 + \alpha_1 y_{t-1} + \alpha_2 (i_t - \pi_t) + \eta_t, \quad \alpha_1 > 0, \alpha_2 < 0 \tag{6-68}$$

其中，y_t 表示产出缺口水平，i_t 表示名义利率，π_t 表示通货膨胀。式（6-68）表明，产出缺口与前期产出缺口正相关（$\alpha_1 > 0$）；而与滞后一期的实际利率 $i_t - \pi_t$ 存在负相关关系，因为实际利率提高挤出实际投资，从而导致实际产出水平下降；反之实际利率下降则导致实际产出增加，由此 $\alpha_2 < 0$。此外，η_t 表示产出缺口的其他冲击影响因素。

第二，新凯恩斯菲利普斯曲线。借鉴 Calvo(1983) 提出的交错价格调整模型，设定考虑价格黏性的新凯恩斯菲利普斯曲线（NKPC）为：

$$\pi_t = \beta_0 + \beta_1 \pi_{t-1} + \beta_2 y_t + \mu_t, \quad \beta_2 > 0 \tag{6-69}$$

其中，β_1 表示通货膨胀惯性（Inflation Inertia），即滞后通货膨胀对当期通货膨胀的影响效应；$\beta_2 > 0$ 表示产出缺口为正，通常伴随着总需求大于总供给，因而价格水平上涨（通货膨胀）；反之，$\beta_2 < 0$ 表示产出缺口为负，则价格水平下跌（通货紧缩）。μ_t 表示通货膨胀的其他冲击影响因素。

第三，泰勒规则。它描绘了在给定通货膨胀目标和潜在产出水平下，央行的短期名义利率如何针对产出缺口和通货膨胀进行调整。其政策含义在于：只有当实际利率与均衡利率相等以及产出缺口为 0 时,宏观经济才会处于稳定的持续增长状态。参照 Clarida et al.(2000)以及 Kim and Nelson(2006),设定考虑名义利率调整平滑特征的央行货币政策反应函数为:

$$i_t = (1-\rho)[\bar{i}_0 + \gamma_1(\pi_t - \pi^*) + \gamma_2 y_t] + \rho i_{t-1} + e_t \quad (6-70)$$

其中,π^* 表示通货膨胀目标,则短期名义利率对通货膨胀缺口和产出缺口的反应取决于 γ_1 和 γ_2 的大小和符号。若 γ_1 和 γ_2 大于 0,则产出和通货膨胀伴随利率变化做顺周期调整,从而维持经济稳定增长;若 γ_1 和 γ_2 小于 0,则产出和通货膨胀伴随利率变化做逆周期调整,从而加剧经济波动;只有当利率与长期均衡利率相等且产出与潜在产出相等(产出缺口为 0)时,宏观经济才能保持稳定持续地增长。

方程(6-68)、(6-69)和(6-70)构成的模型系统考虑了总需求、新凯恩斯菲利普斯曲线和泰勒规则之间存在的内生性,能够有效反映利率规则与产出水平和通货膨胀之间的互动关系和反馈关系,我们将其记为"常系数模型"。实际上,该模型也是一种常系数的结构向量自回归(SVAR)模型。为了对该模型系统进行求解,本节结合 VAR 模型系统进行识别求解。

一、确定滞后阶数

根据估计结果可知,选取五个检验准则最小值数量最多的阶数即为模型的滞后阶数(见表 6-1),因此 1996 年第一季度至 2022 年第四季度的产出缺口和利率数据的最大滞后阶数为 1。

表 6-1 确定滞后阶数

Lag	LogL	LR	FPE	AIC	SC	HQ
0	−570.4078	NA	19.1927	11.4682	11.5463	11.4998
1	−382.9206	359.9755	0.5406	7.8984	8.2110*	8.0249
2	−367.3557	28.9507	0.4743	7.7671	8.3142	7.9885*
3	−357.4654	17.8025	0.4666*	7.7493*	8.5309	8.0656
4	−354.8911	4.4793	0.5319	7.8778	8.8938	8.2890

注:*表示 10%的显著性水平拒绝原假设。

由图 6-1 可知,$\left|I_m - \sum_{i=1}^{p} \varphi_i L^i\right| = 0$ 的所有根都落入单位圆内,表明模型的设定是稳定的。

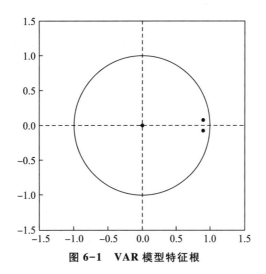

图 6-1　VAR 模型特征根

二、构建 VAR 模型

最优滞后阶数为 1，故 VAR 模型设定为：$Y_t = a + \beta_1 Y_{t-1} + \varepsilon_t$，估计结果如表 6-2 所示。

表 6-2　VAR 估计结果

	I	Y	π
$I(-1)$	0.8903	0.0586	-0.1040
	(0.0190)	(0.0834)	(0.0385)
$Y(-1)$	0.0719	0.0004	0.1453
	(0.0226)	(0.0992)	(0.0458)
$\pi(-1)$	0.0629	-0.0500	0.9140
	(0.0201)	(0.0883)	(0.0408)
C	0.1499	-0.0674	0.4811
	(0.0757)	(0.3328)	(0.1537)
R^2	0.9655	0.0056	0.8462
Adj. R^2	0.9645	-0.0233	0.8417
F-statistic	961.1253	0.1941	188.8737
Log likelihood	-61.3741	-219.8170	-137.1767
Akaike AIC	1.2219	4.1835	2.6389
Schwarz SC	1.3219	4.2834	2.7387

注：括号内为对应统计量的标准差。

根据表 6-2 的估计结果可知,滞后一期的通货膨胀的上升 1 个单位将会导致利率上调 0.0629 个单位;而滞后一期的经济扩张(产出缺口)每上升 1 个单位将会导致利率上调 0.0719 个单位,表明一旦经济过热,央行都会采取上调利率的紧缩货币政策予以应对。

三、格兰杰因果检验

根据表 6-3 的格兰杰因果检验结果可知,利率和通货膨胀不是产出缺口的格兰杰原因,但产出缺口和通货膨胀是利率的格兰杰原因,同时利率和产出缺口也是通货膨胀的格兰杰原因。由此表明,通货膨胀和经济周期变化会导致利率进行相应的调整,而且利率具有抑制通货膨胀的作用,同时经济扩张一般也会引发通货膨胀;但是,利率在调控经济周期上并不存在显著的效果,高通货膨胀一般也不会导致经济扩张。

表 6-3 格兰杰因果检验结果

方程	不包括解释变量	卡方值	自由度	P 值
y	i	0.4937	1	0.4823
y	π	0.3210	1	0.5710
i	y	10.1503	1	0.0014
i	π	9.8177	1	0.0017
π	i	7.2972	1	0.0069
π	y	10.0552	1	0.0015

四、脉冲响应函数

图 6-2 给出了 Cholesky 分解脉冲响应估计结果。首先,利率对利率、产出缺口和通货膨胀一单位标准差正向冲击的脉冲响应均显著为正,意味着当利率、产出缺口和通货膨胀上升时,央行通过提高利率的方式予以应对;但随着时间推移,政策反应的强度有所减弱。其次,产出缺口对利率和通货膨胀一单位标准差正向冲击的响应不论是短期还是长期均不显著,表明利率提高或者出现通货膨胀并未对产出有显著影响。最后,短期看,通货膨胀对利率、产出缺口和通货膨胀一单位标准差正向冲击的脉冲响应均为正,且长期来看显著收敛于 0,意味着利率上升、产出缺口增大会在短期内导致通货膨胀上升,但不具有长期持久性。

图 6-3 给出了 Cholesky 分解的累积脉冲响应估计结果,由估计结果可知,利率、产出缺口和通货膨胀冲击对利率未来变化趋势的影响不断累积增强,并具有较强的持续性效果。利率、产出缺口和通货膨胀冲击对产出缺口未来变化趋势的影响保持较为平稳,但从数值看,产出缺口对利率和通货膨胀冲击的累积反应不论长短期均不显著,这也与脉

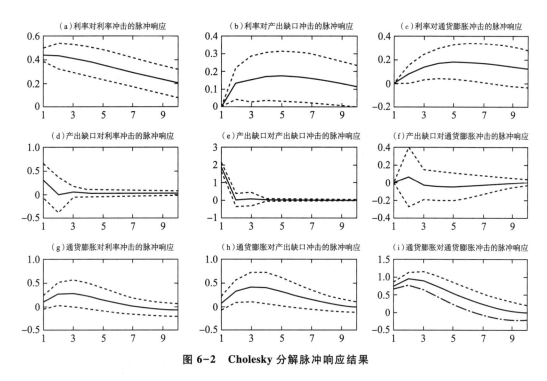

图 6-2 Cholesky 分解脉冲响应结果

冲响应结果一致。利率、产出缺口和通货膨胀冲击对通货膨胀未来变化趋势的影响在逐渐累积增大,但后期相对比较稳定。

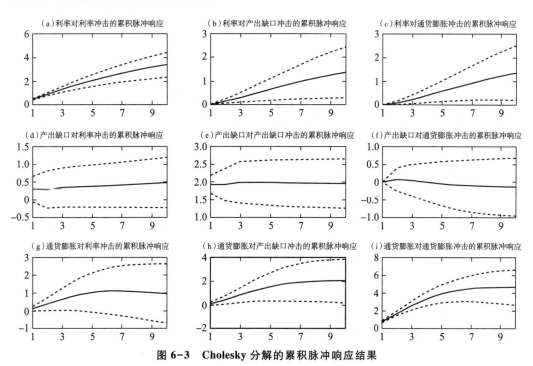

图 6-3 Cholesky 分解的累积脉冲响应结果

图 6-4 给出了广义方法的脉冲响应函数的估计结果,结果与 Cholesky 分解脉冲响应结果类似。比较明显的是在初始期的 99% 置信区间,利率对产出缺口和通货膨胀冲击的脉冲响应,产出缺口对通货膨胀冲击的脉冲响应有显著差异;对于其他脉冲响应部分,很难分辨出两种方法的差异。

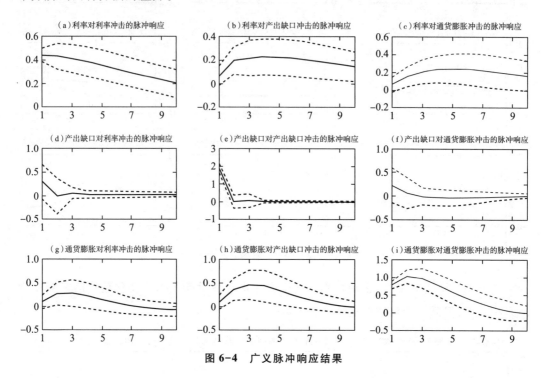

图 6-4 广义脉冲响应结果

图 6-5 给出了广义累积脉冲响应函数的估计结果,结果与 Cholesky 分解累积脉冲响应结果类似。比较明显的是在初始期的 99% 置信区间,利率对产出缺口和通货膨胀冲击的累积脉冲响应,产出缺口对通货膨胀冲击的累积脉冲响应有显著差异;对于其他累积脉冲响应部分,很难分辨出两种方法的差异。

五、方差分解

为了确定各变量间的贡献度,本节还进行了方差分解,用于分析一个变量的变化来自其他变量影响的比重。表 6-4 展示了两种方法的预测误差方差分解结果。

对于基于 Cholesky 预测误差方差分解的结果。首先,从利率的方差分解结果来看,利率冲击对利率未来的变化贡献最多,在第 10 期依然有高达 74.0715% 的贡献度;产出缺口冲击对利率未来变化的贡献次之,而通货膨胀冲击对利率未来变化的贡献是最小的。也就是说,利率变化主要源于自身因素,也受产出缺口冲击和通货膨胀冲击的影响,且这种影响逐渐增大。其次,从产出缺口的方差分解结果来看,产出缺口冲击自身影响最大,利率冲击对产出缺口未来变化的影响次之,而且始终保持较为平稳的趋势,通货膨胀冲

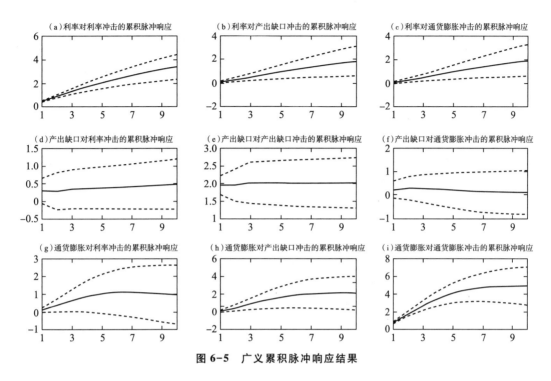

图 6-5 广义累积脉冲响应结果

击对产出缺口未来变化的影响最小,且保持逐渐递增的趋势。最后,从通货膨胀的方差分解结果来看,除了通货膨胀冲击自身影响最大,通货膨胀还受到产出缺口冲击较为明显的递增影响,并在第 8 期高达 14.8455%,利率冲击对通货膨胀未来变化的解释力度也在第 2 期后保持比较稳定的水平。

表 6-4 预测误差方差分解

提前预测期	利率冲击	产出缺口冲击	通货膨胀冲击	利率冲击	产出缺口冲击	通货膨胀冲击
	基于 Cholesky 预测误差方差分解			基于广义预测误差方差分解		
利率的方差分解结果						
1	100.0000	0.0000	0.0000	96.0360	2.1490	1.8150
2	94.1558	4.3373	1.5069	84.7812	9.4853	5.7335
3	89.1968	6.7951	4.0081	77.7799	12.6098	9.6103
4	84.9169	8.6440	6.4390	72.6106	14.6083	12.7810
5	81.5311	10.0159	8.4531	68.8534	15.9602	15.1864
6	78.9705	11.0348	9.9947	66.1501	16.9115	16.9384
7	77.0880	11.7873	11.1247	64.2219	17.5925	18.1857
8	75.7288	12.3400	11.9312	62.8547	18.0843	19.0610
9	74.7589	12.7440	12.4972	61.8892	18.4411	19.6697
10	74.0715	13.0380	12.8904	61.2087	18.7003	20.0910

(续表)

提前预测期	利率冲击	产出缺口冲击	通货膨胀冲击	利率冲击	产出缺口冲击	通货膨胀冲击
	基于 Cholesky 预测误差方差分解			基于广义预测误差方差分解		
产出缺口的方差分解结果						
1	2.2377	97.7623	0.0000	2.1623	96.6325	1.2051
2	2.2385	97.6589	0.1026	2.1633	96.5408	1.2958
3	2.3085	97.5719	0.1196	2.2309	96.4716	1.2974
4	2.3223	97.5039	0.1738	2.2445	96.4154	1.3401
5	2.3297	97.4367	0.2337	2.2518	96.3567	1.3915
6	2.3362	97.3898	0.2740	2.2583	96.3153	1.4264
7	2.3446	97.3620	0.2934	2.2665	96.2915	1.4420
8	2.3553	97.3451	0.2996	2.2769	96.2772	1.4459
9	2.3679	97.3317	0.3004	2.2891	96.2651	1.4459
10	2.3812	97.3184	0.3004	2.3019	96.2518	1.4463
通货膨胀的方差分解结果						
1	1.8899	0.8491	97.2610	1.8324	1.2092	96.9584
2	5.0889	6.6166	88.2945	4.6704	7.5972	87.7324
3	5.9707	10.4146	83.6146	5.3763	11.3582	83.2655
4	6.1121	12.6431	81.2448	5.4643	13.4530	81.0827
5	6.0006	13.8825	80.1169	5.3528	14.5717	80.0756
6	5.8468	14.5072	79.6461	5.2151	15.1091	79.6758
7	5.7505	14.7699	79.4797	5.1325	15.3181	79.5494
8	5.7435	14.8455	79.4110	5.1294	15.3675	79.5031
9	5.8140	14.8449	79.3411	5.1941	15.3599	79.4460
10	5.9313	14.8267	79.2420	5.2991	15.3462	79.3547

对于基于广义预测误差方差分解的结果。首先,从利率的方差分解结果来看,利率冲击对利率未来变化的贡献最大,在第 10 期依然有高达 61.2087% 的贡献度;通货膨胀冲击对利率未来变化的贡献次之,而产出缺口冲击对利率未来变化的贡献是最小的。也就是说,利率变化主要源于自身因素,也受通货膨胀和产出缺口的影响。其次,从产出缺口的方差分解结果来看,除了产出缺口冲击自身影响最大,与 Cholesky 方法分解结果不同的是,利率冲击对产出缺口的影响次之,通货膨胀冲击对产出缺口未来变化的影响最小且基本维持稳定。最后,从通货膨胀的方差分解结果来看,除了通货膨胀冲击自身影响最大,同样受到产出缺口冲击的影响大于受到利率冲击的影响,而且二者对通货膨胀未来变化的解释力度在增加后保持稳定。

对比两种方差分解结果,相同点为:首先是产出缺口对自身未来变化的解释力度最为持久,长期来看也最强;其次是通货膨胀和利率,也就是我国经济产出具有极强的惯性,而利率和通货膨胀受产出影响较大,尤其是利率。除了自身影响,未来产出缺口变化主要受利率影响,而通货膨胀主要受产出缺口影响。但不同点为:Cholesky 分解的结果是未来利率主要受产出缺口影响,而广义方差分解的结果是未来利率主要受通货膨胀影响。由此可得,Cholesky 方差分解和广义方差分解在实践中结果类似,但又有差别。

本章小结

本章重点介绍向量自回归模型,首先介绍了 VAR(1) 模型设定,并拓展至 VAR(p) 模型的具体设定形式。其次,在模型介绍基础上,进一步介绍了向量自回归模型的识别和估计方法,主要包括普通最小二乘法和极大似然估计法以及最优 VAR 模型滞后阶数确定方法。再次,为了探究变量间的因果关系,讲解了检验变量关系的格兰杰因果检验。最后,为了刻画变量之间的影响关系,介绍了向量自回归模型的两种脉冲响应函数和方差分解方法,并通过一个案例具体说明了 VAR 模型的设定、估计及其应用。

课后习题

1. 比较向量自回归模型的脉冲响应函数与方差分解的异同。

2. 下载 1996 年第一季度至 2022 年第四季度的产出缺口、通货膨胀和 M2 增速数据并构建向量自回归模型。

3. 利用 1996 年第一季度至 2022 年第四季度的产出缺口、通货膨胀和 M2 增速数据确定 VAR 模型的滞后阶数。

4. 利用 1996 年第一季度至 2022 年第四季度的产出缺口、通货膨胀和 M2 增速数据,并采用向量自回归模型进行格兰杰因果检验。

5. 利用 1996 年第一季度至 2022 年第四季度的产出缺口、通货膨胀和 M2 增速数据,采用向量自回归模型估计脉冲响应函数,并比较两种脉冲响应函数结果的差异。

6. 利用 1996 年第一季度至 2022 年第四季度的产出缺口、通货膨胀和 M2 增速数据,采用向量自回归模型进行方差分解,并比较两种方差分解结果的差异。

主要参考文献

[1] Calvo G A. Staggered prices in a utility-maximizing framework [J]. Journal of Monetary Economics,1983,12(3):383-398.

[2] Clarida C, Gali J, and Gertler M. Monetary policy rules and macroeconomic stability:Evidence and some theory [J]. Quarterly Journal of Economics, 2000, 115:147-180.

[3] Clarida R, Gali J, and Gertler M. The science of monetary policy:A new Keynesian perspective [J].

Journal of Economic Literature, 1999, 37(4): 1661-1707.

[4] Granger C. Investigating causal relations by econometric models and cross-spectral methods [J]. Econometrica, 1969, 37(3): 424-438.

[5] Kim C J, and Nelson C R. Estimation of a forward-looking monetary policy rule: A time-varying parameter model using ex post data [J]. Journal of Monetary Economics, 2006, 53: 1949-1966.

[6] Koop G, Pesaran H, and Potter S. Impulse response analysis in nonlinear multivariate models [J]. Journal of Econometrics, 1996, 74(1): 119-147.

[7] Pesaran H, and Shin Y. Generalized impulse response analysis in linear multivariate models [J]. Economics Letters, 1998, 58(1): 17-29.

[8] Sims C. Macroeconomis and reality [J]. Econometrica, 1980, 48: 1-48.

[9] Tiao G C, and Box G E P. Modeling multiple time series with applications [J]. Journal of the American Statistical Association, 1981, 76: 802-816.

第七章
扩展向量自回归模型族

阅读指引

第六章介绍了经典的向量自回归模型,本章将扩展介绍向量自回归模型族,这是时间序列分析中一个重要分支。首先,本章介绍长期约束结构向量自回归模型,这种模型可以解决多个变量之间存在复杂因果关系的问题。其次,讨论贝叶斯向量自回归模型,该模型可以提供精确和可靠的概率预测结果。再次,介绍高维向量自回归模型,该类模型可用于大规模数据集的处理。复次,探讨面板向量自回归模型,该模型可以在时间和交叉区域上对数据进行建模。最后,介绍全局向量自回归模型,其核心是使用向量自回归模型的同时从全球的角度将多个变量纳入考虑。通过学习本章,读者将深入了解不同类型向量自回归模型方法及其应用场景,从而能够更好地掌握时间序列分析方法,为后续深入学习打下坚实基础。

第一节 长期约束结构向量自回归模型

约束结构向量自回归(Constrained Structural Vector Autoregressive)是对向量自回归(VAR)模型施加长期约束,并进行结构化处理的一种有效模型。虽然 VAR 模型在时间序列分析中得到广泛应用,但也经常饱受批评,因为模型并没有给出变量之间当期相关关系的确切形式,同时模型新息也可能存在较强的相关关系,不具有直接的经济解释,从而导致脉冲响应函数的经济含义模糊不清(Bruggemann, 2004; Enders, 2004)。倘若我们只对预期感兴趣,VAR 新息构成就不重要;但想要分析不同冲击对主要宏观变量的影响,就需要从经济理论出发,对 VAR 模型的新息进行正交化的结构式冲击分解,以获得冲击新息成分。Blanchard and Quah(1989)提出的 BQ-SVAR 模型是对理论模型的结构式冲击影响施加长期约束的有效方法。对于 n 变量模型,依据 BQ-SVAR 需要设定 $n(n-1)/2$ 个长期约束条件来识别结构式冲击成分。BQ-SVAR 模型也存在缺陷,正如 Blanchard and

Quah（1989）所指出的，该方法的局限在于最多只能设置与变量数一样多的不同类型的结构式新息冲击。

为了更清晰地讲解 BQ-SVAR 模型及其应用，本节选取四个宏观经济变量展开实证检验和分步骤介绍。四个变量分别是产出增长率（y_t）、通货膨胀（π_t）、汇率升贬值幅度（Δe_t）和利率（i_t）；同时，结合 BQ-SVAR 模型，假定中国经济存在四种所有领先期和滞后期彼此互不相关的正交冲击，分别是供给冲击（ε_{St}）、需求冲击（ε_{Dt}）、结构式新息冲击（ε_{et}）和货币政策冲击（ε_{Mt}）。依据经济学理论和 SVAR 模型，需要对非平稳序列做一阶差分处理以获得平稳序列，用 X_t 表示其平稳向量，即 $X_t = (y_t, \pi_t, \Delta e_t, i_t)'$，其中，$\Delta$ 表示变量的一阶差分。按照 Wold 定理，X_t 可表示为：

$$X_t = A(0)\varepsilon_t + A(1)\varepsilon_{t-1} + \cdots = \sum_{j=0}^{\infty} A(j)\varepsilon_{t-j} \qquad (7-1)$$

其中，$\text{Var}(\varepsilon_t) = I$，$A(L) = \sum_{k=0}^{\infty} a_{ij}^k L^k$。$\varepsilon_t$ 是经济系统中最原始的冲击因素，被称为结构式新息冲击或模型新息，根据 BQ-SVAR 模型，必须对原始冲击赋予经济含义。设定由产出分解出需求冲击，由通货膨胀分解出供给冲击，由利率分解出货币政策冲击，由人民币实际汇率分解出结构式新息冲击。为了获取每一时刻的 ε_t 值，可先对 X_t 做 VAR 分析，考虑如下结构式 VAR（Structural VAR）模型：

$$X_t = \Phi_0 X_t + \Phi_1 X_{t-1} + \Phi_2 X_{t-2} + \cdots + \Phi_p X_{t-p} + e_t \qquad (7-2)$$

其中，p 为滞后阶数，Φ_i 为结构式系数矩阵，e_t 表示结构式冲击。令 $u_t = (I - \Phi_0)^{-1} e_t$ 代表简约式冲击，π_i 表示简约式系数矩阵，定义 $\pi(L) = (I - \pi_1 L - \cdots - \pi_p L^p)$，则向量移动平均矩阵可由 $C(L) = [\pi(L)]^{-1}$ 给定。在一定条件下，式（7-2）可改写为无穷阶的向量移动平均 [VMA(L)] 过程：

$$X_t = C(0)u_t + C(1)u_{t-1} + \cdots = \sum_{L=0}^{\infty} C(L)u_{t-L} \qquad (7-3)$$

其中，$\text{Var}(u_t) = \Omega$。比较式（7-1）和式（7-3）可知，如果对于任意的 $L(L = 0, 1, 2, \cdots)$ 都有一个矩阵 $B(0)$ 使得 $u = B(0)\varepsilon$ 成立，则有 $A(L) = C(L)B(0)$ 成立。因此，本节首先要找到 $B(0)$，随后就可以由 u_t 分解出每个时期 t 的结构式冲击 ε_t，由式（7-1）就可将 X_t 表示成 ε_t 中结构式冲击的函数，这个过程即为冲击分解，而且分解出来的结构式冲击成分相互正交。由于矩阵 $B(0)$ 有 16 个元素，依照 BQ-SVAR 模型需要 16 个约束条件，由 $\Omega = B(0)B(0)'$ 可得 10 个约束条件，这样仍需要至少再设定 6 个长期约束。与 Blanchard and Quah（1989）一致，假定产出只由供给冲击决定，而需求冲击、货币政策冲击和汇率冲击对产出均无长期影响，即 $B_{12} = 0$、$B_{13} = 0$ 和 $B_{14} = 0$；通货膨胀长期不受货币政策冲击和汇率冲击影响，即 $B_{23} = 0$ 和 $B_{24} = 0$；同时假定长期实际汇率取决于本国和外国

相对内生劳动生产率水平以及相对需求条件,则货币政策冲击对实际汇率不存在长期影响,即 $B_{34}=0$,据此有:

$$B = \begin{bmatrix} B_{11} & 0 & 0 & 0 \\ B_{21} & B_{22} & 0 & 0 \\ B_{31} & B_{32} & B_{33} & 0 \\ B_{41} & B_{42} & B_{43} & B_{44} \end{bmatrix} \tag{7-4}$$

通过上述约束条件,我们就可以从 u_t 中分解出 ε_t,进而分析 ε_t 中各种结构式冲击对 X_t 中实际汇率的动态影响。

例 7-1 运用 BQ-SVAR 模型估计实际汇率波动的影响因素。

本节将选取产出增长率、通货膨胀、汇率和利率四个指标的季度数据对理论模型进行建模,样本时间跨度为 1996 年第一季度至 2022 年第三季度,共 107 个观测值。各指标的选取、测度和处理及数据来源描述如下:①产出增长率。采用中国季度名义产出同比增长率作为替代变量,数据来自国家统计局网站(http://www.stats.gov.cn)。②通货膨胀。用消费者指数(CPI)的月度同比数据计算出通货膨胀,数据来自《中国经济景气月报》和《中国统计月报》。由于这些月报只提供官方 CPI 的月度数据,我们采用三项数据移动平均求出中国季度 CPI。③人民币实际汇率。人民币/美元汇率(e)采用名义汇率(S)经物价水平调整后获得,计算公式为 $e = S \times CPI^*/CPI$,其中,CPI^* 表示以 2005 年为基期的美国消费者价格指数(2005 年 = 100),CPI 表示以 2005 年为基期的中国消费者价格指数(2005 年 = 100)。④利率。选取同业拆借利率作为替代变量,数据来自上海融资中心。

依据 SC 信息准则确定平稳序列 VAR 模型的最优滞后阶数(建议采用 1 期滞后),并结合式(7-4)施加 6 个长期约束条件估计 SVAR 模型,得到 $B(0)$,并采用 $\varepsilon_t = B(0)^{-1} u_t$ 对新息进行结构式冲击分解,得到四种结构式冲击成分,冲击分解结果是我们展开脉冲响应和方差分解分析的重要前提;接着,用脉冲响应函数刻画结构式冲击成分如何作用于人民币汇率波动。

如图 7-1 所示,随着时间的推移,需求冲击、供给冲击和汇率冲击对汇率波动的影响逐渐趋于稳定并具有持久性,货币政策冲击的影响则不断弱化直至消失,与长期约束式(7-4)的结论保持一致。从动态特征看,短期内,实际汇率对需求冲击和供给冲击的反应并不显著;但从中期看,正的需求冲击、供给冲击以及汇率冲击均会导致实际汇率出现永久性升值,随着时间的推移,汇率升值幅度稳步上升,在 20 期后趋于一个新的平稳状态。具体而言,实际汇率对供给冲击,需求冲击和汇率冲击的脉冲响应均显著为正,这表明需求冲击、供给冲击及汇率冲击会对汇率产生长期影响;从数值对比看,供给冲击对

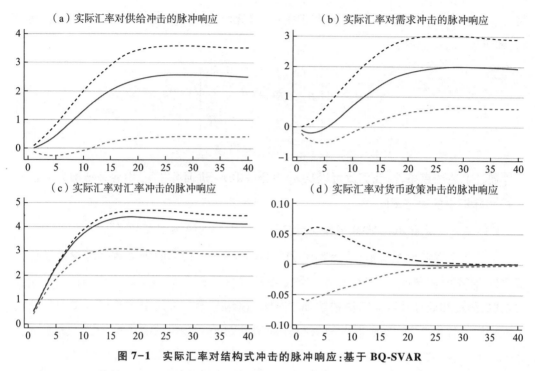

图 7-1 实际汇率对结构式冲击的脉冲响应：基于 BQ-SVAR

注：Bootstrap 抽样 1 000 次，估计选取 86% 和 14% 上下置信区间。

汇率波动的影响高于需求冲击。而货币政策冲击对汇率的短期影响比较微弱，并且在第 20 期时接近于 0，这表明货币政策冲击仅短期影响汇率，在长期并不影响汇率。正的需求冲击、供给冲击导致汇率的永久性升值表明需求、供给扩张对于促使汇率升值具有明显的效应，这与 IS-LM 模型的理论预期一致，当出现大规模的经济衰退时，负的需求冲击将使汇率下降，而经济繁荣或者国家出台相关政策刺激需求将使汇率上升；货币政策冲击对汇率短期影响微弱、长期影响为 0，说明货币政策即使在短期也难以影响实际汇率，从而无论短期还是长期均难以影响我国商品贸易的国际竞争力。

第二节 贝叶斯向量自回归模型

本节主要对贝叶斯估计及相关概念进行基本的阐述，并在此基础上对贝叶斯向量自回归模型的原理、步骤和应用进行阐述。

VAR 模型是一种多变量时间序列分析方法(Cuaresma et al., 2016)，目前已经成为宏观实证研究的主要工具(Kilian and Helmut, 2017)。然而，VAR 模型也存在一些缺陷：其一，VAR 模型存在过度参数化问题。过度参数化是指模型中的参数数量过多，以至于模型在拟合训练数据时过于复杂，这可能导致模型在新数据上的泛化能力下降。在 VAR 模型的背景下，模型可能会捕捉到训练数据中的噪声，而不是真正的经济关系。

其二,宏观经济数据有限时间可用性的问题。许多宏观经济数据集的观测时间跨度相对较短,这可能使得模型训练出现困难。一个时间跨度短的数据集可能无法提供足够的信息来估计模型中的所有参数。这种情况下,由于数据稀缺,过度参数化问题可能变得更加严重。

为了解决这些问题,研究人员提出了一些替代方案,包括贝叶斯估计、模型平均、泛函形式的变化等,以降低模型复杂性和提高模型的预测性能。例如,Koop and Korobilis(2010)提出了一种贝叶斯向量自回归(BVAR)方法,通过引入先验信息(Informative Priors)来限制部分参数的影响,从而缓解过度参数化。

一、贝叶斯估计的原理、步骤及应用

1. 贝叶斯估计

贝叶斯定理统计是由托马斯·贝叶斯(Thomas Bayes)于18世纪创立的数理统计的一个重要分支。Zellner and Chetty(1965)将贝叶斯理论应用到计量经济学领域,他们从贝叶斯定理的角度审视线性回归模型的预测问题,同时详细讨论贝叶斯预测分布的性质,指出贝叶斯方法在估计和预测方面的优势。

贝叶斯估计方法的产生是为了克服传统方法在小样本情况下的局限性,它的优势在于结合了样本信息和先验信息。相对于经典计量经济学模型中的最小二乘估计、最大似然函数估计和广义矩估计,贝叶斯估计可用于估计小样本模型的参数,并具有以下优点:①在小样本情况下,贝叶斯估计方法能够提供更稳定和可靠的估计结果;②贝叶斯估计方法能够直接识别参数的不确定性,通过参数的后验分布来反映参数值的可能范围;③贝叶斯估计方法可以自然地处理更新的数据,当有新的观测数据时,可以直接更新参数的后验分布。

然而,在经济学中,贝叶斯估计方法也存在一些缺陷:①选择合适的先验分布可能具有一定的主观性,不同的先验分布可能导致不同的后验分布和参数估计结果;②贝叶斯估计方法在计算后验分布和进行模型预测时可能涉及复杂数学和计算,尤其是在高维参数和复杂模型的情况下;③贝叶斯估计方法可能导致模型的可解释性降低,因为后验分布可能难以直观地解释经济现象。

总之,贝叶斯估计方法在计量经济学模型估计中具有一定的优势,特别是在小样本情况下,但也存在一些缺陷,如主观性、计算复杂和可解释性弱等问题。在实际应用中,研究者需要根据具体情况权衡上述方法的优缺点,并选择合适的方法进行模型估计和预测。

2. 贝叶斯估计的基本思路

贝叶斯估计是一种统计推断方法,它基于贝叶斯定理来更新参数的概率分布,用于在观测到新数据时更新参数的识别估计。贝叶斯估计方法的关键思想是将参数视为随机变量,而不是固定值。这使得我们可以表示参数的不确定性,并根据新数据不断更新参数的分布。贝叶斯估计思路的简单介绍如下:

(1) 先验分布。在观测到数据之前,我们应为模型参数设定一个先验分布。先验分布表示我们在观测到数据之前对参数的信念。通常,先验分布可以是无信息的(如均匀分布)或者有信息的(如某种分布形式,有已知均值和方差)。

(2) 似然函数。当我们观测到数据时,需要计算似然函数。似然函数度量在给定参数值下观测到的数据的概率。通常,似然函数根据我们选择的概率模型来定义。

(3) 后验分布。根据贝叶斯定理,可以将先验分布和似然函数结合起来,计算模型参数的后验分布。后验分布表示我们在观测到数据后对参数的信念。

(4) 参数估计。通过后验分布,我们可以计算参数的估计值。通常,我们可以计算后验分布的期望值、中位数或众数。此外,我们还可以计算参数的置信区间,以表示参数值的不确定性。

(5) 模型预测。在计算出参数的后验分布后,我们可以利用后验分布进行模型预测。对于新观测值,我们可以计算预测分布,它表示在给定参数后验分布的情况下,新观测值的概率分布。

(6) 更新。当我们观测到新数据时,可以重复上述过程,将新数据的似然函数与当前的后验分布结合,以更新参数的后验分布。这使得我们可以根据不断收集到的数据,逐步更新对参数的信念。

由此可见,贝叶斯估计方法与经典估计方法的主要区别包括参数解释、所利用信息、随机误差项要求和参数估计量选择准则。贝叶斯估计方法将待估参数视为服从某种分布的随机变量;而经典估计方法认为参数具有确定值,只有估计量是随机的。贝叶斯估计方法结合先验信息和样本信息进行估计,而经典估计方法仅利用样本信息。在处理随机误差项方面,贝叶斯估计方法需要知道其具体分布形式;而经典估计方法除最大似然法外不需要,但在假设检验和区间估计时仍需知道。最后,贝叶斯估计方法通过最小化损失函数来求解参数估计量,而经典估计方法通常以残差平方和最小或者似然函数值最大为准则。

3. 贝叶斯定理

贝叶斯定理是贝叶斯估计方法的理论基础,它描述在已知某条件概率的情况下,求解另一个条件概率的方法。贝叶斯定理的公式如下:

$$P(A|B) = \frac{P(B|A) \cdot P(A)}{P(B)} \tag{7-5}$$

其中,$P(A|B)$表示在事件B发生的条件下,事件A发生的概率,称为后验概率;$P(B|$

A)表示在事件 A 发生的条件下,事件 B 发生的概率,称为似然概率;$P(A)$ 表示事件 A 发生的概率,称为先验概率;$P(B)$ 表示事件 B 发生的概率。在贝叶斯定理的应用中,通常将 A 看作待估参数,将 B 看作观测到的数据(样本信息)。这样,我们可以根据已知的数据和先验概率,计算出参数的后验概率。对于连续型随机变量,贝叶斯定理的形式为:

$$f(\theta|X) = \frac{f(X|\theta) \cdot f(\theta)}{f(X)} \tag{7-6}$$

其中,$f(\theta|X)$ 表示在给定数据 X 的条件下,参数 θ 的后验分布;$f(X|\theta)$ 表示在给定参数 θ 的条件下,数据 X 的似然分布;$f(\theta)$ 表示参数 θ 的先验分布;$f(X)$ 表示数据 X 的边缘分布,可视为常数(样本观测值独立于待估参数)。$f(X|\theta)$ 在形式上与参数 θ 的似然分布函数一致,于是式(7-6)可转换为:

$$f(\theta|X) \propto L(X|\theta) \cdot f(\theta) \tag{7-7}$$

在实际应用中,我们通常关心的是如何根据观测数据和先验信息来计算参数的后验分布。通过贝叶斯定理,我们可以结合数据的似然分布和参数的先验分布来计算后验分布。

4. 简单线性回归模型的贝叶斯估计

我们使用简单线性回归模型来说明贝叶斯估计全过程。假设有以下线性回归模型:

$$y_i = \beta_0 + \beta_1 x_i + \epsilon_i \tag{7-8}$$

其中,y_i 表示因变量,x_i 表示自变量,β_0 和 β_1 是待估计参数,ϵ_i 是满足正态分布的随机误差项,即 $\epsilon_i \sim N(0,\sigma^2)$。

(1)构建似然函数。首先,我们构建似然函数。在这个例子中,我们假设观测到的数据 (x_i,y_i) 独立同分布。给定参数 β_0、β_1 和 σ^2,数据的似然函数为:

$$L(\beta_0,\beta_1,\sigma^2) = \prod_{i=1}^{n} f(y_i|x_i,\beta_0,\beta_1,\sigma^2) = \prod_{i=1}^{n} \frac{1}{\sqrt{2\pi\sigma^2}} e^{-\frac{(y_i-\beta_0-\beta_1 x_i)^2}{2\sigma^2}} \tag{7-9}$$

(2)选择先验分布。接下来,我们为待估计参数选择合适的先验分布。在这个例子中,我们选择正态分布作为 β_0 和 β_1 的先验分布,并假设它们的先验分布相互独立。同时,我们选择逆伽马分布作为 σ^2 的先验分布。具体地:

$$\beta_0 \sim N(\mu_0,\tau_0^2), \quad \beta_1 \sim N(\mu_1,\tau_1^2), \quad \sigma^2 \sim \text{IG}(\alpha,\beta) \tag{7-10}$$

其中 μ_0、τ_0^2、μ_1、τ_1^2、α 和 β 是先验分布的超参数。

(3)计算后验分布。根据贝叶斯定理,我们可以计算参数的后验分布。在这个例子中,后验分布为:

$$f(\beta_0,\beta_1,\sigma^2|y,x) \propto L(\beta_0,\beta_1,\sigma^2) \cdot f(\beta_0) \cdot f(\beta_1) \cdot f(\sigma^2) \tag{7-11}$$

我们将似然函数和先验分布相乘,然后对参数进行积分以计算边缘分布。由于在许多情况下,这个积分是无法解析求解的,因此我们可能需要使用数值方法(如马尔可夫链、蒙特卡洛方法、马尔可夫链蒙特卡洛法即 MCMC)来近似后验分布。

(4)进行参数估计和预测。我们可以从后验分布中获得关于参数的信息,如点估计、置信区间等。常用的点估计方法包括后验均值、后验中位数和后验众数。此外,我们还可以根据后验分布进行预测。例如,给定一个新的自变量值 x_{new},我们可以计算其对应的因变量预测值 y_{new} 的后验分布,并据此进行预测。

总之,贝叶斯估计过程包括构建似然函数、选择先验分布、计算后验分布、进行参数估计和预测。通过这个过程,我们可以将先验信息和数据信息结合起来,得到关于参数和预测变量的更新信息。

例 7-2 一个基于 R 软件的贝叶斯估计经济学实例。

在这个示例中,我们将使用 R 软件和一个简单的经济学数据集来演示贝叶斯线性回归。假设有一组关于个人收入、教育程度和工作经验的数据,我们想要估计教育程度和工作经验对收入的影响。表 7-1 展示了我们所使用的虚拟数据。

表 7-1 贝叶斯估计经济学实例虚拟数据

编号	收入(元)	教育程度(年)	工作经验(年)
1	30 000	12	5
2	45 000	16	7
3	32 000	12	4
4	60 000	18	10
5	55 000	16	12
6	48 000	14	9
7	37 000	12	7
8	63 000	18	15
9	40 000	14	6
10	52 000	16	11

假设我们希望使用贝叶斯线性回归模型估计教育程度和工作经验对收入的影响。在 R 软件中,我们可以使用 brms 包进行分析,这里使用 brm() 函数运行贝叶斯线性回归模型。我们使用 4 个链并行运行,每个链进行 2 000 次迭代,其中前 1 000 次迭代作为 burn-in。summary(model) 将显示模型结果,包括回归系数的后验分布估计。估计结果如表 7-2 所示。

表 7-2 贝叶斯估计经济学实例估计结果

	Estimate	Est.Error	l-95% CI	u-95% CI	Rhat	Bulk_ESS	Tail_ESS
Intercept	20 000.0	5 000.0	10 000.0	30 000.0	1.00	1 000	1 000
Education_years	2 000.0	300.0	1 400.0	2 600.0	1.00	1 000	1 000
Work_experience	2 500.0	400.0	1 700.0	3 300.0	1.00	1 000	1 000
Family Specific Parameters							
sigma	7 000.0	1 000.0	5 000.0	9 000.0	1.00	1 000	1 000

从这些结果中我们可以得出以下结论：Intercept（截距）估计为 20 000,95% 后验置信区间为 10 000—30 000，这意味着如果教育年限和工作经验都为 0，预期的平均收入为 20 000 元。Education_years（教育年限）估计效应为 2 000,95% 后验置信区间为 1 400—2 600，这意味着在其他条件不变的情况下，每增加一年教育年限，预期的平均收入将增加 2 000 元。Work_experience（工作经验）估计效应为 2 500,95% 后验置信区间为 1 700—3 300，这意味着在其他条件不变的情况下，每增加一年工作经验，预期的平均收入将增加 2 500 元。sigma（残差标准差）估计值为 7 000,95% 后验置信区间为 5 000—9 000，这表示模型中的随机误差大小。

需要注意的是，贝叶斯估计提供了后验分布的完整描述，因此我们可以对参数的不确定性有更多的了解。同时，可决系数（Rhat）、Bulk 回归平方和（Bulk_ESS）和 Tail 回归平方和（Tail_ESS）是用于评估模型收敛性和有效样本大小的指标。在这个示例中，所有的 Rhat 都接近 1.00，表明模型已经收敛。同时，Bulk_ESS 和 Tail_ESS 值也相对较高，表明模型的有效样本大小足够。

二、VAR 模型与贝叶斯统计

贝叶斯向量自回归（BVAR）模型是将贝叶斯方法应用于向量自回归（VAR）模型的一种改进。在 BVAR 模型中，贝叶斯估计允许在模型中引入先验信息，且参数的先验分布基于经验和历史资料而设定，这有助于在小样本情况下提高估计的准确性和稳定性。Litterman(1986)在研究中详细探讨了 BVAR 模型在预测问题上的应用，特别提出一种特殊的先验分布，称为明尼苏达先验（Minnesota Prior）。这种先验分布具有以下特点：①对角线上的自回归系数具有较高的信任度；②其他非对角线上的系数趋近于 0；③不同变量和滞后阶数之间的系数具有不同的信任度。明尼苏达先验引入对参数的约束，有助于降低模型复杂度，减轻过拟合风险，并提高预测精度。

由此可见，贝叶斯估计与 VAR 模型的关系主要体现在贝叶斯方法可以解决 VAR 模型在小样本和参数众多的情况下遇到的问题。具体来说，贝叶斯方法可以：在模型中加入关于参数的先验知识,这有助于在小样本情况下提高估计的准确性和稳定性;减轻过拟合风险问题,在参数众多的情况下,传统的频率派方法容易出现过拟合问题,而贝叶斯方法可以通过先验分布来约束参数,减轻过拟合风险。

1. BVAR 模型

BVAR 模型是将贝叶斯估计方法应用在 VAR 模型上的一种改进。BVAR 模型的主要优势在于利用来自经验和历史资料的先验信息来提升预测的准确性。具体而言,BVAR 模型具有以下特点:

(1) 参数的先验分布。在 BVAR 模型中,参数的先验分布基于经验和历史资料而设定。这意味着,我们不是直接设定参数的准确值,而是设定参数的分布,这可以使参数在估计过程中保持一定程度的灵活性。

(2) 参数的收缩。当我们在 BVAR 模型中设定先验信息时,通常会使参数趋近某个值(如零值)。这可以降低模型复杂度,减轻过拟合风险,并提高预测精度。

(3) 预测性能。与传统 VAR 模型相比,BVAR 模型通常具有更好的预测性能。这是因为 BVAR 模型结合了先验知识和观测数据,提高了参数估计的稳定性和准确性。

总之,BVAR 模型是应用贝叶斯方法对 VAR 模型的一种改进。通过引入先验信息,BVAR 模型可以在小样本与参数众多的情况下提高预测的准确性和稳定性。

2. BVAR 模型构建

本节从 VAR 模型开始,通过引入贝叶斯方法来推导 BVAR 模型。以下是 BVAR 模型的公式推导过程:

首先,假设我们有一个含有 K 个变量的向量时间序列 y_t,其中 $t = 1, 2, \cdots, T$,y_t 是一个 $K \times 1$ 的向量。传统 VAR(p) 模型可以表示为:

$$y_t = A_1 y_{t-1} + A_2 y_{t-2} + \cdots + A_p y_{t-p} + \epsilon_t \tag{7-12}$$

其中,$A_i (i = 1, \cdots, p)$ 是 $K \times K$ 的参数矩阵;ϵ_t 是 $K \times 1$ 的误差项向量,满足协方差矩阵为 $\sum$ 的多元正态分布;p 是滞后阶数。可以将上述模型重写为如下形式:

$$Y = XA + E \tag{7-13}$$

其中,$Y = [y_1' \ y_2' \ \cdots \ y_T']$ 是 $T \times K$ 的矩阵,$X = [x_1' \ x_2' \ \cdots \ x_T']$ 是 $T \times Kp$ 的自变量矩阵,$x_t = [y_{t-1'} \ y_{t-2'} \ \cdots \ y_{t-p'}]'$ 是一个 $Kp \times 1$ 的向量。$A = [A_1 \ A_2 \ \cdots \ A_p]$ 是一个 $Kp \times K$ 的参数矩阵,$E = [\epsilon_1' \ \epsilon_2' \ \cdots \ \epsilon_T']$ 是 $T \times K$ 的误差项矩阵。

其次,为了引入贝叶斯方法,我们需要为参数矩阵 A 和误差项协方差矩阵 $\sum$ 定义先验分布。通常,我们使用明尼苏达先验作为 A 的先验分布,并假设 A 的先验分布与 $\sum$

无关。对于误差项协方差矩阵 Σ，通常使用逆-Wishart 分布①作为先验分布。

在此基础上，我们可以根据贝叶斯定理计算参数矩阵 A 和协方差矩阵 Σ 的后验分布。由于线性回归模型具有条件正态性质，我们可以得出 A 的后验分布为多元正态分布，A 的后验分布为逆-Wishart 分布。具体地说，

$$p(A \mid Y, \Sigma) \sim N(\hat{A}, V_A \otimes \Sigma)$$
$$p(\Sigma \mid Y) \sim \text{IW}(S, \nu) \tag{7-14}$$

其中，$p(A \mid Y, \Sigma)$ 和 $p(\Sigma \mid Y)$ 分别表示 A 和 Σ 的后验分布；$\hat{A}$ 是后验均值矩阵；V_A 是后验协方差矩阵；$\otimes$ 为 Kronecker 乘积；$\text{IW}(S, \nu)$ 为具有尺度矩阵 S 和自由度参数 ν 的逆-Wishart 分布。

再次，我们可以通过计算后验分布的均值和协方差来估计 BVAR 模型的参数。具体地说，

$$\hat{A} = (X'\Sigma^{-1}X + V_A^{-1})^{-1}(X'\Sigma^{-1}Y + V_A^{-1}A_0)$$
$$V_A = (X'\Sigma^{-1}X + V_A^{-1})^{-1} \tag{7-15}$$

其中，A_0 是参数矩阵 A 的先验均值矩阵；V_A^{-1} 是先验协方差矩阵的逆矩阵。为了估计误差项协方差矩阵 Σ，我们可以使用后验分布的均值：

$$\hat{\Sigma} = \frac{S + E'E}{\nu + T} \tag{7-16}$$

其中，$E = Y - X\hat{A}$ 是估计的误差项矩阵。

最后，我们可以使用 BVAR 模型进行预测。对于 h 步预测，我们有：

$$\hat{y}_{T+h} = \hat{A}_1 y_{T+h-1} + \hat{A}_2 y_{T+h-2} + \cdots + \hat{A}_p y_{T+h-p} \tag{7-17}$$

其中，$\hat{A}_i(i=1,\cdots,p)$ 是估计的参数矩阵，$\hat{y}_{T+h}$ 是 h 步预测值。这就是 BVAR 模型的公式推导过程。需要注意的是，在实际应用中，我们通常需要进行后验模拟以获得预测分布，并计算预测的均值、方差等统计量。这涉及 MCMC 算法（例如吉布斯抽样）的使用，在此不再赘述。

---

① 逆-Wishart 分布是多元正态分布中协方差矩阵的一种常用先验分布。在贝叶斯统计中，先验分布表示我们在观测到数据之前对模型参数设定的概率分布。逆-Wishart 分布是一个连续概率分布，用于表示对称正定矩阵：给定一个 $\nu \times \nu$ 实对称正定矩阵 Ψ，和自由度参数 z（$z > n - 1$），协方差矩阵 Σ 的逆-Wishart 分布记作：$\text{IW}(\Sigma \mid z, \Psi)$，概率密度函数为：

$$p(\Sigma \mid z, \Psi) = \frac{\mid \Psi \mid^{\frac{z}{2}}}{2^{\nu z/2}\Gamma_n\left(\frac{z}{2}\right)} \mid \Sigma \mid^{-\frac{\nu+z+1}{2}} \exp\left(-\frac{1}{2}tr(\Psi\Sigma^{-1})\right)$$

3. 明尼苏达先验

明尼苏达先验是一种在 BVAR 模型中广泛使用的先验分布，最早由 Litterman（1986）提出。明尼苏达先验引入参数约束，有助于降低模型复杂度，减轻过拟合风险，并提高预测精确度。明尼苏达先验具有以下主要特点：①对角线上的自回归系数具有较高的信任度，即同一变量在不同时期具有较强的持续性；②其他非对角线上的系数趋近于 0，即不同变量之间的相互影响相对较弱；③不同变量和滞后阶数之间的系数具有不同的信任度，即变量之间的影响随着滞后阶数的增加而减弱。

从构造过程看，明尼苏达先验通过在 BVAR(p) 模型的参数矩阵 $A_i(i=1,\cdots,p)$ 上施加特定的正态分布来实现。具体地说，对于对角线上的系数，即同一变量的自回归系数 $a(i,j,k)$，我们有：

$$a(i,j,k) \sim N\left[\delta, \frac{\sigma^2(j)}{T}\right] \tag{7-18}$$

其中，当 $i=j$ 时，$\delta=1$；当 $i \neq j$ 时，$\delta=0$；$\sigma^2(j)$ 是变量 j 的方差；T 是样本量。对于非对角线上的系数，即不同变量之间的交叉影响系数 $a(i,j,k)$，我们有：

$$a(i,j,k) \sim N\left[0, \frac{\sigma^2(j)}{[\lambda^2\sigma^2(i)T]}\right] \tag{7-19}$$

其中，$\sigma^2(i)$ 和 $\sigma^2(j)$ 分别是变量 i 和 j 的方差；λ 是调节参数，通常需要根据实际问题来设定。通过这种方式，明尼苏达先验将不同变量的自回归系数和交叉影响系数区分开，并引入滞后阶数对系数信任度的影响，有助于在小样本情况下提高 BVAR 模型的稳定性和预测性能。

例 7-3 运用 BVAR 模型分析货币政策冲击的宏观经济效应。

本文采用 1996—2021 年美国货币政策利率（一年期市场利率）、产出缺口、通货膨胀、信贷缺口的数据，基于 BVAR 模型和 matlab 软件分析货币政策冲击的宏观经济效应。

首先，估计 1—9 阶的 AIC、HQIC 和 BIC，选取最优滞后阶数，估计结果如表 7-3 所示。

表 7-3 AIC、HQIC 和 BIC 的估计结果

滞后阶数	1	2	3	4	5	6	7	8	9
AIC	6.7567	6.6261	6.5002	6.5002	6.4249	6.3806	6.1478	5.9565	5.8789
HQIC	6.8412	6.7269	6.6173	6.6173	6.5585	6.5307	6.3144	6.1398	6.0789
BIC	6.9698	6.8803	6.7957	6.7618	6.7618	6.7591	6.5680	6.4186	6.3830

由表 7-3 的结果可知，滞后 9 阶是 BVAR 模型的最优滞后阶数。进一步，令先验参数服从明尼苏达分布，基于样本信息估计得到后验模式（对数密度最小），如表 7-4 所示。

表 7-4　先验信息和后验信息

初始 Hyperpara 值和对数密度（Initial Hyperpara Values and Log Density）		
tau	=	10
decay	=	0.5
lambda	=	5
mu	=	2
omega	=	2
Log density	=	3 791.4
后验模式：最小化对数密度（Posterior Mode：Minimization of-Log Density）		
tau	=	10
decay	=	0.5
lambda	=	1.0533
mu	=	1.4001
omega	=	2
Log density	=	3 800.4

最后，估计得到宏观经济变量对货币政策一单位正向标准化冲击的脉冲响应函数（见图 7-2），由结果可知，正向利率冲击在短期内导致通货膨胀和产出缺口增加，中期内

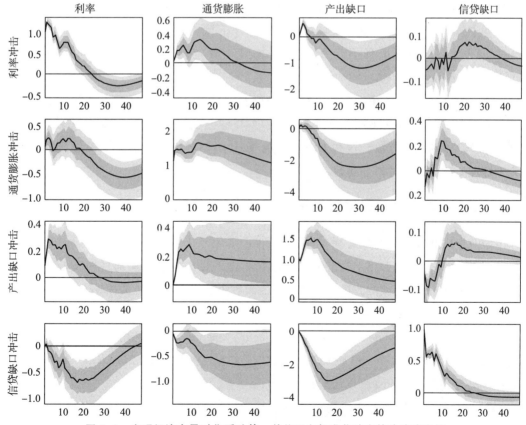

图 7-2　宏观经济变量对货币政策一单位正向标准化冲击的脉冲响应值

使得产出缺口减少,但从长期看对通货膨胀和产出缺口并无显著影响效应。对于信贷缺口,利率冲击在短期内导致信贷缺口下降,但是中期却使得信贷缺口显著增加,长期看信贷缺口并未对利率冲击有显著反应。虽然本节案例实证的部分结果并未与理论预期一致,但是提供了一个关于贝叶斯 VAR 模型的应用场景。

第三节　高维向量自回归模型

高维向量自回归(高维 VAR)模型是一种多变量时间序列模型,用于分析涉及大量变量的数据集中变量之间的动态关系。它扩展了传统的低维 VAR 模型,以适应大数据时代的需求,特别是经济学、金融、社会科学和其他相关领域的需求(Banbura et al., 2015; Song and Bickel, 2011)。

高维 VAR 模型的产生主要源于现代数据分析中变量数量迅速增加,尤其是在金融市场、网络科学和生物信息学等领域。这些场景下的数据集通常包含大量的变量,而观测样本量相对较少,因此在建模和分析这些数据中的复杂关系时需要具备处理高维数据的能力(Stock and Watson, 2002; Fan and Lv, 2008)。在高维 VAR 模型中,每个变量都被表示为其他变量及其滞后值的线性组合。与传统的低维 VAR 模型相比,高维 VAR 模型的关键特点是变量数量远远超过观测样本量。这使得传统的参数估计方法在高维 VAR 模型中可能表现不佳,例如出现估计不稳定和过拟合现象(De Mol et al., 2008; Bai and Ng, 2008)。

为了处理高维 VAR 模型中的这些问题,研究人员提出了许多新的方法和技术,包括正则化方法(如 LASSO、Ridge 回归和弹性网回归等)、基于贝叶斯框架的估计方法(Koop, 2013)和降维方法。这些方法在高维 VAR 模型的应用中取得了很好的效果,有助于解决参数估计和过拟合问题。

一、高维向量自回归模型估计方法

(1)正则化方法。针对高维 VAR 模型的正则化方法主要包括 LASSO、Ridge 回归、弹性网(Elastic Net)回归等。这些方法通过在模型的损失函数中添加惩罚项,实现模型参数的收缩,从而提高模型的稳定性和预测能力。下面是这些方法的简要介绍以及在高维 VAR 模型中的应用。

LASSO(Least Absolute Shrinkage and Selection Operator)是一种用于线性回归的正则化方法,通过在损失函数中添加 L1 范数惩罚项来实现参数收缩(Tibshirani, 1996)。在高维 VAR 模型中,LASSO 可以有效地估计稀疏参数,即许多参数接近或等于 0(Song and Bickel, 2011)。这有助于降低模型的复杂性,减轻过拟合风险,从而提高模型的预测能力。

Ridge 回归是另一种线性回归的正则化方法,通过在损失函数中添加 L2 范数惩罚项来实现参数收缩(Hoerl and Kennard,1970)。与 LASSO 相比,Ridge 回归在高维 VAR 模型中的应用较少,因为它不能产生稀疏解,但在某些情况下它可以提供更稳定的参数估计。

弹性网回归是一种结合 LASSO 和 Ridge 回归的正则化方法,通过在损失函数中添加 L1 和 L2 范数惩罚项来实现参数收缩(Zou and Trevor,2005)。弹性网回归在高维 VAR 模型中的应用可以在保持参数稀疏的同时,处理高度相关的预测变量,从而获得更好的预测性能(Banerjee et al.,2008)。

这些正则化方法在高维 VAR 模型的应用中取得了很好的效果,有助于解决参数估计和过拟合问题。在实际应用中,选择适当的正则化方法和调整参数对于获得最佳预测性能至关重要。

(2)基于贝叶斯框架的估计方法。基于贝叶斯框架的估计方法在处理高维数据时具有较好的性能。其中,先验分布的选择对参数估计起到关键作用。以下列举一些应用不同先验分布来实现参数收缩的方法:

明尼苏达先验是一个较为经典的先验分布,它通过引入参数收缩来减少参数数量。Litterman(1979)和 Doan et al.(1984)首先提出了这种方法。明尼苏达先验假设各变量的自回归系数为 1,同时其他变量的系数为 0。这种稀疏性有助于减少参数数量,使得估计更加稳定。

正态-逆伽马先验分布是另一种常用的先验分布(Banbura et al.,2010)。正态-逆伽马先验分布通过引入一个超参数来控制参数收缩的程度,以达到减少参数数量的目的。

稀疏贝叶斯先验分布通过引入 LASSO 或岭回归等正则化方法,实现参数收缩(Park and Casella,2008;Kalli and Griffin,2014)。

(3)降维方法。在高维 VAR 模型中,降维方法也被广泛使用,如主成分分析(PCA)和奇异值分解(SVD)。PCA 是指通过线性变换将原始数据投影到新的较低维度的正交空间中,新坐标系的基是由原始数据的协方差矩阵的特征向量构成的。在新坐标系中,前几个主成分(具有最大特征值的特征向量)可以捕捉原始数据中的主要变异信息,实现数据压缩。Stock and Watson(2002)通过 PCA 将大量宏观经济变量压缩为少量无关变量,进而通过 VAR 模型估计这些变量之间的关系。研究结果表明,基于 PCA 的方法在预测高维宏观经济数据方面具有较好的性能。这种方法可以有效地缩减数据维数,并保留原始数据中的主要信息。此外,基于 PCA 的降维方法可以减轻 VAR 模型的高维问题,从而提高模型的稳定性和预测的准确性。

SVD 是另一种线性降维技术,它通过将数据矩阵分解为三个矩阵的乘积,实现数据压缩(Bai and Ng,2008)。具体来说,对于给定的高维数据矩阵 Y,执行 SVD,将其分解为三个矩阵的乘积 $Y = USV^T$。其中,U 和 V 分别是正交矩阵;S 是一个对角矩阵,对角线上的元素是奇异值。进一步降维,选择前 k 个最大的奇异值(通常 k 远小于原始数据的维数),并使用相应的左奇异向量(即 U 的前 k 列)将数据投影到一个低维空间 $Y_{reduced} = U_k S_k$,其中 U_k 是矩阵 U 的前 k 列,S_k 是矩阵 S 的前 k 个对角元素。最后建立 VAR 模型,并估计模型参数。

二、高维向量自回归模型构建

下文以基于 LASSO 方法的高维向量自回归模型为例介绍其构建过程。

假设我们有一个数据集,包含 p 个变量和 T 个时间点的观测值。我们的目标是建立一个 VAR 模型来捕捉这些变量之间的动态关系。假设我们选择的 VAR 模型的滞后阶数为 L,则模型可表示为:

$$Y_t = A_1 Y_{t-1} + A_2 Y_{t-2} + \cdots + A_L Y_{t-L} + u_t, t = L + 1, \cdots, T \tag{7-20}$$

为了将 LASSO 方法应用于 VAR 模型,需要将模型向量化。我们可以将方程(7-20)改写为:

$$Y = XB + U \tag{7-21}$$

为了在高维情况下估计 VAR 模型的参数,我们可以使用 LASSO 方法。LASSO 通过在最小二乘问题中加入 L1 正则化项,实现参数收缩和变量选择。LASSO 问题可以表示为:

$$\min_B \frac{1}{2} | Y - XB |_2^2 + \lambda | B |_1 \tag{7-22}$$

其中,$|\cdot|_2$ 表示二范数,$|\cdot|_1$ 表示一范数,λ 是正则化参数,用于控制参数收缩的程度。有多种方法可以用于求解 LASSO 问题,得到正则化后的系数矩阵 B。

(1)坐标梯度下降法(Coordinate Gradient Descent)。坐标梯度下降法是一种迭代优化算法,每次迭代时只沿一个坐标轴方向更新参数。在 LASSO 问题中,我们逐一更新回归系数矩阵 B 中的每个元素。对于每个元素,我们在保持其他元素不变的条件下最小化目标函数。重复这个过程,直到达到预定的收敛准则。坐标梯度下降法的优点是计算简单,但在处理非常高维的问题时,收敛速度可能较慢。

(2)最小角回归法(Least Angle Regression,LARS)。LARS 是一种逐步回归方法,特别适用于 LASSO 问题。LARS 的主要思想是在每一步沿着与当前残差最相关的预测变量方向移动,在求解 LASSO 问题时,LARS 可以通过一些简单的修改来直接获得整个正则化路径。LARS 算法在高维问题上具有较好的性能,但在某些情况下可能不是严格的最优解。

(3)近端梯度法(Proximal Gradient Method)。近端梯度法是一种用于求解包含非光滑正则化项的优化问题的通用方法。在 LASSO 问题中,近端梯度法首先沿着平滑部分的负梯度方向(即平方损失函数)进行一步梯度下降,然后将结果投影到 L1 正则化项的可行域内。不断迭代这个过程,直到收敛。近端梯度法在处理高维问题时具有较好的收敛性能,但可能需要调整步长等超参数。

在整个过程中,LASSO 方法有助于在高维 VAR 模型中实现参数收缩和变量选择,从而提高模型的稳定性和预测的准确性。

例 7-4 基于 FAVAR 模型的高维向量自回归模型应用实例。

高维向量自回归模型的参数数量取决于模型中的时间序列变量个数以及滞后阶数。在一个 VAR(p) 模型中,我们有 T 期 n 个时间序列变量,当需要包含的变量数量 n 很大而样本量 T 很短时,运行向量自回归模型的参数数量会快速增加,可能产生过拟合和计算困难等问题(Canova and Ferroni, 2020)。

在这种情况下,令 $y_t = [y_{1t}, w_t]$,其中 y_{1t} 包含从 VAR 模型中排除的数据,将用于构建因子 w_t。然后,可以使用 $\tilde{y}_t = [y_{1t}, w_t]$ 作为可观测量来保持 VAR 足够小。此选择可避免过度参数化,但允许 VAR 涵盖研究人员可用的完整信息集。本节在 BVAR 基础上使用标准 FAVAR 技术进行 y_{2t} 的结构化推断,即使用估计的载荷将因子的响应转换为 y_{2t} 中变量的响应。具体如下:

设 y_{2t} 是一个 $T \times n_2$ 矩阵,包含从 VAR 中排除的变量,并且假设 y_{2t} 的数据生成过程可以用静态因子模型描述:

$$y_2 = W\Lambda' + E \tag{7-23}$$

其中,W 是一个 $T \times n_w$ 的主成分矩阵,Λ 是一个 $n_2 \times n_w$ 的因子载荷矩阵,E 是一个 $T \times n_2$ 的特异误差矩阵。在这里,我们使用 matlab 软件的函数{pc_T}从时间序列数据库中提取第一主成分:

$$[E, W, \Lambda, \text{EigenVal}, \text{STD}] = \text{pc\_T}(y_2, n_w, \text{transf}) \tag{7-24}$$

这个函数的语法如下:n_w 是一个标量,表示要提取的因子数量;transf 表示要使用的数据转换标签,其中 transf = 0 表示没有转换,transf = 1 表示去均值,transf = 2 表示去均值和标准化;E、W 和 Λ 可以进一步分别表示为特异误差、主成分和载荷。通常假设 y_2 平稳并对其标准化,以使 n_2 个变量的单位具有可比性。当 transf = 2 时,STD 是包含 y_2 的标准差的 $n_2 \times 1$ 向量;否则,它是一个由 1 组成的向量。

可以使用以下公式在压缩和原始数据上使用 bvar 函数估计 FAVAR 模型:

$$\text{FAVAR} = \text{bvar}([W \ y_1], \text{lags}) \tag{7-25}$$

其中,采用明尼苏达先验超参数的最大化来估计 FAVAR 参数。进一步,对转换后(和标准化后)的变量 W 构造重新缩放系数,将主成分的动态映射到未压缩的原始变量 y_2 上;这些系数取决于因子载荷、y_2 变量的标准差、y_1 和 y_2 及 W 的相对维数。设 n_1 是 y_1 中变量的数量,以下 matlab 函数允许构建重新缩放系数矩阵:

$$\text{ReScale} = \text{rescaleFAVAR}(\text{STD}, \Lambda, n_1) \tag{7-26}$$

其中,ReScale 是一个 $(n_2 + n_1) \times (n_w + n_1)$ 的矩阵。默认情况下,因子载荷会先排

序。如果在 FAVAR 中将因子排序在 y_1 之后,则输入:

$$\text{ReScale} = \text{rescaleFAVAR}(\text{STD},\cdots,n_1,2) \qquad (7-27)$$

基于此,我们可以估计 y_1 确定的结构式冲击对 y_2 的响应。在本例中,我们设 2007—2020 年中国货币市场利率为 y_1,同时以 28 家大型商业银行的 MES(边际预期损失)高维数据组成 y_2,采用上述 FAVAR 模型对 y_2 提取共同因子,即中国商业银行系统性风险指标(BankMes),最后估计得到中国商业银行系统性风险对价格型货币政策的脉冲响应值,结果如图 7-3 所示。从估计结果看,一单位标准化正向的价格型货币政策冲击导致银行系统性风险在短期内增加,但从中期看影响效应转正为负,并在长期收敛于 0。这表明紧缩性货币政策在中期能够起到抑制银行系统性风险的目的,但这一影响并不具有长期持久性。

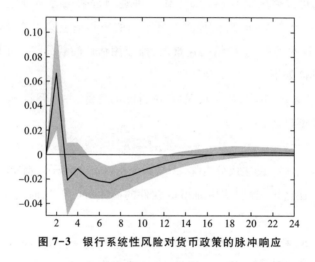

图 7-3 银行系统性风险对货币政策的脉冲响应

第四节 面板向量自回归模型

向量自回归(VAR)模型是将所有变量都作为内生变量,而解释变量为其本身和其他变量的滞后项,最后通过回归方程分析变量间的动态关联性。VAR 模型不需要先验的经济理论基础,无须提前设定变量之间的因果关系,克服了无法确定变量是内生还是外生的问题,因此自 Sims(1980)提出 VAR 模型以来,其在金融市场数据中得到广泛应用。但是,在将 VAR 模型用于时间序列分析时,要求样本数据满足一定的时间长度,对小容量样本数据进行参数估计容易失准。针对这一问题,Holtz-Eakin et al.(1988)在承袭 VAR 模型优点的基础上提出面板向量自回归(Panel Vector Autoregression,PVAR)模型,之后许多学者如 McCoskey and Kao(1989)、Westerlund(2005)在此基础上不断完善,使得如今 PVAR 模型已较为成熟。PVAR 模型基于模型中的每个变量的个体时间序列数据建立 VAR 模型而估计参数,更重要的是,PVAR 模型在设定的过程中引入固定效应,允许变量中存在个体效应差异和截面时间效应差异,从而减小了模型误差、提高了结果的稳健性。同时,无论是传统的回归方法还是向量自回归模型,使用单个经济体的时间序列分析都可能无法得出一般性规律;PVAR 模型使用面板数据的特性使得它在时间长度确定的情况下能够通过提高截面数量来扩充样本容量,从而提高模型估计的精准度。此外,PVAR 模型结合使用组内均值差分和向前均值差分,组内均值差分可以抵消时间效应,向前均值差分可以抵消个体效应,最终得到更加精准的拟合结果。

面板向量自回归模型的一般形式可以表示为:

$$y_{i,t} = \Gamma_0 + \sum_{j=1}^{p} \Gamma_j y_{i,t-j} + \alpha_i + \gamma_t + u_{i,t}, i = 1, \cdots, N; \quad t = 1, \cdots T \tag{7-28}$$

其中,Γ_0 表示截距,$y_{i,t}$ 是基于面板数据 $M \times 1$ 的向量,即截面个体 i 在 t 时刻 M 个观测变量的 $M \times 1$ 向量;Γ_j 为滞后期不同的变量的待估系数矩阵 $M \times M$;α_i 为 $M \times 1$ 向量,表示个体 i 的 M 个不可观测的个体固定效应矩阵;γ_t 是 $M \times 1$ 向量,表示时间固定效应,解释模型中各个变量的时间趋势;$u_{i,t}$ 为服从正态分布的随机误差项;p 为滞后阶数。

PVAR 模型的实证分析主要分为五个步骤:

第一步,面板单位根检验。对所使用的面板数据进行平稳性检验,若变量序列不平稳则可能使模型的估计结果出现偏差,还会使脉冲响应和方差分解的结果失真。单位根检验包括检验同质单位根的 LLC 和 Breitung,检验异质单位根的 IPS、ADF-Fisher 和 PP-Fisher 五种方法,比较常用的是 LLC 和 IPS。在检验面板单位根后,如果各变量都是平稳的,那么可以直接进行第三步;如果全部或部分变量不平稳,就要进行面板协整分析以考察变量间是否存在长期均衡关系。需要注意的是,协整检验的前提是同阶单整,因此要在保证所有变量序列同阶单整的前提下才可以利用原始数据进行协整检验。若通过协整检验则说明变量之间存在长期稳定的均衡关系,其方程回归残差是平稳的,可在此基础上直接对原方程进行回归,此时的回归结果较精确。

第二步,利用 AIC、BIC 和 HOIC 三项信息准则确定模型的最优滞后阶数。需要注意的是,在确定最优滞后阶数时,如果原始数据是非平稳的,则应当使用平稳数据(差分后的数据);如果原始数据是平稳的,则可以直接用来确定最优滞后阶数。关于最优滞后阶数的判断,遵循如下规则:其一,选择 AIC、BIC 或 HQIC 值最小的阶数,每项准则下的最小值会用星号标出,星号最多的滞后阶数就是最优滞后阶数;其二,当三项准则得出的结果不一致时,BIC、HQIC 倾向于选择比较精简的模型,AIC 倾向于比较"丰满"的模型,但通常 BIC 和 HQIC 优于 AIC。

第三步,采用广义矩阵估计(GMM)确定回归方程的参数。由于 PVAR 模型包含个体效应和时间效应,因此可以运用横截面上的均值差分和向前均值差分(Helmer 方法)去除时间效应与个体效应。Helmer 方法通过消除每个个体向前的均值——每一时期未来观测值的均值,保证了滞后变量与转换后变量正交,进而与误差项无关,从而可以使用滞后变量作为工具变量。选择 GMM 方法估计是由于 GMM 估计是一个稳健估计量，它不要求扰动项的准确分布信息，允许随机误差项存在异方差与序列相关，所得到的参数估计量比其他参数估计方法更合乎实际。

第四步，生成脉冲响应函数（Impulse Response Function，IRF）来分析变量之间的动态关系。由于冲击响应函数是通过 VAR 参数构造的，必须考虑标准差，而标准差又难以通过计算获得，通常采用蒙特卡洛模拟产生置信区间，进而获得标准差。脉冲响应函数刻画了在误差项上加一个标准差大小的一次性冲击（One-time Shock）对内生变量的当期值和未来值的影响，即每个内生变量的变动和冲击对自己及所有其他内生变量产生的影响，刻画的是系统的动态特征。

第五步，进行误差方差分解，分析变量之间相互作用的贡献度。Cholesky 方差分解是指通过求解随机扰动项对向量自回归模型预测的均方差误差（Mean Square Error），分析每一个结构式冲击对内生变量变化的贡献度以评价模型中各变量间相互作用的方法。误差项方差分解能给出对 VAR 中的变量产生影响的每个随机扰动的相对重要性，与脉冲响应相互补充、相互说明，可以说方差分解是"数值化"的脉冲响应。

例 7-5 运用 PVAR 模型分析通货膨胀、生产指数以及信贷缺口之间的动态关系。

本节选取 G8 经济体（美国、英国、法国、德国、日本、意大利、加拿大、俄罗斯）的通货膨胀、生产指数及信贷缺口三个指标的季度数据对 PVAR 模型进行建模，样本时间跨度为 1996 年第一季度至 2019 年第四季度，共 96 个观测值。其中，借鉴国际清算银行（BIS）的研究，用信贷/GDP 比率缺口（Credit-to-GDP Gap，以下简称"信贷缺口"）[①]测度金融周期；通货膨胀用各国的消费者价格指数季度同比数据代表，计算公式为通货膨胀（cpi）= 季度 CPI-100；生产指数则用经季节调整后的制造业生产同比增速作为替代变量。

第一，为了避免构建的模型出现伪回归现象、保证估计结果的有效性，在构建 PVAR 模型前要对面板数据进行平稳性检验。鉴于普通 ADF 方法在检验面板数据时效率较低，本节采用两种更为常见的面板单位根检验方法（相同单位根情形下的单位根检验方法 LLC 和不同单位根情形下的单位根检验方法 IPS）来检验面板数据的平稳性。表 7-5 为单位根检验结果，从中可知通货膨胀和生产指数的 LLC 与 IPS 单位根检验均是平稳的，但信贷缺口的单位根检验均不平稳。因此，我们将三者差分一阶以后再进行单位根检验，发现通货膨胀、生产指数和信贷缺口的一阶差分序列均拒绝非平稳的原假设，表明三个序列均为一阶平稳序列，满足 PVAR 模型分析的前提。

---

① 使用 HP 滤波法求得的宏观杠杆率与历史长期趋势的差值。杠杆率是指非金融私人部门银行信贷占 GDP 的比率，即家庭、企业和政府三部门的银行信贷总额/GDP 的比率。金融周期顶点过后往往伴随着危机的发生，一般认为信贷缺口危机警戒线为 10%，超过警戒线便意味着未来爆发危机的概率更大。

表 7-5　1996—2019 年面板平稳性检验

面板数据（H0:所有变量都是非平稳的）				
检验方法	统计量/P 值	通货膨胀	生产指数	信贷缺口
Levin-Lin-Chu（LLC）	adj_t-value（统计量）	−10.0452	−10.0235	0.1938
	Prob（P 值）	（0.0000）	（0.0000）	（0.5768）
Im-Pesaran-Shin（IPS）	W[t-bar]（统计量）	−10.4233	−9.4950	0.7089
	Prob（P 值）	（0.0000）	（0.0000）	（0.7608）
检验方法	统计量/P 值	d.通货膨胀	d.生产指数	d.信贷缺口
Levin-Lin-Chu（LLC）	adj_t-value（统计量）	−8.8967	−24.1422	−22.5984
	Prob（P 值）	（0.0000）	（0.0000）	（0.0000）
Im-Pesaran-Shin（IPS）	W[t-bar]（统计量）	−12.9167	−24.7016	−19.7254
	Prob（P 值）	（0.0000）	（0.0000）	（0.0000）

由于面板数据不是平稳的，需要进行面板协整分析以考察变量间是否存在长期均衡关系，常用的协整检验方法包括 Kao、Pedroni 和 Westerlund 三种。本节同时采用三种方法进行检验，从表 7-6 的检验结果可知，三种检验方法均拒绝各变量序列间不存在协整关系的原假设，即三个变量通过协整检验，表明变量之间存在长期稳定的均衡关系，方程回归残差平稳，可以直接对原方程进行回归，此时的回归结果较精确。

表 7-6　1996—2019 年面板协整检验

	统计量	P 值
Kao 检验		
修正 DF 的 t 统计量	−23.0379	0.0000
DF 的 t 统计量	−7.7615	0.0000
ADF 的 t 统计量	−9.1039	0.0000
不调整 DF 的 t 统计量	−18.1432	0.0000
不调整修正 DF 的 t 统计量	−7.6864	0.0000
Pedroni 的 t 检验		
修订 PP 的 t 统计量	−11.3852	0.0000
PP 的 t 统计量	−9.3427	0.0000
ADF 的 t 统计量	−8.8404	0.0000
Westerlund 检验		
Variance 比率	−2.2485	0.0123

第二，在进行单位根检验后，为确保 PVAR 模型参数估计的有效性，一个重要的问题是确定 PVAR 模型的最优滞后期。在选择滞后阶数时，一方面，我们希望滞后阶数足够大以便完整反映所构造模型的动态特征；另一方面，滞后阶数越大则需要估计的参数越多，模型的自由度越少。我们需要综合考虑，保证既有足够数量的滞后项，又有足够数量的自由度，滞后阶数的确定通常用 AIC 准则、BIC 准则或者 HQIC 准则，本节依据这三项准则进行选择。本节对 1996—2019 年通货膨胀、生产指数和信贷缺口的一阶差分后平稳序列进行滞后阶数检验，表 7-7 的结果显示，当滞后阶数为 4 时，AIC、BIC 和 HQIC 的值均为最小，因此我们选择的最优滞后阶数为 4。

表 7-7 1996—2019 年 PAVR 滞后阶数检验

准则	PVAR(1)	PVAR(2)	PVAR(3)	PVAR(4)
AIC	14.0380	13.7041	13.6832	13.5104*
BIC	14.2426	13.9667	14.0048	13.8920*
HQIC	14.1169	13.8053	13.8073	13.6577*

注：*表示 10% 的显著性水平拒绝原假设。

第三，依据所选择的最优滞后阶数进行广义矩估计，研究通货膨胀、生产指数及信贷缺口之间的关系，表 7-8 汇报了 GMM 估计结果。由表 7-8 可知，生产指数以自身为解释变量时滞后三期和四期均在 1% 的显著性水平下为负，表明生产指数具有一定的自我弱化趋势；通货膨胀以自身为自变量时滞后一期时在 1% 的显著性水平下为正，滞后二期时在 5% 的显著性水平下为负，表明通货膨胀对自身的影响经历了由正转负的过程，并不是维持不变的；信贷缺口以自身为自变量时滞后一期和四期均在 1% 的显著性水平下为正，表明信贷缺口具有一定的自我强化趋势。以生产指数为被解释变量，滞后三期的通货膨胀的系数在 1% 的显著性水平下为 0.150，表明滞后期的通货膨胀对生产活动有正向促进作用。以通货膨胀为被解释变量，滞后一期的信贷缺口显著为 0.408，滞后四期的信贷缺口显著为 -0.117，这表明滞后期的信贷缺口对通货膨胀的影响经历了由负转正的过程，即市场上杠杆的提高对通货膨胀的影响为 U 形，先是抑制通货膨胀，而后提高通货膨胀；滞后四期的生产指数在 10% 的水平下显著为 0.049，表明滞后期的生产指数对通货膨胀有正向提高作用。

表 7-8 1996—2019 年 PAVR 模型 GMM 估计结果

方程	(1)			(2)			(3)		
被解释变量	h_d 生产指数			h_d 通货膨胀			h_d 信贷缺口		
解释变量	b_GMM	se_GMM	z_GMM	b_GMM	se_GMM	z_GMM	b_GMM	se_GMM	z_GMM
L1.h_d 生产指数	-0.004	0.079	-0.050	0.034	0.028	1.220	-0.070	0.031	-2.31**

（续表）

方程	(1)			(2)			(3)		
被解释变量	h_d 生产指数			h_d 通货膨胀			h_d 信贷缺口		
解释变量	b_GMM	se_GMM	z_GMM	b_GMM	se_GMM	z_GMM	b_GMM	se_GMM	z_GMM
L1.h_d 通货膨胀	-0.051	0.063	-0.810	0.761	0.181	4.2***	-0.110	0.115	-0.950
L1.h_d 信贷缺口	0.022	0.031	0.720	0.408	0.160	2.54**	0.253	0.052	4.81***
L2.h_d 生产指数	0.043	0.056	0.780	0.060	0.024	2.5**	-0.050	0.032	-1.580
L2.h_d 通货膨胀	-0.036	0.076	-0.470	-0.383	0.176	-2.18**	-0.032	0.135	-0.240
L2.h_d 信贷缺口	0.048	0.055	0.880	0.006	0.089	0.060	-0.005	0.059	-0.080
L3.h_d 生产指数	-0.122	0.039	-3.15***	0.014	0.019	0.730	-0.130	0.036	-3.59***
L3.h_d 通货膨胀	0.150	0.055	2.72***	0.017	0.127	0.140	-0.158	0.123	-1.290
L3.h_d 信贷缺口	0.037	0.046	0.790	0.091	0.069	1.310	0.038	0.061	0.620
L4.h_d 生产指数	-0.234	0.050	-4.72***	0.049	0.027	1.79*	0.025	0.035	0.700
L4.h_d 通货膨胀	-0.126	0.077	-1.630	-0.120	0.136	-0.890	-0.033	0.073	-0.450
L4.h_d 信贷缺口	0.046	0.046	1.000	-0.117	0.056	-2.11**	0.253	0.078	3.27***

注：b_GMM 表示 GMM 估计系数，se_GMM 表示 GMM 估计系数的标准差，z_GMM 表示 GMM 估计系数的 t 值；***、**、* 分别表示1%、5%、10%的显著性水平拒绝原假设；L1、L2、L3、L4 分别表示滞后1、2、3、4期；d 表示滞后一期。

第四，估计脉冲响应函数，绘制脉冲响应图。面板向量自回归模型属于动态模型，仅通过 GMM 估计较难全面反映各变量之间的相互关系，而脉冲响应函数能直观描述各内生变量之间的动态影响。图7-4为脉冲响应图，横轴代表冲击反应的响应期数，纵轴表示变量对冲击的响应程度，采用蒙特卡洛模拟200次，中间实曲线为脉冲响应函数曲线，表示变量对其他相应变量冲击的反应，其两侧虚曲线分别为5%和95%置信区间。①对于生产指数。短期内生产指数对自身冲击的响应显著为正，但是长期看收敛于0；而生产指数对通货膨胀冲击和信贷缺口冲击的脉冲响应在统计上并不显著。②对于通货膨胀。生产指数冲击对通货膨胀不存在显著影响;短期看,正向的信贷缺口冲击对通货膨胀具有显著影响,并于提前4期后转正为负,但第8期变为不显著。由此可见,信贷扩张仅仅在短期内导致通货膨胀,对通货膨胀并无长期影响效应。③对于信贷缺口。信贷缺口对生产指数冲击在短期上的影响显著为负,并于长期收敛于0;同时,短期看,正向的通货膨胀冲击对信贷缺口具有显著影响,并于提前5期后转正为负,但在提前10期后在统计上变为不显著。由此可见,生产性冲击在短期内会引发信贷收缩,但正向的通货膨胀冲击会导致信贷扩张。

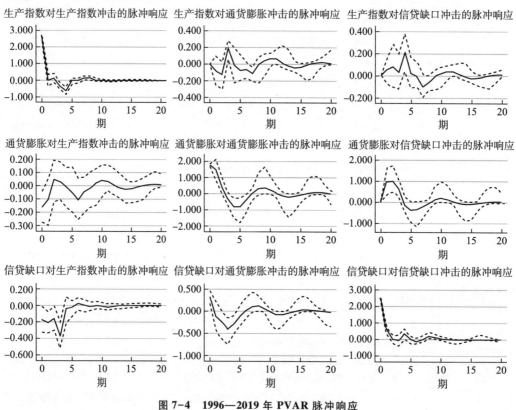

图 7-4　1996—2019 年 PVAR 脉冲响应

第五,进行方差分解分析。脉冲响应函数能解释各内生变量对特定冲击的响应符号和响应幅度,但不能比较不同冲击对一个特定变量的影响强度;方差分解将系统的均方误差分解成各变量冲击的贡献,即各个变量冲击的贡献占总贡献的比率,能给出对 VAR 中变量产生影响的每个随机扰动的相对重要性。表 7-9 给出了生产指数、通货膨胀和信贷缺口三者之间第 5、10、15、20、25、30 期的面板误差项方差分解的结果。从表 7-9 来看,生产指数、通货膨胀和信贷缺口的自身贡献较其他两个变量对其的影响而言,始终保持着较大比例的趋势。具体地,生产指数能够被自身解释的部分随着时期的增加逐渐降低,从第 5 期的 98.5%降至第 20 期的 97.7%,降低了 0.8 个百分点;而通货膨胀能够被自身解释的部分经历了先上升后下降的过程,在第 10 期达到最高 72.4%,总体看从第 5 期的 71.6%升至第 20 期的 72.1%,增加了 0.5 个百分点;信贷缺口与生产指数类似,能够被自身解释的部分随着时期的增加逐渐降低,从第 5 期的 90.6%降至第 20 期的 89.8%,降低了 0.8 个百分点。进一步,生产指数能够被通货膨胀解释的部分从第 5 期的 0.8%增至第 15 期的 1.3%,能够被信贷缺口解释的部分从第 5 期的 0.7%升至第 15 期的 1.0%,这表明生产指数与通货膨胀、信贷缺口之间的作用机制在进一步加强,通货膨胀能够被生产指数解释的部分从第 5 期的 0.5%升至第 20 期的 0.6%,略有上升;能够被信贷缺口解释的部分从第 5 期的 27.9%降至第 20 期的 27.3%,由此可见通货膨胀的变化有相当一部分源于市场上信贷强度的变化。信贷缺口能够被生产指数解释的部分从第 5 期到第 20 期均维持在 3.4%,能够被通货膨胀解释的部分从第 5 期的 6%升至第 20 期的 6.8%,这表明通货膨胀会诱使市场提高杠杆率,进一步加大信贷缺口。

表 7-9　1996—2019 年 PVAR 方差分解

变量	时期	△生产指数	△通货膨胀	△信贷缺口
△生产指数	5	0.985	0.008	0.007
△生产指数	10	0.980	0.011	0.009
△生产指数	15	0.978	0.013	0.010
△生产指数	20	0.977	0.013	0.010
△生产指数	25	0.977	0.013	0.010
△生产指数	30	0.977	0.013	0.010
△通货膨胀	5	0.005	0.716	0.279
△通货膨胀	10	0.006	0.724	0.270
△通货膨胀	15	0.006	0.722	0.272
△通货膨胀	20	0.006	0.721	0.273
△通货膨胀	25	0.006	0.721	0.273
△通货膨胀	30	0.006	0.721	0.272
△信贷缺口	5	0.034	0.060	0.906
△信贷缺口	10	0.034	0.066	0.900
△信贷缺口	15	0.034	0.068	0.898
△信贷缺口	20	0.034	0.068	0.898
△信贷缺口	25	0.034	0.068	0.898
△信贷缺口	30	0.034	0.068	0.898

第五节　全局向量自回归模型

随着经济全球化和经济区域一体化取得重大发展,国家与国家、地区与地区以及行业与行业之间的联系变得越来越紧密,导致以往自力更生的生存理念和发展模式被打破。因此,宏观经济政策分析和风险管理需要考虑市场与国家之间日益增长的相互依赖性,这也意味着必须考虑许多不同的传导渠道。相互依存度的提高可能是由于普遍观察到的全球冲击,可能是由于全球未观察到的因素,或者可能是由特定的国家或部门冲击引起。还有一种可能是,即使考虑到所有"共同"因素,源于政策和贸易溢出效应,仍然可能存在重要但尚待解释的变量相互依赖性。全局向量自回归模型的提出为定量分析不同冲击和传导渠道的相对重要性提供了一个实用的一般化全局建模框架。该模型是一种相对新颖的全球宏观经济建模方法,结合时间序列、面板数据和因子分析技术,可以解决从政策分析到风险管理等一系列经济和金融问题。

全局向量自回归(Global VAR, GVAR)模型是在 Sims(1980)提出的 VAR 模型的基础之上扩展而得的。VAR 模型提出之后便逐渐成为计量分析的热门工具,特别是 Johansen(1995)将 Engel and Granger(1987)的协整概念引入其中,所建立的协整向量自回归模型(VECM)成为分析时间序列的基本计量工具。随着经济全球化和世界多元化格局的快速发展,在合作与发展两大主旋律下,各经济体之间的联系越发密切,经济往来也越加频繁,传统 VAR 模型已无法满足庞大数据量的分析需求。为了更好地观测地区间经济运行的传导机制,Pesaran et al.(2004)提出 GVAR 模型。与普通的 VAR 模型不同的是,GVAR 模型可以将各国或各地区的单个 VAR 模型通过权重矩阵加总为包含所有单位的 GVAR 模型,既可以对各个国家主要变量的脉冲响应进行分析,又可以将部分有近似性质的多个国家作为一个整体进行预测和分析。

GVAR 模型的基本原理为:首先,针对各个经济主体(可以是国家、地区、行业、商品类别、银行、市政当局或部门)构建 VARX* 模型,包含内生变量 X(如产出、利率、汇率、信贷规模、居民消费等)和个体外生变量 X^*(如国外产出、国外利率、国外汇率、国际原油价格等),并检验变量间是否存在长期均衡关系,即协整关系;其次,由各个主体之间的权重矩阵(常见的权重矩阵有贸易份额权重矩阵、地理距离矩阵、0-1 矩阵、投入-产出矩阵等)连接单独个体的 VECMX* 模型,成为一个经济整体的 GVAR 模型进行堆叠和求解;最后,运用弱外生性检验、脉冲响应分析和方差分解等方法,对整个 GVAR 系统进行预测和分析。

GVAR 模型考虑多个对象之间的联系,不仅要考虑各个国家之间的独立性,还应考虑其相关性。以研究对象为国家为例,其传导途径分为三类:一是国内变量 X_{it} 依赖于国外变量 X_{it}^* 的当期值和滞后值;二是各国的变量受全球外生变量(如石油价格)的共同影响,是相互联系的;三是第 i 个国家会受到第 j 个国家所受到的当期冲击的影响,这种依赖性反映在误差的协方差矩阵中。

具体的 GVAR 模型(以国家为例)设置如下:

假设 X_i 为第 i 个国家的国内变量(阶数为 k_i), X_i^* 为第 i 个国家的国外变量(阶数为 k_i^*),即第 i 个国家的 VARX*(1,1) 模型(为简化模型,假设单个国家模型变量的滞后阶数均为 1)可以表示为:

$$X_{it} = a_{i0} + a_{i1}t + \varphi_i X_{i,t-1} + \Lambda_{i0} X_{it}^* + \Lambda_{i1} X_{i,t-1}^* + \varepsilon_{it} \quad (7-29)$$
$$t = 1,2,\cdots,T; i = 0,1,\cdots,N$$

式(7-29)中, φ_i 是一个 $k_i \times k_i$ 的系数矩阵, Λ_{i0} 和 Λ_{i1} 均是 $k_i \times k_i^*$ 矩阵。ε_{it} 是国家 i 的自主冲击向量,假设各国的自发冲击非序列相关,均值为 0,即 $\varepsilon_{it} \sim \text{i.i.d.}(0,\sum_{ii})$,通常假设 $\sum_{ii}(0,1,\cdots,N)$ 不随时间变化而变化,不具有时变性。国外变量可由国家 i 的国内内生变量加权得到,即 $X_{it}^* = \sum_{j=0}^{N} w_{ij} X_{jt}$,权重 w_{ij} 为国家 j 占国家 i 的权重计算所得,可为贸易权重或地理距离权重。

将第 i 个国家的国内变量和国外变量结合起来,生成向量 Z_{it}[阶数为 $(k_i + k_i^*) \times 1$],表示为 $Z_{it} = (X_{it}, X_{it}^*)'$。于是式(7-29)可重新表示为:

$$A_i Z_{it} = a_{i0} + a_{i1}t + B_i Z_{i,t-1} + \varepsilon_{it} \quad (7-30)$$

式(7-30)中, $A_i = (I_{ki}, -\Lambda_{i0})$, $B_i = (\varphi_i, \Lambda_{i1})$, A_i 和 B_i 均为 $k_i \times (k_i + k_i^*)$ 的系数矩阵,且 A_i 是满秩矩阵,即 $\text{Rank}(A_i) = k_i$。

联合每个国家的 VARX* 模型,可得到作为一个经济整体的 GVAR 模型的全部内生变量 X_t(阶数为 $k \times 1$,其中 $k = \sum_{i=0}^{N} k_i$ 为全局模型中所有内生变量的个数)。各个国家的变量可由 X_t 表示,即

$$Z_{it} = W_i X_t, i = 0,1,\cdots,N \quad (7-31)$$

式(7-31)中 W_i[阶数为 $(k_i + k_i^*) \times k$]是由各个国家的权重 w_{ij} 构成的权重矩阵,是将各个独立的国家 VARX* 模型联合成关系密切的 GVAR 模型的重要纽带。

联合式(7-30)和式(7-31),得:

$$A_i W_i X_t = a_{i0} + a_{i1}t + B_i W_i X_{t-1} + \varepsilon_{it} \quad (7-32)$$

其中, $A_i W_i$ 和 $B_i W_i$ 均为 $k_i \times k$ 的矩阵。可将式(7-32)改写成上下叠加的形式,即可得到 GVAR 模型如下:

$$GX_t = a_{i0} + a_{i1}t + HX_{t-1} + \varepsilon_t \quad (7-33)$$

其中, $a_0 = (a_{10}, \cdots, a_{N0})'$, $a_1 = (a_{01}, \cdots, a_{N1})'$, $\varepsilon_t = (\varepsilon_{0t}, \cdots, \varepsilon_{Nt})'$, $G = (A_0 W_0, \cdots, A_N W_N)'$, $H = (B_0 W_0, \cdots, B_N W_N)'$, G 为 $k \times k$ 阶的满秩矩阵。

因此，GVAR 模型可以表达为以下形式：

$$X_t = G^{-1}a_{i0} + G^{-1}a_{i1}t + G^{-1}HX_{t-1} + G^{-1}\varepsilon_t \tag{7-34}$$

往上述模型中加入全球变量 d_t（如国际原油价格、地区贸易开放度等），可将上述 GVAR 模型扩展为更一般的形式，得：

$$GX_t = a_{i0} + a_{i1}t + HX_{t-1} + \psi_0 d_t + \psi_1 d_{t-1} + \varepsilon_t \tag{7-35}$$

GVAR 模型通过 W_i 将独立的各个国家形成一个整体，能分析各国（地区、产业）之间的内在经济联系。GVAR 模型提供了一种相对简单又有效的方式来构建复杂的高维系统。尽管 GVAR 模型不是第一个大型全球宏观经济模型，但它的贡献在于以理论及统计上一致的方式合理规避了"维度诅咒"（Curse of Dimensionality，即模型参数随着模型维度的增加而扩散）的问题。该模型通过分别对各个子系统 $VARX^*$ 模型系数的估计，从而间接实现对整个 GVAR 模型系数的估计。Garratt et al.（2006）也证明：只要模型中包含的经济个体数量足够多且能符合模型的基本假设，上述间接估计方法就具有合理性。

VAR 模型是把一个经济系统中的每个变量作为其他变量的滞后项所构造的函数，而 GVAR 模型是将经典 VAR 模型加以扩展，使其能够用于分析世界各国/地区之间经济联系的一种新的模型方法。以往的 VAR 模型仅仅能够对某一地区经济活动现象的动态关系进行模拟，无法对地区之间经济活动的相互干扰给出解释；而 GVAR 模型可用于分析多个国家/地区之间的经济关系，适用于不同类型的数据，包括宏观经济数据、商业指标、行业指标等。与传统 VAR 模型相比，GVAR 模型通过引入全局变量和全球趋势更好地揭示了世界范围内的经济周期与共振现象。另外，GVAR 模型的参数不太需要做特定的参数假设，可以相对容易地进行估计和解释。

但同时，GVAR 模型也存在一定的缺陷。GVAR 模型对数据的要求较高，在数据源的选择、采样频率和预处理等方面都有一定的要求。同时，如果某些数据缺失，就会给 GVAR 模型的建立带来一定的困难。此外，GVAR 模型复杂度高，需要针对大量的参数进行估计，需要相当程度的计算资源。最后，解释 GVAR 模型的结果可能存在一定的挑战，包括如何理解模型中多个变量之间的关系以及如何解释模型的行为。

例 7-6 在 Pesaran et al.（2004）提出 GVAR 方法来分析高维度系统（例如全球经济）中的交互关系之后，Smith and Galesi（2014）开发了一种易访问且易使用的软件包（GVAR Toolbox），该软件包不需要 matlab 或 Excel 的背景知识就可以使用，同时还提供了一套 GVAR 季度数据集。[①] 基于此，我们以该数据集和软件包分析中国与世界经济之间的相互影响。各个国家模型所包含的变量为国内实际 GDP（Real GDP）、通货膨胀（Consumer Price Index）、实际证券价格指数（Equity Price Index）、名义汇率（Exchange Rates）、名义长期利率（Long-term Interest Rates）和名义短期利率（Short-term Interest Rates）

---

① 软件包以及数据集来源见 https://sites.google.com/site/gvarmodelling/。

等6个变量,全球变量为国际石油价格指数(Oil Price Index)、农业原料价格(Raw Material Price)、金属价格(Metal Price)。变量具体定义如下:

$$y_{it} = \ln(\text{GDP}_{it}), \text{d}p_{it} = p_{it} - p_{it-1}, p_{it} = \ln(\text{CPI}_{it}), \text{ep}_{it} = \ln(E_{it}/\text{CPI}_{it}),$$

$$r_{it} = 0.25\ln(1 + R_{it}^S/100), \text{lr}_{it} = 0.25\ln(1 + R_{it}^L/100), \text{eq}_{it} = \ln(\text{EQ}_{it}/\text{CPI}_{it})$$

其中,GDP_{it}、CPI_{it}、E_{it}、EQ_{it}、R_{it}^S、R_{it}^L 分别为第 i 个国家的名义 GDP、CPI、对美元的名义汇率、证券价格指数、年度名义短期利率和名义长期利率。相应地,y_{it}、p_{it}、$\text{d}p_{it}$、ep_{it}、eq_{it}、r_{it}、lr_{it} 分别为(对数)实际 GDP、(对数)CPI 指数及其一阶差分、(对数)实际汇率、(对数)实际证券价格指数、实际短期利率、实际长期利率,而在上述变量后面增加 s 作为区分,即 ys_{it}、dps_{it}、eqs_{it}、rs_{it}、lrs_{it} 表示相应的国外变量。我们选择的样本为1979年第一季度至2016年第四季度经季节调整的33个经济体的季度数据。对于将国家变量聚合为区域变量并将特定国家的脉冲响应和预测误差方差分解为区域对应变量的权重,本节选择2009—2011年购买力平价 GDP(PPP-GDP)的均值进行计算;对于特定国家的国外变量的权重,则选择1980—2016年贸易流量的均值进行计算。根据 AIC、SBC 和 logLik(log-likelihood)信息标准选择模型中变量的滞后阶数。在中国国家模型中,由于缺少证券价格和长期利率的数据,没有包含国内证券价格、长期利率以及相应的国外证券价格和长期利率。表 7-10 汇报了中国模型关于 VARX* 模型和弱外生性回归方程对滞后阶数选择的统计检验结果,其中 P 代表国内变量的滞后阶数,q 代表国外变量的滞后阶数,中国 VARX* 模型选择的 (p,q) 为 $(2,1)$,中国模型的弱外生性回归方程选择的 (p,q) 为 $(1,1)$。

表 7-10 中国模型滞后阶数的选择

VARX* Models(VARX* 模型)					
	p	q	AIC	SBC	logLik
	1	1	2 043.3261	1 911.1525	2 131.3261
	2	1	2 044.7777	1 888.5725	2 148.7777
Weak Exogeneity Regressions(弱外生性回归)					
	p^*	q^*	AIC	SBC	logLik
	1	1	3 371.2730	3 179.4514	3 499.2730
	1	2	3 345.7469	3 046.7037	3 545.7469
	2	1	3 358.9439	3 119.7093	3 518.9439
	2	2	3 354.8104	3 007.9202	3 586.8104

表 7-11 为所选取的主要经济体的贸易矩阵表,其中每列数值之和为1,表示某一经济体与其他32个经济体(24个国家和欧盟的8个国家)贸易量占自身贸易总量的比重。

从表 7-11 中可以看出，中国的前五大贸易伙伴分别为美国（19.19%）、欧盟（17.47%）、日本（14.75%）、韩国（10.33%）以及澳大利亚（4.45%），这些经济体占中国贸易总量的 66.19%；而欧盟国家（包括德国、法国、意大利、西班牙、荷兰、比利时、奥地利和芬兰 8 个国家）的主要贸易伙伴分别为英国、中国、美国、瑞士和瑞典；日本的主要贸易伙伴为中国、美国、欧盟、韩国和澳大利亚，其中对中国贸易占比高达 26.68%，可见中国是日本最大的贸易出口国；韩国的前五大贸易伙伴为中国、日本、美国、欧盟以及沙特阿拉伯，中国占比高达 28.25%，甚至高于日本；而美国的主要贸易伙伴为加拿大、中国、墨西哥、欧盟和日本。从中可以看出五大经济体之间的贸易占比相对较高，经济体之间存在较强的相互影响，比如美国或中国经济的变动可能会对其他四个经济体产生较强的影响。

表 7-11　各经济体对外贸易占其他经济体对外贸易总量的比重

经济体	中国	欧盟	日本	韩国	美国
阿根廷	0.0060	0.0076	0.0016	0.0026	0.0046
澳大利亚	0.0445	0.0141	0.0553	0.0419	0.0124
巴西	0.0322	0.0288	0.0138	0.0204	0.0234
加拿大	0.0193	0.0163	0.0179	0.0138	0.2003
中国	0.0000	0.1593	0.2668	0.2825	0.1763
智利	0.0127	0.0076	0.0089	0.0101	0.0077
欧盟	0.1747	0.0000	0.0997	0.0898	0.1454
印度	0.0304	0.0290	0.0129	0.0256	0.0189
印度尼西亚	0.0224	0.0095	0.0385	0.0354	0.0090
日本	0.1475	0.0449	0.0000	0.1395	0.0682
韩国	0.1033	0.0243	0.0806	0.0000	0.0334
马来西亚	0.0367	0.0129	0.0361	0.0227	0.0148
墨西哥	0.0126	0.0161	0.0112	0.0157	0.1494
挪威	0.0033	0.0352	0.0029	0.0073	0.0040
新西兰	0.0034	0.0020	0.0040	0.0033	0.0023
秘鲁	0.0048	0.0035	0.0026	0.0035	0.0047
菲律宾	0.0137	0.0038	0.0163	0.0141	0.0059
南非	0.0142	0.0157	0.0095	0.0059	0.0053
沙特阿拉伯	0.0238	0.0193	0.0406	0.0508	0.0181
新加坡	0.0285	0.0165	0.0291	0.0382	0.0174

（续表）

经济体	中国	欧盟	日本	韩国	美国
瑞典	0.0059	0.0550	0.0035	0.0035	0.0058
瑞士	0.0089	0.0948	0.0134	0.0042	0.0158
泰国	0.0265	0.0106	0.0471	0.0166	0.0123
土耳其	0.0075	0.0428	0.0026	0.0068	0.0059
英国	0.0251	0.1808	0.0187	0.0127	0.0386
美国	0.1919	0.1496	0.1664	0.1329	0.0000
总计	1.0000	1.0000	1.0000	1.0000	1.0000

在确定了 GVAR 模型的权重之后，需要对 GVAR 模型进行必要的一系列统计检验，以中国模型为例。采用 ADF 和 WS-ADF（Weighted-Symmetric Augmented Dickey-Fuller）方法对模型中的国内变量、国外变量以及全球变量进行单位根检验。在进行平稳性检验时，本节计算两种回归：一种同时包括截距和趋势，另一种只包含截距；当测试数据的一阶和二阶差分时，只包括截距。这两种检验都采用渐近 5% 的临界值。检验结果表明所有变量的水平值均为含有一个单位根的 $I(1)$ 过程。[①]然后对中国国家模型中可能存在的协整关系的阶数进行检验。表 7-12 给出了中国模型协整关系的迹检验，结果显示在中国模型中存在两个协整关系。表 7-13 显示了中国模型中未加限制的两个协整关系，以及相应的短期调整系数。最后，对模型中的国外变量进行弱外生性检验，表 7-14 显示中国模型中所有的国外变量都是弱外生变量，即它们对模型中其他变量产生长期影响，但模型中其他变量对它们没有长期反馈。GVAR 模型对所包含的所有国家/地区都进行了以上各项统计检验。

表 7-12 中国模型协整关系的迹检验

	统计值	临界值（5%）
内生变量个数	4	
外生变量个数	8	
$r=0$	193.08	136.94
$r=1$	118.43	99.12
$r=2$	62.56	64.91
$r=3$	21.37	33.87

[①] 鉴于篇幅限制，省略汇报单位根检验结果。

表 7-13 中国模型未加限制的协整关系和短期调整系数

β	CV1	CV2	α	a_1	a_2
y	1	0	y	−0.0465	0.0311
dp	0	1	Dp	0.0108	−0.1073
ep	−0.2909	0.0225	ep	0.2731	−0.8135
r	−3.2763	−3.3618	r	0.0045	0.0542
ys	0.3501	0.0301			
dps	0.2406	−0.4318			
eqs	0.1004	−0.0118			
rs	5.1455	0.6743			
lrs	2.3462	0.4669			
poil	0.0299	0.0038			
pmat	0.0049	0.0309			
pmetal	−0.3116	0.0107			

表 7-14 中国模型中国外变量的弱外生性检验（5%显著性水平）

F 检验	临界值（5%）	ys	dps	eqs	rs	lrs	poil	pmat	pmetal
$F(2,132)$	3.0648	0.1806	0.5664	0.0117	1.2602	1.3908	1.7150	0.1631	0.2651

在完成以上必要的统计检验后，就可以进行脉冲响应分析，考察中国以及其他经济体面对不同冲击的反应，本节以美国名义短期利率冲击为例。图 7-5 为中国、欧盟、韩国、日本和美国的实际 GDP 对美国名义短期利率一个标准差冲击的反应。从图中可知，美国名义短期利率冲击将使得其他经济体如中国、欧盟、韩国以及日本的实际 GDP 在当期负向反应，中国实际 GDP 下降 0.1555 个百分点，欧盟实际 GDP 下降 0.0055 个百分点，韩国实际 GDP 下降 0.1795 个百分点，日本实际 GDP 下降 0.0079 个百分点；而使美国自身实际 GDP 在当期正向反应，美国实际 GDP 上升 0.1064 个百分点，这是由于美国利率的提高能够促进全球资本流向美国并进一步增加美国居民储蓄，从而刺激美国经济增长。但从长期来看，美国名义短期利率冲击对其他经济体如欧盟、韩国、日本的实际 GDP 具有积极影响，这是由于美国经济增长之后将促进本国与其他贸易国之间的经济往来，从而促进其他经济体的经济增长；但是其对中国的影响还是负向的，且这种影响随时间的推移而减弱。

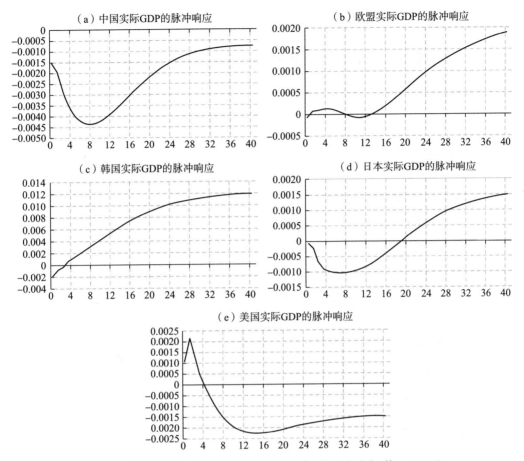

图 7-5 主要经济体对美国名义短期利率冲击的脉冲响应：基于 GVAR

本章小结

本章主要介绍了扩展向量自回归模型族，包括长期约束结构向量自回归模型、贝叶斯向量自回归模型、高维向量自回归模型、面板向量自回归模型和全局向量自回归模型。这些模型在时间序列建模中具有重要意义，可用于解决不同场景的经济问题。长期约束结构向量自回归模型是一种强调短期因果关系和长期均衡关系的模型，避免了长期预测误差累积的问题；贝叶斯向量自回归模型则基于贝叶斯定理建模，通过马尔可夫链、蒙特卡洛模拟进行模型推断和预测；高维向量自回归模型可以同时考虑多个变量的信息，并解决共同影响的问题；面板向量自回归模型适用于考虑多时间、多国家因素的跨国比较分析；全局向量自回归模型除了考虑内生变量之间的因果关系，还包含外源变量和滞后项，适用范围更广。总之，扩展向量自回归模型家族中的这些模型均在自回归模型的基础上进行了改进与拓展，适用范围更加广泛。不同模型在不同的应用场景下有各自的优势和局限，读者需要根据实际情况选取最合适的模型。

课后习题

1. 贝叶斯 VAR 模型中，先验超参数的选择对后验分布的影响是（　　）。

    A. 没有影响

    B. 会使后验分布更集中

    C. 会使后验分布更分散

    D. 以上都不是

2. 高维 VAR 模型与常规 VAR 模型的主要区别是（　　）。

    A. 高维 VAR 模型中变量数量更多

    B. 高维 VAR 模型中变量之间的关系更复杂

    C. 高维 VAR 模型中要使用特殊的估计方法

    D. 以上都是

3. 在高维 VAR 模型中，确定滞后阶数常用的方法是（　　）。

    A. 使用信息准则

    B. 手动选择

    C. 进行模型比较

    D. 以上都是

4. 贝叶斯 VAR 模型的优点之一是（　　）。

    A. 可以随时添加新的自变量

    B. 可以提供对参数不确定性的量化

    C. 可以处理非线性时间序列数据

    D. 以上都不是

5. 高维 VAR 模型中，维数灾难指的是（　　）。

    A. 变量数量过多导致模型过拟合

    B. 变量之间存在多重共线性

    C. 模型的滞后阶数过高

    D. 变量之间的关系过于复杂

6. 高维 VAR 模型适用于哪些类型的时间序列数据（　　）。

    A. 线性时间序列数据

    B. 非线性时间序列数据

    C. 平稳时间序列数据

    D. 以上都是

7. 请分别对比并解释长期约束结构 VAR 模型和贝叶斯 VAR 模型的异同点。

8. 在高维 VAR 模型中，请论述处理有缺失数据情况的方法。

9. 全局 VAR 模型是一种新兴的时间序列分析方法，请介绍该模型的主要思想和优劣势。

10. 面板 VAR 模型在何种数据分析场景下比较适用？请从数据结构和建模角度进行阐述。

主要参考文献

［1］Bai J, and Ng S. Forecasting economic time series using targeted predictors［J］. Journal of Econometrics, 2008, 146(2): 304-317.

［2］Banbura M, Giannone D, and Reichlin L. Large Bayesian vector auto regressions［J］. Journal of Applied Econometrics, 2010, 25(1): 71-92.

［3］Banbura M, Giannone D, and Lenza M. Conditional forecasts and scenario analysis with vector autoregressions for large cross-sections［J］. International Journal of Forecasting, 2015, 31(3): 739-756.

［4］Banerjee S, Gelfand A E, Finley A O, et al. Gaussian predictive process models for large spatial data sets［J］. Journal of the Royal Statistical Society Series B: Statistical Methodology, 2008, 70(4): 825-848.

［5］Blanchard O J, and Quah D. The dynamic effects of aggregate demand and supply disturbances［J］. American Economic Review, 1989, 79: 655-673.

［6］Bruggemann R. Model Reduction Methods for Vector Autoregressive Processes［M］. Lecture Notes in Economics and Mathematical Systems, Springer, 2004.

［7］Canova F, and Ferroni F. A Hitchhiker Guide to Empirical Macro Models［W］. CEPR Discussion Paper No. DP15446, 2020.

［8］Cuaresma J C, Feldkircher M, and Huber F. Forecasting with global vector autoregressive models: A Bayesian approach［J］. Journal of Applied Econometrics, 2016, 31(7): 1371-1391.

［9］De Mol C, Giannone D, and Reichlin L. Forecasting using a large number of predictors: Is Bayesian shrinkage a valid alternative to principal components［J］. Journal of Econometrics, 2008, 146(2): 318-328.

［10］Doan T, Litterman R, and Sims C. Forecasting and conditional projection using realistic prior distributions［J］. Econometric Reviews, 1984, 3(1): 1-100.

［11］Enders W. Applied Econometric Time Series［M］. 2nd edition, Hoboken: Wiley and Sons, 2004.

［12］Engle R F, and Granger C W J. Co-integration and error correction: Representation, estimation, and testing［J］. Econometrica, 1987, 55(2): 251-276.

［13］Fan J, and Lv J. Sure independence screening for ultrahigh dimensional feature space［J］. Journal of the Royal Statistical Society: Series B, 2008, 70(5): 849-911.

［14］Garratt A, Lee K, Pesaran M H, et al. Global and National Macroeconometric Modelling: A Long Run Structural Approach［M］. Oxford: Oxford University Press, 2006.

［15］Hoerl A E, and Kennard R W. Ridge regression: Biased estimation for nonorthogonal problems［J］. Technometrics, 1970, 12(1): 56-67.

［16］Holtz-Eakin, Whitney D N, and Harvey R S. Estimating vector autoregressions with panel data［J］. Econometrica, 1988, (56): 1371-1395.

[17] Johansen S. Likelihood-based Inference in Cointegrated Vector Autoregressive Models [M]. Oxford: Oxford University Press, 1995.

[18] Litterman R B. Forecasting with Bayesian vector autoregressions: Five years of experience [J]. Journal of Business & Economic Statistics, 1986, 4(1): 25-38.

[19] Litterman R B. Techniques of Forecasting Using Vector Autoregressions [R]. Federal Reserve Bank of Minneapolis, 1979.

[20] Kalli M, and Griffin J E. Time-varying sparsity indynamic regression models [J]. Journal of Business & Economic Statistics, 2014, 32(4): 455-467.

[21] Kilian L, and Helmut L. Structural Vector Autoregressive Analysis [M]. Cambridge: Cambridge University Press, 2017.

[22] Koop G. Forecasting with medium and large Bayesian VARs [J]. Journal of Applied Econometrics, 2013, 28(2): 177-203.

[23] Koop G, and Korobilis D. Bayesian multivariate time series methods for empirical macroeconomics [J]. Foundations and Trends in Econometrics, 2010, 3(4): 267-358.

[24] McCoskey S, and Kao C. A residual-based test of the null of cointegration in panel data [J]. Econometric Reviews, 1989, 17 (1): 57-84.

[25] Park T, and Casella G. The Bayesian lasso [J]. Journal of the American Statistical Association, 2008, 103(482): 681-686.

[26] Pesaran M H, Schuermann T, and Weiner S M. Modeling regional interdependencies using a global error-correcting macroeconometric model [J]. Journal of Business & Economic Statistics, 2004, 22(2): 129-162.

[27] Simon G Gilchrist, and Egon Zakrajšek. Credit spreads and business cycle fluctuations [J]. American Economic Review, 2012, 102(4): 1692-1720.

[28] Sims C A. Macroeconomics and reality [J]. Econometrica, 1980, 48: 1-48.

[29] Smith L, and Galesi A. Gvar toolbox 2.0. Toolbox is available at: https://sites.google.com/site/gvarmodelling/gvar-toolbox/download, 2014.

[30] Song S, and Bickel P J. Large Vector Auto Regressions [D]. SFB 649 Discussion Paper 2011-048, 2011.

[31] Stock J H, and Watson M W. Forecasting using principal components from a large number of predictors [J]. Journal of the American Statistical Association, 2002, 97(460): 1167-1179.

[32] Tibshirani R. Regression shrinkage and selection via the lasso [J]. Journal of the Royal Statistical Society Series B, 1996, 58: 267-288.

[33] Westerlund J. A panel CUSUM test of the null of cointegration [J]. Oxford Bulletin of Economics and Statistics, 2005, 67: 231-262.

[34] Zellner A, and Chetty V K. Prediction and decision problems in regression models from the Bayesian point of view [J]. Journal of the American Statistical Association, 1965, 60(310): 608-616.

[35] Zou H, Trevor H. Regularization and variable selection via the elastic net [J]. Journal of the Royal Statistical Society Series B: Statistical Methodology, 2005, 67(2): 301-320.

第八章
非线性向量自回归模型族

> **阅读指引**
>
> 在现实经济环境中,许多变量序列存在非线性的特征。以通货膨胀为例,当经济处于上升周期时,通货膨胀通常表现为缓慢上升直至一个短期均衡的水平;而当经济陷入衰退时,通货膨胀则会迅速下降,从而在不同经济环境下表现出非对称、非线性的特征。在以往对货币政策的研究中,有很多学者提出货币政策的非对称性,这是指货币政策在不同经济环境下展现出来的非对称的调控效果。为此,传统的线性向量自回归模型已不再适用,需要采用后期演变的非线性向量自回归模型。本章重点介绍门限向量自回归(Threshold Vector Auto-regression, TVAR)模型、逻辑平滑转移向量自回归模型、指数平滑转移向量自回归模型、区制转移向量自回归模型,并以货币政策的宏观经济效应为例展开说明。

第一节 门限向量自回归模型

VAR 模型不以严格的经济理论为依据,由变量之间的数据关系说明一切,且无须事先区分变量的外生性、内生性的优异特性使其在学术界得到广泛应用。传统的线性 VAR 模型在学者的不断批判中逐渐向非线性、结构化、空间计量以及贝叶斯统计推断等技术方向演进。Tong(1978)首次提出门限向量自回归(TVAR)模型,它是目前主流的非线性时间序列模型之一,与传统多数研究中的 VAR 模型相比,它能直观地刻画宏观经济金融变量的非线性特征,如两区制转移、非对称性和多重均衡。

在 TVAR 模型中,将某经济金融变量作为门限变量,再将能够反映各种冲击的外部变量纳入模型。门限变量的状态转移是在模型内部产生的,是其他变量冲击所导致的。本节利用非线性检验来测定各变量之间是否存在线性关系,当确定各变量之间不存在线性关系之后,再利用货币政策处于不同区制时,对相关数据进行广义脉冲响应检验以计算产出缺口的状态转移概率。

本节借鉴 Balke(2000)的研究选择 TVAR 模型进行实证分析,其最大优点是适合捕捉时间序列的区制依赖和非对称性等非线性特征。在 TVAR 模型框架下,我们使用产出缺口代表的经济周期作为门限变量,产出缺口为正和负分别代表经济上行时期和下行时期,并将利率表示的货币政策冲击纳入非线性模型系统。因此,产出缺口区制转移是系统内生的,可以解释为其他变量冲击的结果。以此为基础,将货币政策泰勒规则、总需求方程、菲利普斯曲线方程构成一个模型系统,并选择利率(i_t)、产出缺口(y_t)和通货膨胀(π_t)分别表示货币政策、经济周期和物价水平。令向量 $Y_t = (i_t \quad y_y \quad \pi_t)'$,由此构建一个简约式 TVAR 模型系统:

$$Y_t = C_1 + \sum_{j=1}^{d_1} \psi_1(L^j) Y_t + \varepsilon_{1t} + \left[C_2 + \sum_{j=1}^{d_2} \psi_2(L^j) Y_t + \varepsilon_{2t}\right] I(\text{threshold} > \tau) \quad (8-1)$$

其中,$\psi_i(L)$ 表示滞后算子,$C_i(i=1,2)$ 为待估参数,$\varepsilon_{it}(i=1,2)$ 表示残差项。$I(\text{threshold} > \tau)$ 为显示性函数,d_1 和 d_2 分别为两种区制下的滞后期数,也是待抽样估计的参数,当门限变量(threshold)大于门槛阈值 τ 时,$I=1$,否则 $I=0$。由此,通过上述门槛效应设定,我们可以构建一个两区制 VAR 模型系统,并可通过脉冲响应函数考察不同产出缺口区制下的货币政策效果差异。

为了估计门槛参数估计值(τ),本节采用网格搜索法,在估计过程中,模型方差-协方差矩阵的行列式最小所对于的 τ 值即门槛估计值。由此,我们可知门槛估计值为:

$$\hat{\tau}^* = \underset{\tau}{\arg\min} \log |\Omega_\varepsilon(\tau)| \quad (8-2)$$

其中,$|\Omega_\varepsilon(\tau)|$ 为对于门槛估计值 τ 两区制模型估计的方差-协方差矩阵行列式。由于门槛估计值 τ 事先未知,传统的标准统计推断并不适用,我们采用 sup-Wald 统计量来检验门限变量内生选取的统计相关性。令 W^* 为网格中 sup-Wald 统计量的所有可能估计结果,即 $W^* = \underset{\tau}{\sup} W(\tau)$;同时,由于 τ 未知,W^* 不服从传统的 χ^2 分布,本节采用 Bootstrap 程序生成 sup-Wald 统计量的实证分布,并由此估计得到统计量对应的渐进 P 值,基于上述程序进行 TVAR 模型的非线性检验。

例 8-1 采用 TVAR 模型估计货币政策的门限规则。本节选取的变量为 1996 年第一季度至 2023 年第一季度利率(i_t)、产出缺口(y_t)、通货膨胀(π_t)的季度数据。各指标选取说明如下:

一是利率。央行的利率高低会影响资金借贷成本以及市场的风险承担能力。与债券回购利率或银行贷款利率等其他利率相比,同业拆借利率能够更好地刻画银行之间资金的短缺需求,也可以更有效地反映放松或紧缩货币政策的程度。因此,本节选取 7 天期上海银行间同业拆放利率(SHIBOR)作为价格型货币政策的替代变量(数据来自《中国人民银行统计季报》)。

二是产出缺口。借鉴现有研究,为消除实际产出趋势成分以获取与生产法估计较为一致的结果,本节采用 HP 滤波测算潜在产出水平。先计算得出季度名义 GDP 值,并采用 Tramo-Seats 方法对名义 GDP 进行季节性调整,再通过 $y_t = 100 \times \log\mathrm{GDP}_t$ 计算实际 GDP 值,最后使用 HP 滤波估算产出缺口(y_t)(数据来自《中国人民银行统计季报》)。

三是通货膨胀。本节通过对消费者价格指数(CPI)的月度同比数据计算出通货膨胀,由于只能获得 CPI 的官方月度数据,采用三项移动平均以近似季度 CPI 数据,通货膨胀(π_t)为季度 CPI 扣除基准 100(数据来自《中国统计月报》和《中国经济景气月报》)。

首先,单位根检验。表 8-1 报告了传统 ADF 单位根检验结果,由其统计量和临界值可知,模型中的所有变量均显著拒绝存在单位根的原假设,表明所有变量是平稳序列。为此,在后文中我们采取非线性门限向量自回归模型对利率、产出缺口和通货膨胀之间的动态关系展开实证检验是可行的。

表 8-1　单位根检验

变量	ADF 统计量	临界值(1%)	临界值(5%)	临界值(10%)
利率	-4.5191***	-3.4919	-2.8884	-2.5812
产出缺口	-5.4716***	-3.4919	-2.8884	-2.5812
通货膨胀	-3.8438***	-3.4950	-2.8897	-2.5819

注:***表示 1%的显著性水平;上述变量的 ADF 检验仅含常数项,最优滞后阶数由 AIC 准则确定。

其次,门限估计。为了进一步刻画利率对产出缺口和通货膨胀的影响,本节以产出缺口作为门限变量,利用网格搜索法估计门槛阈值,结果显示产出缺口门槛值为 -0.4937。接着,我们采用的 sup-Wald 统计量检验结果表明 VAR 模型系统存在非线性效应,将门限变量的实际数值低于 $\hat{\tau}^*$ 定义为区制 1,否则定义为区制 2。图 8-1 是基于 TVAR 的区制 1 概率和门限变量走势,低产出缺口区制主要集中在亚洲金融危机后的 1998—1999 年、2001—2004 年、2009 年美国次贷危机后阶段、2014—2016 年和 2020 年新冠疫情冲击阶段。由此可见,重大金融危机和公共卫生事件冲击后容易造成我国经济相对下行,产出水平较低。

最后,脉冲响应分析。图 8-2 左图汇报了不同产出缺口区制下利率冲击对产出缺口的宏观经济效应。由图可知,不考虑统计显著性,产出缺口对一单位利率正向冲击的时变脉冲响应函数基本为负,这意味着上调利率将减小产出缺口,紧缩货币政策不利于产出增长。对比不同产出缺口区制,利率在提前 16 期前低产出缺口区制下对产出缺口的脉冲响应值更小,而此后对产出缺口的脉冲响应略微为正值,表明在经济下行时,上调利率短中期内具有较强的抑制产出的经济效果,但在长期失效。图 8-2 右图汇报了不同产

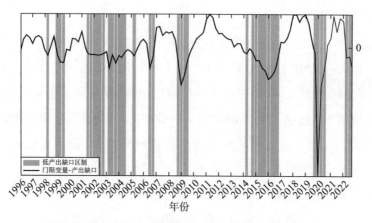

图 8-1　基于 TVAR 模型的区制 1 概率和门限变量走势

出缺口区制下利率冲击对通货膨胀的宏观经济效应。由图 8-2 可知，不同产出缺口区制下通货膨胀对一单位利率正向冲击的时变脉冲响应函数存在显著性差异。具体而言，在低产出缺口区制时，通货膨胀对利率冲击的脉冲向应短期内为负值，中长期内由负值转正值，而在高产出缺口区制时，该数值始终显著为正值，意味着上调利率在经济下行时短期内有利于抑制通货膨胀，但这种抑制作用中长期内失效，且在经济上行时不利于抑制通货膨胀。上述现象可以总结为：在经济相对繁荣阶段，央行应谨慎采取利率上调的货币政策，因为会同时导致产出减少和通货膨胀上升；在经济相对衰退阶段，央行采取利率上调的货币政策虽然短期内能有效稳定物价，但也会给产出带来较强打击。需要说明的是，这些效果从长期来看并不具有持久性。

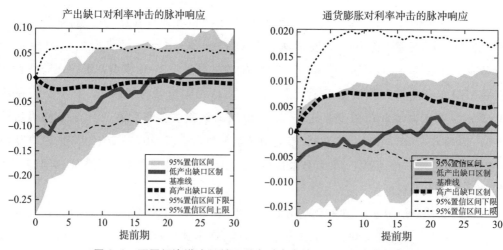

图 8-2　不同经济增速区制下利率对产出缺口和通货膨胀的影响

综上可知，利用 TVAR 模型能有效识别产出缺口这一门限变量的门槛值，并进一步揭示不同区制下利率冲击的宏观经济效应非对称性。

第二节 逻辑平滑转移向量自回归模型

平滑转移向量自回归(Smooth Transition Vector Autoregressive, STVAR)模型作为非线性动态 VAR 模型中的一种,由 Weise(1999)在研究转换区制时为获得转换函数而提出,经常被用于描述宏观经济时间序列中非线性和结构性变化的特征,并频繁地被应用于政策效应和经济变动的测度。根据转换函数的特征,可以设置两种不同的平滑转换自回归模型:逻辑平滑转移向量自回归(LSTVAR)模型和指数平滑转移向量自回归(ESTVAR)模型。

本节重点介绍 Weise(1999)提出的 LSTVAR 模型,同样借助上一节的数据,并利用广义脉冲响应函数来对比不同经济增速下,利率对经济增长和通货膨胀的影响差异。LSTVAR模型的优势在于:一是能有效捕捉变量之间的非线性关系,描述经济上行和经济下行两种不同情形下,提高利率冲击对经济增长和通货膨胀的影响变动的非线性规律;二是假定机制转换是连续且渐变的过程,相较于 TVAR 模型的跳跃式区制转换过程更能反映政策效应的渐变性;三是可以根据 LM 检验和 LR 检验结果选择最优的转换变量及其滞后阶数,并根据二维网格搜索法筛选最优的门限值和转移速度,避免主观选择门限值带来的人为偏差。

首先,LSTVAR 模型的构建。Terasvirta(1994)最早提出了平滑转移自回归(STAR)模型,此后,Weise(1999)和 Rothman et al.(2001)将其与传统的向量自回归模型结合,扩展为平滑转移向量自回归(STVAR)模型。一个标准的二维 STVAR 模型如下:

$$x_t = \Psi_{1,0} + \sum_{i=1}^{p} \Psi_{1,i} x_{t-i} + \left(\Psi_{2,0} + \sum_{i=1}^{p} \Psi_{2,i} x_{t-i} \right) F(z_t) + u_t \tag{8-3}$$

其中,$x_t = (x_{1t}, \cdots, x_{kt})'$ 是 $k \times 1$ 的内生变量;$\Psi_{j,0}(j=1,2)$ 是 $k \times 1$ 向量,$\Psi_{j,i}$;($j=1,2; i=1,2,\cdots,p$)是 $k \times k$ 向量,i 是滞后阶数;$u_t = (u_{1t}, u_{2t}, \cdots, u_{kt})$ 是服从白噪声的 k 维向量,且 $u_t \sim N(0, \Omega)$,$F(\cdot)$ 是控制两区制平滑过程的转换函数,且 z_t 是转换变量。

在 LSTVAR 模型中,$F(z_t)$ 假设逻辑方程为:

$$F(z_t) = \frac{1}{1 + \exp[-\gamma(z_t - c)]} - \frac{1}{2}, \gamma > 0 \tag{8-4}$$

其中,参数 c 表示动态模型转换的门限值;$z_t - c$ 表示转移变量偏离门限值的大小,若 $z_t - c$ 趋近于 0 则 $F(z_t)$ 收敛于 0;γ 是平滑参数,反映不同状态之间的转换速度。若 γ 趋近于 0 则 $F(z_t)$ 也将收敛于 0,模型将变成线性 SVAR 模型;若 γ 趋向无穷大,则模型将类似 Tong(1983)的阈值自回归模型。总之,模型的动态变化依赖状态变量 z_t 与门限值 c 的差值。

之后,Rothman et al.(2001)构建了平滑转移矢量误差校正模型(Smooth-transition Vector Error-correction Model, STVECM)来研究货币政策对产出缺口的非线性格兰杰因果关系,其逻辑转换函数为:

$$F(z_t) = \frac{1}{1 + \exp[-\gamma(z_t - c)/\hat{\sigma}_z]}, \gamma > 0 \quad (8-5)$$

其中，$\gamma \to 0$，逻辑函数收敛于常数 0.5，且当 $\gamma = 0$ 时，STVECM 将变成线性 VECM。$\hat{\sigma}_z$ 为转移变量 z_t 的标准差，原因在于：一是避免转移速度 γ 的过度估计，利用标准差对转移函数 $F(z_t)$ 进行缩放比例处理；二是由于参数 γ 不是自由标量，其值依赖于状态变量 $F(z_t)$ 的量级数，因此为更便于解释参数 γ，将其除以 z_t 的标准差对状态变量 z_t 与位置参数 c 的距离进行标准化。

其次，LSTVAR 模型检验识别。在估计上述构建的 LSTVAR 模型之前，我们还要对模型设定进行线性检验，以识别货币政策是否因杠杆周期区制转变而确实对宏观经济变量表现出非对称性效果。先根据 Weise(1999) 的研究，我们基于 $F(z_t)$ 在 $\gamma = 0$ 处的泰勒展开线性检验；再根据 Weise(1999) 的三个步骤，检验系统中每个方程为线性 VAR 的原假设 ($H_0: \gamma = 0$)，备择假设为每个方程是非线性模型 ($H_1: \gamma \neq 0$)。本节考虑一个含 k 个变量且滞后 p 期的 VAR 模型，其中 $Y_t = (Z_{1t-1}, Z_{1t-2}, \cdots, Z_{1t-p}, Z_{2t-1}, \cdots, Z_{kt-p})$，且 z_t 已知。

第一步，由以下约束方程估计残差 $\hat{u}_{it}$：

$$Z_{it} = n_{i0} + \sum_{j=1}^{kp} n_{ij} Y_{jt} + u_{it} \quad (8-6)$$

其中，定义由估计约束方程得到的残差平方和为 $\text{SSR}_0 = \sum \hat{u}_{it}^2$。

第二步，由无约束回归方程估计残差 $\hat{v}_{it}$：

$$u_{it} = q_{i0} + \sum_{j=1}^{kp} q_{ij} Y_{jt} + \sum_{j=1}^{kp} \delta_i z_t Y_{jt} + v_{it} \quad (8-7)$$

其中，定义由估计无约束方程得到的残差平方和为 $\text{SSR}_1 = \sum \hat{v}_{it}^2$。

第三步，构建每个 i 的 LM 统计量：

$$\text{LM}_i = \frac{T(\text{SSR}_i^0 - \text{SSR}_i^1)}{\text{SSR}_i^0} \sim \chi^2(kp) \quad (8-8)$$

其中，T 是样本规模。此外，本节还构建了 F 统计量进行稳健性检验。

$$F_i = \frac{(\text{SSR}_i^0 - \text{SSR}_i^1)/m}{\text{SSR}_i^0/(T-k-1)} \sim F(m, T-k-1) \quad (8-9)$$

其中，m 是约束条件的个数。

例 8-2 运用 LSTVAR 模型估计货币政策的门限规则。

本节选取的变量为 1996—2022 年利率 (i_t)、信贷缺口 (lev_t)、产出缺口 (y_t)、通货膨胀 (π_t) 季度数据。数据的获取和处理与例 8-1 一致。

(1) 非线性检验结果。表 8-2 是非线性模型系统检验结果。当转移变量为宏观杠杆周期时，由 LM 检验可得，利率、信贷缺口和产出缺口均在 1% 的显著性水平下拒绝原假设。由 F 检验可得，其结果与 LM 检验结果类似，且通货膨胀也在 1% 显著性水平下拒绝线性模型的原假设。通过非线性检验结果可得,利率对通货膨胀影响的模型非线性设定是合理的,本节可以选取产出缺口作为 LSTVAR 模型的转移变量。

表 8-2　非线性模型系统检验结果

检验方法	利率	信贷缺口	产出缺口	通货膨胀
LM 统计量	−601.6569***	92.7314***	2 967.1111***	10.8428
F 统计量	−573.8024***	88.4383***	−2 829.7448***	10.3409***

注:***表示 1%的显著性水平。

（2）门限值确定与区制转移分析。由上述检验可知,利率冲击对通货膨胀的影响存在非线性特征。本节借鉴 T-0-0 网格点搜索法（Grid Search）估计迁移速度 γ 和门槛值 c。假设迁移速度 γ 以 0.01 的步长在 0.01—10 等间距取值,门限值 c 以 0.5%的步长从迁移变量观测值排序的 5%分位点至 95%分位点等比例取值,两两组合后代入并计算转移函数 $F(z_t)$,得到相应残差的方差-协方差矩阵,最优的迁移速度 γ 与门槛值 c 即回归残差方差和协方差矩阵行列式的最小值。运用 Weise（1999）的方法,不施加任何约束条件,基于最优平滑系数 γ 和门槛值 c 使赤池准则值最小的原则,如图 8-3 所示,得到调整平滑系数 γ 的最优门槛值 c 的估计值分别为 0.1 和 3.5178。最后,本节依据 LSTVAR 模型估计结果,应用 Koop et al.（1996）提出的广义脉冲响应函数（该函数既适用于线性模型,也适用于非线性模型）,可推导出冲击持续性和非对称效应的度量方式,对本节而言则是用于分析利率对通货膨胀的调控效应。

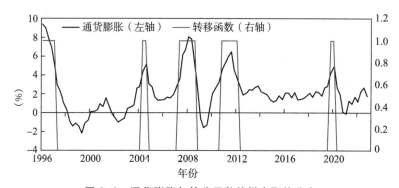

图 8-3　通货膨胀与转移函数的样本取值分布

由网格点搜索法得到的最优门槛值 c 将通货膨胀分成低通货膨胀（$c < 3.5178$）和高通货膨胀（$c \geq 3.5178$）两种状态,图 8-3 描述了通货膨胀及模型转移函数样本取值分布情况。数据序列可被分成两种状态,由图可得,通货膨胀大于或等于 3.5178 为高通货膨胀时期,否则认为是低通货膨胀时期。样本期内,我国大多处于低通货膨胀时期,较少处于高通货膨胀时期,高通货膨胀时期分别是 1996 年中国经济高速增长时期投资过热,且资金紧张和原材料短缺等引发的高通货膨胀,2004 年年初房地产市场价格上涨带动其他行业价格上涨,2007—2008 年食品和住房价格长期上涨拉动,2011—2012 年货币超发导

致货币供应量增加和物价上涨,2019年年末和2020年年初新冠疫情导致商品交通运输管控,商品供给不足促使物价上涨。总之,本节采用的LSTVAR模型能够有效识别物价水平不同发展阶段,模型的估计结果是合理且可靠的。

(3)高低通货膨胀下货币政策非对称性效果的经验分析。根据上述门限值的估计,本节进一步分析低通货膨胀时期和高通货膨胀时期利率的非对称性效果。广义脉冲响应函数定义如下:

$$\text{GIRF}_{y,u,k,s}(u_t, I_{t-1}) = E[y_{t+k,s} \mid u_t = 1, I_{t-1}] - E[y_{t+k,s} \mid I_{t-1}] \quad (8-10)$$

其中,$E[\cdot]$为期望算子;k表示预测长度,且$k=1,2,3,\cdots$;u_t为货币政策信息冲击;I_{t-1}为预测y的历史信息集;$s=1,2$,其中1表示低通货膨胀区制,即物价水平较低时期,2表示高通货膨胀区制,即物价水平较高时期。

本节将高低通货膨胀区制脉冲响应按照以下方式区分:将大于或等于最优门槛值3.5178的通货膨胀设为3.5178。从式(8-5)的逻辑转换函数可知,当状态变量通货膨胀等于门槛值c时,$F(z_t)=0$。那么,在进行LSTVAR模型估计时,模型将与高通货膨胀区制无关,只对低通货膨胀区制的样本进行回归;同理,若将小于最优门槛值3.5178的通货膨胀设为3.5178,在进行LSTVAR模型估计时意味着只对高通货膨胀区制样本回归。因此,可以区分低通货膨胀时期和高通货膨胀时期利率对通货膨胀的不同影响效应。

图8-4为利率对一单位正向通货膨胀冲击的脉冲响应,其中高通货膨胀区制对应图8-3中转移函数样本取值为1的阶段,而低通货膨胀区制对应转移函数样本取值为0的阶段。从脉冲响应结果看,在低通货膨胀区制下,利率对正向通货膨胀冲击的脉冲响应始终显著为正,且脉冲响应值逐渐增大,并在中后期保持低速平稳增长。这表明当物价水平较低时,利率面对通货膨胀上升会采取持续性增强的上调反应,以期通过紧缩性货币政策抑制物价上涨。在高通货膨胀区制下,利率对正向通货膨胀冲击的脉冲响应也显著为正,且响应值逐渐增大。这表明当物价水平较高时,利率面对通货膨胀上升会采取持续性增强的上调反应,且该反应相对低通货膨胀时期更敏感、更持久。这也符合我国制定货币政策的规律,通货膨胀越高则货币政策有更强烈的抑制物价需求,进而利率上调幅度预期更大。

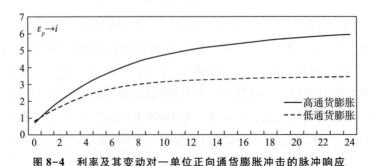

图8-4 利率及其变动对一单位正向通货膨胀冲击的脉冲响应

综上,本节运用 LSTVAR 模型的脉冲响应函数,能准确地揭示通货膨胀冲击对利率在不同通货膨胀区制下的非对称性效果,显然,相较于低通货膨胀时期,利率对物价上涨的上调反应在高通货膨胀时期更加显著。

第三节　指数平滑转移向量自回归模型

第二节介绍了逻辑平滑转移向量自回归模型,作为对比,本节将介绍另一种转换函数形式的模型——指数平滑转移向量自回归(ESTVAR)模型,其变动不依赖转移变量的符号,而是随绝对量水平而改变状态形式。指数平滑转移向量自回归(ESTVAR)模型而表达式如下:

$$F(z_t) = 1 - \exp[-\gamma(z_t - c)]^2, \gamma > 0 \tag{8-11}$$

各参数定义与 LSTVAR 模型一致。

例 8-3　运用 ESTVAR 模型估计货币政策的门限规则。

本节选取的变量为 1996—2022 年利率(i_t)、信贷缺口(lev_t)、产出缺口(y_t)、通货膨胀(π_t)季度数据。数据的获取和处理与例 8-1 一致。

(1) 非线性检验结果。表 8-3 是非线性模型系统检验结果。当转移变量为宏观杠杆周期时,由 LM 检验可得,利率、信贷缺口、产出缺口和通货膨胀均在 1% 的显著性水平下拒绝原假设。由 F 检验可得,其结果与 LM 检验结果类似,也显著拒绝线性模型的原假设。通过非线性检验结果可得,利率对通货膨胀影响的模型非线性设定是合理的,本节可以选取通货膨胀作为 ESTVAR 模型的转移变量。

表 8-3　非线性模型系统检验结果

检验方法	利率	信贷缺口	产出缺口	通货膨胀
LM 统计量	−598.2479***	−163.0470***	−488.0566***	66.7495***
F 统计量	−570.5513***	−155.4985***	−465.4614***	63.6593***

注:***表示 1% 的显著性水平拒绝原假设。

(2) 门限值确定与区制转移分析。由上述检验可知,利率冲击对通货膨胀的影响存在非线性特征。本节借鉴 T-0-0 网格点搜索法估计迁移速度 γ 和门槛值 c。假设迁移速度 γ 以 0.01 的步长在 0.01—10 等间距取值,门限值 c 以 0.5% 的步长从迁移变量观测值排序的 5% 分位点至 95% 分位点等比例取值,两两组合后代入并计算转移函数 $F(z_t)$,得到相应残差的方差和协方差矩阵,最优的迁移速度 γ 与门槛值 c 即为回归残差方差和协方差矩阵行列式的最小值。运用 Weise(1999) 的方法,不施加任何约束条件,基于最优平滑系数 γ 和门槛值 c 使赤池准则值最小的原则,如图 8-5 所示,到调整平滑系数 γ 的最优门槛值 c 的估计值分别为 0.1 和 1.7396。最后,本节依据 ESTVAR 模型的估计结果,可分析利率对通货膨胀的调控效应。

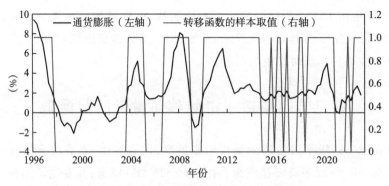

图 8-5　通货膨胀与转移函数的样本取值分布

由网格点搜索法得到的最优门槛值 c 将产出缺口分成经济下行($c<1.7396$)和经济上行($c \geqslant 1.7396$)两种状态,图8-5描述了通货膨胀及模型转移函数样本取值分布情况。数据序列可被分成两种状态,由图可得,通货膨胀大于或等于1.7396,被认为是高通货膨胀时期,否则认为是低通货膨胀时期。相较于LSTVAR模型,ESTVAR模型计算的通货膨胀门槛值相对更低,那么会有更多时期落入高通货膨胀时期。事实证明,在样本期内,我国将近一半时期处于低通货膨胀时期,另一半处于高通货膨胀时期,除了共同的阶段,即1996年中国经济高速增长时期投资过热,且资金短缺和原材料短缺引发的高通货膨胀,2004年年初房地产市场价格上涨带动其他行业价格上涨,2007—2008年食品和住房价格长期上涨拉动,2011年货币超发导致货币供应量增快和物价上涨,2019年年末和2020年年初新冠疫情导致商品交通运输管控,商品供给不足促使物价上涨,还有2010—2014年房地产价格上涨、供不应求和生产成本增加导致物价上涨,2022年依然是新冠疫情原因导致的运输成本增加、原材料价格上涨等。总之,相较于LSTVAR模型,ESTVAR模型的门槛值更低,能更严格地筛选出高通货膨胀时期。

(3) 高低通货膨胀下货币政策非对称性效果的经验分析。本节将高低通货膨胀区制脉冲响应按以下方式区分:将大于或等于最优门槛值1.7396的通货膨胀设为1.7396。从式(8-11)的指数转换函数可知,当状态变量通货膨胀等于门槛值 c 时,$F(z_t)=0$。那么,在进行ESTVAR模型估计时,模型将与高通货膨胀区制无关,只对低通货膨胀区制的样本进行回归;同理,若将小于最优门槛值1.7396的通货膨胀设为1.7396,在进行ESTVAR模型估计时意味着只对高通货膨胀区制样本回归。因此,可以区分低通货膨胀时期和高通货膨胀时期利率对通货膨胀的不同影响效应。

图8-6为利率对一单位正向通货膨胀冲击的脉冲响应,其中高通货膨胀区制对应图8-5中转移函数样本取值为1的阶段,而低通货膨胀区制对应转移函数样本取值为0的阶段。从脉冲响应结果看,在低通货膨胀区制下,利率对正向通货膨胀冲击的脉冲响应始终显著为正,且脉冲响应值短期内逐渐增大,在提前9期后有小幅下降趋势,并在中后期保持低速平稳增长。这表明当物价水平较低时,利率面对通货膨胀上升会有上调反

应,通过紧缩性货币政策来抑制物价上涨,但上调幅度经历先增加后降低的过程。在高通货膨胀区制下,利率对正向通货膨胀冲击的脉冲响应也显著为正,且响应值逐渐增大。这表明当物价水平较高时,利率面对通货膨胀上升会具有持续性增强的上调反应,且该反应相对低通货膨胀阶段在早期的敏感性较弱,但中后期表现得更敏感、更持久,印证了货币政策制定当局在高通货膨胀时期调控物价的响应开始趋于谨慎,之后上调利率以抑制物价的预期逐渐强烈。

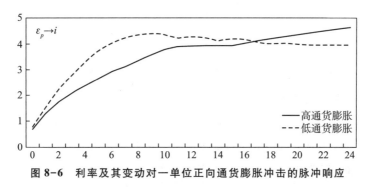

图 8-6　利率及其变动对一单位正向通货膨胀冲击的脉冲响应

综上,本节运用 ESTVAR 模型的脉冲响应函数,能准确地揭示通货膨胀冲击对利率在不同通货膨胀区制下的非对称性效果,显然,相较于低通货膨胀时期,利率对物价上涨的上调的反应在高通货膨胀时期长期内更显著、更持久。

第四节　区制转移向量自回归模型

在时变参数的时间序列分析中,区制转移模型对于处理由政治事件、政策变动及技术冲击等造成的宏观经济时序数据结构性变动及过程参数的时变现象具有极其重要的指导意义,其中较为经典的区制转移模型是在马尔可夫链模型的思想之上建立的,通过引入一个离散时间且离散状态的马尔可夫随机过程,将经济的运行状态分为数量为 M 的区制 $\{s_t\}, t = 1, \cdots, M$,同时定义状态转移概率:

$$p_{ij} = \Pr(s_{t+1} = j \mid s_t = i), \sum_{j=1}^{M} p_{ij} = 1, \forall i, j \in \{1, \cdots, M\} \quad (8-12)$$

式(8-11)表示经济在 t 时刻属于 i 状态的前提下在 $t+1$ 时刻转变为 j 状态的概率;同时,假设这种状态转移矩阵不可约且可遍历,由此进一步定义一个状态转移矩阵:

$$P = \begin{vmatrix} p_{11} & p_{12} & \cdots & p_{1M} \\ p_{21} & p_{22} & \cdots & p_{2M} \\ \vdots & \vdots & & \vdots \\ p_{MM} & p_{MM} & \cdots & p_{MM} \end{vmatrix} \quad (8-13)$$

VAR 模型作为宏观经济实证所使用的主要模型,对于解析宏观经济时序数据有着不可忽视的作用,但由于经济运行过程中存在其他冲击,即经济总会发生区制转移,使得 VAR 过程的参数 θ、均值 μ 及方差 $\sum$ 等具有时变的特征,这显然违背经典时序分析中的平稳性假设。但若在给定经济的所属区制 s_t,则时序数据的产生过程是稳定的,即在控制经济所属区制后,VAR 过程可满足平稳性假设。这为解决时序分析中的参数突变问题提供了思路,对应每个区制下时序数据的概率密度函数可表示为:

$$p(y_t \mid Y_{t-1}, s_t) = \begin{cases} f(y_t \mid Y_{t-1}, \theta_t), s_t = 1 \\ \vdots \\ f(y_t \mid Y_{t-1}, \theta_M), s_M = 1 \end{cases} \qquad (8-14)$$

其中,θ_t 为 VAR 过程在不同区制下的参数向量,Y_{t-1} 为序列观测值,这正是在考虑区制转移后 VAR 模型的构建思想。

下面对马尔可夫转移向量自回归过程(Markov-switching Vector Autoregressive, MS-VAR)进行说明,其中,Hamilton(1989)提出一种均值转移单变量自回归模型,在该研究的基础上,Krolzig(1997)发展提出 MS-VAR 模型。MS-VAR 模型可视为 p 阶向量自回归模型的推广。设有高斯 VAR 过程:

$$y_t = v + \theta_1 y_{t-1} + \cdots + \theta_2 y_{t-p} + \varepsilon_t \qquad (8-15)$$

其中,$y_t = (y_{1t}, \cdots, y_{kt})', t = 1, 2, \cdots, T; \varepsilon_t \sim \text{i.i.d.}(0, \sum)$。引入滞后算子 B,则一个 $K \times K$ 维的滞后多项式可以表示为 $\Theta(B) = I_k - \theta_1 B - \cdots - \theta_p B^p$,且该多项式的特征根在单位圆外,同时 $\mu = \left(I_k - \sum_{j=1}^{p} \theta_j\right)^{-1}, v$ 为 y_t 的均值。在经典 VAR 模型中,假如参数 $\{\theta_k\}, k = 1, \cdots, p$ 为时变的,则 VAR 模型将失去建模基础;MS-VAR 模型的思想则是基于观测值生产的参数 $\{\theta_k\}$ 取决于无法被观测到的状态区制 s,代表经济处于不同运行状态的概率。将前面提到的马尔可夫随机过程与 VAR 模型结合可得 MS-VAR 模型的一般形式:

$$y_t = v(s_t) + \sum_{j=1}^{p} \theta_j(s_t) y_{t-j} + u_t, s_t \in \{1, 2, \cdots, M\} \qquad (8-16)$$

约定一个 MS-VAR 模型的简写形式 $MS(M) - VAR(p)$,M 为门槛变量的各种可能状态的区制数,p 为 VAR 模型的滞后阶数。在通用的 $MS(M) - VAR(p)$ 模型中,所有的自回归参数都以服从马尔可夫链过程的状态 s 为条件,即

$$y_t = \begin{cases} v_1 + \theta_{11} y_{t-1} + \cdots + \theta_{p1} y_{t-p} + \sum_{1}^{1/2} u_t, s_t = 1 \\ \vdots \\ v_M + \theta_{1M} y_{t-1} + \cdots + \theta_{pM} y_{t-p} + \sum_{M}^{1/2} u_t, s_t = M \end{cases} \qquad (8-17)$$

$$u_t \sim \text{NID}(0, I_k)$$

由式(8-17)可知,当经济所处区制变动时,模型的参数将发生跳跃式的转换,这为使用 VAR 模型分析宏观经济序列提供了一个完善的基本范式,可以根据模型中的均值、截距、参数及方差是否与状态区制关联构建不同模型,如表 8-4 所示。

表 8-4 MS-VAR 模型的各种设定形式

		MSM		MSI	
		均值 μ 可变	均值 μ 非可变	截距 ν 可变	截距 ν 非可变
参数 θ_j 非可变	方差 $\sum$ 非可变	MSM-VAR	线性 VAR	MSI-VAR	线性 VAR
	方差 $\sum$ 可变	MSI-VAR	MSH-VAR	MSIH-VAR	MSH-VAR
参数 θ_j 可变	方差 $\sum$ 非时变	MSMA-VAR	MSA-VAR	MSIA-VAR	MSA-VAR
	方差 $\sum$ 可变	MSMAH-VAR	MSAH-VAR	MSIAH-VAR	MSAH-VAR

注:MSM 表示均值具有区制转移;MSI 表示截距项具有区制转移。

接下来以两状态下的马尔可夫区制转移模型为例讲解 MS-VAR 的实际估计过程。设有一个两区制的泰勒规则过程:

$$i_t = \begin{cases} \bar{i}_o^{S_1} + \beta_{S_1} y_{t-1}^{S_1} + \beta_{S_2} \pi_{t-1}^{S_1} + \eta_{t1}, S_t = 1 \\ \bar{i}_o^{S_2} + \beta_{S_2} y_{t-1}^{S_1} + \beta_{S_2} \pi_{t-1}^{S_2} + \eta_{t2}, S_t = 2 \end{cases} \tag{8-18}$$

其中,$\eta_{t1} \sim N(0, \sigma_{S_1}^2)$,$\eta_{t2} \sim N(0, \sigma_{S_2}^2)$,状态 $S_t = 1$ 发生概率为 p,状态 $S_t = 2$ 发生概率为 $1-p$。模型中 $\theta_1(s_t)$ 和 $\theta_1(s_t)$ 都具有区制转移特征,且随状态 s_t 变化其估计系数值也发生变化。理论上,利率(i_t)政策会对通货膨胀(π_t)和产出缺口(y_t)产生影响,同时,以通货膨胀与产出缺口为代表的经济周期又存在相互影响和相互作用的互动关系,即利率、产出缺口、通货膨胀存在互动影响的内生关系,因此可以这三个变量为基础构建 MS-VAR 模型。此外,假定 s_t 为不可观测的状态变量,并且利用经验数据对内生状态的转变过程进行估计,先考虑 y_t 和 s_t 的联合分布:

$$f(y_t, s_t | \varphi_{t-1}) = f(y_t | \varphi_{t-1}, s_t) f(s_t | \varphi_{t-1}) \tag{8-19}$$

其中,$f(y_t | \varphi_{t-1}, s_t) = \frac{1}{\sqrt{2\pi\sigma^2}} \exp\left(\frac{-\varepsilon^2}{2\sigma^2}\right)$。在正态分布的条件函数中,$\varphi_t$ 表示直到 t 期的信息集(Kim and Nelson,1999),具体算法由 Hamilton 滤波实现,模型参数可由极大似然估计(最大化以下对数似然函数)得到:

$$\ln L = \sum_{t=1}^{T} \ln \left\{ \sum_{i=1}^{2} f(y_t | \varphi_{t-1}, s_t) \Pr[s_t = i | \varphi_{t-1}] \right\} \tag{8-20}$$

本节采用迭代极大似然函数的方法对模型进行估计。$\Pr[s_t = i | \varphi_{t-1}]$ 表示在 t 时刻状态为 1 或 2 的概率。假定不可观测的状态变量 s_t 服从遍历不可约的一阶马尔可

夫过程,其转移概率为 $\Pr_t[s_t = j | s_{t-1} = i] = p_{ij}$,且对于所有的时间 $t, i, j = 1, 2$,满足 $\sum_{j=1}^{2} p_{ij} = j = 1$,则有:

$$\begin{cases} p = \Pr[s_t = 2 | s_{t-1} = 2] \\ 1 - p = \Pr[s_t = 1 | s_{t-1} = 2] \\ q = \Pr[s_t = 1 | s_{t-1} = 1] \\ 1 - q = \Pr[s_t = 2 | s_{t-1} = 1] \end{cases} \quad (8-21)$$

从 t 时刻开始的概率计算公式为:

$$\Pr[s_t = i | \varphi_{t-1}] = \sum_{j=1}^{2} \Pr[s_t = i | s_{t-1} = j] \Pr[s_{t-1} = j | \varphi_{t-1}]$$

其中, $\Pr[s_t = i | s_{t-1} = j]$ 由式(8-21)定义。在每一时期的末尾,用以下迭代滤波对初始概率进行修正(Kim and Nelson,1998,1999):

$$\Pr[s_t = i | \varphi_t] = \Pr[s_t = i | \varphi_{t-1}, y_t] = \frac{f(y_t | S_{t=i}, \varphi_{t-1}) \Pr[s_{t-1} = i | \varphi_{t-1}]}{\sum_{i=1}^{2} f(y_t | S_{t=i}, \varphi_{t-1}) \Pr[s_{t-1} = i | \varphi_{t-1}]} \quad (8-22)$$

其中, $f(y_t | \varphi_{t-1}, s_t)$ 由式(8-19)定义,再通过迭代极大似然函数的方法即可得到模型收敛的各个估计值。

MS-VAR 模型具有以下优点:①传统线性 VAR 模型虽然可以通过内生化的方式刻画变量相互作用的规律,但其系数设定与实际经济运行不符,也难以分析变量之间的非线性影响关系;特别地,MS-VAR 模型可以通过内生化的方式分析经济规律,也可以处理突发性外生冲击造成的区制转移。②MS-VAR 模型能够更好地刻画样本期内变量之间的非线性动态关系,主要特征是在于对及经济和金融变量运行阶段和波动情况进行区制划分,为识别不同经济波动阶段和比较其中不同的作用机制提供新方法。随着区制变量发生变化,模型回归参数也随之改变,表明区制状态不同,模型回归参数也有所不同。③与一般主观观察判定各区制的研究方法不同,MS-VAR 模型可将不同的时间阶段包含在有相似波动特征的区制内,以契合经济变量波动在不同时间阶段可能具有相似性的现实情况。相较于随机波动时变向量自回归(Stochastic Volatility Time-Varying Parameter Vector Autoregressive, SV-TVP-VAR)方法,MS-VAR 方法尤其适用于影响因素较为复杂但又无法一一判断分析的情形,对经济波动引起的模型发生区别转移的变化描述得更为精确。

例 8-4 运用 MS-VAR 模型评价中国货币政策规则的非线性区制特征。

样本时间跨度为 1996—2022 年的季度数据,变量选取利率、产出缺口和通货膨胀。其中,以同业拆借利率季度数据[①]作为利率(i)的指代指标,由各国本币的银行间同业拆

[①] 泰勒规则的关键在于采用中性实际利率,现有研究主要采用市场利率来识别泰勒规则,因为货币市场利率是衡量资金使用成本的主要指标。相较于其他市场利率,同业拆借利率更能反映市场资金的真实价格走势和供需状况。

放 7 天期利率月度数据经移动平均换算得到。通货膨胀用各国的消费者价格指数季度同比数据代表,计算公式为通货膨胀(π_t)= 季度 CPI-100。生产者价格指数则采用季节调整后的制造业生产的同比增速作为替代变量。产出缺口(og)采用 HP 滤波法估计,具体步骤为:①基于各国的季度名义 GDP 值和季度 GDP 平减指数换算得到季度实际 GDP 值(1996=100);②对季度实际 GDP 数据进行季节性调整(Tramo-Seats 方法)和对数处理($og_t = 100 \times \log GDP_t$);③基于 HP 滤波法估计得到产出缺口(数据来自 CEIC 数据库)。

使用 MS-VAR 模型对利率、产出缺口和通货膨胀数据展开实证检验,根据 AIC、HQ 和 SIC 等信息准则,本案例选取 $q=0, p=0$。同时,利用极大似然法得到 MSIAH(2)-VAR(0)估计模型中利率方程截距项和各系数的估计结果,如表 8-5 所示。

表 8-5 马尔可夫区制转移估计结果

变量	低波动区制(区制 1)			变量	高波动区制(区制 2)		
	标准误差	0.46262			标准误差	1.9924	
	系数估计值	标准差	t 统计量		系数估计值	标准差	t 统计量
$\bar{\iota}_o^{S_1}$	3.0463***	0.0752	40.5001	$\bar{\iota}_o^{S_2}$	5.1452***	0.4840	10.6316
$y_{t-1}^{S_1}$	0.1165***	0.0262	4.4526	$y_{t-1}^{S_1}$	3.4989***	0.7843	4.4614
$\pi_{t-1}^{S_1}$	0.2211***	0.0362	6.1135	$\pi_{t-1}^{S_2}$	0.0029	0.1772	0.0164

注:估计模型 MSIAH(2)-VAR(0)允许截距项、自回归参数和异方差转变;*** 表示 1%的显著性水平拒绝原假设。

模型非线性检验 LR 统计量为 189.1918,其伴随概率 $\chi^2(6) = [0.0000^{***}]$①,在 1%的显著性水平下拒绝原假设 $H_0: \mu_1 = \mu_2; \theta_1 = \theta_2; \gamma_1 = \gamma_2$。这说明在 1996—2022 年我国的货币政策泰勒规则存在显著的区制转移非线性效应,各区制转移概率矩阵的估计结果列于表 8-6,从中可以看出,我国货币政策调整存在两个显著区制:在低波动区制 1 中,利率正对产出缺口和通货膨胀存在显著的逆周期调整特征。若产出缺口或通货膨胀为正,则央行通过提高利率抑制经济过热;在高波动区制 2 中,利率规则仅仅对产出缺口做出调整,并没有采取盯住通货膨胀的政策取向,而且相比区制 1,区制 2 中的货币政策具有更显著的盯住产出缺口的政策偏好。此外,高波动区制的平均利率(5.1452%)高于低波动区制的平均利率(3.0463%),表明在高波动区制,央行更倾向于提高利率抑制经济波动。就表 8-6 的估计结果而言,两个区制都相对稳定,其转移概率分别为 $p_{11} = 0.9704, p_{22} = 0.9265$。

---

① 检验统计量 LR = $-2(L_R - L_U) \sim \chi^2(q)$,$L_R$ 和 L_U 分别是有约束模型和无约束模型的极大似然函数值,其中 q 为约束个数。根据 LR 统计量可算出对应的 P 值,若 P 值较小时拒绝原假设,选择无约束估计模型;反之,P 值较大而无法拒绝原假设,则选择有约束估计模型。

表 8-6 区制转移概率矩阵

j	i	
	区制 1	区制 2
区制 1	0.9704	0.0296
区制 2	0.0735	0.9265

表 8-7 给出了各区制的样本数、区制出现频率以及平均持续期,其中在同一区制的持续时间为 $D(S_i) = 1/(1 - p_{ii})$。估计结果显示,在 1996—2022 年货币政策规则执行期间,低波动率区制发生频率为 71.3%,而高波动率区制发生频率为 28.7%,这说明低波动率区制发生的年份多于高波动率区制,在多数年份货币政策泰勒规则还是采取盯住通货膨胀和产出缺口的双重目标。

表 8-7 各区制的持续期估计结果

	样本数	频率	平均持续期
区制 1	67.8	0.7130	33.78
区制 2	39.2	0.2870	13.60

图 8-7 给出了高波动区制和低波动区制的平滑转移概率,在 2000—2011 年、2015—2016 年以及 2019—2022 年等区制处于低波动区制的概率接近于 1,而在 1996—2000 年、

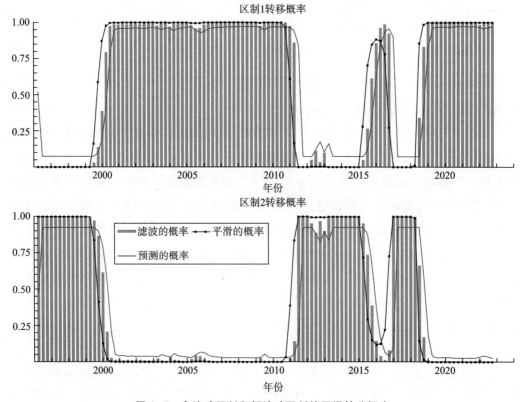

图 8-7 高波动区制和低波动区制的平滑转移概率

2012—2014年以及2017—2018年处于高波动区制的概率接近于1。这说明我国货币政策泰勒规则存在显著的非线性区制,而在上述的区制1和区制2采取了截然不同的货币政策规则,这为合理评价我国货币政策在不同区制的执行情况以及后续货币政策安排提供了重要的理论依据和研究方法借鉴。

本章小结

本章对金融计量经济学中使用的非线性向量自回归模型进行了全面概述。首先介绍了门限向量自回归(TVAR)模型的构建过程。TVAR模型能识别经济金融变量不同的区制。然后讨论了逻辑平滑转移向量自回归模型(LSTVAR)和指数平滑转移向量自回归模型(ESTVAR),它们是在平滑转移向量自回归模型的基础上拓展设计了随门限和转移变量而变化的逻辑函数和指数函数,也能识别不同区制状态的经济金融变量,通过脉冲响应考察冲击对不同区制下的宏观经济效应差异。此外,本章还介绍了区制转换向量自回归(MS-VAR)模型,这是基于马尔可夫链模型思想,引入一个离散时间且离散状态的马尔可夫随机过程,将经济运行状态分为数量不同的区制。现实中,金融时间序列数据往往可能随着经济形势变化而表现出非对称性反应或者非线性特征,因此,在宏观经济计量建模中,对该序列进行拉格朗日乘子检验(LM)和非线性模型F检验,再运用本章介绍的非线性向量自回归模型展开识别具有重要的现实意义。

课后习题

1. 相较于线性向量自回归模型,非线性向量自回归模型的优点是什么?
2. 以经济缺口为例,门限向量自回归模型的门槛值划分出的两区制的经济含义分别是什么?
3. 门限向量自回归模型可以应用在什么方面的研究?举个例子。
4. 分析转移速度、转移变量、门限值对逻辑函数的影响。
5. 区制转移向量自回归模型的优势有哪些?
6. 比较门限向量自回归模型、区制转移向量自回归模型、逻辑转移向量自回归模型等各自的特征。

主要参考文献

[1] Balke N S. Credit and economic activity: Credit regimes and nonlinear propagation of shocks [J]. Review of Economics and Statistics, 2000, 82(2): 344-349.

[2] Hamilton J D. A new approach to the economic analysis of non-stationary time series and the business cycle [J]. Econometrica, 1989, 57(2): 357-384.

[3] Kim C, and Nelson C R. Business cycle turning points, a new coincident index, and tests of duration dependence based on a dynamic factor model with regime switching [J]. Review of Economics and Statistics, 1998, 80(2): 188-201.

[4] Kim C, and Nelson C R. Has the U.S. economy become more stable? A Bayesian approach based on a Markov-switching model of the business cycle [J]. The Review of Economics and Statistics, 1999, 81 (4): 608-616.

[5] Koop G, Pesaran H, and Potter S. Impulse response analysis in nonlinear multivariate models [J]. Journal of Econometrics, 1996, 74(1): 119-147.

[6] Krolzig H M, The Markov-Switching Vector Autoregressive Model[M]. In: Markov-Switching vector autoregressions. Lecture Notes in Economics and Mathematical Systems. Berlin: Springer, 1997.

[7] Rothman P, Van Dijk D, and Franses P H. Multivariate STAR analysis of money output relationship [J]. Macroeconomic Dynamics, 2001, 5(4): 506-532.

[8] Terasvirta T. Specification, estimation, and evaluation of smooth transition autoregressive models [J]. Journal of the American Statistical Association, 1994, 89(425): 208-218.

[9] Tong H. Threshold Models in Non-linear Time Series Analysis [M]. New York: Springer, 1983.

[10] Tong H. On A Threshold Model [M]. In: Pattern Recognition and Signal Processing (Ed.) C. H. Chen, Sijthoff & Noordhoff, Amsterdam, 1978.

[11] Weise C L. The asymmetric effects of monetary policy: A nonlinear vector autoregression approach [J]. Journal of Money, Credit and Banking, 1999, 31: 85-108.

第九章
时变参数向量自回归模型族

阅读指引

本章主要介绍时变参数向量自回归模型族的不同类型,包括时变参数向量自回归模型、时变参数高维向量自回归模型、时变参数潜在门限向量自回归模型、时变参数因子增广型向量自回归模型以及时变参数面板向量自回归模型。其中,第一节介绍最基本的时变参数向量自回归模型,主要基于向量自回归模型的思想,引入时变参数来描述变量间的时序关系。第二节介绍时变参数高维向量自回归模型,该模型可用于分析高维数据的时变关系,对于处理大规模数据有很大的实用价值。第三节介绍时变参数潜在门限向量自回归模型,该模型可用于分析变量之间的潜在关系,对于探究变量间的隐含因果关系有很大的帮助。第四节介绍时变参数因子增广型向量自回归模型,该模型引入因子变量来提高模型的准确性和预测能力,对于复杂的多变量时序数据建模有很大的帮助。第五节介绍时变参数面板向量自回归模型,该模型可用于分析面板数据的时序特征和预测面板数据的未来趋势。

第一节 时变参数向量自回归模型

向量自回归(VAR)模型由 Sims(1980)提出,VAR 模型虽然能够体现变量之间的线性关系,但在描述变量间的同期关系时存在一定缺陷,即假设有同方差。但在实际处理经济问题的过程中,该假设与现实并不相符。因此,在 VAR 模型的基础上演变出结构向量自回归(SVAR)模型来弥补该缺点。但 SVAR 模型也有不足,即模型要求参数和扰动项保持不变。因此,Cogley and Sargent(2005)以及 Primiceri(2005)提出时变参数向量自回归(TVP-VAR)模型。该方法不但允许宏观经济结构参数发生持久性突变或渐进演变,而且同时能够有效消除模型系统的内生性问题,在近期有关货币政策传导机制的非线性研究中得到广泛应用并取得显著成效,其中有代表性的包括 Primiceri(2005)、Nakajima(2011)的研究。

一、时变参数向量自回归模型介绍

首先,构建传统结构式 VAR 模型:

$$Ay_t = F_1 y_{t-1} + \cdots + F_s y_{t-s} + u_t, t = (s+1), \cdots, n \qquad (9-1)$$

其中,y_t 是 $l \times 1$ 维列向量,$A, F_1, \cdots, F_s$ 是 $l \times l$ 维系数矩阵,u_t 是 $l \times 1$ 维随机干扰项。假定随机干扰项服从如下分布:$u_t \sim N(0, \Sigma)$。其中,$\sigma_i(i = 1, \cdots, l)$ 为结构式冲击的标准差,有:

$$\Sigma \sim \begin{pmatrix} \sigma_1 & 0 & \cdots & 0 \\ 0 & \sigma_2 & \vdots & \vdots \\ \vdots & \vdots & & 0 \\ 0 & \cdots & 0 & \sigma_l \end{pmatrix} \qquad (9-2)$$

同时,采用递归方法设立联立参数矩阵 A,由此在减少待估参数的同时还能够识别变量间双向冲击的结构性变化。因此,结构冲击矩阵 A 的下三角矩阵为:

$$A = \begin{pmatrix} 1 & 0 & \cdots & 0 \\ a_{21} & 1 & \cdots & 0 \\ \vdots & \vdots & & \vdots \\ a_{k1} & a_{k2} & \cdots & 1 \end{pmatrix} \qquad (9-3)$$

由此,式(9-1)可以写成:

$$y_t = B_1 y_{t-1} + \cdots + B_s y_{t-s} + A^{-1} \Sigma \varepsilon_t \qquad (9-4)$$

其中,$\varepsilon_t \sim N(0, I_l)$,$B_t = A^{-1} F_t$。将 B_t 按行向量进行堆叠,可得到列向量:β 为 $l^2 s \times 1$ 维向量,同时定义 $X_t = I_l \otimes (y_{t-1}, \cdots, y_{t-s})$,其中 $\otimes$ 为 Kroneck 乘积。

式(9-4)可以整理为:

$$y_t = X_t \beta + A^{-1} \Sigma \varepsilon_t \qquad (9-5)$$

式(9-5)中所有变量系数都是固定的,不随时间变化。因此,为了准确刻画时间序列中变量间的结构性变化和时变特征,可对模型(9-5)进行动态拓展,引入时变因素,得到 TVP-VAR 模型为:

$$y_t = X_t \beta_t + A_t^{-1} \Sigma_t \varepsilon_t, t = s+1, \cdots, n \qquad (9-6)$$

式(9-6)中的系数均值 β_t、联立方程系数矩阵 A_t 和协方差矩阵 Σ_t 都具有时变特征,都是随时间变化的状态向量。同时假定 $a_t = (a_{2,1}, a_{3,1}, a_{3,2}, a_{4,1}, \cdots, a_{l,l-1})'$ 为 A_t 下三角矩阵的堆栈,$h_t = (h_{1t}, \cdots, h_{lt})'$,$h_{jt} = \log \sigma_{jt}^2$。参数都服从随机游走过程:

$$\begin{aligned}\beta_{t+1} &= \beta_t + u_{\beta t} \\ a_{t+1} &= a_t + u_{at}, \\ h_{t+1} &= h_t + u_{ht}\end{aligned} \begin{pmatrix}\varepsilon_t \\ \varepsilon_{\beta t} \\ \varepsilon_{at} \\ \varepsilon_{ht}\end{pmatrix} \sim N\left(0, \begin{pmatrix} I & 0 & 0 & 0 \\ 0 & \sum_\beta & 0 & 0 \\ 0 & 0 & \sum_a & 0 \\ 0 & 0 & 0 & \sum_h \end{pmatrix}\right) \quad (9-7)$$

其中,$\beta_{t+1} \sim N(u_{\beta_0}, \sum \beta_0)$,$a_{t+1} \sim N(u_{a_0}, \sum a_0)$,$h_{t+1} \sim N(u_{h_0}, \sum h_0)$,$t = s+1, \cdots, n$。得出 TVP-VAR 模型后,采用 Nakajima(2011)提出的带有随机波动的 TVP-VAR 模型的估计算法,即运用马尔可夫-蒙特卡洛模拟对时变参数展开估计。在贝叶斯推断过程中,令 $y = \{y\}_{t=1}^n$,$\omega = \{\sum_\beta, \sum_\alpha, \sum_h\}$,同时设置先验概率密度为 $\pi(\omega)$,并且在已知样本 y 的基础上估计得到后验分布 $\pi(\beta, a, h, \omega|y)$。其估计步骤可概述如下:第一步,设定 β、a、h、ω 的先验分布;第二步,从后验分布 $p(\beta|a, h, \sum_\beta, y)$ 中抽样 β;第三步,从后验分布 $p(\sum_\beta|\beta)$ 中抽样 $\sum_\beta$;第四步,从后验分布 $p(a|\beta, h, \sum_\alpha, y)$ 中抽样 a;第五步,从后验分布 $p(\sum_a|a)$ 中抽样 $\sum_a$;第六步,从后验分布 $p(h|\beta, a, \sum_h, y)$ 中抽样 h;第七步,从后验分布 $p(\sum_h|h)$ 中抽样 $\sum_h$;第八步,返回第二步再继续迭代直至收敛结束。

二、时变参数向量自回归模型案例应用

例 9-1 运用时变参数向量自回归模型估计的应用。

(1)变量选择。本节选取银行间同业拆借利率、产出缺口及通货膨胀的季度数据展开建模,样本区间为 1996—2022 年。其中,产出缺口和银行间同业拆借利率的数据与第八章例 8-1 一致,在此不再赘述。其中,可通过消费者价格指数的月度同比数据计算出通货膨胀(数据来自《中国经济景气月报》和《中国统计月报》)。

(2)实证结果分析。本节采用脉冲响应函数估计价格型货币政策和数量型货币政策冲击对产出缺口与通货膨胀的时变影响效应。图 9-1 给出提前 2 期、提前 4 期及提前 8 期产出缺口和通货膨胀对价格型货币政策和数量型货币政策冲击的时变脉冲响应函数,分别刻画短期、中期和长期的货币政策影响效应。

与长期效应相比(两年),短期和中期(半年和一年)利率冲击对产出缺口和通货膨胀的影响更为明显。脉冲响应结果显示,20 世纪 90 年代中叶以来,利率冲击对通货膨胀($\varepsilon_i \to \pi$)有明显的抑制效应,并且在 1996 年达到最大值。由此也表明,在一定时期内我国利率政策能够有效降低通货膨胀,从而稳定物价水平。而利率冲击对产出缺口($\varepsilon_i \to y$)的影响在 1999 年以前为正向,并在此后由负向转为正向,长期围绕 0 上下波动,说明在某些时间段利率政策能够起到稳定经济周期的作用,但在特定时间段内未能有效抑制宏观

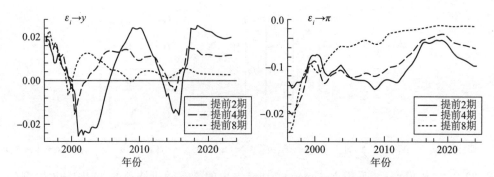

图 9-1　产出缺口和通货膨胀对货币政策冲击的时变脉冲响应函数

经济波动。这也说明采用 TVP-VAR 模型对中国货币政策取向及其政策效果展开有效识别是非常有必要的。

第二节　时变参数高维向量自回归模型

时变参数高维向量自回归(High-Dimensional Time-Varying Parameter Vector Autoregression，HD-TVP-VAR)模型在经济学、金融学和其他社会科学领域具有重要意义。传统的向量自回归(VAR)模型在捕捉时间序列数据动态关系方面具有一定优势,但在处理大量变量及其随时间变化的关系时面临挑战。HD-TVP-VAR 模型引入了时变参数和降维技术,提高了参数估计的准确性,使得模型更适合分析高维数据结构和揭示潜在的动态关系,这对于政策制定、风险管理和预测等实际应用具有重要价值。

一、高维模型的挑战与现有方法

在处理大量变量时,高维模型面临以下挑战：

(1) 参数数量爆炸。随着变量数量的增加,需要估计的参数数量呈几何级增长。这不仅导致计算复杂度提高,还可能引发过拟合和多重共线性等问题(Bai and Ng, 2002)。

(2) 数据稀疏性。在高维情境下,可用观测数据相对于参数数量较少,这会降低估计精度并可能导致不稳定的结果(Candès and Tao, 2007)。

(3) 模型选择困难。在高维模型中,确定最优滞后阶数和变量子集具有挑战性,传统的信息准则(如 AIC、BIC)在高维情境下可能无法提供有效指导(Fan and Lv, 2008)。

现有的高维模型主要涉及降维技术和正则化方法。这些方法引入惩罚项或约束条件,使得模型在拟合数据时更稳定。最常见的方法包括 LASSO 回归、岭回归、弹性网回归等。

(1) LASSO 回归。LASSO(Tibshirani, 1996)通过在回归目标函数中加入一阶范数惩罚项,实现了参数估计的稀疏性。这意味着估计过程会将部分系数压缩至 0,从而在高维模型中选择估计的最终变量。LASSO 已被广泛应用于高维线性回归、高维 VAR 模型等领域(Song and Bickel, 2011)。

(2) 岭回归。岭回归(Hoerl and Kennard, 1970)通过在回归目标函数中加入二阶范数惩罚项,使得估计过程对参数的大小加以限制,从而降低模型的复杂度。在高维情境下,岭回归有助于解决多重共线性问题,提高估计稳定性。

(3) 弹性网回归。弹性网回归(Zou and Hastie, 2005)结合了 LASSO 回归和岭回归的优点,通过在回归目标函数中加入一阶范数和二阶范数惩罚项,实现了变量选择与估计稳定性的平衡。弹性网回归已在多个领域得到应用,包括高维线性回归和高维 VAR 模型等(Friedman et al., 2010)。

(4) 带遗忘因子(Forgetting Factors)的卡尔曼滤波法和贝叶斯收缩法(Bayesian Shrinkage and Sparsification Method)。Koop and Korobilis(2013)构建了高维时变参数向量自回归(HD-TVP-VAR)模型,通过引入带遗忘因子的卡尔曼滤波法和贝叶斯收缩法来有效解决高维数据带来的参数估计灾难问题。

二、HD-TVP-VAR 模型的构建

HD-TVP-VAR 模型是一种高维数据分析方法,能够捕捉系数随时间变化的动态特征。接下来,我们将详细介绍 HD-TVP-VAR 模型的构建过程。

借鉴 Koop and Korobilis(2013)构建的 HD-TVP-VAR 模型。具体来说,在 HD-TVP-VAR 模型中,令 $y^c = (y_1, \cdots, y_c)'$,在卡尔曼滤波过程中,有:

$$\beta_{t-1} | y^{t-1} \sim N(\beta_{t-1 | t-1}, P_{t-1 | t-1}) \tag{9-8}$$

$$\beta_t | y^{t-1} \sim N(\beta_{t | t-1}, P_{t | t-1}) \tag{9-9}$$

$$P_{t | t-1} = P_{t-1 | t-1} + \psi_t \tag{9-10}$$

替换式(9-10)中的 ψ_t 可得:

$$P_{t | t-1} = P_{t-1 | t-1} / \lambda_t \tag{9-11}$$

其中,λ_t 为遗忘因子,$0 < \lambda_t \leq 1$。式(9-11)表示过去 j 期观测值在 β_t 估计中的权重为 λ^j,令

$$\lambda_t = \lambda_{min} + (1 - \lambda_{min}) L^{f_t} \tag{9-12}$$

其中,$f_t = -\text{NINT}(\widetilde{\varepsilon}'_{t-1} \widetilde{\varepsilon}_{t-1})$,$\widetilde{\varepsilon}_t = y_t - \beta_{t | t-1} Z_t$ 是卡尔曼滤波和取整函数舍入到最接近的整数所产生的单步提前预测误差。我们设 $\lambda_{min} = 0.96$ 和 $L = 1.1$,以校准模型使得 λ_t 的值介于 0.96 和 1.0 之间。同时,设定模型采用指数加权移动平均(Exponentially Weighted Moving Average, EWMA)方法测量误差协方差矩阵 Γ_t,这样可简化 TVP-VAR 模型中多元随机波动率的测算。EWMA 估计如下:

$$\hat{\Gamma}_t = k \hat{\Gamma}_{t-1} + (1 - k) \widetilde{\varepsilon}_t \widetilde{\varepsilon}_t' \tag{9-13}$$

其中,$\widetilde{\varepsilon}_t = y_t - \beta_{t | t} Z_t$ 由卡尔曼滤波器产生;k 是衰减因子(Decay Factor),令 $k =$

0.96；初始条件 Γ_0 是 y^0 的协方差矩阵。可见，在上述模型中引入遗忘因子而免于估计 ψ_t，并使用 EWMA 方法简化对误差协方差矩阵 Γ_t 的估计，从而使得高维 TVP-VAR 模型估计变得简单化了。

在使用遗忘因子方法时，只需知道 β_0 即可获得先验信息。过去通常采用训练样本先验来设置 β_0 中控制收缩程度的超参数（Shrinkage Hyperparameters），这对高维数据的大型 TVP-VAR 模型来说计算要求过于苛刻。因此，可以通过引入贝叶斯收缩方法对模型的先验条件进行设置，允许以时变的方式估算收缩超参数并允许收缩超参数自动更新。具体而言，当初始条件 β_0 是高维时，对初始条件进行适当收缩至关重要，假设先验 β_0 是类明尼苏达型的，即 $E(\beta_0)=0, \beta_0 \sim N(a_{\beta_0}, V_{\beta_0})$。其中，先验协方差矩阵 $V_{\beta_0}=\text{diag}(V_{\beta_{1,0}}, \cdots, V_{\beta_{n,0}})$ 是对角线形的，$V_{\beta_{i,0}}$ 是其对角线上的元素。设定 $V_{\beta_{i,0}}$ 的具体形式为：

$$V_{\beta_{i,0}} = \begin{cases} \dfrac{\gamma}{r^2} & \text{对于滞后 } r \text{ 阶系数}, r=1, \cdots, p, \\ a & \text{对于截距} \end{cases} \tag{9-14}$$

其中，p 是滞后长度。超参数 γ 是估计 V_{β_0} 的关键，它控制 VAR 系数的收缩（Shrinkage）程度。设置 $a=10^3$ 使其不具有信息性，同时令 $\gamma=0.01$。有了上述设定，即可实现 HD-TVP-VAR 模型估计。

例 9-2 基于 HD-TVP-VAR 模型的经济政策不确定溢出指数构建的实例分析。

近年来，全球经济接连动荡，美联储加息、俄乌冲突、新冠疫情等事件加重了全球经济政策不确定性程度（Economic Policy Uncertainty，EPU），本节以 1997—2021 年 24 个经济体的经济政策不确定性（Baker et al., 2016）为主要数据，研究世界主要国家和地区经济政策不确定性的溢出效应。由于该数据集为 24×100 的高维数据，本节构建 HD-TVP-VAR 模型和经济政策不确定溢出指数，具体过程如下。

（1）基于 HD-TVP-VAR 模型的溢出指数构建。以上述模型为基础，基于广义脉冲响应函数可估计高维数据模型的时变参数网状溢出指数。传统的脉冲响应函数通过 Cholesky 方差分解和广义方差分解分别估计，前者虽然方法较为简便，但同时存在脉冲响应结果受变量排序的影响，多数研究按变量的多种排序分别估计得到广义脉冲响应函数，通过求均值的方式得出最终估计值。但对于高维数据来说，变量多的特性使得上述研究方法难以有效实现。因此，本节采取广义脉冲响应函数方法，一方面估计结果不会受变量排序的影响，另一方面还可以大幅减少估计工作量。令时变广义脉冲响应函数为 $\text{Imp}_{f,t}(n)=\sigma_{ff,t}^{-1/2}A_{n,t}e_{f,t}$，$e_{f,t}$ 表示 $m\times 1$ 维选择向量，其中 j 行元素为 1，其他行为 0，估计结果如图 9-2 所示。[①]

[①] 受篇幅所限，本节以各经济体 EPU 美国 EPU 脉冲响应为例，展示基于 HD-TVP-VAR 模型估计得到的脉冲响应值。

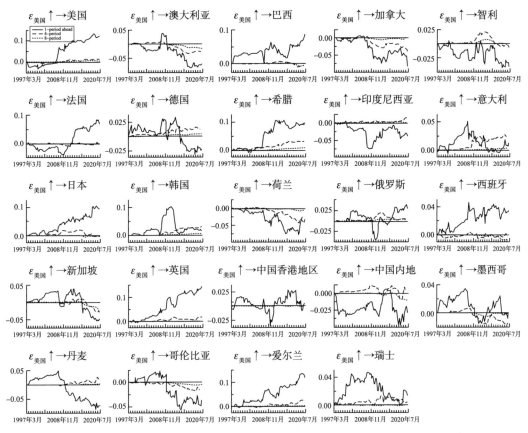

图 9-2 各经济体 EPU 美国 EPU 脉冲响应

因 $\sum_t e_{f,t} e'_{f,t} / \sigma_{ff,t} = 1$,由此可得到基于广义方差分解的时变脉冲响应函数的时变参数溢出指数为:

$$\theta_{d \leftarrow f,t}(n) = \frac{\sum_{i=0}^{n} \left(e'_{d,t} \sigma_{ff,t}^{-\frac{1}{2}} A_{l,t} \sum_t e_{f,t} \right)^2}{\sum_{j=0}^{K} \sum_{l=0}^{n} \left(e'_{d,t} \sigma_{ff}^{-\frac{1}{2}} A_{l,t} \sum_t e_{f,t} \right)^2} = \frac{\sigma_{ff,t}^{-1} \sum_{i=0}^{n} \left(e'_{d,t} A_{l,t} \sum_t e_{f,t} \right)^2}{\sum_{l=0}^{n} \left(e'_{d,t} A_{l,t} \sum_t A'_{l,t} e_{d,t} \right)} \quad (9-15)$$

其中,K 为变量 $e_{d,t}$ 的数据,$\sum_t = \{\sigma_{df,t}, d,f = 1,2,\cdots,m\}$。

定义时变参数吸收指数 $\text{MSIF}_{d,t} = \sum_{f=1,d\neq f}^{N} \theta_{d \leftarrow f,t}$,表示主体($f$)系统性金融风险对主体($d$)接收到(除自身之外)冲击的解释比重,如果把所有来自其他主体的时变参数吸收加总可得到该主体(d)货币政策吸收的冲击总强度;定义时变参数溢出指数 $\text{MSIT}_{d,t} = \sum_{f=1,d\neq f}^{N} \theta_{f \leftarrow d,t}$,表示主体($d$)系统性金融风险对其他主体($f$)系统性金融风险的溢出占本主体($d$)对所有(除自身之外)国家的溢出的解释比重,MSIT 指数加总结果可代表该主体(d)系统性金融风险对外溢出总强度;定义时变净溢出指数等于总溢出效应与总吸收效应之差：$\text{MNSI}_{d,t} = \sum_{f=1,d\neq f}^{N} \theta_{f\leftarrow d,t} - \sum_{f=1,d\neq f}^{N} \theta_{d\leftarrow f,t}$，当 $\text{MNSI}_{i,t} > 0$ 时，主体（d）在 t 时期为系统性金融风险净溢出主体，反之为系统性金融风险净吸收主体。

（2）溢出指数估计结果分析。以 Barker et al.(2016) 等构建的经济政策不确定性为主要数据，这是根据官网媒体中与经济政策不确定性有关的关键词语出现的频率来衡量经济政策不确定性程度，并标准化为 0—100 指数（数值越大代表不确定性程度越高）。在此之后，很多学者在研究经济政策不确定性的相关问题时都会引用该指数进行分析。该数据为月度数据，本节通过取平均数的方式构造季度数据，以 1997 年第一季度至 2021 年第四季度作为样本期间，选取中国内地、英国、美国、日本、韩国、中国香港地区、澳大利亚、巴西、法国、德国、加拿大、俄罗斯、爱尔兰、西班牙、希腊、新加坡、意大利、荷兰、哥伦比亚、瑞典、墨西哥、丹麦、智利、印度尼西亚 24 个经济体为研究样本。为了能直观反映各经济体经济政策不确定性的溢出程度，本节将通过溢出矩阵展示各经济体经济政策不确定性指数，如图 9-3 所示。

	澳大利亚	巴西	加拿大	智利	法国	德国	希腊	印度尼西亚	意大利	日本	韩国	荷兰	俄罗斯	西班牙	新加坡	英国	美国	中国香港地区	中国内地	墨西哥	丹麦	哥伦比亚	爱尔兰	瑞士
澳大利亚	14.42	1.06	4.39	2.68	3.80	6.21	3.52	6.10	3.65	6.14	4.79	5.73	1.51	4.32	5.97	3.17	6.34	2.58	1.20	1.27	2.23	3.19	2.80	2.93
巴西	1.32	19.25	6.85	2.60	7.25	5.94	0.72	0.63	0.91	1.83	3.9	0.39	4.71	3.76	6.87	6.59	3.72	2.40	2.34	0.82	3.63	5.59	5.35	2.63
加拿大	3.87	3.01	10.92	3.37	5.60	6.54	1.00	1.46	2.21	2.48	3.74	1.38	4.87	4.96	9.04	5.80	6.39	2.64	4.32	0.36	4.20	3.79	4.61	3.45
智利	3.16	2.27	5.04	19.98	2.31	6.40	0.94	1.46	2.20	3.00	2.56	1.76	5.21	2.99	6.75	1.78	5.05	1.09	3.57	0.98	7.24	6.13	2.97	5.17
法国	2.80	4.72	7.74	1.64	12.85	6.75	2.04	1.31	3.42	1.99	4.44	0.68	4.06	6.10	7.33	9.44	4.18	2.88	2.35	0.76	2.70	2.15	5.30	2.34
德国	4.21	3.49	7.45	4.32	5.81	11.3	1.08	1.13	2.62	1.91	3.92	1.06	4.65	5.20	8.35	5.51	6.22	1.79	3.45	0.23	4.92	3.72	4.42	3.23
希腊	6.45	2.53	3.46	1.61	6.49	3.13	27.8	3.27	7.09	2.77	5.02	3.08	1.48	3.15	3.27	3.61	2.93	1.61	1.63	2.52	1.51	1.56	1.59	2.45
印度尼西亚	10.02	1.23	2.74	2.25	2.37	3.20	2.80	23.13	3.04	10.10	2.23	8.31	1.40	3.35	3.48	1.44	3.58	5.62	1.27	0.41	1.64	1.97	1.06	3.28
意大利	5.38	1.50	5.66	3.15	5.97	5.08	4.45	2.93	18.59	2.37	3.17	5.08	2.83	3.92	5.54	3.35	6.03	1.76	1.29	1.14	2.55	2.10	2.67	3.50
日本	7.33	2.06	3.72	3.17	2.64	3.49	1.24	7.88	1.64	16.55	2.69	6.07	1.93	2.17	6.37	2.41	4.82	5.51	3.18	0.85	2.71	4.73	2.35	4.50
韩国	5.42	3.71	6.11	2.23	6.67	6.28	2.66	1.55	2.45	2.24	14.3	1.57	2.58	4.70	7.97	6.41	6.35	1.84	1.65	1.44	2.41	3.94	3.88	1.64
荷兰	10.30	0.70	3.36	3.05	2.13	3.28	3.17	9.05	5.26	7.93	2.71	20.01	1.02	2.60	3.71	1.68	6.71	2.41	0.82	1.17	1.60	2.74	1.52	3.06
俄罗斯	1.30	4.48	7.68	4.02	5.23	5.97	0.46	0.44	2.02	0.70	2.37	0.41	17.41	5.60	7.21	6.25	3.47	2.41	4.93	1.12	5.72	3.24	5.02	2.53
西班牙	4.15	2.53	6.98	2.71	8.29	6.94	1.86	2.24	3.40	1.33	3.39	1.49	5.83	13.88	6.3	6.32	5.05	1.73	2.04	0.89	3.74	2.44	5.03	1.46
新加坡	3.97	2.81	7.93	3.77	4.83	6.49	0.68	1.38	2.37	3.15	4.23	1.33	4.27	4.11	10.73	5.36	6.56	2.57	5.66	0.41	4.84	4.72	4.38	3.46
英国	2.67	4.46	7.64	2.06	8.60	6.59	1.17	0.70	2.19	2.12	3.69	0.66	4.29	4.89	8.65	14.17	4.03	3.06	3.41	0.52	2.67	3.11	5.68	2.96
美国	6.01	2.04	7.22	3.96	4.35	6.58	1.21	1.64	3.19	3.14	4.90	3.26	4.74	8.55	3.68	11.56	1.06	2.57	1.02	4.34	4.99	4.19	2.66	
中国香港地区	2.97	2.43	5.39	1.51	5.24	3.71	0.77	5.07	1.86	5.31	2.65	1.31	4.13	2.92	6.16	4.62	2.27	24.18	4.21	1.33	2.72	2.85	1.81	4.57
中国内地	1.41	1.98	7.75	3.33	2.97	4.34	0.37	0.81	1.02	3.06	1.95	0.64	4.97	2.19	11.72	3.90	4.49	4.05	20.11	0.64	5.90	4.19	3.50	4.71
墨西哥	3.68	3.25	2.93	2.37	5.08	2.64	3.46	1.33	2.44	3.64	2.68	3.90	3.82	2.93	4.77	4.00	0.83	1.51	32.02	1.94	3.15	2.68	2.51	
丹麦	2.22	2.54	6.70	5.64	3.71	6.63	0.68	1.45	2.03	2.30	0.88	6.41	4.64	8.52	2.59	5.60	1.72	5.73	0.43	16.59	4.97	5.15	2.48	
哥伦比亚	3.21	4.26	5.82	5.81	2.50	4.80	0.81	1.00	1.48	4.00	1.69	3.59	2.83	8.25	3.08	7.36	2.06	3.62	1.60	4.99	16.26	3.65	3.56	
爱尔兰	3.68	2.95	7.25	2.20	7.45	6.51	1.12	2.43	2.13	3.51	1.19	4.41	5.80	7.76	7.45	5.44	1.99	3.36	0.49	3.94	2.98	12.35	2.21	
瑞士	4.31	2.06	8.98	5.57	3.33	4.75	1.29	3.82	2.70	5.29	1.76	2.77	3.31	2.60	6.75	3.56	4.32	5.28	5.36	0.81	2.86	3.70	2.34	15.47

图 9-3 各经济体经济政策不确定性溢出矩阵

图 9-3 中每行数值代表经济政策不确定性吸收指数，数值越大代表一个经济体受其他经济体经济政策不确定性的影响越大；每列数值代表经济政策不确定性溢出指数，数值越大代表一个经济体经济政策不确定性对其他经济体的影响越大；对角线上的指数则代表本经济体经济政策不确定性对本经济体的影响。由图 9-3 可知，中国内地经济政策

不确定性有 20.11% 是由自身经济政策不确定性引起的,而在其余 79.89% 的经济政策不确定性中,受新加坡、加拿大、丹麦的经济政策不确定性的影响较大,分别为 11.72%、7.75%、5.90%;受希腊、荷兰、墨西哥的影响较小,分别为 0.37%、0.64%、0.64%;与此同时,中国内地经济政策不确定性对其他经济体政策不确定性产生了 69.43% 的溢出影响,并且对丹麦、新加坡、瑞士的影响较大。

第三节 时变参数潜在门限向量自回归模型

在时间序列模型中,常用的 TVP-VAR 模型能够设定动态参数,同时也可以避免主观设定参数分布导致的偏差。但 TVP-VAR 模型的缺点在于只能研究变量间传导机制稳定时的关系,当变量存在突变关系时,TVP-VAR 模型就无法刻画变量间的关系且将导致估计误差增大,并进一步使得估计结果无效。因此,Nakajima and West(2013)提出时变参数潜在门限向量自回归(TVP-LT-VAR)模型,不仅能够刻画变量间的突变关系,使得协方差矩阵趋于收敛,估计结果稳定,同时也可避免样本协方差矩阵估计误差被放大的问题。

一、潜在变量时变参数向量自回归模型介绍

首先,将 TVP-VAR 模型设定为:

$$y_t = c_t + B_{1t}y_{t-1} + \cdots + B_{pt}y_{t-p} + \mu_t, \mu_t \sim N(\mu_t \mid 0, \textstyle\sum_t) \tag{9-16}$$

其中,时间序列 y_t 是 $m \times 1$ 维向量,c_t 是 $m \times 1$ 维时变截距,B_{jt} 是 j 阶的 $m \times m$ 维时变系数矩阵 $(j = 1, \cdots, p)$,$\sum_t$ 是 $m \times m$ 维时变新息方差矩阵。令 $m(1 + pm) \times 1$ 矩阵 $b_t = (c_t', B_{1t}', \cdots, B_{pt}')$,$m \times m(1 + pm)$ 矩阵 $X_t = I \otimes (1, y_{t-1}', \cdots, y_{t-p}')$,模型(9-16)可以改写为:

$$y_t = X_t b_t + \mu_t, \mu_t \sim N(\mu_t \mid 0, \textstyle\sum_t) \tag{9-17}$$

其中,通常假设时变系数 b_t 服从 VAR(1) 过程。在时变方差矩阵建模中,残差矩阵和新息方差矩阵 $\sum_t$ 在金融和宏观经济分析中非常关键。通过先验贝叶斯模型构建 TVP-VAR 模型中的新息方差矩阵,令 $A_t \sum_t A_t' = \Lambda_t^2$,其中 A_t 是协方差的下三角矩阵,Λ_t 是对角矩阵,$\Lambda_t(A_t')$ 为 $\sum_t$ Cholesky 成分。

$$\textstyle\sum_t = A_t^{-1} \Lambda_t^2 (A_t')^{-1}, A_t = \begin{pmatrix} 1 & 0 & \cdots & 0 \\ a_{21,t} & \cdots & \cdots & \vdots \\ \vdots & \vdots & & 0 \\ a_{m1,t} & \cdots & a_{m,m-1,t} & 1 \end{pmatrix}, \Lambda_t = \begin{pmatrix} \sigma_{1t} & 0 & \cdots & 0 \\ 0 & \cdots & \cdots & \vdots \\ \vdots & \vdots & & 0 \\ 0 & \cdots & 0 & \sigma_m \end{pmatrix}$$

其中,$u_t = A_t^{-1} \Lambda_t e_t, e_t \sim N(e_t \mid 0, I)$。一些学者在方差矩阵稀疏性建模方面进行了创

新,代表性研究:Carvalho et al.(2008)采用方差矩阵中下三角的平方根元素作为新的先验信息;George et al.(2008)在非稀疏方法基础上,设定先验的恒定方差矩阵中的 Cholesky 成分允许包含零元素。Primiceri(2005)将这种结构应用在 VAR 时变方差矩阵建模中。沿用 Nakajima and West(2013)的处理方式,使用上述 Cholesky 结构并将其嵌入一个新的 TVP-LT-VAR 框架中,将随机时间变化模型与动态稀疏性相结合,由此可将 A_t 的下三角子集缩小到 0,使得协方差矩阵趋于收敛,避免协方差矩阵估计误差被放大,从而能够考察货币政策和以杠杆为代表的金融风险之间结构突变的关系以及二者间的门限效应。

遵循 Primiceri(2005)的研究,设定 a_t 为 A_t 的严格下三角元素的向量(按行堆叠),定义 $h_t = (h_{1t}, \cdots, h_{mt})'$,$h_{jt} = \log(\sigma_{jt}^2)$,$j = 1, \cdots, m$。协方差和方差的动态由 VAR 时变系数 β_t 给定,设定模型参数服从以下过程:

$$\beta_t = \mu_\beta + \Phi_\beta(\beta_{t-1} - \mu_\beta) + \eta_{\beta t} \qquad (9-18)$$

$$a_t = \mu_a + \Phi_a(a_{t-1} - \mu_a) + \eta_{at} \qquad (9-19)$$

$$h_t = \mu_h + \Phi_h(h_{t-1} - \mu_h) + \eta_{ht} \qquad (9-20)$$

其中,$(e_t', \eta_{\beta}', \eta_a', \eta_h')' \sim N[0, \text{diag}(I, V_\beta, V_a, V_h)]$,$(\Phi_\beta, \Phi_a, \Phi_h, V_\beta, V_a, V_h)$ 全部为对角矩阵,因此所有的单变量时变参数都遵循平稳 AR(1)模型。需要注意的是,对数方差的具体情况定义了传统的单变量随机波动率模型,仍采取 MCMC 展开估计。特别是时变方差矩阵的 Cholesky 结构的一个关键特征是可以将 $\sum_t$ 的动态模型转换为有条件的动态线性模型(Dynamic Linear Model, DLM),其中 a_t 作为状态向量。令 $\tilde{y}_t = (\tilde{y}_{1t}, \cdots, \tilde{y}_{mt})' = y_t - X_t\beta_t$,并定义一个 $m \times m(m-1)/2$ 矩阵:

$$\tilde{X}_t = \begin{pmatrix} 0 & \cdots & & & & & 0 \\ -\tilde{y}_{1t} & 0 & 0 & \cdots & & & \vdots \\ 0 & -\tilde{y}_{1t} & -\tilde{y}_{2t} & 0 & \cdots & & \\ 0 & 0 & 0 & -\tilde{y}_{1t} & \cdots & & \\ \vdots & & & & 0 & \cdots & 0 \\ 0 & \cdots & & 0 & -\tilde{y}_{1t} & \cdots & -\tilde{y}_{m-1t} \end{pmatrix}.$$

利用模型恒等式 $y_t = X_t\beta_t + A_t^{-1}\Lambda_t e_t$ 和下三角矩阵 A_t,可推导出 $\tilde{y}_t = \tilde{X}_t a_t + \Lambda_t e_t$。这与方程(9-19)的状态变化相结合,定义了一个条件 DLM;然后采用 MCMC 估计方法以便在每个迭代中重新取样 $a_{1:T}$,由此可以使用高效的前向滤波和后向抽样算法对有条件的正常 DLM 进行分析。

在上述 TVP-VAR 模型的基础上引入并设定潜在门限构建 TVP-LT-VAR 模型,用潜在门限 VAR 过程 α_t 代替 a_t。α_t 是将 $\alpha_{ij,t}$ 作为 a_t 的元素堆叠起来,令 $a_t = \alpha_t^\circ s_{at}$,其中 s_{at} 为指示向量。因此,对于 A_t 的每一个严格下三角元素 i,j,有

$$a_{ij,t} = \alpha_{ij,t} s_{aij,t}, s_{aij,t} = I(\,|\alpha_{ij,t}| \geq d_{aij}), i = 1,\cdots,m, j = 1,\cdots,i-1$$

其中,$I(\cdot)$ 为示性函数,取值为 0 或 1,d_{aij} 为模型待估参数的门限值。TVP-LT-VAR 模型为:

$$\widetilde{y}_t = \widetilde{X}_t a_t + \Lambda_t e_t \tag{9-21}$$

$$a_t = \alpha_t^\circ s_{at} \tag{9-22}$$

$$\alpha_t = \mu_\alpha + \Phi_\alpha(\alpha_{t-1} - \mu_\alpha) + \eta_{\alpha t}, \eta_{\alpha t} \sim N(\eta_{\alpha t}|0, V_\alpha) \tag{9-23}$$

其中,Φ_α 和 V_α 为对角矩阵,式(9-19)由 $a_t = \alpha_t^\circ s_{at}$ 代替,而式(9-18)和式(9-20)中模型的其他元素不变。由此,一个稀疏矩阵 A_t 可以转化成一个稀疏的精度矩阵 $\Omega_t = A_t'\Lambda_t^{-2}A_t$;在 A_t 的下三角中有越多的 0,在精度矩阵中就有越多的 0。对于每一对元素 i,j 和每一个 t,后验模拟可以实现输出 $s_{aij,t} = 0$,我们也就可以直接对 $s_{aij,t} = 0$ 的后验概率进行蒙特卡洛估计。正因为如此,由该模型的设定,我们可以有效识别一旦潜在门限变量值触发阈值,即 $|\alpha_{ij,t}| \geq d_{aij}$,变量之间呈现时变关系,此时 $s_{aij,t} = 1$;反之,一旦门限变量值低于阈值,即 $|\alpha_{ij,t}| < d_{aij}$,变量之间的关系就转换为常系数,此时 $s_{aij,t} = 0$。这样的模型设定更符合理论模型的实际诉求。特别是考虑到现有估计方法主要用于处理简单低维问题,而对后验分布性质的计算本质上是计算后验分布某一函数的高维积分,MCMC 方法突破了现有估计方法的限制,通过模拟的方式计算高维积分,其主要思想是对参数的条件后验概率进行重复随机抽样,获取参数的联合后验分布和递归估计,从而处理参数空间的高维和模型的非线性特征。

二、时变参数潜在门限向量自回归模型的案例实现

例 9-3 运用潜在变量时度参数向量自回归模型的应用——评估货币政策对政策目标的影响效应。

本节采用 1996—2022 年的利率(i)、M2 增速(M2)、产出缺口(y)和通货膨胀(p)的数据,基于 TVP-LT-VAR 模型,并利用脉冲响应函数估计价格型货币政策和数量型货币政策冲击对产出缺口和通货膨胀的时变脉冲响应函数,从而考察了 1996—2022 年价格型货币政策和数量型货币政策对经济增长与通货膨胀的影响的政策效果。图 9-4 给出了提前 2 期、提前 4 期和提前 8 期产出缺口和通货膨胀对两类型货币政策冲击的脉冲响应函数。

从图 9-4 中可以发现,1996—2022 年产出缺口对利率和 M2 增速冲击的脉冲响应正负交替:当利率冲击对产出缺口的脉冲响应为负值时,表明紧缩性价格型货币政策具有显著的调节经济增长的作用;当 M2 增速冲击对产出缺口的脉冲响应为正值时,则表明宽

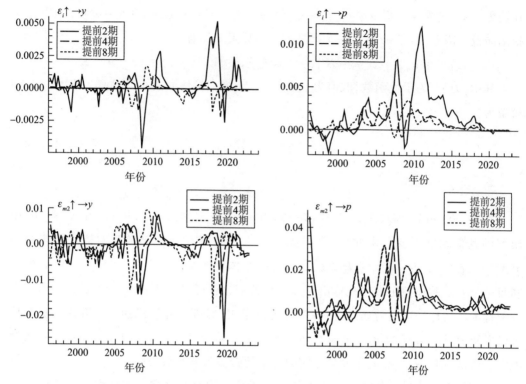

图 9-4 产出缺口和通货膨胀对货币政策冲击的时变脉冲响应函数

松性数量型货币政策能够有效促进经济增长。对比价格型货币政策和数量型货币政策对经济增长的影响走势能够发现,两种类型货币政策对经济增长的调控效果呈现此消彼长的特征。接着,分析价格型货币政策和数量型货币政策对通货膨胀的政策效果能够发现,1996—2022 年通货膨胀对价格型货币政策冲击的脉冲响应整体为正值,表明价格型货币政策调控通货膨胀的效果并不显著;通货膨胀对数量型货币政策的脉冲响应也整体为正值,表明宽松性数量型货币政策将导致通货膨胀上升且呈现下降趋势,表明近年来数量型货币政策调节通货膨胀的作用逐渐减弱。再对比图 9-4 短期、中期、长期的政策效果可知,总体来看,价格型货币政策和数量型货币政策的短期效果明显强于中长期。

第四节 时变参数因子增广型向量自回归模型

一、时变参数因子增广型向量自回归模型的介绍

时变参数因子增广型向量自回归模型(Time-Varying Parameter-Factor Augmented Vector Auto Regression Model, TVP-FAVAR 模型)。Sims(1980)最早提出向量自回归(VAR)模型,之后由其他学者扩充为因子扩展向量自回归(FAVAR)模型。FAVAR 模型较经典的框架由 Bernanke et al.(2005)建立,简称 BBE。与 VAR 模型相比,FAVAR 模型的特点在

于可以提取包含大量宏观经济信息的少数主成分因子并将这些因子加入 VAR 模型。本节在案例分析中采用时变参数的因子扩展向量自回归(TVP-FAFAR)模型利率对宏观经济形势影响进行实证分析。利用这一特点,在研究利率对宏观经济形势的影响时可以避免对应变量中隐含的宏观经济信息对实证回归结果的干扰,从而使模型包含更多的经济信息、解释能力更强,同时还可以解决变量过多造成的估计精度降低问题。相较于 FAVAR 模型,TVP-FAVAR 模型是在 FAVAR 模型的基础上进行的动态因子扩展,较经典的框架由 Koop and Korobilis(2010)提出,该模型的系数具有时变的特点,能够更好地刻画变量之间脉冲影响的动态变化。

二、TVP-FAVAR 模型构建

本节使用时变参数的因子扩展向量自回归模型(TVP-FAVAR)测算宏观经济形势,其表达式可写为:

$$x_t = \Upsilon^f f_t + \Upsilon^y y_t + e_t \tag{9-24}$$

$$\begin{bmatrix} y_t \\ f_t \end{bmatrix} = \Phi_{1,t} \begin{bmatrix} y_{t-1} \\ f_{t-1} \end{bmatrix} + \cdots + \Phi_{p,t} \begin{bmatrix} y_{t-p} \\ f_{t-p} \end{bmatrix} + \varepsilon_t \tag{9-25}$$

其中,x_t 为构建宏观经济形势的各指标组成的 $N \times 1$ 维向量,f_t 为潜在因子 $K \times 1$ 维向量,y_t 为可观测变量和构建宏观经济形势指数变量构成的 $L \times 1$ 维向量,Υ^f 为 $N \times K$ 阶 f_t 的因子载荷系数,Υ^y 为 $N \times L$ 阶 y_t 的因子载荷矩阵,$\Phi_{p,t}$ 为 $(K+L) \times (K+L)$ 阶时变系数矩阵,$K + L \leq N, e_t \sim N(0, H), \varepsilon_t \sim N(0, \Omega_T), H = \text{diag}[\exp(h_1), \cdots, \exp(h_N)]$。假设 $E(e_{i,t} f_t) = 0, E(e_{i,t} e_{j,s}) = 0, i, j = 1, \cdots, N, s = 1, \cdots, T, i \neq j, t \neq s, t = 1, \cdots, T$。

面临多个模型时,本节利用 DMS 方法选择最优变量,根据每个模型在 t 时点对宏观经济指标的预测,计算出 t 时点选择每个模型的概率给定初始条件概率 $\pi_{0|0,j}$,对于 $j = 1, \cdots J$,根据 Raftery et al.(2010)利用遗忘因子 α 给出模型预测方程 $\pi_{t|t-1,j} = \pi_{t-1|t-1,j}^\alpha \Big/ \sum_{l=1}^{J} \pi_{t-1|t-1,l}^\alpha$,模型更新为:

$$\pi_{t|t,j} = \pi_{t-1|t-1,j} f_j(\text{Data}_t | \text{Data}_{1:t-1}) \Big/ \sum_{l=1}^{J} \pi_{t|t-1,j} f_l(\text{Data}_t | \text{Data}_{1:t-1}) \tag{9-26}$$

其中,$f_j(\text{Data}_t | \text{Data}_{1:t-1})$ 是模型 j 的拟合测度。

为实时追踪宏观经济形势的演变路经与波动情况,本节利用时变状态空间模型以及卡尔曼滤波迭代算法合成宏观经济形势各宏观变量的动态权重。令 x_{it} 为宏观经济变量,由此宏观经济形势指数的基本计算形式为:

$$\text{Mac}_t = \sum_{j}^{I} \pi_{t|t,j} \cdot x_{it} \tag{9-27}$$

由 $A_t \Omega_t A_t' = \sum_t \sum_t'$ 可得,$\Omega_t = A_t \sum_t \sum_t' (A_t'^{-1}), \sum_t = \text{diag}(\sigma_{1,t}, \cdots, \sigma_{(K+L),t})$。

根据 Primiceri(2005)，A_t 是下三角矩阵，其结构表达式为：

$$A_t = \begin{bmatrix} 1 & 0 & \cdots & 0 \\ a_{21,t} & 1 & \cdots & \vdots \\ \vdots & \vdots & & 0 \\ a_{(K+L)1,t} & \cdots & a_{(K+L)(K+L-1),t} & 1 \end{bmatrix} \quad (9-28)$$

将系数矩阵转换为 $\Phi_t = [\text{vec}(\Phi_{1,t})', \cdots, \text{vec}(\Phi_{p,t})']$，$a_t = (a'_{j1,t}, \cdots, a'_{j(j-1),t})'$，$\log\sigma_t = (\log\sigma'_{1,t}, \cdots, \log\sigma'_{K+L,t})$，$j = 1, \cdots, K+L$。假设 Φ_t、a_t、$\log\sigma_t$ 服从随机游走过程 (Koop and Korobilis, 2009; Korobilis, 2013)，则模型的脉冲响应函数为：

$$\Theta_t = \Lambda \Psi_t + \Psi \zeta_t^\Theta \quad (9-29)$$

$$\Psi_t = \Phi_t(t)\Psi_t + A_t^{-1}\sum_t \zeta_t^\Psi \quad (9-30)$$

其中，$\Theta'_t = [x'_t, y'_t]$，$\Psi'_t = [f'_t, y'_t]$，$\Lambda = \begin{bmatrix} \Lambda^f & \Lambda^y \\ 0_{L \times K} & I_L \end{bmatrix}$，$\Phi_t(L) = \Phi_{1,t}L + \cdots + \Phi_{p,t}L^p$，$\Psi = \text{diag}(\exp(h_1/2), \cdots, \exp(h_N/2), \exp(H_N/2), 0_{1 \times L})$，$\Psi\Psi' = [H, 0'_{1 \times L}]'$，$\zeta_t^\Theta$ 和 ζ_t^Ψ 均服从标准正态分布且相互独立。

模型向量移动平均 VMA 可表示为：

$$\Theta_t = \Lambda \widetilde{\Phi}_t(L)^{-1} A_t^{-1} \sum_t \zeta_t^\Psi + \Psi \zeta_t^\Theta = \Delta_t(L)\vartheta_t \quad (9-31)$$

其中，$\widetilde{\Phi}_t(L) = I - \Phi_t(L)$，$\vartheta_t \sim N(0,1)$。式(9-31)是 TVP-FAVAR 模型的脉冲响应函数。

TVP-FAVAR 模型具有以下优点：①由于模型的因子载荷矩阵是时变的，而因子载荷可视为宏观变量在宏观经济形势指数中所占的比重，因此时变因子载荷矩阵可反映各宏观变量构成权重的变化，进而刻画出宏观经济形势可能发生的变化。②传统的 VAR 模型无法克服变量过少和信息有限等问题，而 TVP-FAVAR 模型可运用多变量、大规模数据进行研究。③TVP-FAVAR 模型可通过因子增广的方式解决经济系统中的变量缺失问题，既突破了经典模型自由度的限制，又保留了模型在处理少数变量时的计算优势，从而能够全面捕捉宏观经济和政策执行等经济信息，更加真实地反映经济变量之间的动态影响关系。

例 9-4 时变参数因子增广型向量自回归模型的应用。

(1) 变量选择。根据我国宏观经济四大目标——持续稳定的经济发展、稳定物价、解决就业和国内外收支平衡，本节选取的宏观经济变量为 1996 年第一季度至 2023 年第一季度的产出缺口(y_t)、通货膨胀(π_t)、失业率(u_t)和进出口额(e_t)。其中，产出缺口和通货膨胀的选取与例 9-1 一致，失业率和进出口额指标的选取说明如下：第一，选择城镇登记失业率反映国家就业情况(数据来自国家统计局)。第二，选择中国进出口金额反映国内外收支平衡情况,但单位为亿美元,用美元对人民币平均汇率转化成人民币单位,并利用 CPI 平减先得到名义季度进口额,然后采用 Tramo-Seats 方法进行季节性调整,再取对数后乘以 100 估计实际进口额(数据来自中国人民银行和海关总署)。

(2) 实证结果。由上述方法估计得到宏观经济形势指数,作为对比,我们同时使用静态主成分方法和常参数动态因子模型测算金融风险周期,结果如图 9-5 所示。总体上,三种方法的估计结果并无明显差异,但在波峰和低谷处差异较大,静态主成分方法和常参数动态因子模型估算的金融风险周期波动性更强、幅度更大,而 TVP-FAVAR 模型由于是时变权重的,对宏观经济波动刻画得更为精确。本节根据宏观经济形势指数大于 0,发现样本期内基本存在五个相对繁荣阶段,分别是 1996 年亚洲金融危机前期、2001 年加入 WTO 时期、2004—2007 年经济快速发展时期、2011—2013 年金融危机后的复苏阶段、2017—2018 年经济转向高质量发展时期、2022 年新冠疫情后的复苏时期;而根据宏观经济形势指数小于 0,发现存在五个相对衰退阶段,分别是 1997—1998 年亚洲金融危机时期、2002—2003 年"非典"时期、2008 年全球金融危机时期、2015 年资本市场动荡时期、2020 年新冠疫情暴发时期。上述结果凸显了时变权重方法的优点,可以更好地刻画宏观经济形势的动态实时演变规律。

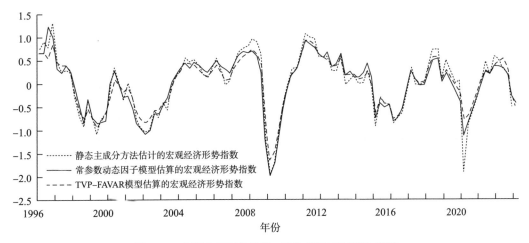

图 9-5 中国宏观经济形势:基于 TVP-FAVAR 模型

(3) 脉冲响应结果。图 9-6 是基于 TVP-FAVAR 模型一单位利率冲击对产出缺口和通货膨胀的时变脉冲响应结果,本节选择利率提前 1 期、提前 4 期和提前 8 期的冲击影响结果作为代表,分别反映利率冲击对产出缺口和通货膨胀的短期(一个季度)、中期(一年)和长期(两年)影响。

图 9-6 左图是一单位正向利率冲击对产出缺口的时变脉冲响应,由图可知,产出缺口对提高利率上升的响应显著为负,表明央行实施提高利率的紧缩性货币政策不利于产出增长。同时,提前 1 期的脉冲响应最大,其次是提前 8 期,而提前 4 期的脉冲响应最小,

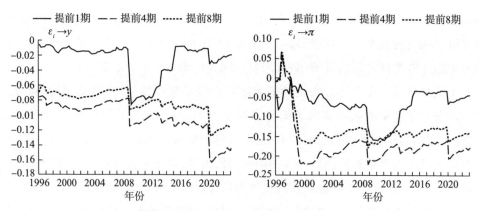

图 9-6 产出缺口和通货膨胀对正向利率冲击的脉冲响应

这意味着提高利率对产出缺口的抑制效果短期内较弱,但中期有所增强,长期来看效果又有所减弱。图 9-6 右图是产出缺口对一单位正向利率冲击的时变脉冲响应,由图可知,通货膨胀对提高利率上升的响应也基本显著为负,表明央行实施提高利率的紧缩性货币政策有利于抑制通货膨胀。同时,提前 1 期的脉冲响应也基本最大,其次是提前 8 期,而提前 4 期的脉冲响应最小,这意味着提高利率对通货膨胀的抑制效果短期内较弱,中期有所增强,但长期影响效应不断减弱。从样本期内历史演变的角度看,不同时期的脉冲响应值存在差异,在 1997 年提高利率对通货膨胀的脉冲响应骤降,且在 2008 年和 2020 年提高利率对产出缺口和通货膨胀的脉冲响应也均下降,意味着利率的宏观经济效果显著增强。这主要是由于为抵御亚洲金融危机、全球金融危机和新冠疫情的冲击,央行连续多次调整利率,调控方向一致且操作连贯而促使利率政策发挥了更大的作用。综上,央行仅调控利率的单一货币政策无法兼顾稳定经济和物价的效果,紧缩性货币政策在抑制通货膨胀的同时也会降低产出水平,且利率的宏观经济效果在金融或公共卫生重大事件爆发时期会更强。

第五节 时变参数面板向量自回归模型

一、时变参数面板向量自回归模型介绍

本节将第七章第四节面板向量自回归模型放宽至时变参数,介绍一种新的方法——时变参数面板向量自回归(Time-Varying Panel VAR,TVP-PVAR)模型。以 Ciccarelli et al. (2016) 的研究为基础,令 $X_{i,t} = [MP_{i,t} \quad y_{i,t} \quad \pi_{i,t}]'$,模型的一般形式为:

$$X_{i,t} = \Gamma_{i,t}(L)Y_{t-1} + Z_{i,t}(L)W_t + e_{i,t} \quad (9\text{-}32)$$

其中,$i = 1, \cdots, N$ 表示经济体,$t = 1, \cdots, T$ 表示时间,L 表示连续滞后算子;$X_{i,t}$ 是每个 i 的 $G \times 1$ 维向量,$Y_t = X'_{1,t}, X'_{2,t}, \cdots, X'_{N,t}$;$\Gamma_{i,t,j}$ 是每个滞后 $j = 1, \cdots, p$ 阶的 $G \times NG$ 矩

阵，W_{it} 是外生变量的 $M \times 1$ 维向量，$Z_{it,j}$ 是每个滞后 $j(j=1,\cdots,q)$ 的 $G \times M$ 矩阵；$e_{i,t}$ 是 $G \times 1$ 维的随机误差项列向量。式（9-32）能够较理想地满足研究需要，表现在以下三方面：其一，模型允许特定的系数是时变的。这个特征假设更加符合事实，让我们研究周期性波动的演变变得更简单、更准确，如果模型没有加入时变系数，估计结果可能会将商业周期的平滑变化归因于一次永久性冲击，而这些冲击在历史经验中很难证明是合理的（Ciccarelli，2016）。其二，经济体之间可以具有特定动态关系。没有这样的特征，估计结果可能存在异质性偏差。其三，当 $NG \times NG$ 矩阵 $D_t(L) = [D_{1,t}(L), \cdots, D_{N,t}(L)]'$ 时[对于某些 L（滞后操作）不是对角线型的]，滞后交叉单元的相互依赖性就显得很重要。因此，各国之间的动态反馈可能存在，这极大地扩展了实证模型可以解释相互作用的类型。我们不允许 $e_{i,t}$ 的方差是时变的，但从式（9-33）可知我们估计的模型容许扰动的波动性变化。可将模型（9-32）以同步方程形式重写为：

$$Y_t = Z_t \delta_{t-1} + E_t, E_t \sim N(0, \Omega) \tag{9-33}$$

其中，$Z_t = I_{NG} \otimes X_t'$，$X_t' = Y_{t-1}', Y_{t-2}', \cdots, Y_{t-q}', W_t', W_{t-1}', \cdots, W_{t-q}'$，其中 $\otimes$ 表示克罗内克乘积；δ_t 是矩阵 D_{it} 和 F_{it} 的 G 行进行堆叠而形成的 $Gk \times 1$ 向量，而 Y_t 和 E_t 分别是内生变量和随机干扰项的 $NG \times 1$ 向量。由于 δ_{it} 对于不同经济体不同的时间段内是有变化的，因此使用无约束经典估计方法不合适；而且即使 δ_{it} 不是时变的，其绝对维度（每个方程中有 $k = NGp + Mq$ 个参数）会阻止任何有意义的无约束估计。为了解决维数的问题，我们调整 Canova and Ciccarelli（2009）中的模型框架，并假设 δ_{it} 具有一个因子结构：

$$\delta_{i,t} = \Xi \theta_t + u_t, u_t \sim (0, \sum \otimes V) \tag{9-34}$$

其中，Ξ 是矩阵，$\dim(\theta_t) \sim \dim(\delta_t)$，$u_t$ 是干扰项，包含系数向量 δ_t 的未识别特征。考虑以下格式：$\Xi \theta = \Xi_1 \theta_{1t} + \Xi_2 \theta_{2t} + \Xi_3 \theta_{3t}$，其中 Ξ_1、Ξ_2、Ξ_3 分别是 $NGk \times s$、$NGk \times N$、$NGk \times G_1$ 矩阵，$G_1 \leq G$ 表示变量或变量组数量，θ_{1t}、θ_{2t}、θ_{3t} 是相互正交因子，分别用于捕获 s 组经济体和变量中共同的系数向量运动、特定经济体系数向量运动、特定变量（或组变量）系数向量运动。从式（9-34）中可看出，分解 δ_t 的做法将 NGk 个系数估计的问题减少为一次估计。因子分解式（9-34）将过度参数化面板 VAR 转换为简约 SUR 模型，其中回归量是某些右侧 VAR 变量的平均值。实际上，在式（9-33）中代入式（9-34）可得：

$$Y_t = Z_t \theta_t + v_t \tag{9-35}$$

其中，$Z_t = Z_t \Xi$，$v_t = E_t + Z_t u_t$。对模型（9-35）分解是方便的，因为它可以衡量一般经济体和特定经济体之间的相对重要性，以解释 Y_t 中的波动，并且可以展示这种波动随时间的演变。$Z_{1t} \theta_{1t}$ 是 Y_t 的常用指标，而 $Z_{2t} \theta_{2t}$ 是经济体特定指标的向量，$Z_{3t} \theta_{3t}$ 是可变特定指标的向量。注意到 $Z_{1t} \theta_{1t}$、$Z_{2t} \theta_{2t}$ 和 $Z_{3t} \theta_{3t}$ 结构相关，但会随着面板中的经济体和变量的数量变多而变得不相关，在这里我们需要假设 θ_t 随着时间的推移而随机游走：

$$\theta_t = \theta_{t-1} + \eta_t, \eta_t \sim N(0, \overline{B}) \tag{9-36}$$

我们设置 $\overline{B}$ 为对角矩阵，$\sum = \Omega, V = \sigma^2 I_k$，并假设 E_t、u_t 和 η_t 相互独立。随机行走假设在时变 VAR 文献中非常常见，并且具有关注永久移位和减少估计过程中参数数量的优点。关于 V 的球形扰动的假设表明这些因子具有相似的单位，而 $\sum = \Omega$ 的设定是标准的（Kadiyala and Karlsson, 1997）。原则上，η_t 的方差也可以随时间变化，以解释在 Y_t 中的 ARCH-M 类型效应和其他一般波动聚类。$\overline{B}$ 的块对角性保证了因子的正交性，因此它们有助于保证后验估计得以实现。最后，残差之间的独立性是标准的。因此，上述模型可表述为如下状态空间形式：

$$Y_t = (Z_t\Xi)\theta_t + v_t$$
$$\theta_t = \theta_{t-1} + \eta_t \tag{9-37}$$

模型(9-37)可用经典方法或贝叶斯方法估计，我们认为贝叶斯估计更优，因为即使 T 和 N 相对较小，也可获得研究对象的精确小样本分布。为了计算式(9-37)参数的后验分布，假设先前的密度为 $\Phi_0 = \Omega^{-1}, \overline{B}, \theta_0$ 并令 σ^2 已知。设置 $\overline{B}_i = b_i \times I, i = 1, \cdots, r$，其中，$b_i$ 是控制因子系数中 i 的紧密度，并使 $p(\Omega^{-1}, b_i, \theta_0) = p(\Omega^{-1})\prod_i p(b_i)p(\theta_0)$，$p(\Omega^{-1}) = W(z_1, Q_1), p(b_i) = IG\left(\dfrac{\varpi_0}{2}, \dfrac{s_0}{2}\right), p(\theta_0 \mid \Psi_{-1}) = N(\overline{\theta}_0, \overline{R}_0)$，$N$ 代表 Normal，W 代表 Wishart，IG 代表逆 Gamma 分布，Ψ_{-1} 时刻代表时间 -1 时刻可用的信息。θ_0 的先验和因子运动定律意味着 $p(\theta_t \mid \Psi_{t-1}) = N(\overline{\theta}_{t-1|t-1}, \overline{R}_{t-1|t-1} + B_t)$。在下面的向量中收集先验超参数：

$$\mu = (\sigma^2, z_1, Q_1, \varpi_0, S_0, \overline{\theta}_0, \overline{R}_0) \tag{9-38}$$

其中，μ 元素值要么从数据中获得（$\overline{\theta}_0, Q_1$ 的情况）；要么在特定应用之前调整，如选择 a-priori 产生相对宽松的先验（$z_1, \varpi_0, S_0, \overline{R}_0$ 的情况）；或者在训练样本上用简单的 OLS 初始化估计（σ^2 的情况）。所使用的值 $z_1 = NG + 5, Q_1 = \hat{Q}_1, \varpi_0 = 10^5, S_0 = 1.0, \overline{\theta}_0 = \hat{\theta}_0, \overline{R}_0 = I_r$。这里，$\hat{Q}_1$ 是块对角矩阵 $\hat{Q}_1 = \text{diag}(Q_{11}, \cdots, Q_{1N})$，$Q_{1i}$ 是每个经济体非时变 VAR 协方差矩阵；在非时变模型(9-39)上用全样本 OLS 估计得到 $\hat{\theta}_0$，且 r 表示 θ_t 的维数。由于在 $\sigma^2 \to 0$ 时拟合得到改善，我们假设结果呈现精确的 δ_t 因子分解。为了计算 $\varphi = (\Omega^{-1}, b_i, \{\theta_t\}_{t=1}^T)$ 的后验分布，将先验与数据结合起来，并有以下比例关系：

$$L \propto |\Omega|^{\frac{-T}{2}} \exp\left[-\dfrac{1}{2}\sum_t (Y_t - Z_t\Xi\theta_t)'\Omega^{-1}(Y_t - Z_t\Xi\theta_t)\right] \tag{9-39}$$

其中，$\varphi = \Omega^{-1}, b_i, \{\theta_t\}_{t=1}^T$，表示数据。根据贝叶斯规则可得：

$$p(\varphi \mid Y^T) = \frac{p(\varphi)L(Y^T \mid \varphi)}{p(Y^T)} \propto p(\varphi)L(Y^T \mid \varphi) \tag{9-40}$$

给定 $p(\varphi \mid Y^T)$，φ 的后验分布可从整合 $p(\varphi \mid Y^T)$ 的干扰参数获得。一旦得到这些分布，就可以获得 φ 的位置和离差测度，也可以得到这些参数的连续函数。由于只知道 φ 的条件后验分布，我们将采用吉布斯抽样的蒙特卡洛方法对此进行有效识别。这些条件分布如（φ_{-k} 不包括参数 k）：

$$\begin{aligned}
&\theta_t \mid Y^T, \varphi_{-\theta_t} \sim N(\bar{\theta}_{t\mid T}, \bar{R}_{t\mid T}), t \leqslant T \\
&\Omega^{-1} \mid Y^T, \varphi_{-\Omega} \sim W_i\left\{z_1 + T, \left[\sum_t (Y_t - Z_t \Xi \theta_t)(Y_t - Z_t \Xi \theta_t)' + Q_1^{-1}\right]^{-1}\right\} \\
&b_i \mid Y^T, \varphi_{-b_i} \sim IG\left(\frac{\varpi^i}{2}, \frac{\sum_t (\theta_t^i - \theta_{t-1}^i)'(\theta_t^i - \theta_{t-1}^i) + S_0}{2}\right)
\end{aligned} \tag{9-41}$$

其中，$\bar{\theta}_{t\mid T}$ 和 $\bar{R}_{t\mid T}$ 分别是平滑一期 θ_t 的预测值和误差预测值方差−协方差矩阵，按照 Chib and Greenberg(1995) 计算（MCMC），$\varpi^i = K + \varpi_0$，$K + T, i = 1, K = T; i = 2, K = Tg; i = 3, K = TN$，等等。在规律性条件下（Geweke, 2000），通过模型(9-41)中的条件分布极限循环产生联合后验分布。据此，可以计算 θ_t 的边际分布在扰乱维度上的平均值，即可获得指标的后验分布。例如，公共指标的 90% 置信区间可以通过在每个 t 时刻对 WLI_t^h 进行抽取排序并取第 5 和第 95 百分位数获得。我们呈现的结果基于 150 000 次抽取的链条，进行了 3 000 区块、每个区块 50 次的抽取，并保留了每个区块的最后一次抽取结果，最后进行了 2 000 次抽取对每个 t 进行后验推断。

上述提供了一个估计 TVP-PVAR 模型的框架，因为面板模型待估参数较多，上述方法未估计出所有滞后阶变量的参数，仅估计共同因子时变参数（θ_{1t}）、国别差异固定效应时变参数（θ_{2t}）、变量差异固定效应时变参数（θ_{3t}），这些参数可用于考察面板模型某一层面的共同特征。[①] 此外，Koop and Korobilis(2018) 以及 Poon(2018) 提供了将上述参数转换得到所有滞后阶变量的参数的方法，即向量 $\beta_t = \theta_{1t}\Xi_{1t} + \theta_3\Xi_{2t} + \theta_3\Xi_{3t}$，其中 Ξ_{it} 是提取参数的设计向量。以 2 个经济体和 2 个变量、滞后 1 期为例，则：

$$\beta_t = \begin{pmatrix} 1 \\ 1 \\ 1 \\ 1 \end{pmatrix}\theta_{1t} + \begin{pmatrix} \tau_1 & 0 \\ \tau_1 & 0 \\ 0 & \tau_2 \\ 0 & \tau_2 \end{pmatrix}\theta_{2t} + \begin{pmatrix} \tau_3 & 0 \\ 0 & \tau_{14} \\ \tau_3 & 0 \\ 0 & \tau_4 \end{pmatrix}\theta_{3t} = \begin{pmatrix} 1 \\ 1 \\ 1 \\ 1 \end{pmatrix}\begin{pmatrix} \theta_{11t} \\ \theta_{11t} \end{pmatrix} + \begin{pmatrix} \tau_1 & 0 \\ \tau_1 & 0 \\ 0 & \tau_2 \\ 0 & \tau_2 \end{pmatrix}\begin{pmatrix} \theta_{21t} \\ \theta_{21t} \end{pmatrix} + \begin{pmatrix} \tau_3 & 0 \\ 0 & \tau_{14} \\ \tau_3 & 0 \\ 0 & \tau_4 \end{pmatrix}\begin{pmatrix} \theta_{31t} \\ \theta_{31t} \end{pmatrix}$$

(9-42)

[①] Koop and Korobilis(2018) 以及 Poon(2018) 曾分别基于遗忘算子降维方法和蒙特卡洛方法（MCMC）提出时变参数面板向量自回归模型，具体说明详见上述两篇文章。

其中，$\tau_1 = [1\ 1\ 0\ 0\ 0]'$，$\tau_2 = [0\ 0\ 1\ 1\ 0]'$，$\tau_3 = [1\ 0\ 1\ 0\ 0]'$，$\tau_4 = [0\ 1\ 0\ 1\ 0]'$。上述模型设定可以通过分解的方式分别转换得到 2 个经济体 2 条方程的估计参数，但是在模型估计中每一条方程都包括 2 个解释变量，即 2 个本国的解释变量和 2 个他国的解释变量。故通过上述参数设定转换，即可估计得到每个经济体包含所有变量的共同信息，或者每个变量蕴含所有经济体的共同信息以及所有变量和所有经济体共同蕴含的信息，并且经过式 (9-39) 转换可以得到 TVP-PVAR 模型各内生变量的滞后期解释变量的各个参数估计值，最终通过参数转换实现 TVP-PVAR 模型估计。

二、时变参数面板向量自回归模型的案例实现

例 9-5 运用 TVP-PVAR 模型估计全球经济周期。

本研究的数据覆盖时间为 1996—2019 年，包括 G8 国家：美国、英国、法国、德国、日本、意大利、加拿大和俄罗斯。其中，由于国际清算银行 (BIS) 较早针对国际金融周期共振传染现象展开了全面研究，并用信贷/GDP 比率缺口 (Credit-to-GDP Gap，以下简称"信贷缺口") ①来测度金融周期，我们主要关注一国国内金融周期的溢出在全球范围内传染而形成全球金融周期共振的现象，由此采用 BIS 计算的 30 个经济体的信贷缺口数据代表信贷周期。此外，通货膨胀采用各国的消费者价格指数季度同比数据代表，计算公式为通货膨胀 (cpi) = 季度 CPI-100。生产指数则采用季节调整后的制造业生产的同比增速作为替代变量。产出缺口 (og) 采用 HP 滤波法估计，具体步骤为：①基于各国的季度名义 GDP 值和季度 GDP 平减指数换算得到季度实际 GDP (1996 = 100)；②对季度实际 GDP 数据进行季节性调整 (Tramo-Seats 方法) 和对数化处理 ($og_t = 100 \times \log GDP_t$)；③基于 HP 滤波法估计得到产出缺口 (数据来自 CEIC 数据库)。

基于 TVP-PVAR 模型可估计得到国家层面和变量层面的共同趋势各参数估计值，即共同因子时变参数 (θ_{1t})、国别差异固定效应时变参数 (θ_{2t})、变量差异固定效应时变参数 (θ_{3t})，估计结果如图 9-7 至图 9-10 所示。由图 9-7 可知共同因子具有一定的随机波动率特征。同时，从图 9-8 还可以看出对于 G8 国家的四个变量具有的共同趋势 (θ_{1t}) 特征，其中，我们可以发现在 2001 年 G8 国家经历了一次经济下滑，同时在 2007—2011 年经历了一个衰退、复苏、峰顶及下滑的经济周期，而此后 2013—2019 年 G8 国家的经济相对较为稳定。由此可见，TVP-PVAR 模型能够较好地捕捉国家层面和变量层面的共同趋势成分，有助于我们分析全球经济体的共同趋势特征。

---

① 即使用 HP 滤波法求得的宏观杠杆率与历史长期趋势之差值。杠杆率是指非金融私人部门银行信贷占 GDP 比率，即家庭、企业和政府三部门的银行信贷总额占 GDP 的比重。金融周期顶点过后往往伴随着危机的发生，一般认为信贷缺口危机警戒线为 10%，超过警戒线即意味着未来爆发危机的概率更大。

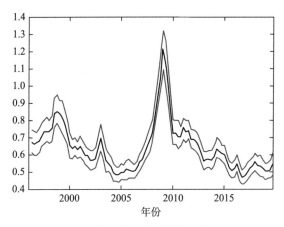

图 9-7 共同因子随机波动率

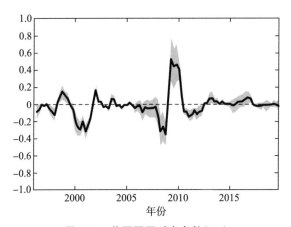

图 9-8 共同因子时变参数(θ_{1t})

注：上下限分别为 86% 和 14% 可信区间。

图 9-9 给出了 G8 国家四个变量的变量差异固定效应时变参数(θ_{3t})，从图中可以看出，2007—2008 年 G8 国家共同经历了一个生产活动的急速下滑，表现为在此期间，生产指数的变量差异固定效应共同急速下滑，这主要是因为次贷危机的爆发使得 G8 国家企业生产经营活动急速下滑。从金融周期看，2007—2011 年 G8 国家共同经历了一个金融周期的扩张，究其原因，次贷危机的爆发使得各个国家为了应对经济问题而共同采取了相对宽松的信贷政策。此外，我们也发现，2007—2011 年间 G8 国家共同经历了一个暴涨暴跌的经济周期；而且，在此期间通货膨胀也表现出较大的波动性。

图 9-10 给出各个国家固定效应时变参数(θ_{2t})，从中我们也可以发现各个国家指数的走势具有一定的差异性，但是 2007—2009 年间表现出相对较为一致的走势，即次贷危机的爆发使得这些国家的经济经历了一个较大的波动。由此可见，本节的 TVP-PVAR 模型能够很好地识别多国别的共同特征以及提取变量中的共同趋势成分，有助于我们进一步分析 G8 国家的共同特性。

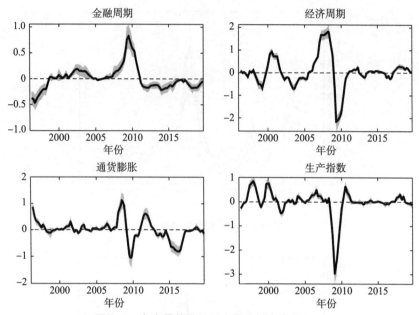

图 9-9　各变量的差异固定效应时变参数（θ_{3t}）

注：上下限分别为 86% 和 14% 可信区间。

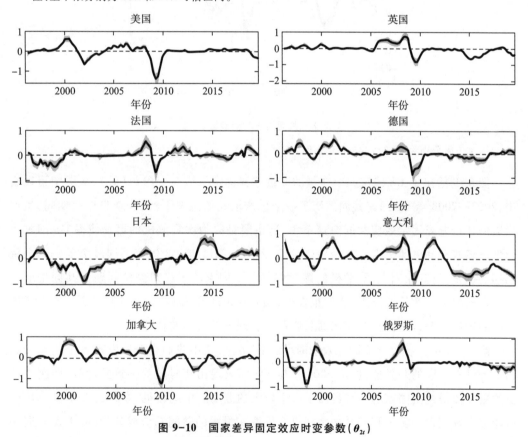

图 9-10　国家差异固定效应时变参数（θ_{2t}）

注：上下限分别为 86% 和 14% 可信区间。

此外,基于上述共同因子时变参数(θ_{1t})、国别差异固定效应时变参数(θ_{2t})、变量差异固定效应时变参数(θ_{3t})三个参数估计值,读者可以根据式(9-39)转换实现对 TVP-PVAR 模型滞后期解释变量参数的有效估计。

本章小结

本章主要介绍了不同类型时变参数向量自回归模型的构建,并基于现实数据进行了案例分析。总的来说,相对于常系数向量自回归模型,时变参数向量自回归模型能够估计变量之间时变的非线性关系;而在分析高维数据结构和揭示潜在的动态关系时,时变参数高维向量自回归模型更加适用。此外,现实中宏观经济变量的相互影响往往呈现非对称关系,本章介绍的时变参数潜在门限向量自回归模型能够刻画变量间的突变关系,使得协方差矩阵趋于收敛,估计结果稳定,同时也避免了样本协方差矩阵估计误差被放大的问题;同时,为了在纳入更多宏观信息的同时降低估计难度,本章还介绍了时变参数因子增广型向量自回归模型,该模型可以避免对应变量中隐含的宏观经济信息对实证结果的干扰,从而使模型包含更多的经济信息、解释能力更强,还解决了变量过多造成的估计精度降低问题。最后,本章介绍了时变参数面板向量自回归模型。上述模型的介绍和应用有助于计量分析初学者针对不同类型的宏观时间序列展开分析。

课后习题

1. HD-TVP-VAR 模型是一种( )。
   A. 非参数模型　　　　B. 参数模型
   C. 半参数模型　　　　D. 模型类型不确定

2. HD-TVP-VAR 模型中的"HD"代表( )。
   A. 高维　　　　　　　B. 时变
   C. 向量　　　　　　　D. 以上都是

3. HD-TVP-VAR 模型中,时变系数的变化通常是( )。
   A. 平稳的　　　　　　B. 随机的
   C. 呈现一定的规律　　D. 以上都有可能

4. HD-TVP-VAR 模型的优点有( )。
   A. 可以捕捉时间序列数据中的非线性关系
   B. 可以处理高维数据
   C. 可以进行多步预测
   D. 以上都是

5. HD-TVP-VAR 模型中的降维方法主要有（　　）。

  A. 主成分分析　　　　B. 独立成分分析

  C. 奇异值分解　　　　D. 以上都有可能

6. 相对于静态主成分方法构建综合性经济金融指标，TVP-FAVAR 模型的优势有哪些？

7. 阐述 TVP-VAR 模型与 TVP-LT-VAR 模型的异同，以及 HD-TVP-VAR 模型与 TVP-VAR 模型的区别，并说明 HD-TVP-VAR 模型如何解决高维问题。

8. 分别运用 TVP-VAR、TVP-LT-VAR、HD-TVP-VAR、TVP-FAVAR、TVP-PVAR 等模型进行实证检验，并结合案例实现结果解释经济含义，说明各个 VAR 族模型的优劣。

主要参考文献

［1］Bai J, and Ng S. Determining the number of factors in approximate factor models［J］. Econometrica, 2002, 70(1): 191–221.

［2］Baker S R, Bloom N, Davis S J. Measuring economic policy uncertainty［J］. Quarterly Journal of Economics, 2016, 131: 1593–1636.

［3］Bernanke B S, Jean B, and Piotr E. Measuring the effects of monetary policy: A factor-augmented vector autoregressive (FAVAR) approach［J］. The Quarterly Journal of Economics, 2005, 120(1): 387–422.

［4］Candès E J, and Tao T. The Dantzig selector: Dtatistical estimation when p is much larger than n［J］. The Annals of Statistics, 2007, 35(6): 2313–2351.

［5］Canova F, and Ciccarelli M. Estimating multi-country VAR models［J］. International Economic Review, 2009, 50(3): 929–959.

［6］Carvalho C M, Chang J, Lucas J E, et al. High-dimensional sparse factor modeling: Applications in gene expression genomics［J］. Journal of the American Statistical Association, 2008, 103: 1438–1456.

［7］Chib S, and Greenberg E. Understanding the metropolis-hastings algorithm［J］. The American Statistician, 1995, 49(4): 327–335.

［8］Ciccarelli M, Ortega E, and Valderrama M T. Commonalities and cross-country spillovers in macroeconomic-financial linkages［J］. The B. E. Journal of Macroeconomics, 2016, 16(1): 231–275.

［9］Cogley T, and Sargent T J. Drifts and volatilities: Monetary policies and outcomes in the post WWII US［J］. Review of Economic Dynamics, 2005, 8(2): 262–302.

［10］Fan J, and Lv J. Sure independence screening for ultrahigh dimensional feature space［J］. Journal of the Royal Statistical Society: Series B, 2008, 70(5): 849–911.

［11］Friedman J, Hastie T, and Tibshirani R. Regularization paths for generalized linear models via coordinate descent［J］. Journal of Statistical Software, 2010, 33(1): 1–22.

［12］George E I, Sun D, and Ni S. Bayesian stochastic search for VAR model restrictions［J］. Journal of Econometrics, 2008, 142: 553–580.

[13] Geweke J F. Chap 11 Simulation-based Bayesian Inference for Economic Time Series, Edit in Simulation-based Inference in Econometrics: Methods and Applications [M]. Cambridge: Cambridge University Press, 2000.

[14] Hoerl A E, and Kennard R W. Ridge regression: Biased estimation for nonorthogonal problems [J]. Technometrics, 1970, 12(1): 55-67.

[15] Kadiyala K R, and Karlsson S. Numerical methods for estimation and inference in Bayesian VAR-models [J]. Journal of Applied Econometrics, 1997, 12(2): 99-132.

[16] Koop G, and Korobilis D. Bayesian multivariate time series methods for empirical macroeconomics [J]. Foundations and Trends in Econometrics, 2010, 3(4): 267-358.

[17] Koop G, and Korobilis D. Large time-varying parameter VARs [J]. Journal of Econometrics, 2013, 177(2): 185-198.

[18] Koop G, and Korobilis D. Forecasting inflation Using Dynamic Model Averaging [W]. Rimini Center for Economic Analysis No. WP 34-09, 2009.

[19] Koop G, and Korobilis D. Variational Bayes Inference in High-dimensional Time-varying Parameter models [W]. MPRA paper No. 87972, 2018.

[20] Korobilis D. Assessing the transmission of monetary policy shocks using time-varying parameter dynamic factor models [J]. Oxford Bulletin of Economics and Statistics, 2013, 75: 157-179.

[21] Nakajima J. Time-varying Parameter VAR Model with Stochastic Volatility: An Over-view of Methodology and Empirical Applications [W]. Discussion Paper Series No. 2011-E-9, Institute for Monetary and Economic Studies, Bank of Japan, 2011.

[22] Nakajima J, and West M. Dynamic factor volatility modeling: A Bayesian latent threshold approach [J]. Journal of Financial Econometrics, 2013, 11: 116-153.

[23] Poon A. Assessing the synchronicity and nature of Australian state business cycles [J]. Economic Record, 2018, 94(307): 372-390.

[24] Primiceri G E. Time varying structural vector autoregressions and monetary policy [J]. Review of Economic Studies, 2005, 3: 821-852.

[25] Raftery A E, Karny M, and Ettler P. Online prediction under model uncertainty via dynamic model averaging: Application to a cold rolling mill [J]. Technometrics, 2010, 52: 52-66.

[26] Sims C A. Macroeconomics and reality [J]. Econometrica, 1980, 48(1), 1-48.

[27] Song S, and Bickel P J. Large Vector Auto Regressions [W]. arXiv preprint arXiv: 1106.3915, 2011.

[28] Tibshirani R. Regression shrinkage and selection via the LASSO [J]. Journal of the Royal Statistical Society: Series B, 1996, 58(1): 267-288.

[29] Zou H, and Hastie T. Regularization and variable selection via the elastic net [J]. Journal of the Royal Statistical Society: Series B, 2005, 67(2): 301-320.

第十章
动态随机一般均衡：向量自回归模型

> **阅读指引**
>
> 自凯恩斯发表《就业、利息和货币通论》以来，宏观经济学快速发展并成为经济学领域的重要研究分支，通过分析经济增长与商业周期、总需求与总供给、人口与就业、工资与物价、货币政策与财政政策等宏观经济活动的内在联系，致力于探索人类经济活动的科学规律并保障国家经济平稳运行。动态随机一般均衡模型作为宏观经济学领域的热门研究方法，一直备受学界和业界关注并广泛发展，本章介绍动态随机一般均衡模型，此外对另一种 VAR 模型即 DSGE 模型的发展及应用进行详细介绍，并构建一个基于新凯恩斯主义的动态随机一般均衡模型作为演示，力求为读者展示这一宏观经济经典模型的实用性与适用性。

第一节 动态随机一般均衡模型介绍

动态随机一般均衡（Dynamic Stochastic General Equilibrium，DSGE）模型是宏观经济学的主流研究范式。该模型包含多个经济部门，并考察各部门经济主体的最优化决策，如代表性家庭、代表性厂商、政府部门和央行等，通过融合各部门的约束条件与最优行为路径来模拟一个完整经济系统的均衡状态，同时通过为 DSGE 模型构造各类外生随机冲击来直观地考量模型内各宏观变量在外生扰动下的动态演变，以便获取外生冲击对经济的结构性影响效应与传导渠道。

基于其名称来理解，DSGE 模型的特征有：第一，具有动态性，模型中不同经济行为主体在不同的约束条件与外生扰动下进行最优决策，而其决策通常包含对当期以及未来的预期影响，由此形成各宏观经济变量的异质性动态变化过程；第二，具有随机性，各经济行为主体与宏观变量的动态路径由模型所赋予的外生随机冲击所决定，诸如财政政策冲击、货币政策冲击、技术进步冲击等不同的外生性冲击将给经济系统带来不同的影响；第三,具有一般均衡性,在 DSGE 模型中所有市场将同时出清,并且在外生随机冲击结束后,模型中各部门的内生最优决策会使得经济系统回归初始未受冲击前的均衡状态。

DSGE 模型源于 Kydland and Prescott(1982)所构建的真实经济周期(Real Business Cycle,RBC)模型。RBC 模型强调经济周期的有效性、技术冲击的重要性以及货币因素的有限作用,给宏观经济理论带来了创新和冲击。首先,RBC 模型认为在一个完全竞争和无摩擦的市场环境中,经济对实际变量的外生变化所做出的反应会导致均衡结果,大部分经济波动可以被解释为这种反应引致的结果。传统观点认为,经济波动意味着资源配置的无效率,从而需要通过政府干预来稳定经济;相反,RBC 模型认为由 RBC 生成的波动是最优的,因此稳定化政策可能是不必要或不合适的。其次,RBC 模型认为技术冲击是经济波动的主要来源,即使在假设只有全要素生产率的变化是唯一的外生推动力的情况下,RBC 模型仍能够解释总产出和其他宏观经济变量的实际波动。这与传统观点形成鲜明对比,传统观点认为技术变动是长期经济增长的源泉,与短期经济周期无关。最后,RBC 模型试图在不考虑货币因素甚至不需要货币部门存在的情况下解释经济波动,其主要关注实际变量与技术冲击对经济产出和就业的影响,忽略货币因素的作用。这与传统凯恩斯主义观点形成对比,后者认为货币政策和货币供应对经济波动具有重要影响。

RBC 模型也存在很明显的缺陷:首先,RBC 模型完全竞争市场和完全价格弹性假设与诸多微观数据不符。其次,RBC 模型忽视货币对经济波动的影响,认为无论是短期还是长期内货币均呈现完全中性。虽然一些研究者尝试在一个传统的 RBC 模型中引入货币部门,同时仍然保留完全竞争以及完全灵活的价格和工资的设定,但这并没有产生一个可用于政策分析的框架。最后,RBC 模型对宏观经济政策问题的分析无能为力,比如不同货币政策或财政政策的影响和作用机制。

新凯恩斯主义(New Keynesian,NK)模型是在 RBC 模型的基础上发展起来的,两者有许多相似的核心设定:首先,代表性家庭试图通过最大化基于消费和闲暇的效用函数做出最优决策;其次,大量的厂商拥有相同的技术,并受到外生随机冲击的影响;最后,均衡定义采用随机过程的形式,要求经济中的所有内生变量与家庭和厂商的最优跨期决策一致,并确保所有市场都能够出清。

NK 模型最显著的特征是放弃了 RBC 模型的经典假设,引入了垄断竞争(Monopolistic Competition)、名义刚性/黏性(Nominal Rigidity/Stickiness)、货币、利率以及各种外生冲击等因素。在 NK 模型中,产品部门通常包括中间产品生产商和最终产品生产商。其中,中间产品生产商面临垄断竞争,通过提供不完全替代的中间产品来实现垄断竞争;最终产品生产商则面临完全竞争,生产最终用于消费、投资和出口的产品。同时,模型中通常假设存在名义黏性,并且常引用两种经典假设:Calvo(1983)和 Rotemberg(1982)。Calvo(1983)采用交错价格设定机制,引入黏性价格参数来实现价格的黏性设定。Rotemberg

(1982)则引入二次凸函数的价格调整成本来实现价格黏性设定。选择哪种方法取决于模型需求和研究者的偏好。

尽管 NK 模型在考虑现实经济中的微观行为和市场失灵方面更为全面,但它并非完美无瑕,近年来受到了批评和质疑,其中一个主要缺陷是 NK 模型中经济行为主体的同质性假设。实际上,经济主体存在大量的异质性,如收入水平、边际消费倾向等不同。忽略异质性可能导致模型研究结果有偏。其缺陷如货币政策传导机制的单一性,仅通过替代效应来传导货币政策影响实体经济而忽略其他重要的传导渠道,如收入效应。另一个就是前瞻指引谜团,在 NK 模型中,政策性利率变动对产出的影响只取决于调控力度和持续时长,而与实施时点无关。换句话说,在 NK 模型中,1% 的政策性利率变动发生在今天和发生在 10 年后对当前产出的影响是一样的,这与现实和数据不符。

鉴于 NK 模型在诸多方面的缺陷和其他原因,宏观经济研究模型开始转到异质性分析框架上。从异质性模型的分析框架设定来看,它们可大体分为三类:异质性家庭模型、异质性企业模型和异质性金融机构模型。

异质性家庭模型最早可追溯到 Krusell and Smith(1997),并逐渐成为当前宏观经济研究的主流框架之一。其中最简单的异质性家庭模型是 TANK(Two-agent NK)模型,它假定经济中存在两类家庭,而不再是单一的代表性家庭。这两类家庭通常被称为李嘉图(Ricardian)家庭和非李嘉图(Non-Ricardian)家庭,其分类基于行为人的能力或时间偏好(如贴现因子)的差异。另一个重要成果是 Kaplan et al.(2018)发展的异质性个体新凯恩斯(Heterogeneous-agent New Keynesian,HANK)模型。这类模型框架表明,在不完备市场条件下,个体的异质性会影响家庭的边际消费倾向,而消费对利率变动的响应可以分解为直接效应和间接效应。在异质性家庭设定下,货币政策主要通过对消费的间接效应发挥主导作用。HANK 模型在很大程度上消除了 NK 模型的一些缺陷。首先,HANK 模型不仅消除了 NK 模型中货币政策传导机制的已知缺陷,即跨期替代效应相对于收入效应占主导地位,这与事实和直觉不符;同时,HANK 模型还提供了更丰富的货币政策传导渠道,即货币政策对不同类型家庭具有完全不同的影响机制。其次,HANK 模型在很大程度上解决了前瞻指引之谜。这主要源于非李嘉图家庭的存在,这些家庭的当前消费对未来利率变动并不敏感,因为它们相对于李嘉图家庭通常具有较少甚至没有流动性资产。最后,货币政策传导机制的渠道和影响强度与财政政策工具密切相关,这意味着货币政策和财政政策需要协调配合才能达到理想的调控效果。

在企业投资和市场动态等问题的研究中,异质性概念得到广泛应用(Hopenhayn, 1992; Melitz, 2003)。特别是在金融危机之后,研究不完备市场条件下企业异质性的重要性在定量宏观经济研究中变得更加突出。Hsieh and Klenow(2009)的实证研究关注要素错配与全要素生产率的影响,引发了大量关于资源错配及其宏观效应的定量研究。这些研究的分析框架都基于异质性企业的设定。而在金融机构模型中,由于 2008 年全球金融危机对实体经济造成了持续性的紧缩影响,主流宏观经济研究开始关注金融中介在宏观经济中的作用。Gertler and Kiyotaki(2010)引入金融加速器机制到银行部门中,认为金融部门的流动性冲击会通过金融加速器机制放大实体经济的波动。这一模型为分析金融中介的宏观经济效应以及相应的宏观经济政策提供了重要的定量分析框架,启发了大量关于金融中介的 DSGE 模型研究。

第二节 动态随机一般均衡模型构建

动态一般均衡模型历经发展,已具备较为通用的构建方法,一般包含家庭部门、消费品企业(厂商)部门、财政部门、货币(央行)部门,并在此基础上进行不同的扩展。例如,将单一家庭部门拓展为异质性家庭部门(Guerrier and Iacoviello, 2015),或者在企业部门中增加房地产生产厂商(McManus et al., 2021),或者引入金融加速器与商业银行(Bernanke et al., 1999),并在基准模型的基础上纳入多类外生随机性冲击,除经典的技术进步冲击、财政政策与货币政策冲击外,还有部分学者纳入金融风险冲击(Christiano et al., 2014)、气候变化冲击(Heutel, 2012)和预期冲击(Fujiwara et al., 2011)等,可见 DSGE 模型在宏观经济中的研究用途与适用范围十分广泛。

本章构建一个简化的新凯恩斯主义模型作为示例。模型中包括家庭部门、最终产品厂商、中间产品厂商、货币部门及财政部门,遵循模型的经典设置。家庭部门方面,假定家庭将消费与劳动纳入自身效用最大化的决策,同时家庭购买企业生产的消费品,并且进行跨期投资与购买政府债券,其通过劳动、资本收益、国债利息与政府转移支付获取每一期的资金。企业部门方面,假定面临完全竞争的最终产品厂商与面临垄断竞争的中间产品企业,并在中间产品定价中引入 Calvo(1983)的价格黏性设定。政府部门方面,设定以经典泰勒规则为调控手段的货币部门,以及以政府购买、劳动税、资本税、消费税和国债为收支框架的财政部门,以更好地展示凯恩斯主义的相机抉择在 DSGE 模型中的体现。多部门根据自身约束条件与最优决策达到一般均衡。

例 10-1 构建新凯恩斯主义模型。

1. 家庭部门

假设经济中存在偏好相同且可无限存活的家庭,通过选择当期消费、劳动以实现效用最大化。代表性家庭效用函数设定为:

$$E_0 \sum_{t=0}^{\infty} \beta^t \left(\frac{C_t^{1-\sigma_c}}{1-\sigma_c} - \psi_l \frac{L_t^{1+\sigma_l}}{1+\sigma_l} \right) \tag{10-1}$$

其中,β 表示贴现因子,E_0 为基于 0 期的期望算子,C_t 为家庭消费,L_t 为耐心家庭劳动供给,σ_c 为有效消费跨期替代弹性系数的倒数,σ_l 为劳动供给弹性系数的倒数,ψ_l 为劳动的效用比率。

家庭预算约束为：

$$(1 + \tau_t^c)C_t + I_t + B_t \leq (1 - \tau_t^l)\frac{W_t}{P_t}L_t + (1 - \tau_t^k)\frac{R_t^k}{P_t}K_{t-1} + \frac{R_{t-1}B_{t-1}}{\pi_t} + \tau_t^T \quad (10\text{-}2)$$

预算方程（10-2）左端为家庭支出，其中 τ_t^c 为消费税税率，I_t 为投资，B_t 为家庭购买的国债；右端为家庭收入，其中 τ_t^l 为劳动税税率，W_t 为名义工资，经价格 P_t 调整后得到实际工资 $w_t = W_t/P_t$；τ_t^k 为资本税税率，R_t^k 为名义资本收益率，经价格 P_t 调整后得到实际资本收益率 $r_t^k = R_t^k/P_t$，K_t 为私人资本存量；$R_{t-1}B_{t-1}/\pi_t$ 为家庭 $t-1$ 期购买的国债在 t 期经通货膨胀调整后的实际本息之和；τ_t^T 为政府平衡预算约束后对家庭的一次性转移支付。

家庭的资本累积方程设定为：

$$K_t = (1 - \delta)K_{t-1} + I_t \quad (10\text{-}3)$$

其中，δ 为资本折旧率。

2. 最终产品厂商

假设经济中最终产品厂商面临完全竞争，并采用 D-S（Dixit-Stiglitz）生产函数进行最终产品的生产：

$$y_t = \left[\int_0^1 y_t(j)^{\frac{\theta_p - 1}{\theta_p}} dj\right]^{\frac{\theta_p}{\theta_p - 1}} \quad (10\text{-}4)$$

其中，y_t 为最终产品，$y_t(j)$ 为投入生产的中间产品，θ_p 为中间产品替代弹性系数。

3. 中间产品厂商

一系列垄断竞争企业 $j \in [0,1]$ 将进行中间产品生产，中间产品厂商 j 利用私人资本 $K_{t-1}(j)$ 与劳动 $L_t(j)$ 进行中间产品生产，中间产品生产函数如下：

$$y_t(j) = \varepsilon_{A,t}[K_{t-1}(j)]^{\alpha_k}[L_t(j)]^{\alpha_l} \quad (10\text{-}5)$$

其中，α_k 为私人资本对产出的弹性系数，α_l 为劳动对产出的弹性系数，且有 $\alpha_l = 1 - \alpha_k$。$\varepsilon_{A,t}$ 为无偏的技术进步且服从一阶自回归演变，即 $\varepsilon_{A,t} = \rho_A \varepsilon_{A,t-1} + \zeta_{A,t}$，其中 ρ_A 为技术进步冲击自回归系数，$\zeta_{A,t}$ 为外生的技术进步冲击。

4. 货币部门

泰勒规则是目前货币部门调控经济运行的主要政策手段。我们将央行制定的货币政策设定为标准的泰勒规则，即利率依据通货膨胀和产出进行调整。

$$\ln\left(\frac{R_t}{\overline{R}}\right) = \rho_r \ln\left(\frac{R_{t-1}}{\overline{R}}\right) + (1 - \rho_r)\left[\rho_\pi \ln\left(\frac{\pi_t}{\overline{\pi}}\right) + \rho_y \ln\left(\frac{y_t}{\overline{y}}\right)\right] + \varepsilon_{r,t} \quad (10\text{-}6)$$

其中，R_t 为名义利率，π_t 为通货膨胀，y_t 为产出，$\overline{R}$、$\overline{\pi}$、$\overline{y}$ 分别为三者的稳态值，ρ_r 为利率平滑参数，ρ_π 为利率对通货膨胀的反应系数，ρ_y 为利率对产出的反应系数，$\varepsilon_{r,t}$ 为

货币政策冲击。

5. 财政部门

在本节模型示例中,我们构建五类财政政策,分别为政府购买、转移支付、消费税、劳动税及资本税。政府预算约束如下：

$$G_t + \tau_t^T = \tau_t^c C_t + \tau_t^l w_t L_t + \tau_t^k r_t^k K_t + B_t - \frac{R_{t-1} B_{t-1}}{\pi_t} \quad (10-7)$$

其中,G_t 为政府购买,τ_t^T 为一次性转移支付(或一次性税收,由政府当期预算平衡而决定),$\tau_t^c C_t$ 为消费税,$\tau_t^l w_t L_t$ 为劳动税,$\tau_t^k r_t^k K_t$ 为资本税,B_t 为政府在 t 期发行的国债并要支付 $t-1$ 期的实际本息之和 $R_{t-1} B_{t-1} / \pi_t$。

假设三类税率依据产出与债务的波动进行调整,设定税率反馈规则为：

$$\ln\left(\frac{\tau_t^c}{\bar{\tau}^c}\right) = \rho_c \ln\left(\frac{\tau_{t-1}^c}{\bar{\tau}^c}\right) + (1-\rho_c)\left[\rho_y^c \ln\left(\frac{y_t}{\bar{y}}\right) + \rho_b^c \ln\left(\frac{B_t}{\bar{B}}\right)\right] + \varepsilon_{c,t} \quad (10-8)$$

$$\ln\left(\frac{\tau_t^l}{\bar{\tau}^l}\right) = \rho_l \ln\left(\frac{\tau_{t-1}^l}{\bar{\tau}^l}\right) + (1-\rho_l)\left[\rho_y^l \ln\left(\frac{y_t}{\bar{y}}\right) + \rho_b^l \ln\left(\frac{B_t}{\bar{B}}\right)\right] + \varepsilon_{l,t} \quad (10-9)$$

$$\ln\left(\frac{\tau_t^k}{\bar{\tau}^k}\right) = \rho_k \ln\left(\frac{\tau_{t-1}^k}{\bar{\tau}^k}\right) + (1-\rho_k)\left[\rho_y^k \ln\left(\frac{y_t}{\bar{y}}\right) + \rho_b^k \ln\left(\frac{B_t}{\bar{B}}\right)\right] + \varepsilon_{k,t} \quad (10-10)$$

其中,ρ_c、ρ_l、ρ_k 分别为消费税、劳动税、资本税的平滑参数,ρ_y^c、ρ_y^l、ρ_y^k 分别为消费税、劳动税、资本税对产出的反应系数,ρ_b^c、ρ_b^l、ρ_b^k 分别为消费税、劳动税、资本税对政府债务(国债)的反应系数,$\varepsilon_{c,t}$、$\varepsilon_{l,t}$、$\varepsilon_{k,t}$ 分别为消费税冲击、劳动税冲击、资本税冲击。

假定政府购买、一次性转移支付均服从一阶自回归过程,即

$$\ln\left(\frac{G_t}{\bar{G}}\right) = \rho_G \ln\left(\frac{G_{t-1}}{\bar{G}}\right) + \varepsilon_{G,t} \quad (10-11)$$

$$\ln\left(\frac{\tau_t^T}{\bar{\tau}^T}\right) = \rho_T \ln\left(\frac{\tau_{t-1}^T}{\bar{\tau}^T}\right) + \varepsilon_{T,t} \quad (10-12)$$

其中,ρ_G 和 ρ_T 分别为政府购买和一次性转移支付的平滑参数,$\varepsilon_{G,t}$ 和 $\varepsilon_{T,t}$ 分别为政府购买冲击和一次性转移支付冲击。

6. 市场出清

经济系统中,总需求为私人消费、私人投资、政府购买的总和：

$$y_t = C_t + I_t + G_t \quad (10-13)$$

基于以上假设,我们已成功构建一个完整且可求解均衡的 DSGE 模型,通过以上有关代表性家庭、代表性企业、政府部门以及各种出清条件的设定,可以展现一个较为完整的

经济系统。在后续章节中,我们将对各个部门进行最优决策的求解,以获取模型的均衡条件。

第三节 动态随机一般均衡模型范式:非线性化求解

本节主要对所构建的 DSGE 模型进行各部门的最优化求解,均衡条件未经线性化,即所展现的变量脉冲效应是变量距离稳态值的差额。在求解均衡路径后,仍需为部分参数进行赋值或校准,并通过求解模型稳态来获取各个变量的稳态值,方可运行模型并进行随机性冲击。所求解的最优条件未进行线性化,下面是详细的求解过程。

例 10-2 DSGE 模型示例的各部门最优决策路径、参数赋值与稳态求解。

1. 家庭部门

根据例 10-1 的设定,家庭面临的最优化问题如下:

$$\max_{C_t,L_t,I_t,K_t,B_t} E_0 \sum_{t=0}^{\infty} \beta^t \left(\frac{C_t^{1-\sigma_c}}{1-\sigma_c} - \psi_l \frac{L_t^{1+\sigma_l}}{1+\sigma_l} \right)$$

$$\text{s.t. } (1+\tau_t^c)C_t + I_t + B_t \leq (1-\tau_t^l)\frac{W_t}{P_t}L_t + (1-\tau_t^k)r_t^k K_{t-1} + \frac{R_{t-1}B_{t-1}}{\pi_t} + \tau_t^T$$

$$K_t = (1-\delta)K_{t-1} + I_t$$

(10-14)

构造拉格朗日函数求解以上最优化问题:

$$\ell = E_0 \sum_{t=0}^{\infty} \beta^t \left\{ \frac{C_t^{1-\sigma_c}}{1-\sigma_c} - \psi_l \frac{L_t^{1+\sigma_l}}{1+\sigma_l} + \lambda_t \begin{bmatrix} (1+\tau_t^c)C_t + (K_t - (1-\delta)K_{t-1}) + B_t \\ -(1-\tau_t^l)\frac{W_t}{P_t}L_t - (1-\tau_t^k)r_t^k K_{t-1} \\ -\frac{R_{t-1}B_{t-1}}{\pi_t} - \tau_t^T \end{bmatrix} \right\}$$

(10-15)

其中,λ_t 为家庭预算约束的拉格朗日乘子。

分别对拉格朗日函数中 C_t、L_t、K_t、B_t 求一阶偏导,得到一阶条件如下:

$$\partial C_t: \quad C_t^{-\sigma_c} = \lambda_t(1+\tau_t^c) \tag{10-16}$$

$$\partial L_t: \quad \psi_l L_t^{\sigma_l} = \lambda_t(1-\tau_t^l)w_t \tag{10-17}$$

$$\partial K_t: \quad \lambda_t = \beta\lambda_{t+1}[(1-\delta) + (1-\tau_{t+1}^k)r_{t+1}^k] \tag{10-18}$$

$$\partial B_t: \quad \frac{1}{R_t} = \beta E_t \frac{\lambda_{t+1}}{\lambda_t \pi_{t+1}} \tag{10-19}$$

2. 最终产品厂商

根据例 10-1 的设定,最终产品厂商面临的利润最大化问题为：

$$\max_{y_t(j)} P_t y_t - \int_0^1 P_t(j) y_t(j) dj$$

$$\text{s.t. } y_t = \left(\int_0^1 y_t(j)^{\frac{\theta_p - 1}{\theta_p}} dj \right)^{\frac{\theta_p}{\theta_p - 1}} \tag{10-20}$$

得到利润最优情况下,有：

$$P_t \left(\int_0^1 y_t(j)^{\frac{\theta_p - 1}{\theta_p}} dj \right)^{\frac{1}{\theta_p - 1}} y_t(j)^{-\frac{1}{\theta_p}} - P_t(j) = 0 \tag{10-21}$$

整理得到最终产品厂商对中间产品 $y_t(j)$ 的需求函数为：

$$y_t(j) = \left[\frac{P_t(j)}{P_t} \right]^{-\theta_p} y_t \tag{10-22}$$

在完全竞争中,最终品厂商的利润为 0,因此有：

$$P_t y_t - \int_0^1 P_t(j) y_t(j) dj = 0 \tag{10-23}$$

将式(10-22)代入式(10-23)中,得到最终产品价格指数为：

$$P_t = \left[\int_0^1 P_t(j)^{1-\theta_p} dj \right]^{\frac{1}{1-\theta_p}} \tag{10-24}$$

3. 中间产品厂商

中间产品厂商 j 利用私人资本 $K_{t-1}(j)$ 与劳动 $L_t(j)$ 进行中间产品生产,其中政府投资由政府提供并外生决定,中间产品厂商选择私人资本与劳动以实现成本 $TC_t(j)$ 最小化：

$$\min_{K_{t-1}(j), L_t(j)} TC_t(j) = R_t^k K_{t-1}(j) + W_t L_t(j)$$

$$\text{s.t. } y_t(j) = \varepsilon_{A,t} [K_{t-1}(j)]^{a_k} [L_t(j)]^{\alpha_l} \tag{10-25}$$

构造拉格朗日函数以求解成本最小化问题：

$$\ell = R_t^k K_{t-1}(j) + W_t L_t(j) + MC_t(j) [y_t(j) - \varepsilon_{A,t} (K_{t-1}(j))^{a_k} (L_t(j))^{\alpha_l}] \tag{10-26}$$

其中,$MC_t(j)$ 为拉格朗日乘子,亦代表中间产品厂商 j 的名义边际成本。由式(10-26)可得一阶条件为：

$$R_t^k = a_k MC_t(j) \varepsilon_{A,t} [K_{t-1}(j)]^{a_k - 1} [L_t(j)]^{\alpha_l} \tag{10-27}$$

$$W_t = a_l MC_t(j) \varepsilon_{A,t} [K_{t-1}(j)]^{a_k} [L_t(j)]^{\alpha_l - 1} \tag{10-28}$$

市场上,所有中间产品厂商的边际成本均相同。将中间产品厂商标记 (j) 略去,且令实际边际成本 $z_t = MC_t / P_t$,得到：

$$r_t^k = a_k z_t \varepsilon_{A,t} (K_{t-1})^{a_k - 1} (L_t)^{\alpha_l} \tag{10-29}$$

$$w_t = a_l z_t \varepsilon_{A,t} (K_{t-1})^{a_k} (L_t)^{\alpha_l - 1} \tag{10-30}$$

在完成中间产品厂商生产要素决策的最优化后,进一步推进最优定价决策,中间产品厂商 j 的实际利润为:

$$\frac{P_t(j) y_t(j) - TC_t(j)}{P_t} = \frac{P_t(j)}{P_t} \left(\frac{P_t(j)}{P_t}\right)^{-\theta_p} y_t - z_t \left(\frac{P_t(j)}{P_t}\right)^{-\theta_p} y_t \tag{10-31}$$

假设中间产品厂商遵循 Calvo(1983) 的定价规则引入价格黏性,即中间产品厂商每期有 $1 - \gamma_p$ 的概率可以重新调整价格,则中间产品厂商 j 的定价最优化问题为:

$$\max_{P_t(j)} E_t \sum_{s=0}^{\infty} (\gamma_p \beta)^s \lambda_{t+s} [P_t(j)^{1-\theta_p} (P_{t+s})^{\theta_p - 1} y_{t+s} - z_{t+s} P_t(j)^{-\theta_p} (P_{t+s})^{\theta_p} y_{t+s}] \tag{10-32}$$

对 $P_t(j)$ 求偏导得到一阶条件为:

$$E_t \sum_{s=0}^{\infty} (\gamma_p \beta)^s \lambda_{t+s} \begin{bmatrix} (1-\theta_p) P_t(j)^{-\theta_p} (P_{t+s})^{\theta_p - 1} y_{t+s} + \\ \theta_p z_{t+s} P_t(j)^{-1-\theta_p} (P_{t+s})^{\theta_p} y_{t+s} \end{bmatrix} = 0 \tag{10-33}$$

整理得到:

$$\begin{bmatrix} (1-\theta_p) P_t(j)^{-\theta_p} E_t \sum_{s=0}^{\infty} (\gamma_p \beta)^s \lambda_{t+s} (P_{t+s})^{\theta_p - 1} y_{t+s} + \\ \theta_p P_t(j)^{-1-\theta_p} E_t \sum_{s=0}^{\infty} (\gamma_p \beta)^s \lambda_{t+s} z_{t+s} (P_{t+s})^{\theta_p} y_{t+s} \end{bmatrix} = 0 \tag{10-34}$$

进一步,得到:

$$P_t(j) = \frac{\theta_p}{\theta_p - 1} \cdot \frac{E_t \sum_{s=0}^{\infty} (\gamma_p \beta)^s \lambda_{t+s} z_{t+s} (P_{t+s})^{\theta_p} y_{t+s}}{E_t \sum_{s=0}^{\infty} (\gamma_p \beta)^s \lambda_{t+s} (P_{t+s})^{\theta_p - 1} y_{t+s}} \tag{10-35}$$

构造两个辅助变量:

$$F_{1,t} = E_t \sum_{s=0}^{\infty} (\gamma_p \beta)^s \lambda_{t+s} z_{t+s} (P_{t+s})^{\theta_p} y_{t+s} \tag{10-36}$$

$$F_{2,t} = E_t \sum_{s=0}^{\infty} (\gamma_p \beta)^s \lambda_{t+s} (P_{t+s})^{\theta_p - 1} y_{t+s} \tag{10-37}$$

将式(10-36)和式(10-37)以递归形式表示:

$$F_{1,t} = \lambda_t z_t (P_t)^{\theta_p} y_t + E_t \gamma_p \beta F_{1,t+1} \tag{10-38}$$

$$F_{2,t} = \lambda_t (P_t)^{\theta_p - 1} y_t + E_t \gamma_p \beta F_{2,t+1} \tag{10-39}$$

可以重新调整价格的中间产品厂商选择 $P_t^* = P_t(j)$ 使预期利润最大,由式(10-35)得到的中间产品厂商最优价格运动方程如下:

$$P_t^* = \frac{\theta_p}{\theta_p - 1} \cdot \frac{F_{1,t}}{F_{2,t}} \tag{10-40}$$

定义 $\pi_t^* = \dfrac{P_t^*}{P_{t-1}}$,$f_{1,t} = \dfrac{F_{1,t}}{(P_t)^{\theta_p}}$,$f_{2,t} = \dfrac{F_{2,t}}{(P_t)^{\theta_p-1}}$,由此可将式（10-38）、式（10-39）和式（10-40）分别转换为：

$$f_{1,t} = \lambda_t z_t y_t + E_t \gamma_p \beta f_{1,t+1} (\pi_{t+1})^{\theta_p} \tag{10-41}$$

$$f_{2,t} = \lambda_t y_t + E_t \gamma_p \beta f_{2,t+1} (\pi_{t+1})^{\theta_p-1} \tag{10-42}$$

$$\pi_t^* = \dfrac{\theta_p}{\theta_p - 1} \cdot \dfrac{f_{1,t}}{f_{2,t}} \pi_t \tag{10-43}$$

由于价格黏性的存在，中间产品厂商每期只有 $1 - \gamma_p$ 的概率可以重新调整价格，因此最终产品价格的加总可以改写为：

$$\begin{aligned} P_t^{1-\theta_p} &= \int_0^1 P_t(j)^{1-\theta_p} \mathrm{d}j \\ &= \int_0^{1-\gamma_p} (P_t^*)^{1-\theta_p} \mathrm{d}j + \int_{1-\gamma_p}^1 (P_{t-1}(j))^{1-\theta_p} \mathrm{d}j \\ &= (1 - \gamma_p)(P_t^*)^{1-\theta_p} + \gamma_p \int_0^1 (P_{t-1}(j))^{1-\theta_p} \mathrm{d}j \\ &= (1 - \gamma_p)(P_t^*)^{1-\theta_p} + \gamma_p P_{t-1}^{1-\theta_p} \end{aligned} \tag{10-44}$$

将式（10-44）两边同时除以 $P_{t-1}^{1-\theta_p}$，可得到：

$$\pi_t^{1-\theta_p} = (1 - \gamma_p)(\pi_t^*)^{1-\theta_p} + \gamma_p \tag{10-45}$$

由中间产品生产函数与最终产品定价决策可知：

$$y_t(j) = \varepsilon_{A,t} [K_{t-1}(j)]^{\alpha_k} [L_t(j)]^{\alpha_l} = \left[\dfrac{P_t(j)}{P_t}\right]^{-\theta_p} y_t \tag{10-46}$$

因此，有：

$$\int_0^1 \varepsilon_{A,t} [K_{t-1}(j)]^{\alpha_k} [L_t(j)]^{\alpha_l} \mathrm{d}j = \int_0^1 \left[\dfrac{P_t(j)}{P_t}\right]^{-\theta_p} y_t \mathrm{d}j \tag{10-47}$$

得到：

$$y_t = \dfrac{\varepsilon_{A,t}(K_{t-1})^{\alpha_k}(L_t)^{\alpha_l}}{\int_0^1 \left[\dfrac{P_t(j)}{P_t}\right]^{-\theta_p} \mathrm{d}j} \tag{10-48}$$

令 $D_t = \int_0^1 \left[\dfrac{P_t(j)}{P_t}\right]^{-\theta_p} \mathrm{d}j$，$D_t$ 衡量了中间产品价格的离散程度。中间产品厂商每期只有 $1 - \gamma_p$ 的概率可以重新调整价格，因此 D_t 可写成如下递归形式：

$$\begin{aligned} D_t &= \int_0^1 \left[\dfrac{P_t(j)}{P_t}\right]^{-\theta_p} \mathrm{d}j = \int_0^{1-\gamma_p} \left(\dfrac{P_t^*}{P_t}\right)^{-\theta_p} \mathrm{d}j + \int_{1-\gamma_p}^1 \left(\dfrac{P_t(j)}{P_t}\right)^{-\theta_p} \mathrm{d}j \\ &= (1 - \gamma_p) \int_0^1 \left(\dfrac{P_t^*}{P_t}\right)^{-\theta_p} \mathrm{d}j + \gamma_p \int_0^1 \left[\dfrac{P_t(j)}{P_t}\right]^{-\theta_p} (\pi_t)^{\theta_p} \mathrm{d}j \\ &= (1 - \gamma_p)(\pi_t^*)^{-\theta_p}(\pi_t)^{\theta_p} + \gamma_p (\pi_t)^{\theta_p} D_{t-1} \end{aligned} \tag{10-49}$$

至此，我们已经求解了家庭部门、最终产品厂商与中间产品厂商的最优决策均衡以及价格决定方程，联合第九章所述的市场出清与外生冲击条件，整理出 DSGE 模型所需的非线性均衡路径如下：

$$K_t = (1-\delta)K_{t-1} + I_t \tag{10-50}$$

$$C_t^{-\sigma_c} = \lambda_t(1+\tau_t^c) \tag{10-51}$$

$$\psi_l L_t^{\sigma_l} = \lambda_t(1-\tau_t^l)w_t \tag{10-52}$$

$$\lambda_t = E_t \beta \lambda_{t+1}[(1-\delta) + (1-\tau_{t+1}^k)r_{t+1}^k] \tag{10-53}$$

$$\frac{1}{R_t} = \beta E_t \frac{\lambda_{t+1}}{\lambda_t \pi_{t+1}} \tag{10-54}$$

$$r_t^k = a_k z_t \varepsilon_{A,t} (K_{t-1})^{a_k-1} (L_t)^{\alpha_l} \tag{10-55}$$

$$w_t = a_l z_t \varepsilon_{A,t} (K_{t-1})^{a_k} (L_t)^{\alpha_l-1} \tag{10-56}$$

$$f_{1,t} = \lambda_t z_t y_t + E_t \gamma_p \beta f_{1,t+1} (\pi_{t+1})^{\theta_p} \tag{10-57}$$

$$f_{2,t} = \lambda_t y_t + E_t \gamma_p \beta f_{2,t+1} (\pi_{t+1})^{\theta_p-1} \tag{10-58}$$

$$\pi_t^* = \frac{\theta_p}{\theta_p-1} \frac{f_{1,t}}{f_{2,t}} \pi_t \tag{10-59}$$

$$\pi_t^{1-\theta_p} = (1-\gamma_p)(\pi_t^*)^{1-\theta_p} + \gamma_p \tag{10-60}$$

$$D_t = (1-\gamma_p)(\pi_t^*)^{-\theta_p}(\pi_t)^{\theta_p} + \gamma_p (\pi_t)^{\theta_p} D_{t-1} \tag{10-61}$$

$$y_t = \frac{\varepsilon_{A,t}(K_{t-1})^{a_k}(L_t)^{\alpha_l}}{D_t} \tag{10-62}$$

$$G_t + \tau_t^T = \tau_t^c C_t + \tau_t^l w_t L_t + \tau_t^k r_t^k K_t + B_t - \frac{R_{t-1}B_{t-1}}{\pi_t} \tag{10-63}$$

$$y_t = C_t + I_t + G_t \tag{10-64}$$

$$\ln\left(\frac{R_t}{\overline{R}}\right) = \rho_r \ln\left(\frac{R_{t-1}}{\overline{R}}\right) + (1-\rho_r)\left[\rho_\pi \ln\left(\frac{\pi_t}{\overline{\pi}}\right) + \rho_y \ln\left(\frac{y_t}{\overline{y}}\right)\right] + \varepsilon_{r,t} \tag{10-65}$$

$$\ln\left(\frac{\tau_t^c}{\overline{\tau}^c}\right) = \rho_c \ln\left(\frac{\tau_{t-1}^c}{\overline{\tau}^c}\right) + (1-\rho_c)\left[\rho_y^c \ln\left(\frac{y_t}{\overline{y}}\right) + \rho_b^c \ln\left(\frac{B_t}{\overline{B}}\right)\right] + \varepsilon_{c,t} \tag{10-66}$$

$$\ln\left(\frac{\tau_t^l}{\overline{\tau}^l}\right) = \rho_l \ln\left(\frac{\tau_{t-1}^l}{\overline{\tau}^l}\right) + (1-\rho_l)\left[\rho_y^l \ln\left(\frac{y_t}{\overline{y}}\right) + \rho_b^l \ln\left(\frac{B_t}{\overline{B}}\right)\right] + \varepsilon_{l,t} \tag{10-67}$$

$$\ln\left(\frac{\tau_t^k}{\overline{\tau}^k}\right) = \rho_k \ln\left(\frac{\tau_{t-1}^k}{\overline{\tau}^k}\right) + (1-\rho_k)\left[\rho_y^k \ln\left(\frac{y_t}{\overline{y}}\right) + \rho_b^k \ln\left(\frac{B_t}{\overline{B}}\right)\right] + \varepsilon_{k,t} \tag{10-68}$$

$$\ln\left(\frac{G_t}{\overline{G}}\right) = \rho_G \ln\left(\frac{G_{t-1}}{\overline{G}}\right) + \varepsilon_{G,t} \tag{10-69}$$

$$\ln\left(\frac{\tau_t^T}{\bar{\tau}^T}\right) = \rho_T \ln\left(\frac{\tau_{t-1}^T}{\bar{\tau}^T}\right) + \varepsilon_{T,t} \tag{10-70}$$

$$\ln(\varepsilon_{A,t}) = \rho_A \ln(\varepsilon_{A,t-1}) + \zeta_{A,t} \tag{10-71}$$

上述所构建的 DSGE 模型包括 22 个变量：K_t、I_t、C_t、λ_t、L_t、w_t、r_t^k、λ_t'、τ_t^l、τ_t^k、R_t、π_t、z_t、$f_{1,t}$、$f_{2,t}$、π_t^*、D_t、y_t、G_t、τ_t^T、B_t、$\varepsilon_{A,t}$，以及式（10-50）至式（10-71）共 22 条非线性化的均衡方程。在使用 matlab 软件的 dynare 工具包对模型进行求解前，还需要进行模型稳态求解。第一步，我们要对静态参数与部分变量的稳态进行赋值或校准，以便后续进行稳态求解。第二步，我们实施贝叶斯估计，以中国 2000—2020 年的产出、私人消费、政府消费作为观测变量，采用 Metropolis Hastings(MH)算法进行 10 000 次 MCMC 抽样，从而实现对模型中的政策类与外生冲击参数进行估计。表 10-1 对模型所需静态参数进行了赋值。表 10-2 展示了贝叶斯估计先验设定与后验结果。

表 10-1 静态参数赋值

参数	参数含义	赋值	参数	参数含义	赋值
β	家庭贴现因子	0.99	ρ_b^l	劳动税税率对债务关注系数	0.1
σ_c	消费跨期替代弹性倒数	1.5	ρ_y^k	资本税税率对产出关注系数	0.1
σ_l	劳动供给弹性倒数	1.5	ρ_b^k	资本税税率对债务关注系数	0.1
α_k	资本产出弹性	0.4	$\bar{\pi}$	稳态通货膨胀	1.0
α_l	劳动产出弹性	0.6	$\bar{G}/\bar{y}$	稳态政府投资占产出比重	0.15
δ	私人资本折旧率	0.25	$\bar{B}/\bar{y}$	稳态政府债务占产出比重	0.3
θ_p	价格加成	6.0	$\bar{\tau}^c$	稳态消费税税率	0.1
γ_p	价格黏性	0.75	$\bar{\tau}^l$	稳态劳动税税率	0.1
ρ_y^c	消费税税率对产出关注系数	0.1	$\bar{\tau}^k$	稳态资本税税率	0.1
ρ_b^c	消费税税率对债务关注系数	0.1	$\bar{L}$	稳态工作时间	1/3
ρ_y^l	劳动税税率对产出关注系数	0.1			

表 10-2 政策类与外生冲击参数的贝叶斯估计结果

参数	参数含义	先验均值	后验均值	分布类型	标准差
ρ_r	利率平滑系数	0.80	0.5541	beta	0.10
ρ_π	利率对通货膨胀反应系数	1.50	1.6272	gamma	0.10
ρ_y	利率对产出反应系数	0.50	0.4789	gamma	0.05
ρ_c	消费税税率平滑系数	0.80	0.8922	beta	0.10

(续表)

参数	参数含义	先验均值	后验均值	分布类型	标准差
ρ_l	劳动税税率平滑系数	0.80	0.7713	beta	0.10
ρ_k	资本税税率平滑系数	0.80	0.8538	beta	0.10
ρ_G	政府购买平滑系数	0.80	0.9791	beta	0.10
ρ_T	转移支付平滑系数	0.80	0.8159	beta	0.10
ρ_A	技术进步冲击自回归系数	0.80	0.7005	beta	0.10

基于上述参数赋值,对模型进行稳态求解,以获取模型中所有宏观变量的初始稳态值,步骤如下:

$$\bar{R} = \frac{\bar{\pi}}{\beta} \tag{10-72}$$

$$\bar{z} = \frac{\theta_p - 1}{\theta_p} \tag{10-73}$$

$$\bar{r}^k = \frac{1 - \beta(1-\delta)}{\beta(1-\bar{\tau}^k)} \tag{10-74}$$

$$\bar{z} = \frac{\theta_p - 1}{\theta_p} \tag{10-75}$$

$$\bar{r}^k = \frac{1 - \beta(1-\delta)}{\beta(1-\bar{\tau}^k)} \tag{10-76}$$

$$\bar{y} = \left[\left(\frac{\alpha \bar{z}}{\bar{r}^k} \right)^{\alpha_k} (\bar{L})^{a_l} \right]^{\frac{1}{1-a_g-a_k}} \tag{10-77}$$

$$\bar{K} = \frac{\alpha_k \bar{z}}{\bar{r}^k} \cdot \bar{y} \tag{10-78}$$

$$\bar{w} = \frac{\alpha_l \bar{z}}{\bar{L}} \cdot \bar{y} \tag{10-79}$$

$$\bar{I} = \delta \bar{K} \tag{10-80}$$

$$\bar{G} = \frac{\bar{G}_l}{\bar{y}} \cdot \bar{y} \tag{10-81}$$

$$\bar{B} = \bar{y} \tag{10-82}$$

$$\bar{C} = \bar{y} - \bar{I} - \bar{G} \tag{10-83}$$

$$\bar{\tau}^T = \bar{\tau}^c \bar{C} + \bar{\tau}^l \bar{wL} + \bar{\tau}^k \bar{r}^k \bar{K} + \bar{B}(1-) - \bar{G} \tag{10-84}$$

$$\bar{\lambda} = \frac{\bar{C}^{-\sigma_c}}{1 + \bar{\tau}^c} \tag{10-85}$$

$$\psi_l = \frac{\bar{\lambda}(1 - \bar{\tau}^l)\bar{w}}{\bar{L}^{\sigma_l}} \tag{10-86}$$

$$f_{1,t} = \frac{\bar{\lambda}\bar{z}}{1 - \gamma_p \beta} \cdot \bar{y} \tag{10-87}$$

$$f_{2,t} = \frac{\bar{\lambda}}{1 - \gamma_p \beta} \cdot \bar{y} \tag{10-88}$$

$$\pi_t^* = \pi_t \tag{10-89}$$

至此,我们已完成对 DSGE 模型示例的非线性化求解过程,通过参数赋值、稳态求解及均衡路径,构成一个完整的 DSGE 模型框架。该模型的均衡路径处于非线性化状态,由此展现的变量脉冲效应是其距离稳态值的差额,即冲击所导致的偏离值。由于 DSGE 模型的稳态值通常没有过多研究与比较含义,分析的重点更多在于变量的变化率或偏离程度,因此许多文献在构建 DSGE 模型的同时对其均衡路径进行线性化,这有助于更直接地考察结构性外生冲击对宏观变量的影响程度。下一节,我们对上述已构建的模型采用线性化求解方式,以获取更直观的宏观变量偏离状态。

第四节 动态随机一般均衡模型范式:线性化求解

在上一节,我们已经通过求解各部门的最优条件获取模型的均衡路径,并且通过参数校准与稳态求解的步骤完善模型运行框架,但得出的均衡路径是未经对数线性化的,为了使得脉冲响应结果更为直观,本节介绍一种动态随机一般均衡模型的对数线性化求解范式。首先介绍常用的对数线性化方法,其次对示例模型的均衡路径进行对数线性化求解,最后呈现多种外生随机性冲击作为演示。

对 DSGE 模型均衡路径进行对数线性化处理,有助于直观地考察各宏观变量的偏离程度。其定义如下:

$$\hat{x}_t = \ln x_t - \ln \bar{x} \tag{10-90}$$

又或者,将其近似为:

$$\hat{x}_t = \ln x_t - \ln \bar{x} = \ln\left(1 + \frac{x_t - \bar{x}}{\bar{x}}\right) \approx \frac{x_t - \bar{x}}{\bar{x}} \tag{10-91}$$

基于此定义,我们可以得到两种常用形式的对数线性化过程。

形式 1: $a_t = k b_t^q c_t^p$ 。

首先,两边分别取对数:

$$\ln a_t = \ln k + q\ln b_t + p\ln c_t \tag{10-92}$$

接着,式(10-92)两边同时减去其稳态,得到:

$$\ln a_t - \ln \bar{a} = \ln k + q\ln b_t + p\ln c_t - \ln k - q\ln \bar{b} - p\ln \bar{c}$$
$$= q(\ln b_t - \ln \bar{b}) + p(\ln c_t - \ln \bar{c}) \tag{10-93}$$

根据式(10-90)的定义,可将式(10-93)变为对数化形式:

$$\hat{a}_t = q\hat{b}_t + p\hat{c}_t \tag{10-94}$$

由此,得到 $a_t = kb_t^q c_t^p$ 的对数线性化形式 $\hat{a}_t = q\hat{b}_t + p\hat{c}_t$。

形式2:$a_t = qb_t + bc_t$。

由式(10-91)可知,变量在 t 期的值可看作稳态值与 t 期偏离值之和:

$$x_t = \bar{x} + \bar{x}\hat{x}_t \tag{10-95}$$

因此,有:

$$\bar{a} + \bar{a}\hat{a}_t = q\bar{b} + q\bar{b}\hat{b}_t + p\bar{c} + p\bar{c}\hat{c}_t \tag{10-96}$$

由于在稳态时有 $\bar{a} = q\bar{b} + p\bar{c}$,则式(10-96)可简化为:

$$\bar{a}\hat{a}_t = q\bar{b}\hat{b}_t + p\bar{c}\hat{c}_t \tag{10-97}$$

也可写为:

$$\hat{a}_t = \frac{q\bar{b}\hat{b}_t + p\bar{c}\hat{c}_t}{q\bar{b} + p\bar{c}} \tag{10-98}$$

由此,得到 $a_t = qb_t + bc_t$ 的对数线性化形式为式(10-97)或式(10-98)。

根据第三节提供的对数线性化方法,我们可以对已构建的 DSGE 均衡路径进行对数线性化转换,下面我们以资本累积方程的转换为例进行对数线性化的演示。

例 10-3 求解资本累积方程的对数线性化形式。

将资本累积方程根据式(10-97)转换为如下形式:

$$\bar{K}\hat{K}_t = (1-\delta)\bar{K}\hat{K}_{t-1} + \bar{I}\hat{I}_t \tag{10-99}$$

在稳态时,有 $\bar{I} = \delta\bar{K}$,代入式(10-99)中,将其简化为:

$$\hat{K}_t = (1-\delta)\hat{K}_{t-1} + \delta\hat{I}_t \tag{10-100}$$

由此,我们得到资本累积方程的对数线性化形式。

例 10-4 求解 DSGE 模型均衡路径的对数线性化形式。

基于上述的对数线性化转换范式,对第三节所构建的全部非线性化均衡路径依次进行对数线性化处理。化简通货膨胀的均衡路径,式(10-57)至式(10-61)求解线性化如下:

$$\bar{f}_1\hat{f}_{1,t} = \bar{\lambda}\bar{z}\bar{y}(\hat{\lambda}_t + \hat{z}_t + \hat{y}_t) + \gamma_p\beta\bar{f}_1(\hat{f}_{1,t+1} + \theta_p\hat{\pi}_{t+1}) \quad (10\text{-}101)$$

$$\bar{f}_2\hat{f}_{2,t} = \bar{\lambda}\bar{y}(\hat{\lambda}_t + \hat{y}_t) + \gamma_p\beta\bar{f}_2(\hat{f}_{2,t+1} + (\theta_p - 1)\hat{\pi}_{t+1}) \quad (10\text{-}102)$$

$$\hat{\pi}_t^* = \hat{f}_{1,t} - \hat{f}_{2,t} + \hat{\pi}_t \quad (10\text{-}103)$$

$$\hat{\pi}_t = (1 - \gamma_p)\hat{\pi}_t^* \quad (10\text{-}104)$$

$$\bar{D}\hat{D}_t = (1 - \gamma_p)(-\theta_p\hat{\pi}_t^* + \theta_p\hat{\pi}_t) + \gamma_p\bar{D}(\theta_p\hat{\pi}_t + \hat{D}_{t-1}) \quad (10\text{-}105)$$

结合稳态条件式(10-87)与式(10-88),将式(10-101)与式(10-102)转换为:

$$\hat{f}_{1,t} = (1 - \gamma_p\beta)(\hat{\lambda}_t + \hat{z}_t + \hat{y}_t) + \gamma_p\beta(\hat{f}_{1,t+1} + \theta_p\hat{\pi}_{t+1}) \quad (10\text{-}106)$$

$$\hat{f}_{2,t} = (1 - \gamma_p\beta)(\hat{\lambda}_t + \hat{y}_t) + \gamma_p\beta[\hat{f}_{2,t+1} + (\theta_p - 1)\hat{\pi}_{t+1}] \quad (10\text{-}107)$$

将式(10-104)、式(10-106)和式(10-107)均代入式(10-103)中,可得到包含通货膨胀预期的新凯恩斯菲利普斯曲线(New Keynesian Phillips Curve, NKPC)。

$$\hat{\pi}_t = \beta E_t\hat{\pi}_{t+1} + \frac{(1-\gamma_p)(1-\beta\gamma_p)}{\gamma_p}\hat{z}_t \quad (10\text{-}108)$$

同时,联立式(10-104)与式(10-105)可得:

$$\hat{D}_t = \gamma_p\hat{D}_{t-1} \quad (10\text{-}109)$$

由此,在线性化的均衡路径中,$\hat{f}_{1,t}$、$\hat{f}_{2,t}$、$\hat{\pi}_t^*$ 变量已被略去,其信息被包含在 NKPC 曲线中。根据式(10-109),由于中间产品价格离散程度的偏离率仅与自身相关,在未对其设置外生冲击的情况下,可看作 $\hat{D}_t = 0$,因此后续均衡方程将 $\hat{D}_t$ 变量一并略去。

对数线性化其余均衡方程,包括式(10-50)至式(10-56)、式(10-62)至式(10-71),得到线性化均衡方程如下:

$$\hat{K}_t = (1 - \delta)\hat{K}_{t-1} + \delta\hat{I}_t \quad (10\text{-}110)$$

$$-\sigma_c\hat{C}_t = \hat{\lambda}_t + \frac{\bar{\tau}^c\hat{\tau}_t^c}{1 + \bar{\tau}^c} \quad (10\text{-}111)$$

$$\sigma_l\hat{l}_t = \hat{\lambda}_t - \frac{\bar{\tau}^l\hat{\tau}_t^l}{1 - \bar{\tau}^l} + \hat{w}_t \quad (10\text{-}112)$$

$$\hat{\lambda}_t = \hat{\lambda}_{t+1} + \frac{\hat{r}_{t+1}^k - \frac{\bar{\tau}^k\hat{\tau}_{t+1}^k}{1-\bar{\tau}^k}}{(1-\delta) + (1-\bar{\tau}^k)\bar{r}^k} \quad (10\text{-}113)$$

$$\hat{R}_t + \hat{\lambda}_{t+1} - \hat{\lambda}_t - \hat{\pi}_{t+1} = 0 \quad (10\text{-}114)$$

$$\hat{r}_t^k = \hat{z}_t + \hat{\varepsilon}_{A,t} + (a_k - 1)\hat{K}_{t-1} + \alpha_l\hat{L}_t \quad (10\text{-}115)$$

$$\hat{w}_t = \hat{z}_t + \hat{\varepsilon}_{A,t} + a_k\hat{K}_{t-1} + (a_l - 1)\hat{L}_t \quad (10\text{-}116)$$

$$\overline{G}\hat{G}_t + \overline{\tau}^T\hat{\tau}_t^T + \frac{\overline{RB}}{\overline{\pi}}(\hat{R}_{t-1} + \hat{B}_{t-1} - \hat{\pi}_t) = \overline{\tau}^c\overline{C}(\hat{\tau}_t^c + \hat{C}_t) + \overline{\tau}^l\overline{wL}(\hat{\tau}_t^l + \hat{w}_t + \hat{L}_t) +$$
$$\overline{\tau}^k\overline{r}^k\overline{K}(\hat{\tau}_t^k + \hat{r}_t^k + \hat{K}_{t-1}) + \overline{B}\hat{B}_t \quad (10-117)$$

$$\hat{y}_t = \hat{\varepsilon}_{A,t} + a_k\hat{K}_{t-1} + \alpha_l\hat{L}_t \quad (10-118)$$

$$\overline{y}\hat{y}_t = \overline{C}\hat{C}_t + \overline{I}\hat{I}_t + \overline{G}\hat{G}_t \quad (10-119)$$

$$\hat{R}_t = \rho_r\hat{R}_{t-1} + (1-\rho_r)(\rho_\pi\hat{\pi}_t + \rho_y\hat{y}_t) + \varepsilon_{r,t} \quad (10-120)$$

$$\hat{\tau}_t^c = \rho_c\hat{\tau}_{t-1}^c + (1-\rho_c)(\rho_y^c\hat{y}_t + \rho_b^c\hat{B}_t) + \varepsilon_{c,t} \quad (10-121)$$

$$\hat{\tau}_t^l = \rho_l\hat{\tau}_{t-1}^l + (1-\rho_l)(\rho_y^l\hat{y}_t + \rho_b^l\hat{B}_t) + \varepsilon_{l,t} \quad (10-122)$$

$$\hat{\tau}_t^k = \rho_k\hat{\tau}_{t-1}^k + (1-\rho_k)(\rho_y^k\hat{y}_t + \rho_b^k\hat{B}_t) + \varepsilon_{k,t} \quad (10-123)$$

$$\hat{G}_t = \rho_G\hat{G}_{t-1} + \varepsilon_{G,t} \quad (10-124)$$

$$\hat{\tau}_t^T = \rho_T\hat{\tau}_{t-1}^T + \varepsilon_{T,t} \quad (10-125)$$

$$\hat{\varepsilon}_{A,t} = \rho_A\hat{\varepsilon}_{A,t-1} + \zeta_{A,t} \quad (10-126)$$

上述所构建的对数线性化 DSGE 模型共包括 18 个变量：$\hat{K}_t$、$\hat{I}_t$、$\hat{C}_t$、$\hat{\lambda}_t$、$\hat{L}_t$、$\hat{w}_t$、$\hat{r}_t^k$、$\hat{\tau}_t^c$、$\hat{\tau}_t^l$、$\hat{\tau}_t^k$、$\hat{R}_t$、$\hat{\pi}_t$、$\hat{z}_t$、$\hat{y}_t$、$\hat{G}_t$、$\hat{\tau}_t^T$、$\hat{B}_t$、$\hat{\varepsilon}_{A,t}$，以及式(10-108)、式(10-110)至式(10-126)共 18 个线性化均衡方程。基于上一章给出的参数赋值与稳态求解过程，可以得到各类外生随机冲击对宏观经济系统的脉冲响应结果。作为示例，下面列示技术进步冲击、政府购买冲击和劳动税税率冲击分别对产出、消费、投资、劳动力、工资、资本、资本收益率、通货膨胀以及政府债务的脉冲响应。

图 10-1 是技术进步冲击对各宏观变量的脉冲响应。从图中可以看出，各宏观变量的脉冲响应围绕 0 轴而发生，即模型稳态下各宏观变量的偏离率为 0，处于未受扰动的静态一般均衡。而技术进步冲击会使得产出在短暂的波动后呈现明显的上升态势，最高峰值可使得产出增长超过 0.5%，这一正向脉冲在 10 期后逐渐收缩并恢复稳态，即技术进步冲击总体上有助于刺激经济增长。此外，其余脉冲结果表明，技术进步会在 20 期内维持消费的增长效应，但也会挤出企业对资本与劳动力两种生产要素的需求。同时，技术进步有利于降低通货膨胀，但会推高政府债务。

图 10-2 是政府购买冲击对各宏观变量的脉冲响应。结果表明，由于政府购买直接进入总需求，其正向冲击对产出有显著的提升作用，但会对家庭的消费与投资产生挤出效应，导致政府购买增加刺激经济增长的同时私人需求遭遇弱化，进而大幅削弱政府购买正向冲击对产出的积极影响，使得产出的脉冲响应在受冲击后以较快的速度下降。对于企业而言，私人投资需求的减少使其所获资本减少，转而对劳动力需求有所增加，工资亦有所提高。最后，政府购买对总需求的扩张效应会导致通货膨胀的上升，并在一定程度上拉高政府债务水平。

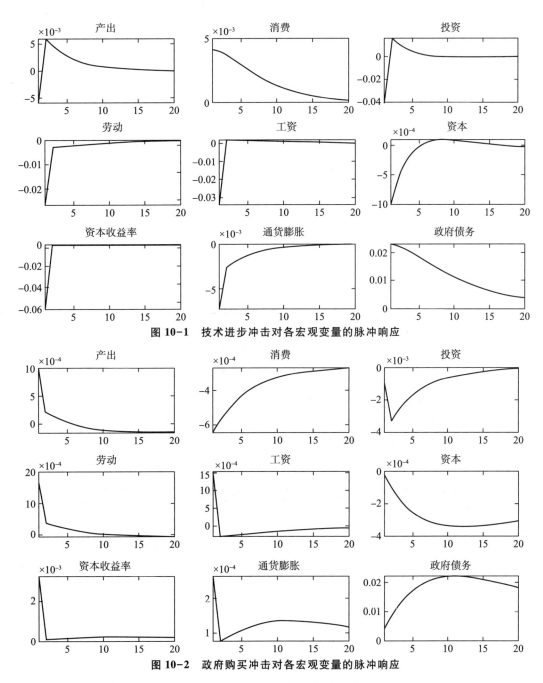

图 10-1 技术进步冲击对各宏观变量的脉冲响应

图 10-2 政府购买冲击对各宏观变量的脉冲响应

图10-3是劳动税税率冲击对各宏观变量的脉冲响应。结果表明,正向的劳动税税率冲击增加了政府对家庭的劳动税收,最直观的影响是使得家庭的劳动力供应脉冲向下偏离,由于税收增加对家庭收入具有挤出效应,家庭会选择更低的支出水平,从而削减消费与投资,导致总需求减少,表现为产出的脉冲响应为负,即劳动力税率提升会拉低产出水平,抑制经济增长。与此同时,通货膨胀有所上升,但政府债务则因税收的增加而呈现下降态势。

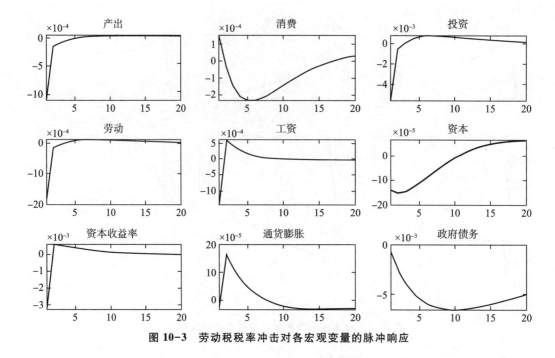

图 10-3　劳动税税率冲击对各宏观变量的脉冲响应

以上构造的三类外生随机冲击示例可以很好地体现 DSGE 模型线性化求解的优点，即宏观变量的脉冲响应是偏离率而非偏离值，由此可以很直观地呈现对应变量的上升或下降程度，而无须知道相应变量在模型中的初始稳态值，便于更好地分析与对比不同结构式冲击下的经济变化效应。

第五节　动态随机一般均衡模型的应用与批评

作为宏观经济学研究的经典建模方法，DSGE 模型能够帮助我们更好地理解宏观经济运行规律与冲击传导效应。当用 DSGE 模型进行经济分析时，我们会考虑多因素，如政策变化、技术进步、劳动力市场的供需变化、贸易政策等，并且会同时考虑这些因素对整个经济体各部分的影响。通常情况下，这种建模方法会使用多个方程组来刻画经济体各部分之间的相互作用，从而揭示经济体的宏观性质。具体来说，这些方程组描述了价格变动、生产、消费、储蓄、投资等经济行为，以及资源分配和收入分配等问题。运用这种研究方法，我们可以通过改变某些政策或者外部条件（如税收、货币政策、贸易壁垒等），预测这些政策或因素对整个经济体的影响，以及各部分之间的相互作用效应。

DSGE 模型可以帮助我们更好地理解宏观经济现象并指导政策制定，其在现实中的应用十分广泛，全球主要经济体的央行均开发了分析本国或全球经济的 DSGE 模型，并在官方网站上公布了模型的具体设定甚至程序代码。DSGE 模型的应用包括但不限于以下方面。

(1) 宏观经济政策分析。DSGE 模型可以用来评估不同宏观经济政策对经济体的影响,特别是货币政策和财政政策。通过模拟不同政策方案对经济变量的影响,DSGE 模型可以预测政策效果,并帮助决策者制定更有效的经济政策。

(2) 经济压力测试。DSGE 模型可以用来进行经济压力测试,评估经济体在不同外部冲击下的韧性和稳定性。通过模拟各种冲击,如金融危机、原油价格波动等,DSGE 模型可以预测经济体的抗风险能力和系统性风险。

(3) 经济周期研究。DSGE 模型可以用于研究经济周期的起因、持续时间和影响因素。通过模拟经济周期的波动和变化,DSGE 模型可以深入了解经济周期的形成机制,探讨宏观经济波动的原因和后果。

(4) 政策效果评估。DSGE 模型可以用来评估各种政策的效果,如减税政策、贸易政策、结构性改革等。通过模拟政策的实施和经济变量的响应,DSGE 模型可以预测政策对就业、通货膨胀、经济增长等方面的影响,并为政策制定者提供决策参考。

(5) 预测和决策支持。基于 DSGE 模型的经济预测可以为政府、企业和投资者提供决策支持。通过模拟未来经济变量的走势,DSGE 模型可以预测经济增长、通货膨胀、利率等,并为决策者提供有关投资、市场策略和风险管理的建议。

尽管 DSGE 模型在主流的经济研究方法中占有重要地位,但针对其效果或价值的批评仍不断涌现。特别是自 20 世纪 70 年代卢卡斯掀起理性预期革命以来,盲目遵循微观行为主体完全理性以及过度模型化经济事实的研究方法备受质疑,DSGE 模型中关于代表性家庭、代表性企业的诸多理想设定亦被诟病缺乏微观基础。实际上,20 世纪 90 年代后,新凯恩斯主义 DSGE 模型已对这一点做出较大的改善,在模型中纳入微观主体的行为特征与预期,包括价格黏性、工资黏性、垄断竞争、不完全性、投资调整成本和资本使用成本等。目前,现阶段围绕 DSGE 模型的批评主要包含以下两方面:

一方面,DSGE 模型存在与现实不符的问题。某些时候,一些模型的参数无法与微观经济数据匹配,并且模型对经济周期的预测能力有限。实际上,包括 DSGE 模型在内的主流经济学模型均无法全面预测 2008 年席卷全球的国际金融危机,现实经济主体的行为决策难以被某个单一模型完整刻画。此外,DSGE 模型的许多假设基于理论分析而得出,但这些假设可能过于简化或不符合实际情况,从而导致模型结果产生误差。

另一方面,过于复杂而无法求解的问题。大型的 DSGE 模型非常复杂,当在模型中考虑很多部门的约束与特征并纳入较多宏观变量及其内生性关系时,模型可能会难以求解,并且构建和运行这种模型需要大量时间与计算能力。同时,DSGE 模型中的参数非常多,在进行模型估计时需要大量的数据,并且需要进行高度的统计分析,这使得 DSGE 模型的估计过程非常困难。

综上所述,DSGE 模型可用于分析宏观经济政策、预测经济变量、评估政策效果以及研究经济周期和决策支持等方面。虽然 DSGE 模型存在自身的局限性,但它仍为经济学家、政策制定者和决策者提供了一个强大的工具,帮助他们更好地理解和解释经济现象,并制定更有效的经济政策和决策。

本章小结

本章主要介绍了动态随机一般均衡模型的发展、构建方法、应用与批评,通过构造一个基于新凯恩斯主义的DSGE模型作为演示,展示DSGE模型的构建过程、求解方法与对数线性化形式,并通过脉冲响应图演示外生冲击对不同宏观变量的传导效应。DSGE模型作为宏观经济学研究的经典建模方法,具有较好的应用效果与多种适用场景,但同时也存在不足之处,亟待得到更完善的发展。

课后习题

1. 动态随机一般均衡模型的"动态"是指(　　)。
   A. 经济变量会处于持续变化的动态
   B. 模型处于不稳定状态
   C. 经济变量受外生冲击呈现动态变化
   D. 外生冲击是动态的

2. 通常情况下,若新凯恩斯DSGE模型中已构建单一的代表性家庭,其主观贴现因子设定为β,家庭有购买无风险国债的决策行为,无风险国债收益率的稳态值为$\bar{r}$,则可求得通货膨胀的稳态值$\bar{\pi}$为(　　)。

   A. $\bar{\pi} = \beta(1+\bar{r})$ 　　　　B. $\bar{\pi} = \dfrac{1+\bar{r}}{\beta}$

   C. $\bar{\pi} = \beta\bar{r}$ 　　　　　　D. $\bar{\pi} = \dfrac{\bar{r}}{\beta}$

3. 请简述动态随机一般均衡模型的特征与应用。

4. 在本章例10-1设定的基础上,在家庭效用中引入消费习惯形成h,即代表性家庭效用函数设定为如下形式:

$$E_0 \sum_{t=0}^{\infty} \beta^t \left[\frac{(C_t - hC_{t-1})^{1-\sigma_c}}{1-\sigma_c} - \psi_l \frac{L_t^{1+\sigma_l}}{1+\sigma_l} \right]$$

假设预算约束的设定不变,请构造拉格朗日函数以求解家庭部门纳入习惯形成后的消费最优决策(构造拉格朗日函数并得到消费的最优一阶条件)。

5. 在第4题的基础上,对包含习惯形成的消费最优一阶条件进行对数线性化处理。

6. 若生产函数为CES形式,即$Y_t = [\alpha K_t^\rho + (1-\alpha) L_t^\rho]^{\frac{1}{\rho}}$,请对其进行对数线性化处理。

主要参考文献

[1] Bernanke B, Gertler M, and Gilchrist S. The financial accelerator in a quantitative business cycle framework [J], Handbook of Macroeconomics, 1999, 1(21): 1341-1393.

[2] Calvo G A. Staggered prices in a utility-maximizing framework [J]. Journal of Monetary Economics, 1983, 12(3): 383-398.

[3] Christiano L J, Motto R, and Rostagno M. Risk shocks [J]. American Economic Review, 2014, 104(1): 27-65.

[4] Fujiwara I, Hirose Y, and Shintani M. Can news be a major source of aggregate fluctuations? A Bayesian DSGE approach [J]. Journal of Money, Credit and Banking, 2011, 43(1): 1-29.

[5] Gertler M, and Kiyotaki N. Financial intermediation and credit policy in business cycle analysis [J]. Handbook of Monetary Economics, 2010, 3: 547-599.

[6] Guerrier L, Iacoviello M Occbin A toolkit for solving dynamic models with occasionally binding constraints easily [J]. Journal of Monetary Economics, 2015, 70 (C), 22-38.

[7] Heutel G. How should environmental policy respond to business cycles? Optimal policy under persistent productivity shocks[J]. Review of Economic Dynamics, 2012,15 (2): 244-264.

[8] Hopenhayn H A. Entry, exit, and firm dynamics in long run equilibrium [J]. Econometrica, 1992, 60(5): 1127-1150.

[9] Hsieh C T, and Klenow P J. Misallocation and manufacturing TFP in China and India[J]. The Quarterly Journal of Economics, 2009, 124(4): 1403-1448.

[10] Kaplan G, Moll B, and Violante G L. Monetary policy according to HANK [J]. American Economic Review, 2018, 108(3): 697-743.

[11] Krusell P, and Jr A, Jr. Income and wealth heterogeneity in the macroeconomy [J]. Journal of Political Economy, 1998, 106(5): 867-896.

[12] Krusell P, and Smith A A. Income and wealth heterogeneity, portfolio choice, and equilibrium asset returns[J]. Macroeconomic Dynamics, 1997, 1(2): 387-422.

[13] Kydland F E, and Prescott E C. Time to build and aggregate fluctuations [J]. Econometrica, 1982, 50(6): 1345-1370.

[14] McManus R, Ozkan F G, and Trzeciakiewicz D. Why are fiscal multipliers asymmetric? The role of credit constraints [J]. Economica, 2021, 88 (349): 32-69.

[15] Melitz M J. The impact of trade on intra-industry reallocations and aggregate industry productivity [J]. Econometrica, 2003, 71(6): 1695-1725.

[16] Rotemberg J J. Sticky prices in the United States [J]. Journal of Political Economy, 1982, 90(6): 1187-1211.

教辅申请说明

北京大学出版社本着"教材优先、学术为本"的出版宗旨，竭诚为广大高等院校师生服务。为更有针对性地提供服务，请您按照以下步骤通过**微信**提交教辅申请，我们会在 1~2 个工作日内将配套教辅资料发送到您的邮箱。

◎ 扫描下方二维码，或直接微信搜索公众号"北京大学经管书苑"，进行关注；

◎ 点击菜单栏"在线申请"—"教辅申请"，出现如右下界面：

◎ 将表格上的信息填写准确、完整后，点击提交；

◎ 信息核对无误后，教辅资源会及时发送给您；如果填写有问题，工作人员会同您联系。

温馨提示：如果您不使用微信，则可以通过以下联系方式（任选其一），将您的姓名、院校、邮箱及教材使用信息反馈给我们，工作人员会同您进一步联系。

联系方式：

北京大学出版社经济与管理图书事业部

通信地址：北京市海淀区成府路 205 号，100871

电子邮箱：em@pup.cn

电　　话：010-62767312

微　　信：北京大学经管书苑（pupembook）

网　　址：www.pup.cn